제4판

개념을 알면 쉬운 회계학원론

PRINCIPLE OF Accounting

정영기 · 신홍철 · 안혜진

도서출판 청람

■ 머리말

지난 2019년에 출판된 3판을 교재로 활용해주신 교수님들과 독자들로부터 분에 넘치는 사랑을 받아왔습니다. 국제적으로 대두된 개념위주의 학습이 강조되는 추세와 더불어 최근 주식투자에 대한 열기로 재무제표와 회계지식의 필요성이 한층 더 커지면서, 처음으로 회계를 접하는 학생들이 쉽게 다가갈 수 있도록 쉬운 설명과 내용의 참신성을 위하여 안혜진 교수님을 새로운 집필진으로 보강하여 제4판을 출간하게 되었습니다.

제4판에는 1999년에 출간된 신회계학원론에서부터 IFRS 반영 신간(2012)과 세 차례의 개정판(2016~2019)에 이르기까지 개념중심의 알기 쉬운 회계를 지향하는 본서의 특징은 다음 5가지로 요약할 수 있습니다.

- 쉬운 설명 및 사회 속의 회계기능 강조입니다. 신입생들로 하여금 회계에 대한 흥미와 자신감을 갖게 하는 것을 주된 학습목표로 삼아 수강생 눈높이에 맞는 교재가 되도록 노력하였습니다. 이를 위해 학생들에게 강의하듯이 설명하고(비록 다소 튀는 느낌이 들더라도) 과감히 학생들의 이해를 돕는 예제나 설명을 담았습니다. 특히 "현대사회에서의 회계의 역할"을 강조하는 데 많은 지면을 할애하여 다양한 정보이용자 측면에서의 회계의 역할과 기능을 이해시키고자 하였습니다. 물론 이 과정에서 시사성 높은 에피소드나 경제기사를 담아 회계공부에 흥미를 느끼도록 배려하였습니다.

- 회계순환과정의 강조입니다. 회계원리 수강생들이 졸업 후 어떤 분야에서 일을 하더라도 회계정보의 생성과정에 대한 이해가 꼭 필요하다고 판단하여 회계순환과정을 강조하였습니다. 다만 회계순환과정은 서비스업, 상품매매업, 제조업의 3단계로 나누어 소개함으로써 담당교수의 강의에 재량을 갖도록 하였습니다.

- 적절한 강의분량과 유연성을 강조하면서 총 12장으로 슬림화하고, 학기 초에 회

계 이론은 소개하는 것이 무리라는 판단하에 재무보고의 기초개념에 관한 설명은 회계의 순환과정 뒤인 제7장에 배치하였습니다. 그리고 제조원가와 매출원가의 구분, 원가와 비용과의 차이점을 이해하는 데 유용한 제조업의 회계순환과정은 제6장의 부록으로 추가하였습니다.

- 회계정보의 활용 측면의 강조입니다. 회계원리 수준에서 회계정보가 실제로 활용되는 측면을 이해할 수 있도록 간단한 재무분석 절차와 현금흐름표의 핵심적 내용을 제12장에 담았습니다. 실제 수강생들의 강의 평가에서도 회계원리를 이해하는 데 가장 도움이 되었다는 응답을 하고 있음에 비추어 회계의 의미와 역할을 제대로 이해시키는데 매우 유용한 장이라고 생각합니다.
- 충실한 자매서의 활용을 통한 학습효과의 제고입니다. 각종 참고서 활용에 익숙한 요즈음 세대 학생들을 위해 『스터디가이드』를 출간하고, 각 장 마지막 부분에 "이제는 여러분의 차례; Tips for Self Study" 박스를 통해 교과서 내용과의 연계성을 높였습니다. 아울러 강의 담당 교수님을 위해서는 별도로 강의용 PPT 자료를 마련해 학습효과를 높이도록 하였습니다.

이러한 특징을 반영한 본서는 총 3부로 구성되어 있습니다.

제1부에서는 회계의 기초적 이해를 위한 내용을 다루었습니다. 현대사회에서의 회계의 역할과 회계정보의 창출과 활용 측면을 상세히 다루어 독자들이 앞으로 어떤 분야에서 일하든 회계지식은 경영과의 연계차원에서 매우 유용한 지식이 될 것임을 강조하였습니다.

제2부에서는 회계의 주요 산물인 재무제표 작성을 위한 회계순환과정을 소개하였습니다. 서비스업을 대상으로 회계순환과정을 알기 쉽게 소개한 후, 상품매매업 그리고 제조업에 이르기까지의 과정을 수강생의 수준을 감안하여 강의가 이루어질 수 있도록 배려하였습니다.

제3부에서는 주요 계정과목별 회계처리에 대한 내용을 다루었습니다. 회계순환과정에서 소개한 재무제표의 핵심개념에 대한 이해를 돕고 후속되는 회계과목을 수강할 수 있는 능력을 갖추는 데 필요한 최소한의 내용만을 쉽게 소개하고자 노력하였습니다.

비록 이번 제4판이 그간 지적된 사항 및 아쉬움을 최대한 반영하여 나름대로 안정적인 모습을 갖추었다고 자평하지만 본서의 수정 · 보완작업은 앞으로도 지속되어야 할 것임을 잘 알고 있습니다. 보다 나은 책이 될 수 있도록 향후에도 날카로운 지적과 조언을 기대하는 바입니다.

2021년 겨울방학을 마무리하며
저자들 씀

■ 감사의 글(acknowledgement)

이러한 많은 변화를 위해 저자들은 방학기간을 『개념을 알면 쉬운 회계학원론』에 쏟아부었다. 교재와 스터디가이드를 재집필하고, 교수용 참고자료를 준비하고, 파워포인트를 만들기 위해 분주하게 보냈다. 이러한 과정에서 백석예술대학교의 이주원 교수가 스터디가이드의 공저자로서 큰 도움을 주었다. 그리고 동료, 선배 교수로서 회계원리를 강의하시는 윤재원, 이재은, 조형태, 정남철, 한승엽, 곽소연, 조기욱 교수님으로부터 많은 조언과 격려를 통하여 힘든 작업을 무사히 마칠 수 있게 되었다.

여느 책과 달리 이번 교과서 작업은 부모의 입장에서 더욱 애착을 갖고 매달렸음을 고백한다. 왜냐하면 우리 아이들(신주영 · 신혜원, 정서준 · 정회윤, 이도윤 · 이시윤)과 아이들의 친구와 선 · 후배들이 대학에서 회계를 공부하기 때문이다. 이들이 보다 쉽고 재미있게 회계를 배울 수 있도록 하기 위한 우리의 바램이 결실을 맺었으면 한다. 부디 본서가 회계의 기초적인 내용을 알기 쉽게 설명하는 교과서로서 계속 사랑받을 수 있기를 바라며…

2021년 겨울방학을 마무리하며
저자들 씀

다음은 우리나라 주식시장의 산업별 최우량 200개 기업의 주가 수준을 가늠해볼 수 있는 '코스피 200' 지수에 편입된 기업입니다. 어느 기업에 투자해야 할까요? 회계공부에서 그 답을 찾을 수 있습니다.

[건설업] 대림건설 · 대우건설 · 삼성엔지니어링 · 쌍용양회 · 아이에스동서 · 태영건설 · 포스코케미칼 · 한전기술 한일현대시멘트 · 현대건설 · GS건설 · HDC · HDC현대산업개발 · LG하우시스

[금융] 기업은행 · 메리츠증권 · 미래에셋대우 · 삼성생명 · 삼성증권 · 삼성카드 · 삼성화재 · 신한지주 · 우리금융지주 · 키움증권 · 하나금융지주 · 한국금융지주 · 한화생명 · 현대해상 · BNK금융지주 · DB손해보험 · KB금융 · NH투자증권

[경기소비재] 강원랜드 · 금호타이어 · 기아차 · 넥센타이어 · 더블유게임즈 · 락앤락 · 롯데관광개발 · 롯데쇼핑 · 롯데하이마트 · 만도 · 삼성물산 · 세방전지 · 신세계 · 신세계인터내셔날 · 영원무역 · 지누스 · 코웨이 · 쿠쿠홀딩스 · 쿠쿠홈시스 · 한국타이어앤테크놀로지 · 한국테크놀로지그룹 · 한샘 · 한섬 · 한세실업 · 한온시스템 · 현대모비스 · 현대백화점 · 현대위아 · 현대차 · 현대홈쇼핑 · 호텔신라 · 화승엔터프라이즈 · 휠라홀딩스 · F&F · GKL S&T모티브

[산업재] 대한항공 · 두산 · 두산퓨얼셀 · 아시아나항공 · 에스원 · 팬오션 · 포스코인터내셔널 · 한국항공우주 · 한전KPS · 한진칼 · 한화시스템 · 한화에어로스페이스 · 현대글로비스 · CJ대한통운 · HMM · LG상사 · LIG넥스원 · LS LS ELECTRIC · SK네트웍스

[생활소비재] 농심 · 대상 · 동서 · 동원F&B · 롯데지주 · 롯데칠성 · 빙그레 · 삼양사 · 삼양식품 · 삼양홀딩스 · 아모레G · 아모레퍼시픽 · 애경산업 · 오뚜기 · 오리온 · 오리온홀딩스 · 이마트 · 코스맥스 · 하이트진로 · 한국가스공사 · 한국전력 · 한국콜마 · 현대그린푸드 · BGF리테일 · CJ · CJ제일제당 · GS리테일 · KT&G · LG생활건강 · SPC삼립

[에너지/화학] 금호석유 · 대한유화 · 롯데케미칼 · 롯데정밀화학 · 코오롱인더 · 태광산업 · 한솔케미칼 · 한화 · 한화솔루션 · 효성 · 후성 · 휴켐스 · GS · KCC · LG화학 · OCI · S-Oil · SK · SKC · SK디스커버리 · SK이노베이션 · SK케미칼

[정보기술] 삼성SDI · 삼성SDS · 삼성전기 · 삼성전자 · 일진머티리얼즈 · DB하이텍 · LG · LG디스플레이 · LG이노텍 · LG전자 · SK하이닉스

[중공업] 대우조선해양 · 두산인프라코어 · 두산밥캣 · 두산중공업 · 삼성중공업 · 씨에스윈드 · 한국조선해양 · 현대로템 · 현대미포조선 · 현대엘리베이터 · 현대중공업지주

[철강/소재] 고려아연 · 남선알미늄 · 동국제강 · 동원시스템즈 · 영풍 · 풍산 · 현대제철 · KG동부제철 · POSCO

[커뮤니케이션서비스] 넷마블 · 빅히트 · 엔씨소프트 · 이노션 · 제일기획 · 카카오 · CJ CGV · KT · LG유플러스 NAVER · SK텔레콤

[헬스케어] 녹십자 · 녹십자홀딩스 · 대웅 · 대웅제약 · 보령제약 · 부광약품 · 삼성바이오로직스 · 셀트리온 · 신풍제약 · 영진약품 · 유한양행 · 일양약품 · 종근당 · 한미사이언스 · 한미약품 · 한올바이오파마 · JW중외제약 · SK바이오팜

■ 차 례

❙ 제 1 부 ❙ 회계의 기초적 이해

제 1 장 조직경영과 회계정보

제 **1** 절 경영과 회계정보 • 5
- **1.1** 경영이란? • 5
- **1.2** 경영의 진화 • 6
- **1.3** 기업의 경영활동과 돈의 흐름 • 7
- **1.4** 기업과 경영자 • 9
- **1.5** 기업경영을 위한 회계정보의 역할 • 11
- **1.6** 자원조달과 회계정보 • 12
- **1.7** 회계정보의 공시와 대리인 문제 • 14

제 **2** 절 현대사회와 회계 • 16
- **2.1** 자본시장과 회계정보 • 16
- **2.2** 레몬의 문제(Lemons Problem)와 시장실패 • 17
- **2.3** 정보중개인과 재무중개인의 역할 • 18
- **2.4** 현대사회의 회계정보이용자 • 20
- **2.5** 정당한 사회건설을 위한 회계정보의 역할과 경영자의 회계보고 의무 • 21

제 **3** 절 회계학의 학문적 체계 • 23
- **3.1** 회계의 정의 • 23
- **3.2** 회계의 영역과 학문적 분류 • 25
- **3.3** 공인회계사와 세무사 · 감정평가사 등 회계전문직 • 27
- **3.4** 대학원 · 로스쿨 진학 및 MBA 유학과 회계학 • 29

연|습|문|제 • 31

제 2 장 재무제표의 이해

제 **1** 절 재무보고와 재무제표 • 35
- **1.1** 재무보고란 무엇인가? • 35

1.2 재무제표 • 36
제 2 절 재무상태표 • 38
2.1 재무상태표의 의의 • 38
2.2 재무상태표의 구조와 형식 • 42
2.3 자산의 의의 및 주요 항목 • 45
2.4 부채의 의의 및 주요 항목 • 48
2.5 자본의 의의 및 주요 항목 • 50
2.6 자산, 부채 및 자본의 중요성 : 이해관계자 관점 • 53
제 3 절 포괄손익계산서 • 54
3.1 포괄손익계산서의 의의 • 54
3.2 포괄손익계산서의 구조와 형식 • 55
3.3 수익의 의의와 종류 • 59
3.4 비용의 의의와 종류 • 61
3.5 당기순이익과 포괄손익계산서 • 63
제 4 절 기타 재무제표 : 현금흐름표와 자본변동표 • 65
[부록 A] • 67
연|습|문|제 • 69

ı 제 2 부 ı 회계정보의 산출 : 회계순환과정

제 3 장 회계등식과 재무제표 작성원리
제 1 절 회계상의 거래 • 77
1.1 회계상 거래의 정의 • 77
1.2 거래의 이중성 • 78
제 2 절 회계등식을 이용한 거래의 기록 • 80
제 3 절 회계등식과 재무상태표, 포괄손익계산서 작성원리 • 90
연|습|문|제 • 99

제 4 장 회계거래의 기록
제 1 절 계 정 • 105
1.1 계정의 의의 • 105
1.2 계정기입의 규칙 • 107
1.3 계정잔액의 산출과 재무제표 작성 • 115

제 2 절 회계순환과정 • 117
제 3 절 분 개 • 119
3.1 분개의 정의 • 119
3.2 분개 방법 • 120
3.3 분개장 • 124
제 4 절 전 기 • 125
제 5 절 시산표 • 129
5.1 대차평형의 원리 • 129
5.2 시산표 • 130
5.3 시산표의 종류 • 132
5.4 시산표 기능의 한계 • 134
연|습|문|제 • 135

제 5 장 원장계정잔액의 수정과 서비스업의 회계순환과정
제 1 절 결산의 의의와 절차 • 143
제 2 절 원장계정잔액의 수정과 결산정리분개 • 146
2.1 결산정리분개의 필요성과 목적 • 146
2.2 결산정리분개의 의미 • 151
2.3 결산정리분개의 4가지 유형 • 153
2.4 결산정리분개 종합연습 • 162
제 3 절 회계순환과정과 정산표 • 166
3.1 회계순환과정과 정산표 작성 • 166
3.2 정산표 작성절차 • 167
제 4 절 이익처분과 재무제표 작성 • 175
[부록 A] 계정의 마감 • 178
A-1 포괄손익계산서 계정의 마감 • 178
A-2 재무상태표계정의 마감 • 181
연|습|문|제 • 183

제 6 장 상품매매업의 회계순환과정과 재고자산
제 1 절 유통업의 재고자산과 상품거래의 기록 • 193
1.1 재고자산의 정의 및 상기업의 기말재고량 파악 • 193
1.2 계속기록법 • 194
1.3 실지재고조사법 • 196
1.4 실지재고조사법을 사용하는 이유 • 198

제 2 절 상품매매업의 회계기록 • 200
2.1 분개 • 201
2.2 전기 • 201
제 3 절 상품매매업의 결산과 재무제표 작성 • 202
3.1 매출원가를 표시한 포괄손익계산서 작성 • 202
3.2 정산표와 재무제표 작성 • 205
제 4 절 상품매매업의 기타 회계처리 • 207
4.1 상품매매에 따른 운임 • 207
4.2 매출환입(매입환출)과 매출에누리(매입에누리) • 208
4.3 현금할인 • 209
제 5 절 기말상품재고액의 결정 • 210
5.1 기말재고상품의 단가결정 • 211
5.2 선입선출법과 후입선출법 중의 선택 • 216
[부록 A] 매출원가 산정의 또 다른 방법 • 218
[부록 B] 제조업의 회계순환과정과 재무제표 • 219
B-1 제조업의 재무제표 • 219
B-2 제조업의 원가흐름 • 222
연|습|문|제 • 225

제 7 장 재무보고와 재무회계의 기초이론
제 1 절 재무보고의 개관 • 235
1.1 재무보고의 정의 및 목적 • 235
1.2 재무보고와 재무회계 • 235
제 2 절 회계원칙과 재무회계의 기초개념 • 237
2.1 회계원칙이란 무엇인가? • 237
2.2 재무보고를 위한 개념체계(기초개념) • 237
제 3 절 재무제표의 기본가정 및 유용한 재무정보의 질적 특성 • 240
3.1 재무제표의 기본가정 • 240
3.2 유용한 재무정보의 질적 특성 • 241
제 4 절 개념체계와 재무회계기준 • 245
4.1 재무회계기준의 성격 • 246
4.2 재무회계기준의 주요 내용과 회계적 과제 : 재무제표의 요소, 인식 및 측정 • 246
연|습|문|제 • 251

❙ 제 3 부 ❙ 회계정보의 산출 및 활용

제 8 장 당좌자산과 금융자산

제 1 절 현금및현금성자산 • 259
1.1 현금의 중요성 • 259
1.2 현금및현금성자산의 정의 • 260
1.3 현금의 내부통제 • 261
1.4 소액현금제도 • 261
1.5 현금계정의 조정 : 현금과부족 • 263
1.6 당좌예금의 회계처리 • 263
제 2 절 매출채권 • 268
2.1 외상매출금 • 269
2.2 받을어음 • 269
2.3 매출채권에 대한 손상 • 273
제 3 절 기타유동자산 • 277
제 4 절 금융자산의 이해와 당기손익금융자산의 회계처리 • 278
4.1 금융자산의 정의 및 금융자산의 분류 • 278
4.2 금융자산의 회계처리를 위한 분류 • 279
4.3 당기손익금융자산의 취득, 평가, 처분 및 배당금수익 • 281
[부록 A] 기타포괄손익금융자산과 공정가치평가 • 283
연|습|문|제 • 287

제 9 장 비유동자산

제 1 절 유형자산(원가모형) • 293
1.1 유형자산의 의의와 종류 • 293
1.2 유형자산의 취득 • 295
1.3 취득 후의 지출 : 자본적 지출과 수익적 지출 • 297
1.4 유형자산의 결산정리 : 감가상각 • 299
1.5 유형자산의 처분 • 306
제 2 절 자산재평가모형과 손상 • 308
2.1 유형자산 재평가의 의의 • 308
2.2 동일한 분류별 재평가 • 309
2.3 공정가치의 측정과 재평가 빈도 • 310
2.4 재평가의 회계처리 • 310
2.5 손상 • 311

제 3 절 무형자산 • 312
3.1 무형자산의 의의와 종류 • 312
3.2 영업권 • 316
3.3 무형자산의 상각과 재평가 • 318
제 4 절 기타비유동자산 • 319
연|습|문|제 • 320

제 10 장 부 채
제 1 절 부채의 의의 • 325
1.1 부채의 정의 및 인식 • 325
1.2 부채의 분류 • 325
제 2 절 매입채무와 기타채무 • 327
2.1 매입채무 • 327
2.2 기타의 채무 • 328
제 3 절 금융부채 • 331
3.1 사채의 의의 • 331
3.2 사채발행에 따른 현금흐름 • 333
3.3 사채의 발행 • 334
3.4 사채의 결산정리 : 사채할인발행차금의 상각 • 337
3.5 사채의 상환 • 342
제 4 절 기타금융부채와 충당부채 • 344
4.1 장기차입금 • 344
4.2 장기매입채무 • 344
4.3 퇴직급여와 확정급여채무 • 345
4.4 충당부채 • 346
[부록 A] 사채발행과 회계처리 • 349
[부록 B] 사채투자와 상각후원가금융자산의 회계처리 • 351
B-1 상각후원가금융자산의 의미 • 351
B-2 상각후원가금융자산의 회계처리 • 351
연|습|문|제 • 355

제 11 장 자 본
제 1 절 주식회사 자본의 특징 • 361
제 2 절 자본의 의의와 구성 • 362
2.1 자본의 의의 • 362

2.2 자본의 구성 • 364
제 3 절 자본금과 주식발행초과금 • 365
제 4 절 이익잉여금 • 368
4.1 이익잉여금처분절차 • 369
4.2 이익잉여금의 처분 항목 • 375
제 5 절 자본변동표 • 376
5.1 자본변동표의 의의와 유용성 • 376
5.2 자본변동표의 기본구조 • 377
연|습|문|제 • 379

제 12 장 현금흐름표 및 재무제표분석
제 1 절 현금흐름표와 현금흐름분석 • 385
1.1 현금흐름분석의 필요성 • 385
1.2 현금흐름의 구분과 영업활동현금흐름의 중요성 • 387
제 2 절 회계정보의 활용과 재무제표분석 • 388
2.1 재무제표분석의 의의 • 388
2.2 자본시장과 재무제표분석 • 389
제 3 절 재무제표분석기법 • 390
3.1 표준화된 재무제표 작성 • 391
3.2 비교재무제표를 이용한 추세분석 • 393
3.3 공통형 재무제표와 요소구성비율분석 • 395
3.4 상호비교분석 • 397
제 4 절 재무비율분석 • 398
4.1 비율분석의 의의와 절차 • 398
4.2 수익성비율 • 399
4.3 유동성비율 : 단기지급능력과 현금흐름분석 • 405
4.4 활동성비율 • 408
4.5 안정성비율 : 장기지급능력과 재무적 건전성 분석 • 411
제 5 절 재무비율의 종합 • 413
5.1 종합평가방법 • 413
5.2 재무제표분석 시 유의사항 • 416
연|습|문|제 • 417

■ 부록(현가계산표) • 425
■ 찾아보기 • 434

Principle of Accounting

제 1 부

회계의 기초적 이해

제 1 장 | 조직경영과 회계정보

제 2 장 | 재무제표의 이해

Before you are a

leader,

success is all about
growing yourself.
When you become a leader,
success is all about
growing others.

리더가 되기 전 성공의 과제는
당신 자신을 성장시키는 것입니다.
리더가 된 후 성공의 과제는
다른 이가 성장하도록 돕는 것입니다.

잭 웰치(1935~)

■ GE의 최고 경영자를 역임한 미국의 '전설적인 경영자'

(이미도, 『똑똑한 식스팩』 중에서)

제 **1** 장

조직경영과 회계정보

제 1 절 | 경영과 회계정보

제 2 절 | 현대사회와 회계

제 3 절 | 회계학의 학문적 체계

제1장에서는 회계에 대한 '감'을 터득할 수 있도록 경영의 개념에서부터 출발한다.

먼저 경영이란 무엇이고, 경영자의 관점에서 경영을 위한 의사결정에는 왜 회계정보가 필요한지 살펴본다. 그리고 회계정보는 경영자뿐만 아니라, 기업외부의 다양한 이해관계자들에게도 유용하게 사용되며, 특히 펀드매니저와 애널리스트들에 의해 자본시장에서 자원의 효율적 배분에 기여함을 설명한다. 마지막으로 회계의 기능과 역할에 대한 이해를 토대로 회계에 대한 학문적 소개를 하고 회계전문직으로의 경력을 개발하기 위한 안내를 한다.

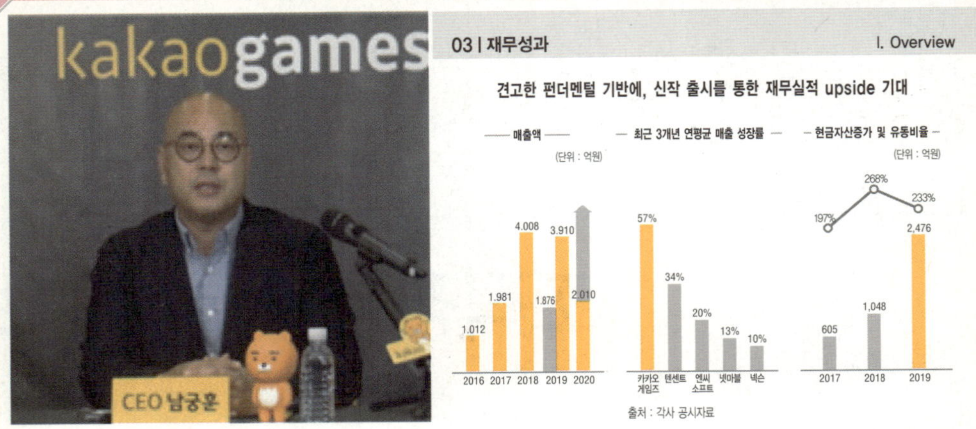

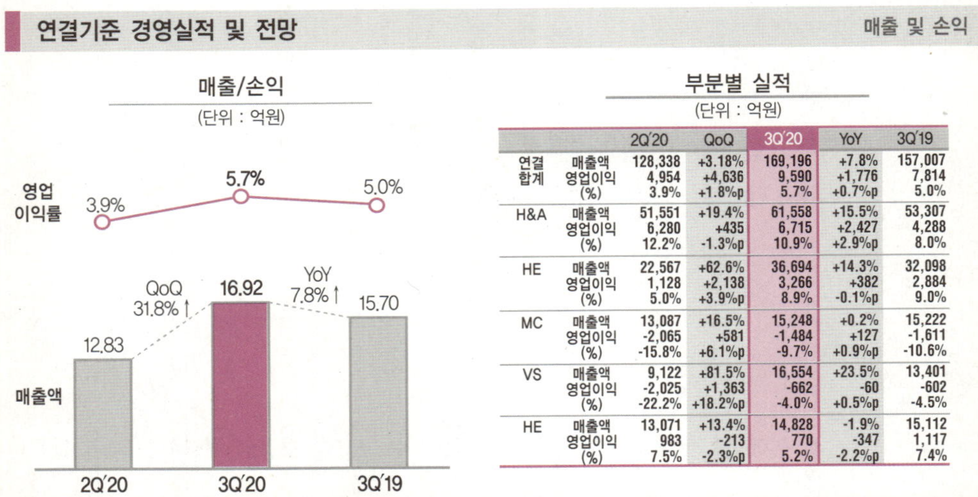

		2Q'20	QoQ	3Q'20	YoY	3Q'19
연결 합계	매출액	128,338	+3.18%	169,196	+7.8%	157,007
	영업이익	4,954	+4,636	9,590	+1,776	7,814
	(%)	3.9%	+1.8%p	5.7%	+0.7%p	5.0%
H&A	매출액	51,551	+19.4%	61,558	+15.5%	53,307
	영업이익	6,280	+435	6,715	+2,427	4,288
	(%)	12.2%	-1.3%p	10.9%	+2.9%p	8.0%
HE	매출액	22,567	+62.6%	36,694	+14.3%	32,098
	영업이익	1,128	+2,138	3,266	+382	2,884
	(%)	5.0%	+3.9%p	8.9%	-0.1%p	9.0%
MC	매출액	13,087	+16.5%	15,248	+0.2%	15,222
	영업이익	-2,065	+581	-1,484	+127	-1,611
	(%)	-15.8%	+6.1%p	-9.7%	+0.9%p	-10.6%
VS	매출액	9,122	+81.5%	16,554	+23.5%	13,401
	영업이익	-2,025	+1,363	-662	-60	-602
	(%)	-22.2%	+18.2%p	-4.0%	+0.5%p	-4.5%
HE	매출액	13,071	+13.4%	14,828	-1.9%	15,112
	영업이익	983	-213	770	-347	1,117
	(%)	7.5%	-2.3%p	5.2%	-2.2%p	7.4%

2020년에 코스닥시장에 상장한 카카오게임즈 남궁훈 대표가 기업설명회를 하는 모습(위쪽 사진). LG전자가 기업설명회(IR : Investor Relations)에서 활용하는 자료 중 일부(아래쪽 사진)

LG전자는 정기적으로 회사의 실적과 중장기 전략을 설명하는 국내외 투자자설명회, 분기별 실적 발표회에서 투자자와 소통하고 있다. LG전자는 주주와 투자자에게 신뢰성 있는 정보를 적시에 공시해 주주와 투자자의 가치판단을 돕고 있다는 점을 인정받아 '2020 한국IR대상'에서 우수상을 수상하기도 했다.

〈저자코멘트〉 한국IR협의회는 2001년부터 매년 효과적인 투자설명활동(IR : Investor Relations)으로 자본시장의 건전한 발전에 기여한 기업을 선정해 한국IR대상을 시상하고 있다.

제1절 경영과 회계정보

진짜 비즈니스는 자기가 가지고 있지도 않은 것을
원하지도 않는 사람에게 파는 것

– 탈무드

1.1 경영이란?

20세기에 이루어진 가장 중요한 혁신은 무엇인가? 인류의 생명을 두 배, 세 배로 늘린 항생제와 백신일까? 거리의 개념을 바꿔놓은 자동차와 비행기라고 할 수 있을까? 전화나 텔레비전 같은 새로운 의사소통수단은 어떤가? 아니면 IT혁명을 가져온 반도체칩이나 컴퓨터 또는 네트워크라고 해야 할까?

이런 모든 혁신들이 우리의 삶을 바꿔놓은 것은 분명하다. 그러나 이런 혁신들이 빠르고 넓게 퍼질 수 있었던 데는 또 다른 혁신의 힘이 컸다. 그것은 바로 '경영'이라는 규율이다. 경영을 통해서 조직을 제대로 돌아가도록 하는 데 필요한 사고와 경험을 모을 수 있었기 때문이다. 특히 경제적 발전을 가속화하는 생산성 증가율을 따질 때 기술에 주안점을 두곤 한다. 그러나 사실은 경영이 생산성 향상에 훨씬 중요한 역할을 하고 있다.

새로운 규율은 발전을 가져온다. 사실 일반적인 의미에서 경영자나 경영이 존재해 왔던 것처럼, 의사 역시 존재했다. 그러나 의학이란 것이 글로써 표현된 규율이 된 뒤에야 의사가 하는 일들을 남에게 가르칠 수 있고 치료에 적용할 수 있게 되어 더 발전하게 된 것이다. 그 결과 오늘날의 평균적인 의사도 1세기 전의 천재적이었던 의사보다 훨씬 나은 실력을 가질 수 있도록 수준을 높여놓았다는 사실이다.

우리는 회사나 조직의 존재를 당연한 것으로 여기고 있지만, 의학이라는 규율이 있어서 의료서비스가 발전했듯이 경영이라는 규율 덕분에 회사나 조직이 생겨나 우리 삶의 구조를 더 나아지게 하는 세계가 가능해졌다. 왜냐하면 혼자서는 절대 이룰 수 없는 여러 가지 목표를 성취하기 위해 새로운 회사나 조직을 만들어 내고

그것을 경영하는 데 익숙해 왔기 때문이다.[1)]

위에 인용한 조안 마그레타(Joan Magretta)의 『경영이란 무엇인가』의 앞부분은 조직과 경영의 불가분의 관계를 잘 설명하고 있다. 세상에는 다양한 유형의 조직이 존재한다. 한시적으로 존재하는 올림픽 대표팀에서 통신회사, 전자회사 그리고 운동선수들의 에이전트회사에 이르기까지 다양한 조직들은 인간들이 얼마나 다양한 목적을 추구하는가를 잘 보여준다. 이들 조직이 존재하는 이유는 공통의 목적(가령, 메달 획득, 통신서비스 제공, 가전제품 판매, 몸값 상승 등)을 달성하기 위해 함께 일할 목표가 있기 때문이다.

경영은 이런 조직들을 생겨날 수 있도록 한다. 왜냐하면 '조직이 추구하는 목표를 효과적 · 효율적으로 달성하기 위한 일련의 활동'으로 정의되는 경영은 보다 나은 성과를 가능케 하는 종합예술이기 때문이다.

1.2 경영의 진화

경영의 핵심은 어떤 목적으로 탄생한 조직이든 그 조직의 규모가 크든 작든 상관없이 보다 나은 성과를 거두도록 필요한 일을 하는 것이다. 마그레타가 지적한 것처럼, 세계경제가 지식기반화되고 글로벌화되면 될수록 일은 점점 더 전문화되고 복잡해 질 것이다. 따라서 경영은 앞으로 우리 인생에 더욱 중요한 역할을 하게 될 것이다. 교육을 많이 받고 전문화될수록 다른 사람의 힘을 빌려 성과를 올려야 할 일이 더 많아지기 때문이다. 사람들은 각자 프리랜서나 자유계약선수, 개인사업자처럼 자기만의 세계에 살며 개인적으로 업무를 처리할 수 있다고 생각하지만, 사실 그것은 어떤 조직이 우리가 하는 작업을 생산적으로 만들어 줄 수 있을 때만 가능하다. 이 점에서 일을 해내는 조직을 만들고, 조직의 성과를 만들어 내려는 도전이 바로 경영이다.[2)]

최근에는 '디자이너는 마케팅을 알아야 한다'라는 모토로 디자인을 상업적으로 어떻게 연결시킬 것인가, 상업성을 어떻게 디자인으로 연결시킬 것인가를 다루는

1) 조안 마그레타, 경영이란 무엇인가?(김영사, 2004, 권영설 · 김홍열 옮김)에서 발췌 인용
2) 조안 마그레타, 경영이란 무엇인가?(김영사, 2004)에서 발췌 인용(일부 문구 수정)

디자인경영 분야도 주목받고 있다. 그리고 문화산업 분야가 발전함에 따라 새로운 비즈니스에 대한 사람들의 관심이 커진 만큼, 연극, 시, 미술, 음악 등 예술기법을 경영의 여러 분야에 성공적으로 접목시켜 관련 분야의 정보 개발과 서비스를 다루는 문화 · 예술경영 분야의 비즈니스 역시 장래 전망이 무척 밝은 편이다.

1.3 기업의 경영활동과 돈의 흐름

조직의 가장 대표적인 예로서, 우리 주위에 흔히 볼 수 있는 기업은 추구하는 목적을 달성하기 위해 일련의 활동을 수행한다. 일반적인 기업의 목적은 사람들의 니즈를 충족하기 위해 특정 형태의 자원을 보다 가치 있는 다른 형태로 변환시키는 소위 사업(business)을 수행하는 것이다. 가령, 식당 및 렌탈업체와 같은 서비스업 그리고 정유회사나 자동차회사와 같은 제조업체를 떠올리면 쉽게 이해할 수 있다.

[그림 1-1]에서 보는 것처럼 기업이 보유자원의 활용을 통해 가치를 창조하여 사회에 기여하기 위해서는 재무, 인사, 영업 등 다양한 의사결정을 잘 내려야 한다. 불과 23명의 월드컵 대표 선수들의 관리 및 활용에 관한 의사결정도 만만치 않은데 하물며 수천 명에 달하는 종업원과 여러 곳에 분산된 수많은 물적 자원을 관리해야 하는 기업 경영의사결정의 어려움은 굳이 말로 할 필요가 없다.

그림 1-1 ▮ 기업의 3대 핵심 경영활동

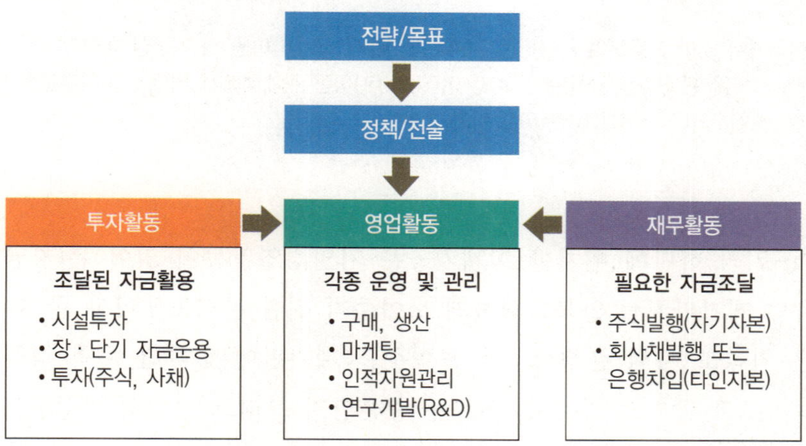

기업에서 이루어지는 수많은 경영활동은 세 개의 핵심적인 활동으로 구분할 수 있다. 가장 핵심적인 활동은 필요한 자금을 조달하는 재무활동과 조달한 자금을 경영목적상 필요한 자원(예컨대, 건물 및 기계 등)을 구입하는 데에 활용하는 투자활동, 그리고 이렇게 획득된 자원을 활용하여 기업 본래의 목적을 달성하는 데 필요한 제품 또는 용역의 생산 및 판매와 관련된 영업활동으로 구성된다.

이번에는 기업의 경영활동이 돈의 흐름과 관련해서 어떻게 수행되고 있는지 알아보도록 한다.

여러분이 현재 사용하고 있는 스마트폰이 어떻게 여러분의 손에 들어오게 되었는지를 돈의 흐름과 관련지어 생각해보자. 기업은 재무활동을 통하여 돈(자금)을 조달한 후 제조설비를 구입하거나 공장건설 투자 또는 반도체 부품 등 원재료 구입에 자금을 사용하게 된다. 물론 전형적인 인사관리활동을 통해 생산현장에서 일하는 근로자 및 여러분들로 하여금 핸드폰을 구입하도록 판촉활동을 벌이는 영업사원의 급료를 지급하고 판촉비 명목으로 현금이 쓰인다. 이렇게 썰물처럼 빠져나간 돈(자금)이 결실을 맺어 제품과 서비스의 생산과 판매로 이어져 소비자인 여러분이 해당 제품과 서비스를 구입하고 그 대금을 구입처에 지급하게 되면 밀물처럼 기업에 돈이 밀려들어오게 된다. 여기에서 썰물(현금유출)과 밀물(현금유입)의 차이가 바로 그 기업이 벌어들인 이익(또는 이윤)이 된다.

☑ 이익, 이윤, 수익은 어떻게 다른가?

잠깐 여기에서 많이 혼용하여 사용하는 '수익'과 '이익' 또는 '이윤'의 개념상 어떤 차이가 있을까? 수익(revenue)이란 판매액을 말하는 것이고, 이익(profit)이란 판매액에서 원가나 비용부분을 차감하고 남은 부분(margin)인데 경제학에서는 이윤이라고 한다.

[그림 1-2]의 하단에 위치한 회계기능은 기업경영활동에 있어 돈(자금)의 흐름을 자동차의 계기판처럼 일목요연하게 보여주기 위한 분석도구라고 할 수 있다. 아무리 좋은 차라도 차의 운행상태를 보여주는 계기판이 없다면 무척 힘들 것이다. 과연 규정속도로 달리고 있는지, 연료는 충분한지 그리고 기기의 이상은 없는지 등을 제대로 알 수 없기 때문이다. 과속을 해서 벌금을 물거나, 언제 기름이 바닥날지

그림 1-2 ▮ 기업경영활동과 돈의 흐름

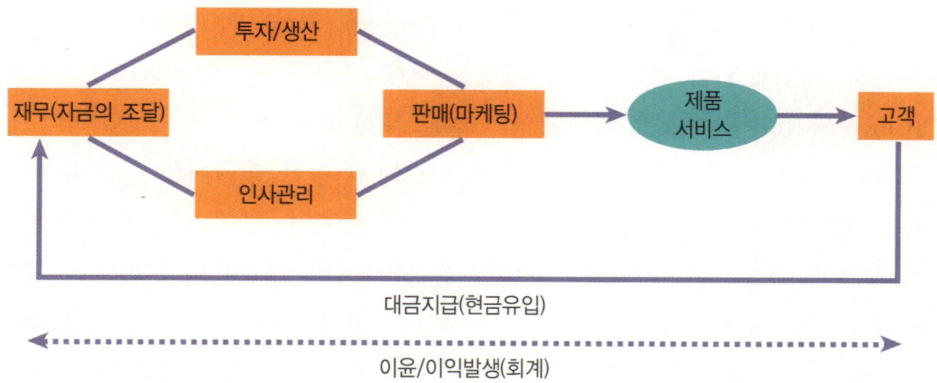

몰라 주유소를 지나치게 될 때마다 기름을 넣어야 할지 말아야 할지 고민하게 될 것이다.

마찬가지로 기업의 경영활동에서도 계기판의 역할은 막중하다. 생산 → 판매 → 고객의 대금지급으로 이어지는 영업순환사이클에서 자금의 순환이 원활한지 아닌지를 제대로 짚어서 보여주는 회계라는 계기판 덕분에 종업원들에게 월급날에 급료를 제대로 줄 수 있으며, 공장설비나 연구개발투자에 필요한 자금을 확보할 수 있게 된다.

1.4 기업과 경영자

기업활동을 수행하려면 먼저 기업을 설립해야 한다. 기업설립에는 자금이 필요한데 조그만 기업일 경우 한두 사람이 투자해서 기업을 탄생시킬 수 있다. 그러나 삼성이나 현대와 같은 대기업의 경우 한두 사람의 투자로는 턱없이 부족하다. 따라서 기업은 많은 사람들로부터 투자자금을 조달하기 위해 투자증서를 발행하여 판매한다. 이러한 투자증서를 보통 주식이라고 하고, 이 투자증서를 구입하고 자금을 제공한 사람을 투자자 또는 회사의 동업자인 주인이라는 의미에서 주주라고 한다.

이렇게 자금을 투자하고, 투자증서를 가진 주주들이 너무 많은 경우에는 이 모든 사람이 기업의 경영활동에 직접 나서는 것이 불가능하다. 따라서 주주들은 자신들의 이익을 대변하여 회사의 경영활동을 대신해 줄 전문가를 주주들이 모인 총회, 즉 주주총회에서 자기가 가진 주식수대로 투표권을 행사하여 대리인을 선출하여 회사경영을 맡기게 된다. 이때 회사 경영을 위해 선출된 경영자(대리인)들을 보통 CEO(Chief Executive Officer, 최고경영자)라고 부른다.

이와 같이 주주로서 기업경영에는 직접 관여하지 않는 투자자와 실질적으로 기업경영을 책임맡고 있는 경영자로 기업의 소유와 경영이 분리되는 것이 일반적이다. 이 경우에 주주들은 자신들이 투자한 돈을 가지고 경영자들이 얼마나 경영을 잘했는지를 알고 싶어 한다. 이를 위해 주주들은 경영자들이 기업활동에서 순환되는 돈의 흐름에 대해 일정시점의 재정상태를 보여주는 보고서인 재무상태표와 일정기간(예를 들면, 1년 동안) 기업이 벌어들인 이익이 얼마인지를 보여주는 포괄손익계산서와 같은 회계보고서를 작성하여 보고할 것을 요구한다. 경영자들 역시 이 회계보고서를 통해서 기업을 얼마나 효과적 · 효율적으로 경영했는지를 주주를 비롯한 여러 이해관계자에게 공표하게 된다.

효율과 효과성

효율(efficiency)과 효과성(effectiveness)이라는 용어도 경영분야에서 많이 사용하는 단어 중의 하나이므로 어떤 차이가 있는지 알아보도록 합시다. 예전 공산주의 치하의 소련에서는 택시운전사도 모두 국가 공무원이었다죠. 그래서 택시운전사에게 하루에 사용할 일정량의 휘발유를 지급하고, 가급적 많은 거리를 주행하면서 손님을 태우라고 했겠죠. 물론 공산주의 사회였기 때문에 운전사로 하여금 돈을 많이 벌어오도록 하는 이익개념은 희박했어요. 그래서 운전사들은 어느 정도 택시를 운행한 다음 한적한 장소에 세워놓고, 뒷바퀴를 들어 올려 공회전을 시켰답니다. 여러분도 잘 알고 있을 물리의 법칙상 차바퀴에 하중이 걸리지 않은 채 공회전을 하다 보니 당연히 적은 양의 휘발유로 많은 거리를 주행한 것처럼 주행계기판에 나타났겠죠. 그러니 효율은 높을 수밖에요. 그러나 택시운전의 목적이었던 승객운송에는 실패하였기 때문에 효과적이지는 못하였지요. 다시 말하면 효율은 투입 대 산출의 경제성에 관한 개념이고, 효과성은 목표의 달성 정도를 말한다고 이해하면 됩니다.

1.5 기업경영을 위한 회계정보의 역할

과연 우리가 현재 진행 중인 사업은 성공적인가? 또한 사업상 수행하는 다양한 활동들은 효과적이며 효율적인가? 이번 회계연도의 이익은 주주에게 배당할 만큼 적정하고, 보유현금 또한 충분할까? 이런 질문들은 사회가 요구하는 재화나 용역을 제공함으로써 이익을 실현하는 것을 목적으로 하는 기업이 항시 제기하는 것이다. 물론 기업에 투자하거나 자금을 대출해준 은행 그리고 납품업체 등 외부 이해관계자들도 경영자와 유사한 궁금증을 갖는다.

이러한 궁금증을 해결해주는 경영기능이 곧 회계(會計, accounting)이며, 기업경영을 위한 회계의 역할을 [그림 1-3]으로 나타내었다. 왜냐하면 회계란 재화 및 용역으로 자원을 변환하고 이들을 소비자에게 판매 또는 이전하는 것을 측정 및 보고하는 정보시스템이라고 할 수 있기 때문이다.

그림 1-3 ▮ 기업경영을 위한 회계의 역할

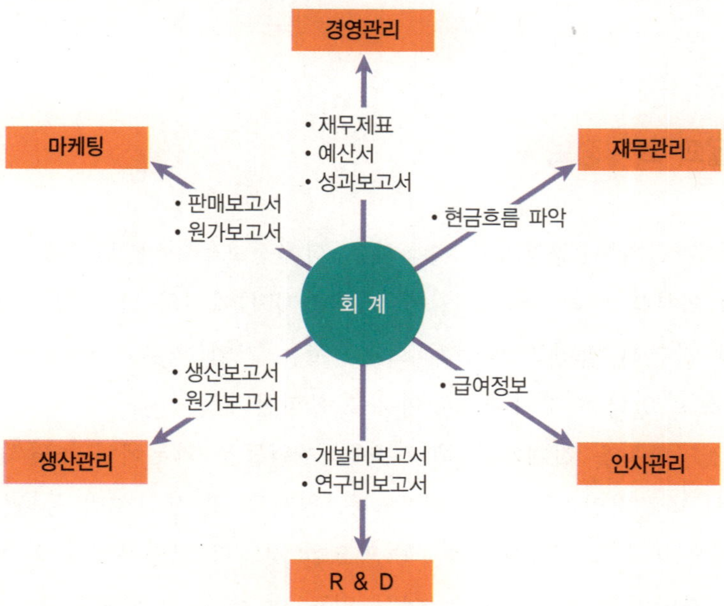

회계시스템, 쉽게 생각하기

회계시스템을 쉽게 '돈' 계산에 필요한 정보를 산출해내기 위한 여러 가지 절차, 조직, 제도라고 이해하면 어떨까? 회계정보라는 추상적인 개념을 '돈에 대한 계산결과'라고 회계정보를 쉽게 생각하자. 예를 들면 현재 가지고 있는 돈이 ₩10,000이고 친구로부터 ₩20,000을 빌렸다고 한다면 현재 가지고 있는 돈은 ₩30,000이다. 이렇게 길게 서술할 수밖에 없는 내용을 회계정보는 간단하게 현금 ₩30,000, 자본금 ₩10,000, 차입금 ₩20,000으로 재무상태표라는 회계보고서에 담는다.

회계, 쉽게 생각하기

회계를 어렵게 생각하지 말자. 우리는 일상생활에서 늘 회계와 접하고 있는데도 '회계'라는 용어를 사용하게 되면 먼 이웃나라쯤으로 생각한다. 회계는 '돈' 계산을 투명하거 해서 그 결과를 '돈' 관리에 적절하게 이용할 수 있도록 하는 서비스를 제공하는 것이다. 회계에서는 '돈' 계산의 투명성을 가장 중요시한다. 따라서 회계를 한다는 것이 '돈'을 너무 밝힌다든지, '돈'을 너무 따진다든지, 쪼잔하다든지 하는 것과는 거리가 멀다. 회계전문가일수록 기업을 비롯한 다른 사람의 엄청난 액수의 '돈' 계산 서비스를 대신해 주는 것이 본업이므로, 오히려 자신과 관련된 상대적으로 소액의 '돈' 계산에 대해서는 둔감한 편일지도 모른다.

1.6 자원조달과 회계정보

기업경영과 관련하여 경영자가 활용하는 회계정보를 자신만 아는 기밀로 해야 할까? 아니면 외부의 여러 사람들(일명, 이해관계자)에게도 널리 알릴 필요가 있을까? 결론부터 간단히 말하면 일련의 회계정보는 기업 외부의 여러 사람들에게도 널리 알릴 필요가 있다는 것이다. 그 이유를 살펴본다.

경영자는 경영활동을 전개하는 데 필요한 자원들을 외부에서 조달하여야 한다. 이러한 자원의 대표적인 예로는 자본, 노동, 원재료 및 생산설비 등을 꼽을 수 있다. 이들 자원은 마치 학생에게 책이 꼭 필요한 것처럼 경영자에게 꼭 필요한 것이다. 개인이든 기업이든 자원 없이는 아무 일도 할 수 없기 때문이다. 또한 학생들이 좋은 책을 저렴하게 구입하고 싶어 하듯이 경영자 역시 양질의 자원을 저렴한 가격으로 조달하기를 희망한다.

그러나 일반적으로 시장에서 자원의 총량은 제한적이다. 이에 따라 자원시장에는 수많은 기업들이 저마다 필요한 자원을 얻고자 경쟁하고 있으며, 이 과정에서 어떤 기업들은 싼 금리의 자본 · 양질의 노동력 · 양질의 원재료나 생산설비를 얻는 반면, 어떤 기업들은 그렇지 못할 뿐만 아니라 심한 경우에는 아예 자금조달이 막히고 도산하는 경우를 보게 된다.

이러한 경쟁적 자원시장에서 효율적으로 자원을 획득하기 위해서는 기업의 우수성을 알릴 수 있는 여러 가지 정보를 자원소유자(즉, 외부이해관계자)들에게 제공하는 것이 절대적으로 필요하다. 자원소유자들이 보이는 뚜렷한 특징 중의 하나는 거래대상 기업을 잘 알지 못하면 자원을 선뜻 제공하려 하지 않는다는 점이다. 잘 모르는 사람에게 누가 돈을 꾸어주려 하겠는가? 이 점을 감안하여 경영자는 예컨대 시장의 성장가능성, 충분한 생산능력, 안정적인 노사관계 등등의 다양한 경영정보와 구체적으로 수치화한 회계정보를 제공함으로써 자원소유자들에게 기업을 널리 알리고자(즉, 공시하고자) 하는 유인을 갖게 된다. [그림 1-4]는 이러한 자원의 교환을 촉진하는 회계(특히, 외부보고 목적의 재무회계)의 필요성을 잘 요약한다.

그림 1-4 ▮ 회계정보를 통한 자원의 교환과 배분

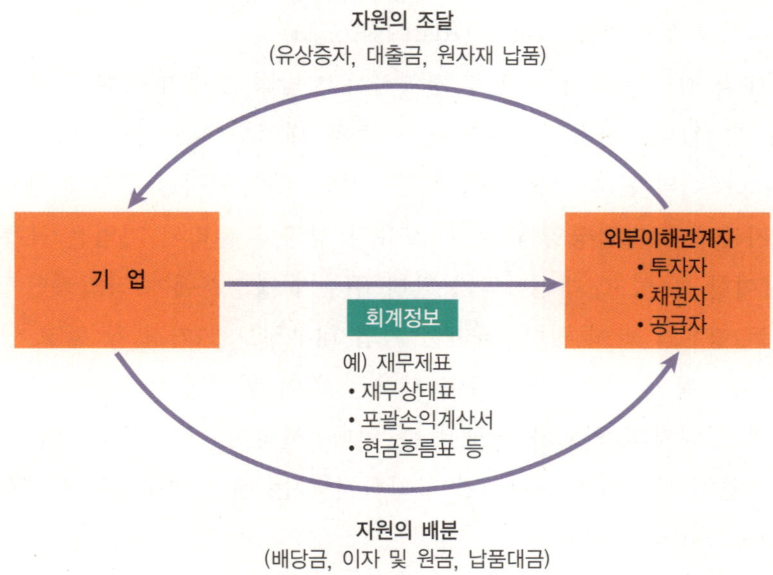

1.7 회계정보의 공시와 대리인 문제

이러한 자발적 공시 유인은 반드시 우량기업들만 갖는 것은 아니라는 점에 유의하여야 한다. 경쟁기업에 비해 열등한 기업의 경우도, 회계정보를 아예 제공하지 않으면 외부인들이 기업을 실제보다 훨씬 더 나쁘게 평가할 가능성이 있어 자원조달의 길이 완전히 막혀버릴 수도 있다. 그러므로 비록 재무상태나 경영성과가 좋지 않다고 하더라도 기업은 회계정보를 아예 제공하지 않는 것보다는 그래도 제공하는 것이 더 낫다는 생각을 하게 마련이다. 이와 관련하여 국내 대기업들이 중요시하기 시작한 IR(investor relations, 투자자관리 또는 기업설명회) 활동은 아주 좋은 예이다.

IR 차원에서 대기업들은 투자자를 비롯, 기타 정보를 필요로 하는 사람들에게(심지어는 기업에 흥미를 갖는 학생들에게도) 연차보고서를 작성하여 무료로 배포한다. 연차보고서(Annual report)는 과거 수년간의 재무제표를 담고 있어서 기업의 재무상태 및 경영성과에 대한 추세를 파악할 수 있게 해줄 뿐만 아니라, 미래의 수익성이나 안정성에 관한 경영자의 전망까지도 친절하게 담고 있다.

또한 연차보고서에는 경영목표나 영업활동에 관한 비재무정보도 듬뿍 담겨 있다.

그렇다면 기업의 연차보고서를 어떻게 찾아볼 수 있을까? 금융감독원의 전자공시시스템(DART)를 찾아가보자(http://dart.fss.or.kr).

그런데 현대적 기업은 실제 기업을 경영하는 사람과 주주가 다른 경우가 많아서 문제가 생길 수 있다. 가장 큰 문제는 주주와 대리인(경영자) 사이의 이해상충(conflict of interest)의 문제이다. 기업의 투자자인 주주가 직접 경영에 참가하는 대신 전문경영자자에게 기업경영을 맡긴, 소유와 경영이 분리된 기업은 불특정 다수가 주주로 참여할 수 있고, 개인기업과 달리 주주가 경영자에게 직접적인 영향력을 행사하기 힘든 경우가 많이 있다. 따라서 기업 내부정보를 가장 잘 알고 있는 경영자가 자신의 개인적인 이해관계를 우선시하는 일이 벌어질 가능성이 있다. 또한, 주주의 바램과 경영자의 의도가 어긋날 수 있다. 이렇게 기업의 주인인 주주와 대리인인 전문경영인 사이의 이해관계가 일치하지 않는 데서 비롯되는 문제를 대리인 문제(agent problem)라고 부른다.

대리인 문제의 핵심은 경영자들은 기업활동에 대해 잘 파악할 수 있지만, 기업의 주인인 주주는 이에 대한 정보가 없다는 점이다. 즉 경영자(대리인)와 주주(주

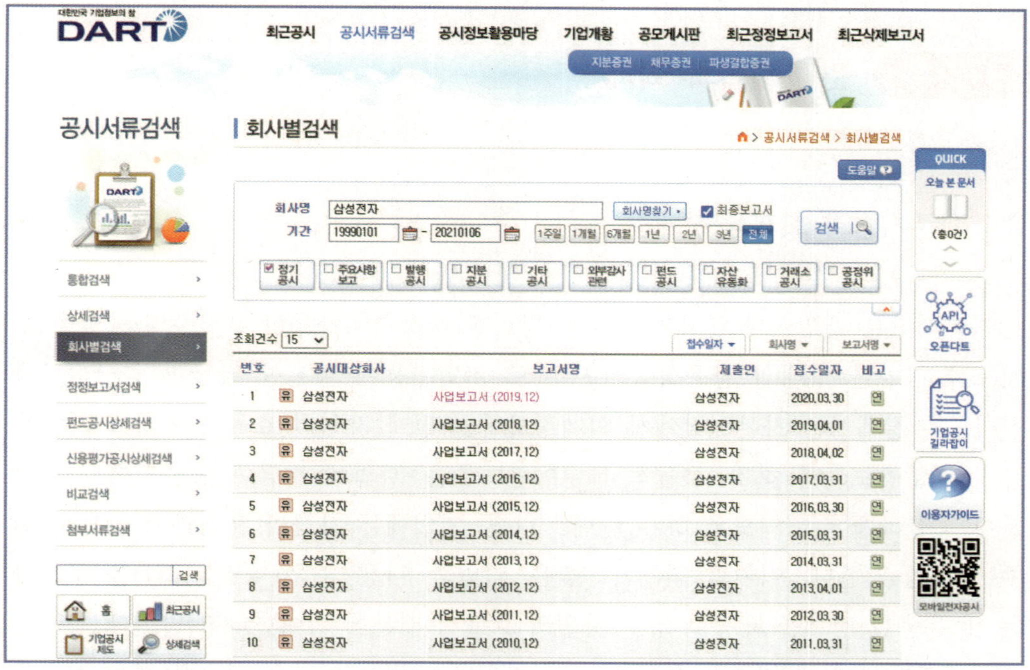

인) 간에 정보비대칭(Information asymmetry)이 존재한다. 주주는 경영자가 기업활동에서 발생한 돈의 흐름을 기록한 재무제표를 통해 기업 경영활동 내용을 파악할 수밖에 없는데, 경영자가 자신의 개인적 이해관계를 우선시하여 재무제표를 왜곡하게 된다면 주주는 해당 재무제표를 믿을 수 없게 된다. 이러한 대리인 문제를 해소할 수 있는 방안은 없을까? 한 가지 방법이 회계감사이다. 주주의 입장에서는 외부의 회계전문가로 하여금 경영자가 작성한 재무보고서에 대해 중립적 입장에서 잘 검토해준다면 해당 정보를 믿고 기업에 투자하고, 전문경영자에게 경영을 맡길 수 있을 것이다.

한편 경영자의 입장에서도 자신의 경영성과를 외부의 회계전문가가 중립적 입장에서 잘 검토해준다면 신뢰성이 입증된 경영성과를 바탕으로 더 좋은 대우를 받을 수 있는 기회를 얻게 될 것이다. 이같이 주주나 경영자 모두가 필요로 하는 회계보고서의 신뢰성을 인증해주기 위한 기능을 회계감사라고 하며, 공인회계사가 독립적인 회계전문가로서 이러한 인증업무를 담당한다.

제2절 현대사회와 회계

2.1 자본시장과 회계정보

자본시장은 개인이나 금융기관 등을 망라한 시장참여자들이 투자수익을 얻을 수 있도록 다양한 형태의 금융상품의 투자로 기업활동에 필요한 자금이 공급되도록 한다. 본 절에서는 자본시장에서 회계정보가 어떻게 자원의 효율적 배분에 기여하는지를 알아보도록 하자. 효율적 배분이란 '좋은' 기업에 자금이 공급되어 사업활동이 원활하게 수행되도록 하는 반면, '나쁜' 기업에는 자금이 흘러가지 않도록 해 주는 것을 말한다. 이처럼 회계가 '좋은' 기업과 '나쁜' 기업(일명, 옥석)을 구분하는 데 유용한 정보를 제공할 경우 자원의 효율적 배분에 기여한다고 말한다.

국가경제에 있어 저축을 통한 재정적 자원을 어떻게 자본을 필요로 하는 기업들과 사업 아이디어를 가진 사람들에게 효과적 그리고 효율적으로 연결할 수 있느냐는 매우 중요한 문제이다. 이것이 제대로 가동되면 새로운 비즈니스 아이디어들이 쏟아져 나오고 많은 일자리를 창출해내어 경제를 성장시켜 나갈 수 있다. 반면 재정적 자원배분에 실패하면 그 경제는 나락의 길을 걷게 된다. 이와 같이 자본주의는 그 자원배분을 '보이지 않는 손'인 시장의 힘(market force), 즉 수요와 공급에 의한 경제원리가 작동하는 시장에 의존한 반면에, 공산주의는 중앙집권적 계획과 통제에 의존했다. 어느 쪽이 더 효과적이고 효율적인 자원배분을 가능케 했는가는 역사가 증명을 한 바 있다.

이처럼 중요한 의미를 갖는 저축과 사업 아이디어의 매칭에는 몇 가지 문제점이 있는데, 이들 문제를 해결하기 위해 다양한 형태의 중개인(intermediaries) 또는 인증제도가 필요하다.

2.2 레몬의 문제(lemons problem)와 시장실패

흔히 레몬은 중고 시장에 나온, 겉은 멀쩡해 보이지만 알고 보면 엉망인 물건을 뜻하는 단어로 사용된다. 중고차 시장을 생각해보자. 중고차 상태는 차의 원소유자가 가장 정확하게 알고 있다. 중고차 구입은 구매자입장에서 보면 겉으로 멀쩡해 보이는 그 차가 사실은 어딘가 결함이 있는지, 큰 사고가 났었는지 정확하게 알 수 없는 정보비대칭이 대단히 심한 경우에 해당된다. 따라서 중고차를 구입하려는 사람은 평균적으로 반-반 정도 좋은 차와 나쁜 차가 있다는 가정하에 차를 선택하고 가격을 흥정할 것이다. 일반적으로 가격은 "통상 반 정도는 문제가 있는 차다"라는 것을 전제로 형성되기 때문이다. 이 때문에 정말로 괜찮은 차를 중고차 시장에 내놓는 사람은 손해를 보게 된다.

따라서 자신의 차가 정말로 괜찮다고 생각하는 소유자는 제 값을 받기 힘들다는 사실을 깨닫고 중고차 시장 외의 다른 루트를 찾게 될 것이다. 그 결과, 중고차 시장에서 괜찮은 차는 점점 줄어들고 문제가 있는 차는 점점 더 늘어나게 된다. 결국 악화가 양화를 구축한다는 말로 널리 알려진 그레샴의 법칙처럼 나쁜 차가 좋은 차를 몰아내게(crowd out)된다. 중고차 시장에 문제가 많은 차가 늘어나면 늘어날수록 가격은 더욱더 부적절하게 형성되면서, 좋은 차가 나올 가능성은 더욱 줄어들고 마침내 소비자는 중고차 시장 자체를 외면해버리게 된다. 이런 것을 레몬의 문제(lemons problem)라고 부른다. 이렇게 정보비대칭에 의해 초래된 시장실패는 흔히 역선택(reverse selection, 또는 잘못된 선택)이라고 한다.

자본시장에서의 레몬의 문제는 정보불균형에 의해 자본시장이 자금의 수요와 공급을 제대로 연결하지 못하는 시장실패를 의미한다.

일반적으로 기업가들이 투자자 및 전주(saver; 사업 밑천을 대는 사람)보다 사업에 대해 훨씬 더 정확하고 풍부한 정보를 갖고 있다. 이를 바탕으로 기업가들은 사업아이디어를 "수익성이 좋다"라는 측면을 강조해서 보여주게 될 것이며, 이때의 수익성은 투자를 하면 '돈'을 얼마나 잘 벌 수 있는지를 담은 회계보고서가 뒷받침할 것이다.

이때 사업가는 투자자들에게 좋은 정보만을 제공하려는 유인이 있다. 즉, 사업이 실제보다 더 잘되고 있는 것처럼 보이게 회계보고서를 작성해 투자를 끌어오고 싶어할 경우 기업가가 제공하는 정보의 신뢰성에 문제가 생긴다. 실제로 이런 일이 발생하면 어떻게 될까?

만약 사업가와 투자자 사이에 정보비대칭이 심한 경우라면 진정으로 좋은 비즈니스 아이디어를 가진 사업가들이라고 하더라도 투자자들이 외면하게 되어 사업가들은 더 이상 투자자들에게 적극적으로 구애할 동기가 없게 될 것이다. 따라서 자본시장은 별로 가치 없는 아이디어와 사업기회가 과대포장된 회계보고서로 무장한 사업가들만이 투자자를 유혹하는 시장으로 바뀌게 되는데, 이 상태를 방치하면 자본시장 자체가 붕괴되고 만다. 요컨대 투자자와 기업가 사이의 정보불균형은 레몬의 문제를 일으켜 결국 자본시장 기능을 무력화시킬 수 있다.

이러한 레몬의 문제는 자본시장뿐만 아니라 그 외의 분야에서도 똑같이 적용된다. 예를 들어 벌꿀(honey)의 품질을 보증해주는 인증제도가 없다면, 눈앞의 이익을 추구하는 가짜꿀 장사들에 의해 진짜 좋은 꿀은 설자리를 잃게 되고, 이것이 심할 경우 아예 '꿀의 유통시장'은 자취를 감춰버리게 될 것이다.

그렇다면 자본시장에 있어 이런 정보불균형문제를 해결하기 위한 대책은 무엇인가? 바로 회계정보와 회계정보를 이용하는 정보중개인(애널리스트, 신용평가기관 등)과 재무중개인(펀드매니저, 기관투자자 등), 신뢰성 있는 회계정보 산출을 위해 빛과 소금이 되는 감사인(공인회계사)들이 제 역할을 하는 것이다.

2.3 정보중개인과 재무중개인의 역할

중고차 시장에서 자동차 전문가가 개입하여 구매자와 판매자 사이의 정보불균형을 줄여주며 합리적인 차 가격을 산정해주는 것처럼, 그리고 꿀의 유통시장에서 품질보증을 위한 인증제도처럼 자본시장에서도 재무중개인, 정보중개인, 감사인 등이 정보비대칭을 줄여주며 자본시장이 제 기능을 발휘하도록 한다.

[그림 1-5]에서 보는 것처럼 재무중개인(financial intermediary)은 기관투자자들이나 펀드매니저로서 개개인들로부터 투자액을 모아서 여러 비즈니스 기회들을 정밀분석하고 어디에 투자할 것인가를 결정한다. 여기에는 연금 · 기금운용기관, 벤처캐피탈, 은행, 투자신탁, 뮤추얼펀드, 사모펀드 등이 있다.

그림 1-5 ▮ 자본시장에서의 재무중개인과 정보중개인

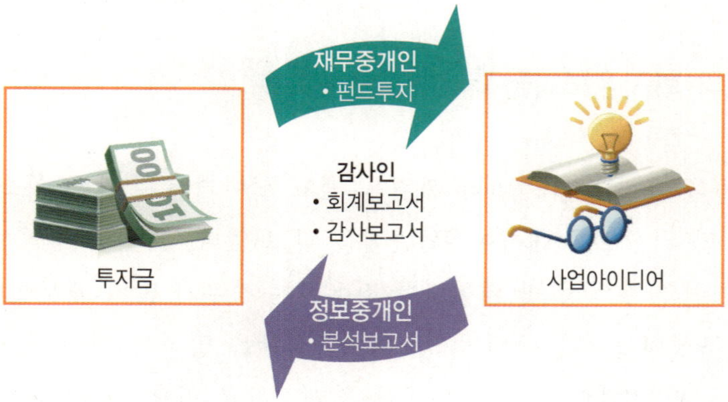

정보중개인(information intermediary)은 애널리스트나 회계법인, 신용평가기관, 채권평가기관, 경제신문 등으로서 여러 비즈니스 기회를 분석해서 투자자들에게 실제 그 비즈니스가 어떻게 돌아가고 있는지에 관한 정보를 제공하는 기관이나 개인을 말한다. 간단히 말해서 정보중개인으로서 애널리스트는 사업기회를 잘 분석하여 온갖 투자정보로 맛있는 뷔페상을 차려놓게 된다. 그러면 펀드매니저들은 맛있게 차려진 뷔페상에서 가장 맛있는 음식부터 골라먹듯이 애널리스트가 제공한 투자정보를 참고하여 고객들이 맡긴 돈을 주식이나 다양한 사업기회에 투자하는 것이다. 일반 개인투자자들 역시 높은 수익률을 보장해주지 못하는 펀드매니저에게 돈을 맡기지 않게 될 것이므로 펀드매니저들은 고수익을 가져다주는 맛있는 음식이 무엇인지를 알아내려고 부단히 노력할 것이다.

만일 애널리스트들의 분석정보가 맛과 영양가가 없다면 펀드매니저들은 그러한 정보를 원치 않게 될 것이고, 그렇게 되면 뷔페상에 차려진 음식은 모두 음식물쓰레기로 전락하게 된다. 결국 애널리스트는 고생만 했을 뿐 음식값으로 한푼도 벌지 못한 셈이다.

이렇게 두 종류의 중개인에 의해 정보불균형이 줄어들며 투자자가 좋은 투자기회와 나쁜 투자기회를 선별할 수 있게 됨으로써 정보비대칭 문제 때문에 자본시장 자체가 무너지는 것을 막을 수 있다. 이때 정보불균형을 해소하는 데 회계보고서가 핵심적인 역할을 한다. 재무중개인도 회계보고서에 근거한 애널리스트의 분석결과를 토대로 투자결정을 내리고 정보중개인은 회계보고서에 담겨진 회계정보가 정말로 믿을 만한 것인지 검증하고 또 여러 각도에서 분석해서 투자자들에게 정보를 제공하기 때문이다.

2.4 현대사회의 회계정보이용자

주식투자자들을 포함하여 기업과 관련을 맺고 살아가는 수많은 사회구성원들은 기업의 수익성 및 위험도에 대하여 큰 관심을 갖고 있다. 기업의 수익성 및 위험도가 곧 구성원 개인의 수익성 및 위험도를 좌우하는 경우가 많기 때문이다.

그러면 사회구성원들이란 구체적으로 어떤 집단을 말하는 것이며, 이들은 각기 기업에 대하여 어떤 기대를 가지고 있기에 회계정보를 필요로 하는가? [그림 1-6]에 잘 요약되어 있다.

[그림 1-6]에서 언급한 이용자들 외에도 문화예술단체나 자선단체, 대학 등도 기업의 회계정보에 대하여 많은 관심을 갖고 있다. 이들 단체들은 후원금이나 자선기금, 대학발전기금이나 연구기금을 요청해도 될 상황인지를 파악하기 위하여 기

그림 1-6 ▮ 사회구성원들의 기대와 회계정보 활용 이유

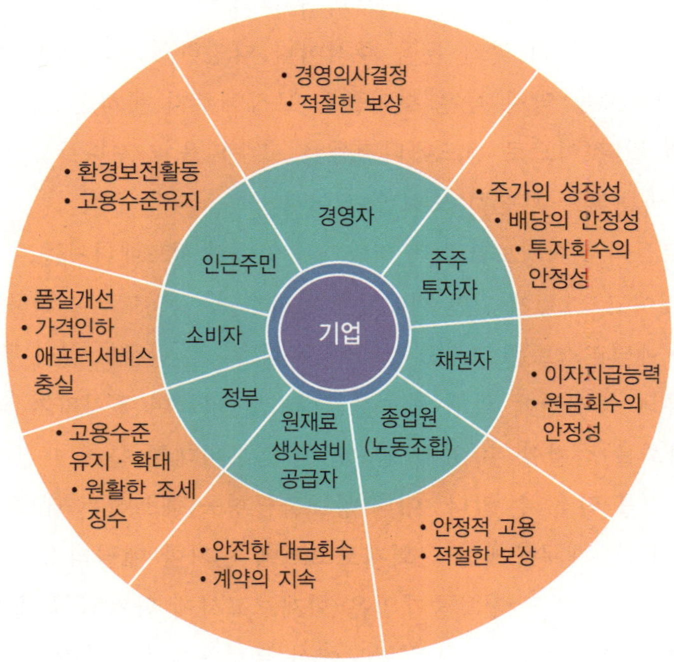

업에 대한 회계정보를 필요로 한다.

이상을 요약하면 현대사회의 회계정보이용자는 무척 다양하며, 이는 곧 회계정보가 그렇게 광범하게 활용될 정도로 사회에서 중요한 것으로 인정되고 있다는 사실을 잘 말해준다.

영화 '데이브(Dave)'를 보면

주인공 데이브가 현직 미국 대통령과 얼굴이 닮았다는 이유로 임시 대통령 역할을 대신 수행한다. 그는 공인회계사(CPA)인 친구의 도움을 받아 정부예산 심의과정에서 일부 정치적 예산을 삭감하고 대신 극적으로 그 예산을 빈민층을 위한 사회프로그램으로 돌리는 장면이 나온다. 기업과 마찬가지로 국가 역시 어떻게 자금을 조달하여 어디에 투자할 것인가는 궁극적으로 국민복지를 좌우하는 매우 중요한 의사결정이다. 이러한 의사결정에는 투자에 소요되는 예상지출액 및 프로그램으로부터 기대되는 예상효과 정보가 필요한데, 이들 정보는 주로 회계정보의 성격을 갖는다.

2.5 정당한 사회건설을 위한 회계정보의 역할과 경영자의 회계보고 의무

회계정보는 어떤 역할을 수행하기에 바람직한 사회건설에 기여한다고 보는 것일까? 회계정보는 기업의 경영활동 내용을 포괄적으로, 구체적으로, 일목요연하게 요약하여 보여준다. 따라서 사회구성원들은 기업의 회계정보를 통하여 한정된 자원을 효율적으로 활용할 줄 아는 기업과 그렇지 못한 기업을 구별할 수 있게 되고, 이를 바탕으로 자신의 자원배분에 관한 의사결정 문제를 해결할 수 있게 된다. 결국 회계정보는 주어진 자원을 잘못 활용하여 재무상태가 악화된 기업, 순이익 등의 경영성과가 빈약한 기업, 광고투자액에 비하여 매출성과가 별로인 기업들을 그렇지 않은 양호한 기업과 구별할 수 있게 해주는 역할을 함으로써 **자원소유자들의 개별적 의사결정에 공헌하고 나아가 사회 전체적으로 한정된 자원의 효율적 배분을 가능하게 하여 바람직한 사회건설에 기여한다**고 말할 수 있다.

바람직한 사회건설에 기여하는 회계정보의 역할을 강조하는 글들은 비단 회계전문잡지에만 등장하는 것이 아니다. 다음은 전 세계적으로 유명한 미국의 시사주간지인 포춘지에 실린 글이다.

> 수학에 조예가 깊었던 베니스의 승려 루카 파치올리는 1494년에 『산술, 비 및 비례통람』이라는 최초의 회계저서를 출간한 바 있다. 이 책은 근대상업의 탄생과 이들의 경영이 가능하도록 함에 핵심적 역할을 한 복식부기를 소개한 점에서 유명하다. 이러한 회계의 도움 없이는 자원을 배분하고 위험을 평가하며 경영성과를 측정하고자 하는 기업의 이해관계자들이 기업에 관한 수많은 활동들을 일목요연하게 파악하는 것이 불가능했을 것이다. …… 이하 생략.
>
> Fortune, 1994. 10

앞에서는 회계정보가 한정된 자원을 효율적으로 활용할 줄 아는 기업과 그렇지 못한 기업을 구별할 수 있게 해줌으로써 정당한 사회건설에 기여한다는 것을 살펴보았다. 그러나 정당한 사회건설에 회계정보가 기여하는 측면을 제대로 이해하기 위해서는 회계의 고유기능인 경영책임 보고의무(또는 수탁책임 보고의무)를 이해하는 것이 필요하다.

경영책임 보고의무(accountability)란 경영자가 사회구성원들로부터 조달한 자원을 효과적이고 효율적으로 활용하였는지 여부를 사회구성원들에게 보고해야 할 책임을 말하는 것이다. 경영자가 사회구성원들로부터 자원을 조달한다는 것은 곧 사회가 한정된 자원을 경영자들에게 대신 관리해주도록 위탁한다는 것을 의미한다. 따라서 경영책임 보고의무는 경영자가 수탁관리자의 입장에서 마땅히 이행하여야 할 기본적인 책임이며, 의무사항으로 오래 전부터 관행으로 존재해 온 것이다.

즉, 경영자들은 그동안 정기적으로 재무제표와 같은 회계보고서를 작성 · 공시함으로써 사회에 대한 경영책임 보고의무를 간편하게 수행해 왔으며, 이런 관점에서 경영책임 보고의무는 회계의 고유기능의 하나로 간주되어 왔다. 이처럼 경영자들로 하여금 정기적으로 회계책임을 이행하게 하면 경영자들은 위탁받은 자원을 보다 더 효율적으로 운영하려고 노력하게 된다. 또한 사회가 경영자에게 책임을 물을 수 있는 기반을 얻게 됨으로써 결국 사회적 자원의 효율적 배분이 달성된다.

제3절 회계학의 학문적 체계

지금까지는 회계에 대한 구체적인 정의를 내리지 않은 가운데 현대 사회 속에서의 회계 역할을 의사결정자의 정보활용 측면에 초점을 맞추고 설명해 왔다. 즉, 대표적인 회계정보의 이용자에는 조직 내부의 경영자와 조직 외부의 다양한 경제주체들이 있으며, 회계정보는 이들이 보유하고 있는 자원의 효율적 배분, 나아가 사회 전체 자원의 효율적 배분에도 매우 유용한 것임을 살펴보았다.

이러한 회계의 역할에 대한 기초적 이해를 토대로, 본 절에서는 회계가 무엇인지에 대한 정의를 살펴보고 나아가 회계학의 학문적 성격을 소개한다. 아울러 회계의 영역들을 짚어보기로 한다.

3.1 회계의 정의

회계를 의미하는 영어는 'accounting'이다. 이 용어는 제4장에서 소개하는 계정(計定, account)에서 유래된 것이다. 왼쪽과 오른쪽으로 나누어진 계정을 이용하여 체계적으로 재산이나 빚의 증가 및 감소를 기록하는 복식부기 방식이 자리잡으면서부터 계정에 기록한다는 뜻의 'accounting'이라는 용어가 등장하게 된 것이다.

회계(會計)라는 한자어를 살펴보면 여러 사람이 모여(會, 모일 회) 함께 헤아린다는(計, 헤아릴 계) 두 음절로 구성되어 있다. 오늘날 會計라는 용어는 여러 사람이 모여 조직의 성과나 재무상태를 계산한다는 뜻에서 더 나아가 정보이용자의 의사결정을 지원하는 정보시스템이라는 의미로 확장되었다.

이런 관점에서 먼저 미국회계학회에서 연구결과를 정리하여 내린 회계의 정의를 살펴보고, 회계학의 학문적 영역과 공인회계사와 세무사 등 회계전문직에 대해 소개한 후 회계학을 전공으로 대학원 또는 유학을 준비하려는 독자들을 위한 조언을 담고자 한다.

대학의 회계학 교수 및 회계 이론가들로 구성된 미국회계학회(AAA : American Accounting Association)는 ASOBAT[3)]라는 보고서를 통해 회계를 다음과 같이 정보시스템으로 정의하였다.

"회계는 정보이용자가 사정을 잘 알고서 판단이나 의사결정을 할 수 있도록 경제적 정보를 식별하고 측정하여 전달하는 과정이다"(Accounting is the process of *identifying, measuring, and communicating* economic information to permit informed judgements and decisions by users of the information.).[4]

그림 1-7 ▮ 회계정보의 전형적인 흐름

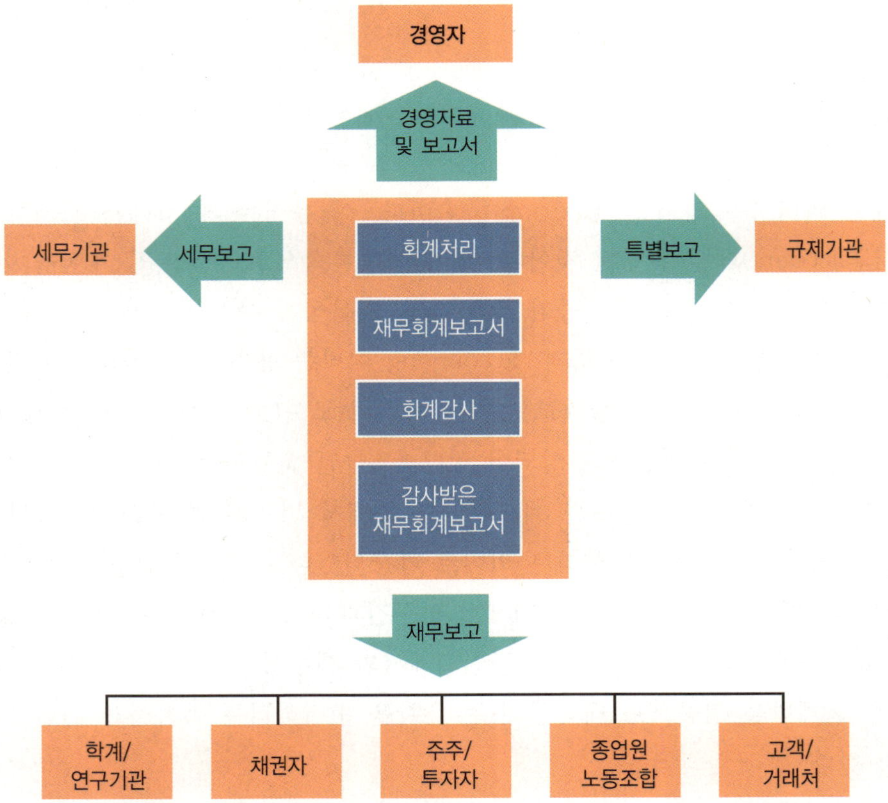

3) 1966년에 미국회계학회(AAA)의 특별위원회가 마련하여 공표한 "기초적 회계이론에 관한 보고서"(A Statement of Basic Accounting Theory)를 의미한다.

ASOBAT의 정의에 따르면 회계는 영리를 목적으로 하는 기업뿐만 아니라 개인, 정부기관 등 광범위한 이용자들이 경제적 의사결정을 내리는 데 도움이 되는 정보를 제공하고자 하는 정보시스템(information system)으로 간주된다. 참고로 [그림 1-7]은 정보시스템으로서의 회계시스템이 어떤 유형의 결과물을 통해 다양한 이해관계자의 정보욕구를 충족시키는지를 나타내고 있다.

3.2 회계의 영역과 학문적 분류

(1) 재무회계

재무회계(財務會計, financial accounting)는 기업 외부에 존재하는 다양한 이해관계자의 경제적 의사결정에 유용한 재무정보를 측정 · 보고할 목적으로 이루어지는 소위 외부보고 목적의 회계를 의미한다.

외부이용자를 위한 재무회계정보는 정보의 처리과정을 거쳐 요약된 형태로 보고가 되는데, 이 요약된 보고서를 재무제표(財務諸表, financial statements)라 한다. 기업에서 필수적으로 작성하여야 하는 재무제표에는 재무상태표, 포괄손익계산서, 현금흐름표 등으로 구성되며, 주석을 포함한다. 이에 관해서는 제2장 이후에서 자세히 설명한다.

(2) 관리회계

관리회계(管理會計, management accounting)는 조직의 관리자(경영자)가 경영의사결정을 내리는 데 필요한 회계정보를 제공하는 내부보고 목적의 회계이다. 즉, 관리자가 자신에게 주어진 자원을 최대한으로 활용하여 경영책임을 완수할 수 있도록 하는 데 필요한 회계정보를 제공해주고자 하는 목적으로 수행되는 회계분야이다. 이때 사용되는 정보 중 가장 대표적인 정보는 원가정보(cost information)이다. 따라서 관리회계에는 원가정보의 산출을 주로 다루는 원가회계(原價會計, cost

---

4) Committee to Prepare a Statement of Basic Accounting Theory, A Statement of Basic Accounting Theory (Evanston, Ⅲ AAA, 1966) p.1.

accounting)와 원가정보의 활용과 의사결정을 다루는 관리회계로 다시 세분화하기도 한다.

(3) 세무회계

기업은 경영활동의 결과에 따라 일정한 금액의 세금을 국가 또는 지방자치단체에 납부하게 되어 있다. 세금은 법에 의해서만 납부를 하게 되어 있는데 세무회계(稅務會計, tax accounting)는 세법에 따라 납부하여야 할 납세액을 계산하는 모든 과정을 다룬다.

미국의 회계실무에서는 재무회계 자료와 세무회계 자료를 각각 다른 회계처리방법에 따라 별도로 작성(two book system)하는 것이 허용되고 있으나 우리나라의 경우에는 기업회계기준에 의하여 작성된 재무회계자료를 기본으로 하고 이에 기업회계기준과 세법의 차이 내용을 조정하여 세무보고 자료를 만들도록 하고 있다. 이러한 세무조정 업무는 주로 공인회계사나 세무사에 의해서 수행된다.

(4) 회계감사

기업의 회계보고기능이 경영자에 의해서 수행되고 경영자와 기업 외부의 이해관계자들 사이의 이해관계가 항상 일치하는 것이 아니라고 볼 때 경영자가 작성한 재무제표를 그대로 인정하는 데에는 위험이 따른다. 따라서 재무제표가 이용자들에게 전달되기 이전 단계에서 객관적인 입장에 있는 회계전문가에 의해서 신뢰성을 인증받을 필요가 있다. 경영자에 의해서 작성된 회계정보에 대한 객관적인 검증기능을 회계감사(會計監査, auditing)라 하며, 공인회계사는 회계감사를 받고자 하는 조직(피감사법인)이 기업회계기준에 따라 회계처리를 하였는지의 여부를 객관적·전문가적 입장에서 감사하여 감사의견을 표명한다.

지금까지 설명한 회계의 4대 영역을 요약하면 다음 [그림 1-8]과 같다.

그림 1-8 ▮ 회계의 4대 영역

회계의 의의

정보이용자가 자원배분에 관한 의사결정을 합리적으로 할 수 있도록
목적에 적합한 정보를 표현충실하게 제공

	재무회계	세무회계	회계감사	관리회계
목적	(기업)외부공시와 IR	세무신고	재무보고 신뢰성 검증	경영의사결정
정보이용자	주주, 채권자, 정부기관, 협력업체, 고객, 소비자단체 등	세무서	외부정보이용자	경영자, 관리자/실무자, 노동조합
정보의 속성	과거 경영활동의 결과		과거, 현재 및 미래 경영활동의 결과 및 예측	
정보의 특성	표현충실성			목적적합성

3.3 공인회계사와 세무사 · 감정평가사 등 회계전문직

공인회계사(CPA : Certified Public Accountant)는 기업의 회계보고서가 분식없이 적정하게 작성되었는지 여부를 인증해주는 회계전문가로서 사회의 건전한 발전을 위하여 매우 지대한 공헌을 한다. 이런 관점에서 공인회계사를 자본주의의 파수꾼이라고 부르기도 한다.

공인회계사는 21세기 사회가 절대적으로 필요로 하는 '전문직업인'의 하나로 확고한 지위를 차지하고 있으며, 앞으로 우리나라의 경제규모가 더욱 확대됨에 따라 공인회계사들의 사회적 지위 역시 더욱 향상될 것으로 전망된다.

CPA들은 비록 개인자격으로 회계서비스를 제공할 수도 있지만 주로 회계법인에 소속되어 공공회계 서비스를 제공한다. 대표적인 서비스는 감사와 인증, 경영컨설팅 및 세무서비스이다.

앞으로 한국 경제규모의 확대나 회계서비스시장 개방 등을 고려할 때 공인회계사 선발인원은 900명 내외에서 유지될 것으로 전망되며, 공인회계사 시험과목은 다음과 같다.

- 1차시험(객관식) : 회계학, 경영학, 세법개론, 경제원론, 상법
- 2차시험(주관식) : 재무회계, 원가회계, 세법, 회계감사, 재무관리

우리나라에서는 2007년부터 회계학 및 세무관련 과목 12학점, 경영학 과목 9학점, 경제학 과목 3학점 등 총 24학점 이상 이수자에 한하여 응시자격이 부여되며, 영어는 TOEIC 등 공인영어시험으로 대체되었다. 2차시험에서는 각 과목별 60점 이상, 단 재무회계는 90점 이상(150점 만점) 과목별 합격 여부를 판정하는 부분합격제가 도입되는 등 공인회계사 시험제도에 많은 변화가 있었다.

세무사는 납세의무자의 의뢰에 따라 세금납부에 관한 일체의 업무를 수행하는 세무에 관한 전문변호사라고 할 수 있다. 인간이면 누구나 피할래야 피할 수 없는 숙명 두 가지를 지니고 있는데, 하나는 죽음이고 하나는 세금이라고 한다. 이 중 일상생활을 하는 과정에서 당장 문제가 되는 것은 세금이며, 이런 관점에서 세무사들의 역할은 무척 크다.

이들 대부분은 개인 사무실을 운영하거나 여러 세무사가 공동으로 세무법인을 운영하고 있다. 경제규모가 확대됨에 따라 세무사들의 업무도 더욱 늘어나고 전문화될 전망이다. 게다가 조세제도의 정비나 자진 신고납세제도의 확립은 세무사의 활동영역을 더욱 넓혀주고 있다.

매년 세무사 시험에 합격하는 인원은 600명 정도이며, 세무사 시험과목은 다음과 같다.

- 1차시험(객관식) : 재정학, 회계학개론, 세법학개론, 상법 · 민법 · 행정소송법 중 택일, 영어
- 2차시험(주관식) : 세법학 1부, 세법학 2부, 회계학 1부, 회계학 2부

이외에도 정부의 공공사업에 따른 보상문제, 공시지가 산정업무 등 토지, 부동산의 가치를 평가하는 전문가인 감정평가사가 되기 위한 자격시험 과목에도 회계학이 포함되어 있다.

윤리이슈 회계의 빛과 그림자

회계전문직의 신뢰도

회계전문가에 대한 신뢰수준은 과연 어느 정도일까? 이에 대한 한 가지 흥미로운 해외 조사결과를 소개한다.

호주와 뉴질랜드 기업인과 일반국민을 대상으로 정치인, 자선단체, 교사 및 소방관 등 42개 직업 종사자들 중 어떤 사람들을 가장 신뢰하는지를 물은 결과, 양국 공통으로 건강산업 종사자들 가령, 앰뷸런스 운전기사, 간호원, 약사, 의사 및 치과의사 등이 상위를 차지하였다. 반면, 텔레마케터, 자동차 판매원 및 부동산 중개업자 등은 낮은 점수를 얻었다. 변호사의 경우 뉴질랜드는 1위로 평가한 반면, 호주는 20위로 꼽아 양국 간의 평가는 극명하게 엇갈렸다. 회계전문가의 경우 뉴질랜드는 가장 신뢰받는 직업 9위에, 호주는 11위로 꼽아 현재 회계전문가는 양국 모두 높은 수준의 신뢰를 받고 있음을 알 수 있다.

자료 : MSI Global Alliance 조사 사례 중 일부

3.4 대학원 · 로스쿨 진학 및 MBA 유학과 회계학

한편 회계학을 제대로 공부하고 습득한 회계지식을 미래 커리어 플랜상 가장 효과적으로 활용하려면 회계학 인접 학문에 대한 소양을 쌓을 필요가 있다. 대표적인 인접 학문은 경영학과 경제학이며, 심리학처럼 사람을 다루는 학문에 대한 소양은 물론 현상을 함축적으로 표현하는 수학의 지식은 회계지식의 활용에 새로운 지평을 여는 촉매 역할을 할 수 있다. 박사과정에서 회계학을 전공하는 경우 경제학이나 수학(또는 통계학), 재무관리 또는 심리학 등을 부전공(minor)으로 이수하는 이유가 여기에 있다.

경영학 전공으로 대학원 · 로스쿨 진학이나 해외유학을 가는 경우에도 회계지식은 매우 유용하게 활용된다. 특히 미래 최고경영자 배출을 목적으로 일정기간의 실무경험을 가진 경영관련 학부졸업생이나 기타 비전공자들에게 집중적으로 경영학을 가르치는 MBA(Master of Business Administration, 경영학석사) 과정에서는 팀워을 통한 그룹 과제가 강조된다. 이 경우 다양한 배경과 전공의 팀원들과 공동으로 과제를 수행하는 과정에서 회계학 지식이 강한 한국 학생들은 재무제표 분석이나 기업가치평가 등의 영역에서 남보다 뛰어난 소양을 보여 팀원들로부터 인기를 끌

기도 한다. 이런 역량은 제2외국어로 영어를 사용해야 하는 한국 유학생의 언어적 핸디캡을 만회하는 데 일조하기도 한다.

회계학 분야에서 앞서 가는 미국 대학들 상당수는 회계학 석사과정뿐만 아니라 공인회계사 시험 준비를 위한 전문 석사과정(흔히 MPA 등으로 불림)을 운영하기도 한다. 따라서 국내에서 회계학을 수강한 학생들은 어떤 유형의 석사 과정에 진학하더라도 학부에서 사용한 교과서를 통해 익숙해진 회계용어 및 영어 표현을 활용하여 새로운 프로그램에 쉽게 적응할 수 있다.

U.S. News and World Report는 회계학 및 경영학 전공별로 Top 20 순위를 매년 발표한다. 참고로 회계학 분야는 학부와 대학원 모두 Texas 주립대학(오스틴 소재)과 일리노이 주립대학이 최근 수년간 최상위에 위치하고 있으며, 보다 자세한 회계학 분야의 순위는 본 서의 자매서인 「스터디가이드」 제1장 박스를 참조하기 바란다.

Tips for Self Study

• 교과서 연습문제 [3] : 회계에도 윤리가? 윤리의식이 결여된 회계는 무용지물!

연|습|문|제

[1] 아래 괄호에 알맞은 단어나 영어로 된 용어(英 :   )를 기재하시오.

(1) 조직이 추구하는 목표를 효과적, 효율적으로 달성하기 위한 일련의 활동으로 정의되는 ([경] 英 : [m])는 보다 나은 성과를 가능케 하는 종합예술이다.

(2) 주주들이 자신들의 이익을 대변하여 회사의 경영활동을 대신해 줄 전문가를 주주총회에서 선출하여 회사경영을 맡기게 되는데 이때, 회사 경영을 위해 선출된 경영자들을 보통 ([최] 英 : [C])라고 부른다.

(3) IR(Investor Relations : 일명, 투자자관리) 차원에서 대기업들은 투자자를 비롯, 기타 정보를 필요로 하는 사람들에게 ([연] 英 : [a] report)를 작성하여 무료로 배포하는데 여기에는 과거 수년간의 재무제표를 담고 있어서 기업의 재무상태 및 경영성과에 대한 추세를 파악할 수 있게 해 줄 뿐만 아니라, 미래의 수익성이나 안정성에 관한 경영자의 전망까지도 담고 있다.

(4) 기업의 주인인 주주와 대리인인 전문경영인 사이의 이해관계가 일치하지 않는 데서 비롯되는 문제를 ([대]문제 英 : [a] problem)라고 부른다.

(5) ([회] 보고의무 또는 [보] 英 : [a]ability)란 경영자가 사회구성원들로부터 조달한 자원을 효과적이고 효율적으로 활용하였는지 여부를 사회구성원들에게 보고해야 할 책임을 말하는 것이다.

(6) 기업활동이 국제화되고 자본시장의 세계화 추세에 따라 전 세계적으로 단일기준 즉, ([국]기준 英 : [I])으로 회계기준을 통일시키려는 회계혁명에 당면하고 있다.

(7) ([재] 회계 英 : [f] Accounting)는 기업 외부에 존재하는 다양한 이해관계자의 경제적 의사결정에 유용한 재무정보를 측정 · 보고할 목적으로 이루어지는 소위 외부보고 목적의 회계를 의미한다.

(8) 경영자에 의해서 작성된 회계정보에 대한 객관적인 인증기능을([회] 英 : [a])라 하며, 이는 대리인 문제를 해결하는 한 가지 방법이다.

(9) ([공] 英 : [C])는 기업의 회계보고서가 분식없이 적정하게 작성되었는지 여부를 감사하는 사람으로서, 사회의 건전한 발전을 위하여 매우 지대한 공헌을 한다는 의미에서 자본주의의 파수꾼이라고 부르기도 한다.

[2] 인터넷을 이용한 회계 탐험

(1) 금융감독원 전자공시시스템(http://dart.fss.or.kr)에서 현대자동차가 정기공시하는 재무보고서에는 어떤 것이 있는지 알아보도록 하자.

(2) 금융감독원의 공인회계사시험 홈페이지(http://cpa.fss.or.kr)에서 공인회계사시

험 길라잡이와 Q&A에 올려져 있는 내용을 검토해보도록 하자.

(3) 한국공인회계사회 홈페이지(http://www.kicpa.or.kr)에서 한국공인회계사 자격을 획득하기 위한 요건과 주요 업무(회계관련, 세무관련 등)는 무엇인지 알아보도록 하자.

[3] 회계윤리

(1) 엔론사의 대규모 분식사건

에너지 개발 및 생산업으로 미국의 7번째 대기업이었던 엔론사는 2001년에 자사의 이익 수치가 수년 동안 과대계상되었으며 상당액의 부채를 보고하지 않았음을 고백하면서 파산신고를 했다. 미계상된 부채는 회사가 신규 시장 및 제품 진출을 위한 사업확장 목적으로 사용되었다. 이 사실이 알려지자 엔론사는 더 이상 추가자금을 조달할 수 없게 되었고 부채상환 또한 불가능하게 되었다.
이 분식사건의 공시 즉시 엔론사의 주가는 급격히 하락했으며 그 결과 상당수의 투자자들은 손실을 기록하였다. 많은 종업원들은 직장과 퇴직금 목적의 저축을 상실했고 대부분의 채권자 역시 원금을 회수할 수 없게 되었다.
엔론사 투자자와 채권자들은 엔론사 경영진을 상대로 "경영진의 그릇된 보고로 인해 손해를 보았다"고 주장하면서 소송을 제기했다. 아이러니컬하게도 엔론사 경영진들은 자신들이 보고하는 회사의 이익수치 및 성장률과 연계되어 있는 보상기준에 따라 고액의 연봉 및 성과급을 받았다.

〈물음〉 당신이 투자자 및 채권자 그리고 엔론사의 경영진을 조사한 미국의 상원이라면 이러한 상황을 어떻게 판단하겠는가?

(2) 분식회계와 세무보고

○○전자는 분식회계를 통하여 실적을 부풀리고 이 실적을 바탕으로 자발적으로 세금을 많이 냈다. 그 이후에 ○○전자는 "분식회계로 실제보다 부풀려진 실적만큼 세금을 더 냈으니 분식회계 상태를 근거로 부과한 세금을 취소해 달라"며 세무서를 상대로 소송을 제기하였다. 세무서에서는 "기업이 분식회계로 과다 신고한 세금을 돌려달라는 것은 납세의무자가 지켜야 할 신리를 저버린 것"이라고 주장하였다. 당신은 ○○전자의 손을 들어주겠는가 아니면 세무서의 손을 들어주겠는가?

〈물음〉 당신이 회계학을 전공한 판사라면 이 문제에 대해 어떤 판단을 하겠는가?

제 2 장

재무제표의 이해

제 1 절 | 재무보고와 재무제표
제 2 절 | 재무상태표
제 3 절 | 포괄손익계산서
제 4 절 | 기타 재무제표 : 현금흐름표와 자본변동표

회계란 의사결정을 지원하는 정보 창출 · 활용 통로라고 정의할 수 있다. 정보이용자들에게 제공할 회계정보를 담는 그릇에 해당하는 것이 재무제표이다. 본 장에서는 재무제표란 무엇이며 어떤 것들이 있는지를 소개한다. 구체적으로 재무상태표란 무엇이며 어떠한 정보를 제공하는 보고서인지 그리고 포괄손익계산서란 무엇이며 어떠한 정보를 제공하는가 등을 다룬다.

재무제표는 재무상태표, 포괄손익계산서, 자본변동표, 현금흐름표와 주석 다섯 가지로 구성된다. 본 장에서는 개별기업 차원의 재무상태표와 포괄손익계산서를 중심으로 설명한다. 나머지는 제11장과 제13장에서 다루며, 종속기업을 포함한 연결재무제표에 대해서는 제7장에서 설명한다.

"지난 20년간 공공서비스 분야에 종사하면서 임명직 및 선출직 공무원으로 봉사해 온 나는 현재 텍사스주 오스틴 시의원이다. 시의회는 공항, 전력회사, 병원, 기금 및 몇몇 산하기관의 경영을 관할하는 연간 10억 불이 넘는 시 예산을 감독하는 동시에 시예산을 관리한다.

회계를 잘 안다는 것은 마치 매우 복잡한 조직의 거미줄처럼 얽혀 있는 문제를 조사하고 이해하도록 도와주는 초강력 플래시를 갖고 있는 것과 다름없다.
대학에서 받은 회계학 교육은 마치 우리가 매일 당면하는 복잡한 암호 해독을 도와 주는 좋은 친구와 같다. 회계지식 덕분에 시에서 제안하는 각종 거래 및 활동의 경제적 영향 및 효과를 남보다 빨리 가늠할 수 있다. 이러한 가치있는 통찰력은 내 관할구역인 시 및 시민들의 경제상황을 보호하고 개선하는 데 일조할 것으로 기대되는 합리적 의사결정을 지원한다고 믿는다."

Gustavo L. Garcia, CPA(미국 Texas주 Austin 시의원)

제1절 재무보고와 재무제표

셀 수 있다고 모두 중요한 것은 아니다. 마찬가지로 중요한 것이라고 모두 셀 수 있는 것은 아니다.

– 아인슈타인

1.1 재무보고란 무엇인가?

회계란 합리적 투자, 대출 및 기타 유사한 의사결정을 내리는 사람들에게 유용한 정보를 제공하기 위해 존재한다. 이들 의사결정자들은 투자자, 채권자, 경영자, 납품업체, 고객 및 기타 이해관계자들을 포함한다. 심지어 공공부문에 종사하는 공무원이나 의원들 역시 포함된다. 그만큼 정보이용자들은 다양하다.

많은 사람들이 기업의 재무정보는 상당히 베일에 가려져 있다고 생각한다. 그러나 결코 그렇지 않다. 대부분의 "규모가 큰 기업"은 다수의 투자자들로부터 자본을 유치한 결과로 커진 것이다. 누구나 투자할 수 있는 회사를 공개회사(publicly owned) 또는 상장회사라고 부른다.

일반대중들에게도 투자를 허용하게 됨에 따라 기업은 투자자 및 잠재적 투자자들에게 자신의 운영활동에 관한 재무정보를 제공할 책임을 진다. 우리나라를 비롯한 대부분의 국가는 상장회사들에게 법에서 정한(최소한의) 재무정보를 의무적으로 공개하도록 요구하고 있다. 재무정보를 공개한다는 것은 곧 원하는 사람들은 누구나 볼 수 있음을 의미한다. 정보공개를 요구하는 국가에서는 동시에 이들 정보가 신뢰할 만하고 완전할 것을 요구한다.

이처럼 기업에 관한 정보를 조직 외부의 의사결정자들에게 제공하는 것을 재무보고(financial reporting)라고 한다.

재무보고는 기업의 현재 시점의 재무적 건강 상태 및 미래의 전망을 개괄적으로 보여준다. 이런 정보는 주로 투자자 및 채권자들이 그들이 보유한 희소자원을 어디에 활용할 것인가와 같은 의사결정에 활용한다. 제1장에서 언급한 것처럼 이들 의사결정은 사회적으로 매우 중요하다. 왜냐하면 이들의 의사결정에 따라 어떤 산업과 회사들은 성장에 필요한 자금을 제공받는 반면에 다른 산업과 기업들은 받지 못하기 때문이다.

그러나 명심할 점은 공적 정보는 누구나 이용할 수 있다는 것이다. 따라서 대기업들이 자신에 관한 재무정보를 투자자와 채권자들에게만 공개하는 것은 허용되지 않는다. 이 정보는 재무분석가, 뉴스미디어, 노동조합, 환경단체 및 심지어는 경쟁사들도 손쉽게 접근할 수 있다. 물론 규모가 작은 중소기업의 경우 이러한 공시의무가 면제된다. 그러나 투자자 및 핵심 채권자들은 투자 또는 대출 의사결정 전에 이러한 정보를 요구한다.

이상의 재무보고의 목적을 한마디로 요약하면 '의사결정에의 유용성'(decision usefulness)이라 할 수 있다.

현장탐구

LG화학의 재무보고 공시사례

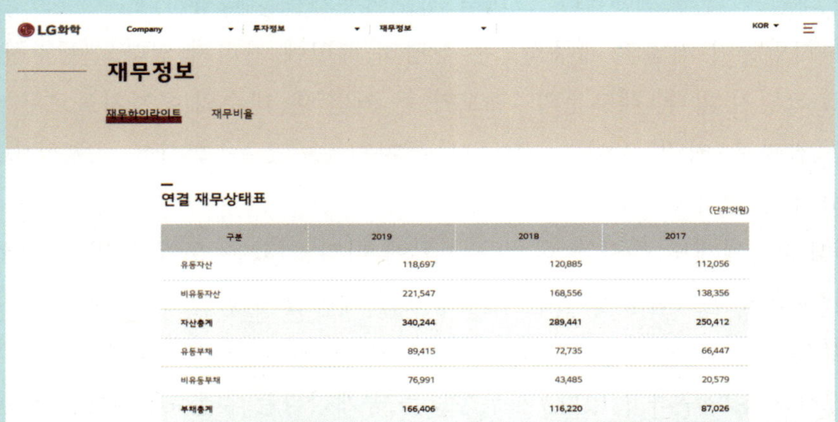
LG화학 Company 투자정보 재무정보 KOR

재무정보

재무하이라이트 재무비율

연결 재무상태표

(단위:억원)

구분	2019	2018	2017
유동자산	118,697	120,885	112,056
비유동자산	221,547	168,556	138,356
자산총계	**340,244**	**289,441**	**250,412**
유동부채	89,415	72,735	66,447
비유동부채	76,991	43,485	20,579
부채총계	**166,406**	**116,220**	**87,026**

1.2 재무제표

재무제표라는 용어를 말 그대로 풀이하면 재무적인 여러 표라는 의미인데, 이를 내용적으로 풀이하면 기업의 경영활동을 재무적(화폐적)으로 표현한 여러 회계보고서라고 할 수 있다. 재무보고와 재무제표 작성의 지침이 되는 우리나라의 「회계기준」에서는 재무상태표, 포괄손익계산서, 현금흐름표, 자본변동표와 이를 작성하는 데

기준이 된 중요한 회계정책의 요약 및 그 밖의 설명으로 구성되는 주석을 포함하여 기본재무제표로 규정하고 있다.

이들 각 재무제표는 정보이용자들에게 제공할 회계정보를 담는 그릇이다. 음식이 다르면 담는 그릇도 달리 하듯이 회계정보의 내용이 다를 경우 보고서 역시 달라야 한다. 회계학을 처음 공부하는 학생들 입장에서는 재무제표 가운데 재무상태표와 포괄손익계산서가 가장 중요하고 기본적이므로 이 장에서는 여기에 초점을 맞추어 설명하고 자본변동표는 제11장, 현금흐름표는 제12장에서 다룬다.

재무상태표와 포괄손익계산서는 재무제표의 양대 산맥이라고 할 수 있다. 흔히 재무제표라 하면 이들 두 재무제표를 지칭하는 경우가 대부분이다. 또한 이들 둘은 서로 밀접하게 연계되어 있다는 점에서 마치 리모컨의 '볼륨'과 '채널'과 같은 존재이다. TV를 시청하는 동안 이 두 기능을 수시로 사용하듯이 기업분석시 두 재무제표가 집중적으로 활용된다. 이하 절을 바꾸어 두 재무제표를 설명한다.

왜 지금 이 시점에서 재무제표를 공부하는가?

앞으로 우리는 제4장과 제5장에서 회계순환과정(accounting cycle)이라는 다소 길고도 복잡한 과정을 공부하게 될 것이다. 그런데 이 과정의 최종 단계는 바로 재무제표를 작성하는 단계이다. 즉, 그때까지의 중간 과정들은 모두 재무제표를 바르게 작성하기 위한 징검다리와 같은 것들이다.

목적지를 명쾌히 알고 또한 목적지에 도달하는 것의 필요성을 분명히 인식하고 가자는 의미에서 본 장에서 재무제표를 먼저 살펴보는 것이다.

1천 2백만 관객을 돌파한 영화 '국제시장'(감독 윤제균)에서 "나는 외국에서 돈을 빌려와 이 땅에 조선소를 지을 거다"라고 말하는 청년 사업가 정주영은 세계적인 경영학자인 피터 드러커의 말대로 "위험을 무릅쓰고 기회를 잡아서 사업을 하는 모험과 도전의 기업가정신"을 실천한 우리나라의 대표적 기업가였음은 누구나 잘 알고 있다. 정주영이 18세에 당시 수도였던 경성으로 상경해 부기(회계) 공부를 했다는 것에 주목할 필요가 있다.

제2절 재무상태표

2.1 재무상태표의 의의

재무상태표(statement of financial position)는 일정시점 현재 기업의 영업활동에 투자되어 있는 경제적 자원인 자산과 이러한 투자를 위해 조달된 자금의 원천을 부채와 자본으로 표시하여 재무상태를 나타내 주는 보고서이다.

그림 2-1 ▮ 재무상태표 구성요소

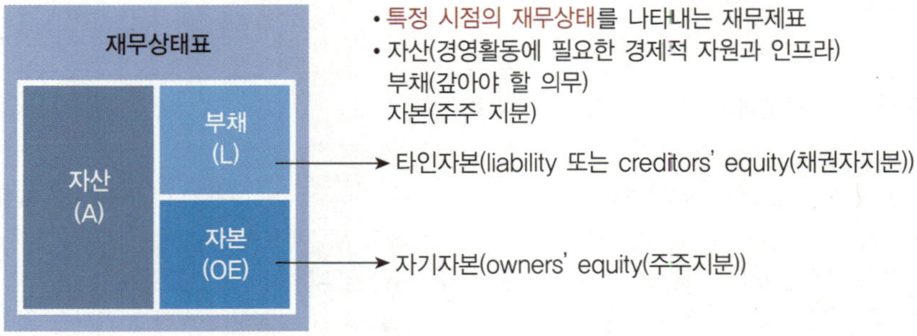

Q) 부채가 자본보다 위에 위치한 이유는?
A) 자산에 대한 청구권의 순서에서 채권자가 먼저이기 때문!

재무상태표는 기업의 특정 시점의 재무상태를 알려주는 보고서이다. 재무상태란 자산, 부채, 자본의 상태를 총칭하는 말이며, 재무상태표에는 특정 시점을 나타내는 날짜가 항상 붙어다닌다.

아주 간단한 예로 설명하자. (주)도시어부는 3월 1일 고기를 잡는 데 필요한 120만원 상당의 낚시도구를 자기 돈 100만원과 빌린 돈 20만원으로 구입했다고 가정하자. 이 결과는 아래에 보는 것처럼 왼쪽과 오른쪽으로 구분할 수 있는 'T'자 모양의 보고서 양식으로 만든 재무상태표에 투자한 낚시도구 120만원이 자산으로 왼편에 표시되고, 오른편에는 투자를 위해 조달한 자금의 원천을 자본(본전, 밑천) 100만원과 부채(꾼 돈, 빌린 돈) 20만원으로 나누어 표시한다.

재무상태표

(주)도시어부 3월 1일 현재

자 산		부채 및 자본	
낚시도구	120만원	부채 : 빌린 돈(=차입금)	20만원
		자본 : 자기 돈(=자본금)	100만원
합 계	120만원	합 계	120만원

시간의 경과와 더불어 경영활동을 계속하게 되면 재무상태는 바뀐다. 따라서 어느 시점의 재무상태를 나타내는지 알려주지 못하는 재무상태표는 무의미하다. 이런 이유로 재무상태표에는 반드시 재무상태표라는 보고서의 명칭, 회사명 및 금액 단위와 함께 날짜를 표시해야 한다.

재무상태표는 스포츠의 최종결과표에 해당한다. 가령, 85:78로 끝난 농구스코어나 3:2로 끝난 축구경기의 스코어는 경기종료 시점의 양팀 성과를 요약한 것이다. 따라서 경기종료 시점의 골득실 결과(가령, 축구의 3:2)는 90분 동안에 걸쳐 진행된 축구경기의 최종결과물이다. 운동장에서 직접 경기를 지켜보지 못한 축구팬은 최종결과만이라도 무척 알고 싶어한다.

기업의 외부이해관계자 역시 마찬가지이다. 이들은 비록 경영현장을 직접 지켜보지 못하지만 일정기간(가령, 분기나 1년)이 경과한 시점의 기업 재무상태를 궁금해 한다. 왜냐하면 득실결과(즉, 3:2)로 축구게임의 승패가 결정되듯이 기업이 수행한 일정기간 동안의 경영성과에 의해 이익을 얻거나 손해를 보게 되며 그 결과로 기간종료 시점에 기업이 보유하는 자산, 부채, 자본의 크기가 확정되기 때문이다. 이처럼 기업을 직접 경영하지 않는 외부정보이용자들은 특정 시점의 재무상태표를 통해 기업의 재무상태를 파악하게 된다. 이외에도 재무상태표를 통해 기업의 유동성, 성장성 및 위험 등을 평가할 수 있다.

예제 2-1 자산과 재무상태표

위의 사례에서 (주)도시어부는 그 다음날 아침까지 20cm급 붕어 60마리(마리당 ₩5,000 총 ₩300,000)를 잡았다고 할 때, 3월 2일 현재의 재무상태표에서 과연 붕어를 어떻게 나타내 보여줘야 할까?

| 풀이 | 기업경영을 위한 언어(language of business)로 정의되는 회계에서 그룹핑 목적으로 사용하는 명칭을 '**계정과목**'이라고 부른다. 따라서 (주)도시어부가 잡은 붕어는 자산의 한 종류인 '재고자산(또는 생물자산)' '₩300,000'으로 나타낼 수 있다.

예제 2-2 경영성과와 재무상태표

| 물음 1 | (주)도시어부가 잡은 붕어 전부를 ₩300,000에 팔았다면 3월 2일 현재의 재무상태표는 3월 1일의 재무상태와 비교하여 어떻게 달라져 있을까?

| 물음 2 | 붕어를 판매한 후에 낚시도구를 처분하여 현금 120만원을 회수한 경우 최종 재무상태표는 어떻게 나타낼 수 있을까?

| 풀이 1 | 왼편의 자산 구성을 보여주는 부분재무상태표를 작성하면 다음과 같다. 먼저 낚시도구 120만원과 현금 30만원을 보유 또는 투자한 상태에 있으며, 다음과 같이 표시된다.

재무상태표

(주)도시어부 3월 2일 현재

자 산		
낚시도구	120만원	
현 금	30만원	
합 계	150만원	

| 풀이 2 | 이제 낚시를 완전히 접었다고 가정하자. 낚시도구를 되팔아서 120만원의 현금을 회수하였다면 수중에 총 150만원이 생기며, 이 중 빌린 돈 20만원을 공제하더라도 130만원이 남게 된다. 그렇다면 맨 처음 낚시를 시작하기 위해 내놓은 돈 즉, 납입자본(본전, 밑천)은 100만원인데, 현재 수중에는 130만원의 현금이 남아 있으며, 결국 30만원만큼이 낚시사업을 통해 증가한 자기 몫이다. 비록 이 30만원은 '자기 몫'이라는 점에서 사업을 위해 투자한 돈을 지칭하는 '납입자본'과 유사하지만, 경영활동을 통해 일구어낸 성과(즉, 이익)라는 점에서 구분하여 표시된다. 이를 재무상태표에서 보여주면 다음과 같다.

재무상태표

(주)도시어부 3월 2일 현재

자 산		부채와자본	
현 금	150만원	부채(=차입금)	20만원
		납입자본(자본금)	100만원
		'유리한 경영성과' (=순이익)	30만원
합 계	150만원	합 계	150만원

예제 2-3 재무상태표의 유용성

(주)도시어부가 3월 3일에도 낚시를 계속하기로 하는 경우 적어도 자신이 투자한 돈의 10% 이상의 이익을 얻고자 한다면 몇 마리 이상의 붕어를 잡아야 할까? 단, 부채에 대한 금융비용은 당분간 고려하지 않을 예정이며, 붕어는 마리당 ₩5,000이라고 한다.

| 풀이 | 3월 3일 시점에서 (주)도시어부가 낚시비즈니스에 투자한 돈이 얼마인지를 먼저 생각해야 한다. 3월 2일 현재 납입자본 100만원과 자기 몫으로 귀속된 '유리한 경영성과' 30만원이 재투자된 상태이기 때문에 결국 투자한 돈은 총 130만원이다. 따라서 13만원의 이익을 얻기 위해서는 최소한 26마리 이상을 잡아야 한다. 여기에서 '유리한 경영성과'를 회계언어로는 '당기순이익'이라고 한다.

위 예제를 통해 알 수 있듯이 초기 시점의 재무상태표는 경영자들이 사업을 위하여 어떻게 자금을 조달하여 어떤 자산에 투자해 놓고 있는지를 보여주며 기말 시점의 재무상태표는 초기 시점부터 일정시간이 경과된 기말의 재무상태가 어떻게 달라져 있는지를 알려준다([그림 2-2] 참조). 따라서 이들 두 시점의 재무상태표를 비교해봄으로써 양 시점 사이 기간 동안의 경영성과를 파악할 수 있다. 이러한 기능을 감안하여 재무상태표는 최소한 두 시점의 재무상태표를 비교하는 형태로 공시하도록 요구된다.

그림 2-2 ▮ 재무상태표 : 자금의 조달과 운용

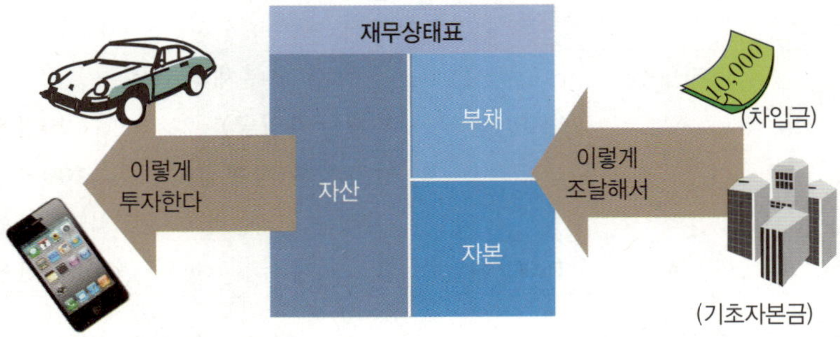

2.2 재무상태표의 구조와 형식

재무상태표의 구조를 구성요소인 자산, 부채, 자본의 상호관계에 따라 식으로 표현하면 다음 식 (1)과 같다. 이 식을 재무상태표등식 또는 회계등식이라 한다. 회계에서는 현금과 같이 경제적 가치가 있는 자원을 자산(assets)이라 하고, 남에게 갚아야 할 빚을 부채(liabilities)라 하며, 자기(즉, 투자자)의 몫을 자본(capital)이라 한다.

재무상태표등식 : 자산 = 부채 + 자본 …… 식 (1)

식 (1)이 의미하는 바는 누구나 쉽게 이해할 수 있다. 즉, 자산은 부채 및 자본을 통해 조달한 자금으로 투자된 것이기 때문에 결국 같을 수밖에 없다는 것이다. 비록 경영활동을 통하여 수시로 자산, 부채, 자본에 변화가 발생하더라도 이 등식은 항상 성립한다. 예를 들어 설명해보자.

3월 1일에 (주)도시어부는 남에게서 30만원을 빌리고 이에 자기 돈 70만원을 합하여 현금 100만원을 가지고 사업을 시작했다고 하자. 남에게서 빌린 돈은 부채에 속하는 '차입금'이라 하고, 사업시작 시점에 주주가 투자한 돈은 자본의 한 구성항목인 '자본금'이라 한다. 이 날의 재무상태표를 작성하면 다음과 같다.

재무상태표

(주)도시어부 3월 1일 현재

자산 : 현금	100만원	부채 : 차입금	30만원
		자본 : 자본금	70만원
합 계	100만원	합 계	100만원

단약 (주)도시어부가 새로운 사업의 일환으로 3월 31일에 현금 100만원으로 상품을 산 후 전부 현금 180만원에 팔았다면 자산총액은 180만원이 된다. 실제로 이만큼의 자산에 투자해 놓고 있으려면 자금의 조달원천으로서 부채와 자본의 합계액은 180만원이 되어야 한다. 그런데 부채는 30만원, 납입자본은 70만원에 불과함에도 불구하고, 현금이 180만원에 달하는 이유는 다름 아니라 상품판매라는 경영활등을 통하여 주주의 몫이 총 150만원으로 늘어났기 때문이다. 따라서 처음에 투자한 70만원을 차감한다면 80만원이 경영성과로 나타나며, 이를 회계언어로 당기순이익(net income)이라고 표시한다.

재무상태표

(주)도시어부 3월 31일 현재

자산 : 현금	180만원	부채 : 차입금	30만원
		자본 : 자본금	70만원
		당기순이익	80만원
합 계	180만원	합 계	180만원

여기서 재무상태표의 구조를 확실히 익혀 둘 필요가 있다. 재무상태표의 왼쪽에는 기업이 특정 시점에 보유하고 있는 자원(resource)이 열거되고, 오른쪽에는 이 자원들이 어떤 이유로 기업에 존재하게 되었는지 그 원인(cause)이 열거된다는 점

이다. 왼쪽은 결과이고 오른쪽은 원인이라고 말할 수 있다. 3월 31일의 재무상태표에서 왼쪽의 현금 180만원은 이 날 현재 기업이 가지고 있는 자원이다. 그리고 이만큼의 현금을 갖고 있게 된 이유는 남에게서 빌린 돈 30만원, 처음의 자기 돈 70만원, 상품매매로 번 돈 80만원 때문이다.

재무상태표를 보여주는 방식으로는 계정식과 보고식이 있다. 계정식은 지면을 'T' 자 형태로 2열로 나누어 왼쪽에는 자산을, 오른쪽에는 부채와 자본을 열거하는 방식이다. 계정식은 재무상태표 작성원리를 설명하고 실습하는 데 편리하여 강의

[표 2-1] 재무상태표(계정식)

재무상태표

제13기말 2018년 12월 31일 현재

(주)아모레퍼시픽 (단위 : 억원)

과 목	금 액		과 목	금 액	
자 산			부 채		
Ⅰ. 유동자산		10,745	Ⅰ. 유동부채		3,304
(1) 현금및현금성자산	4,623		(1) 매입채무	663	
(2) 금융기관예치금	151		(2) 기타지급채무	1,453	
(3) 매도가능금융자산	300		(3) 당기법인세부채	412	
(4) 매출채권	2,741		(4) 계약부채	416	
(5) 기타수취채권	182		(5) 기타충당부채	51	
(6) 기타유동자산	231		(6) 기타유동부채	308	
(7) 재고자산	2,518				
Ⅱ. 비유동자산		36,044	Ⅱ. 비유동부채		1,117
(1) 상각후원가금융자산	31		(1) 이연법인세부채	768	
(2) 금융기관예치금	105		(2) 기타충당부채	124	
(3) 기타수취채권	1,068		(3) 기타비유동부채	225	
(4) 기타포괄손익금융자산	27		부채총계		4,421
(5) 유형자산	24,070		자 본		
(6) 투자부동산	5,014		(1) 자본금	345	
(7) 무형자산	1,987		(2) 주식발행초과금	7,127	
(8) 순확정급여자산	585		(3) 자본잉여금	7	
(9) 종속기업주식	2,919		(4) 기타자본구성요소	−14	
(10) 기타비유동자산	237		(5) 기타포괄손익누계액	16	
			(6) 이익잉여금	34,901	
			자본총계		42,368
자산총계		46,789	부채와자본총계		46,789

목적으로 많이 이용된다. 반면에 보고식은 기업의 자산, 부채, 자본을 보고서처럼 아래로 쭉 열거하는 방식을 말한다. 보고식 재무상태표는 계정의 의미를 전혀 모르는 일반 대중들도 쉽게 이해할 수 있다는 장점이 있다. [표 2-1]은 사례기업인 (주)아모레퍼시픽의 2018년말 재무상태표를 계정식으로 요약한 것이다. 보다 상세한 보고식 재무상태표는 p.67의 [부록 A-1]을 참조할 수 있다.

2.3 자산의 의의 및 주요 항목

지금까지 자산이라는 용어가 여러 번 등장했었다. 과연 자산이란 무엇이며, 어떤 항목을 자산이라 하는가? 개념적으로 자산은 '과거 거래나 사건의 결과로서 현재 기업실체에 의해 지배되고 미래에 경제적 효익을 창출할 것으로 기대되는 자원' 이라고 정의된다. 자산에 내재된 미래의 경제적 효익이란 직접 또는 간접적으로 특정 기업실체의 미래 현금흐름창출에 기여하는 잠재력을 말한다. 그러나 이처럼 어렵게 이해하지 말고, 당분간은 자산을 다음과 같이 간단히 이해하기로 한다.

> 자산(assets)이란 경제적 가치가 있는 자원이다. 즉, 자산이란 가치가 있는 물건 또는 권리를 말한다.

자원, 재산 그리고 자산

일반적으로 통용되는 재산도 회계적 용어로 표현하면 자산이라 할 수 있다. 하지만 재산과 자산은 반드시 일치하는 것은 아니다. 여러분들이 소유하고 있는 모든 것들은 여러분들의 재산이지만 회계학적 자산이라고는 할 수 없다. 왜냐하면 화폐단위로 표시할 수 있는 것만이 회계기록의 대상이 되기 때문이다. 예를 들어 여러분들의 남보다 뛰어난 유머감각은 소중한 재산이지만 자산이라고 할 수는 없다.

한편, 자산에는 구체적으로 어떤 항목들이 있는지 살펴보자. 기업의 재무상태를 회계언어로 보여주어야 하기 때문에 아래 열거된 대표적인 자산항목들을 기억해 두면 편리하다. 그렇다고 절대로 외우지는 말자. 외우는 순간 회계는 점점 더 멀어져만 간다. 현재로서는 특정 항목이 자산인지, 부채인지, 자본인지를 구분할 수 있는 것만으로도 충분하다.

(1) 현금및현금성자산

현금 또는 현금과 동일하게 사회에서 인정되는 것들이다. 예컨대 은행이 발행한 자기앞수표, 다른 기업이 발행한 당좌수표 등을 말한다.

(2) 매출채권

기업의 주된 영업활동(main business)의 일환으로 상품이나 서비스를 외상으로 판매하고 그 대금을 받을 수 있는 권리로서 외상매출금과 받을어음을 포괄적으로 지칭한다.

☑ (주)까사미아의 주된 영업활동과 매출채권

(주)까사미아의 주된 영업활동은 가구를 제조 · 판매하는 것이므로, 인근 아파트건설 공사현장에 가구를 외상으로 납품한 경우 '매출채권'이 발생한다. 만일 (주)까사미아가 보유하고 있던 배달용 트럭을 중고차매매상에 처분하고, 아직 그 대금을 받지 못한 경우 대금을 받아야 할 권리도 매출채권으로 표시할 수 있을까?

그렇지 않다. 매출채권과는 다른 '미수금'이라는 명칭을 사용한다.

* (주) 까사미아는 가구, 인테리어 및 침장류 등의 제조 · 판매를 목적으로 1992년 설립된 회사이다.

☑ 매출채권과 유사하게 쓰이는 회계언어 : 받을어음

상품을 판매하고 상대방으로부터 대금을 갚겠다는 '말로만' 약속을 받으면 외상매출금이 되며, 이를 문서로 확실하게 해서 받아둔다면 어음이라는 유가증권의 형태가 되는데, 이를 받을어음이라 한다.

(3) 대여금

남에게 빌려준 금액을 말하며, 나중에 현금을 돌려받을 권리를 나타낸다. 회수기간의 장 · 단에 따라 1년 이내의 것이면 '단기대여금'으로, 1년 이상의 것이면 '장기다여금' 으로 각각 구분한다.

(4) 금융자산

기업은 여유자금을 활용하여 다른 회사가 발행한 주식이나 사채 등의 유가증권에 투자하기도 한다. 그리고 금융기관이 취급하는 정기예금, 정기적금, 양도성예금증서(CD) 등을 보유하기도 한다. 이를 통칭하여 금융자산이라고 한다.

(5) 재고자산

기업의 주된 영업활동(main business)에서 판매를 위하여 보유하고 있는 상품, 제품 등을 포괄적으로 지칭하여 재고자산이라고 한다.

☑ (주)까사미아에서 판매하고 있는 가구는 제품, 상품 중 어디에 해당할까?

(주)까사미아가 직접 생산하지 않고 판매할 목적으로 보유하고 있는 것을 상품이라 한다. 예컨대 나이키 대리점의 운동화, 하이마트의 냉장고도 상품이다. 만일 판매를 목적으로 까사미아가 직접 생산한 가구라면 제품이 될 것이다.

(6) 유형자산

영업활동을 위한 인프라구축에 투자되어 있는 물리적 실체가 있는 자산으로 대한항공의 항공기, 삼성전자의 공장 및 생산설비, 이마트의 창고 등을 예로 들 수 있다.

이 외에도 자산은 많이 있다. [부록 A-1]에 있는 (주)아모레퍼시픽의 요약식 재무상태에는 훨씬 많은 개수가 열거되어 있다. 그런데 회계에서는 수많은 자산을 단순히 열거하는 대신에 성격에 따라 유사한 것들끼리 그룹핑하여 재무상태표에 제시함으로써 정보이용자들의 이해를 높이고 있다.

재무상태표에서 자산은 크게 유동자산과 비유동자산으로 구분한다. 유동자산(current assets)이란 정상영업주기나 1년을 기준으로 비교적 짧은 기간 안에 현금화할 수 있는 자산을 말하며, 비유동자산(non-current assets)이란 장기에 걸쳐서 현금 창출에 공헌하는 자산을 말한다. 정상영업주기란 영업활동을 위한 자산의 취득 시점부터 그 자산이 현금이나 현금성자산으로 실현되는 시점까지의 기간을 말한다. 위에 열거한 자산 중 현금및현금성자산, 매출채권, 재고자산은 유동자산으로, 유형자산은 비유동자산으로 분류된다. 한편 대여금 및 금융자산은 유동자산과 비유동자산 양쪽 모두에 속할 수 있다.

☑ 유형자산에는 구체적으로 어떤 것들이 있을까?

- **토지** : 영업활동에 장기적으로 사용할 목적으로 취득한 땅을 말한다. 영업활동에 사용할 목적이 아니라 투자 목적 또는 비영업용으로 소유하는 경우에는 토지 대신 '투자부동산'이라고 기록한다.
- **건물** : 영업활동에 장기적으로 사용할 목적으로 구입한 건물을 말한다. 영업활동에 사용할 목적이 아니라 재산증식 목적으로 구입한 것이면 건물 대신 '투자부동산'이라고 기록한다. 또한 부동산개발회사가 분양목적으로 기존의 토지를 작은 필지단위로 분할한 경우 '상품'으로 기록한다.
- **기계장치** : 영업활동에 장기적으로 사용할 목적으로 구입한 설비장치를 말한다.
- **차량운반구** : 승용차, 버스, 트럭, 지게차 등의 운송 및 운반수단을 말한다.
- **비품** : 사무용으로 보유하고 있는 책상, 전화, 컴퓨터 등과 사원복지용으로 보유하고 있는 냉장고, 정수기 등을 비품이라 한다.

2.4 부채의 의의 및 주요 항목

개념적으로 부채를 '과거의 거래나 사건의 결과로 현재 기업실체가 부담하고 있고 미래에 자원의 유출(또는 사용)이 예상되는 의무'라고 정의한다. 그러나 부채 역시 당분간은 다음과 같이 간단히 이해하기로 한다.

> 부채(liabilities)란 현금으로 갚거나 상품 또는 용역을 제공해주어야 할 의무, 즉 빚을 말한다.

한편, 부채에는 구체적으로 어떤 항목들이 있는지 살펴보자. 부채항목은 자산항목과 대조되는 것이 많기 때문에 앞서 자산의 종류를 잘 이해하였으면 대부분 쉽게 이해할 수 있다.

(1) 매입채무

기업의 주된 영업활동(main business)의 일환으로 재고자산을 외상으로 매입한 금액을 말한다. 나중에 현금을 갚아야 할 의무로서 매출채권과 반대되는 항목이며, 외상매입금과 지급어음을 포괄적으로 지칭하는 의미로 사용된다.

☑ 매입채무와 유사하게 쓰이는 회계언어 : 지급어음

재고자산을 외상으로 매입하고 상대방에게 대금을 언제까지 갚겠다고 '말로만' 약속을 하면 외상매입금이 된다. 그러나 이를 문서로 확실하게 해서 건네준다면 어음이라는 유가증권의 형태가 되는데, 이를 지급어음이라 한다, 받을어음과 정반대의 계정과목이다.

(2) 금융부채

거래상대방에게 현금및현금성자산이나 금융자산을 인도해주어야 하는 계약상의 의무를 말하며, 여기에는 차입금과 사채 등이 포함된다. 차입금은 남으로부터 빌린 금액을 말하며, 나중에 현금으로 갚아주어야 할 의무를 나타낸다. 상환기간의 장·단에 따라 '단기차입금'과 '장기차입금'으로 각각 구분한다. 차입금은 대여금과 반대되는 항목이다.

(3) 미지급금

재고자산 이외의 자산, 예컨대 건물이나 비품을 외상으로 구입한 금액을 말한다. 현재 미지급상태라는 의미이므로 언젠가 갚아주어야 할 의무를 나타낸다는 점에서 매입채무와 유사하지만 '재고자산' 이외의 자산과 관련되어 있다는 점에서 차이가 난다.

이외에도 부채는 많이 있다. 부채 역시 회계에서는 그룹핑을 하여 재무상태표에 기록한다. 1년 이내에 만기가 도래하는 부채를 유동부채, 1년 이후에 만기가 도래하는 부채를 비유동부채라 한다. 비유동부채의 대표적인 것은 장기자금조달을 위하여 발행한 사채, 장기차입금 등이 있다. 보다 구체적인 부채항목에 대해서는 [부록 A-1]에 제시한 (주)아모레퍼시픽의 재무상태표를 참조하기 바란다.

(주)까사미아의 주된 영업활동과 매입채무, 미지급금

(주)까사미아의 주된 영업활동이 가구를 제조 · 판매하는 것이므로 원목 등의 원자재를 외상으로 매입한 경우 매입채무가 발생한다. 그러나 배달용 트럭을 새로 구입하고 아직 그 대금을 지급하지 못한 경우 미지급금으로 표시한다. 왜냐하면 '트럭' 구입은 영업활동을 위한 인프라투자에 해당되며 '트럭' 자체의 매매가 (주)까사미아의 주된 영업활동이 아니기 때문이다.

2.5 자본의 의의 및 주요 항목

자본이라는 용어는 일상생활에서 흔히 사용되는 관계로 그리 어려운 개념으로 느껴지지는 않을 것이다. 지금 독자들이 이해하고 있는 정도로 충분하다. 굳이 정의를 해야 한다면 앞서와 마찬가지로 다음과 같이 간단히 이해하기로 한다.

자본(owner's equity, capital)이란 자기가 출자한 금액과 영업활동을 통해 번 순이익을 합한 순수한 자기 돈을 말한다. 결국 기업의 주인인 주주에게 속하는 '몫' 즉 자본(equity)을 말한다.

또한 자본은 기업의 자산총액에서 부채총액을 차감하고 남은 잔여분 또는 순자산이라고 정의할 수도 있다. 즉, 자산총액으로부터 자산에 대한 우선청구권이 있는 채권자 몫(일명 채권자지분, creditor's equity)을 차감하고 난 이후의 잔여지분(residual equity)과도 동일한 의미를 갖는다. 이를 식으로 나타내면 식 (2)와 같다. 식 (2)는 자본등식이라 부른다.

자본등식 : 자산 − 부채 = 자본 ······ 식 (2)

자본등식은 시점에 따라 다음과 같이 표시될 수 있다.

- 기초 자본등식(회계기간의 처음) : 기초자산 - 기초부채 = 기초자본
- 기말 자본등식(회계기간의 끝) : 기말자산 - 기말부채 = 기말자본
- 경영성과(당기순이익) : 기말자본 - 기초자본 = 양(+)의 금액
- 경영성과(당기순손실) : 기말자본 - 기초자본 = 음(-)의 금액

아래 그림을 통해 기말자본에서 기초자본을 차감하여 당기순이익이 산출됨을 알 수 있다.

그림 2-3 ▮ 기초자본과 기말자본의 비교를 통한 경영성과의 산출

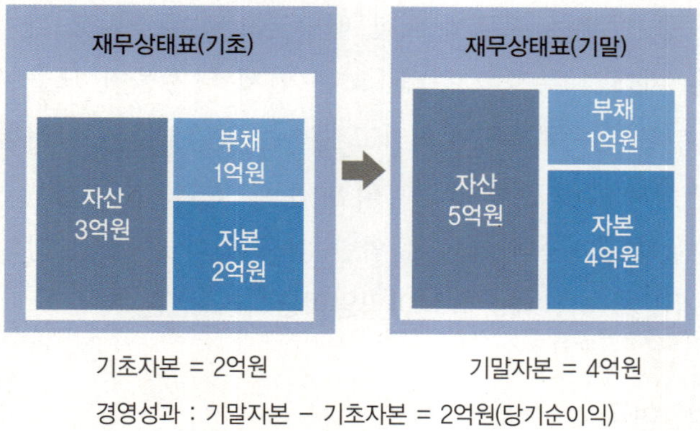

위 자본등식에는 어떤 논리가 내재되어 있는지 살펴보자.

자산은 경제적 가치를 갖고 있는 것이기 때문에 금액 측정의 대상이 분명하게 존재한다. 형체가 있는 물건은 물론이고 형체가 없는 권리라 하더라도 누군가로부터 얼마를 받을 권리가 있다는 식으로 측정대상이 존재한다. 부채 역시 남에게 갚아주어야 할 의무라면 누구에게 얼마를 지불할 것이 있다는 식으로 측정대상이 분명하게 존재한다.

반면에 자본은 그렇지 못하다. 물론 주주들의 주머니에서 내놓았던 최초 출자액은 자산, 부채와 마찬가지로 명쾌하게 측정할 수 있다. 문제는 그 이후이다. 그 이후에는 영업활동 성과에 의하여 자본이 증가하게 되는데, 얼마를 벌었는지는 독자적으로는 측정되지 않는다. 그래서 자본은 자산평가액에서 부채를 차감한 잔액으

로 계산한다는 자본등식의 논리가 설득력을 갖는다. 이런 의미에서 자본을 잔여지분(殘餘持分, residual equity)이라고 부르기도 한다.

그렇다면 자본은 어떤 항목들로 구성되는가? 자본은 간략히 납입자본과 잉여금으로 구분할 수 있다. 납입자본은 주식회사의 경우 주주들이 주머니에서 내놓은 출자금(出資金)인 '자본금'을 의미하고, 잉여금은 당기순이익이 여러 해에 걸쳐 누적되어 있는 '이익잉여금'을 의미하는 것으로 이해하도록 하자. 그리고 이에 대한 자세한 내용은 나중에(제11장에서) 공부하기로 한다.

주식회사의 경우 당기순이익과 이익잉여금은 의미상 어떤 차이가 있을까?

당기순이익(當期純利益)은 말 그대로 이번 회계기간 동안의 경영성과를 의미한다. 앞서 배운 자본등식이나 다음에 배울 포괄손익계산서에서 산출된다. 이렇게 산출된 당기순이익 중 일부는 주주에 대한 배당금으로 유출되고 나머지는 기업 내에 남겨진다. 이것은 미래의 투자를 위해, 또는 언제 닥쳐올지 모를 불황기를 대비하여 순이익 중 일부를 비축해 둔 것이라고 볼 수 있다. 물론 이러한 비축은 기업의 자발적 의사(정관이나 주주총회 등)에 의한 것도 있고, 법규(상법 등)에 의한 강제적인 것도 있으며, 채권자와의 계약에 의한 것도 있다. 어쨌든 당기순이익 중 일부는 기업 내에 남겨지게 되는데, 이를 이익잉여금이라 부른다.

☑ 자본금과 이익잉여금

주식회사의 재무상태표에서 자본은 자본금과 이익잉여금 등으로 분류된다. 자본금은 소유주가 직접 출자한 금액을 주식의 액면가액으로 나타낸 것이고, 이익잉여금은 영업활동을 통해서 발생한 이익 중에서 기업이 소유주에게 배당금으로 지급된 것을 제외하고 기업 내부에 남겨진(retained) 이익을 나타낸다. 예를 들어 2년 전에 설립된 (주)까사미아의 첫해 이익이 ₩20,000이었고 이 중에 배당금을 ₩15,000 지급한 경우 ₩5,000이 첫해 기업 내에 남겨진 이익잉여금이다. 둘째 연도의 이익이 ₩70,000이었고 배당금으로 ₩30,000을 지급했다면 당기유보분 ₩40,000과 지난 연도분 ₩5,000을 합친 ₩45,000이 기업 내에 누적된 이익잉여금이 된다. 중요한 것은 이 이익잉여금이 누구의 몫인가 하는 점이다. 회사의 몫이 아니고 주주의 몫이란 점을 분명히 기억해두어야 한다. 실제로 돈 계산이 분명치 않은 기업의 경우 아직도 이익잉여금을 회사의 것으로 착각하는 경향이 있기 때문이다.

2.6 자산, 부채 및 자본의 중요성 : 이해관계자 관점

특정 회사의 자산을 평가하는 것은 해당 자산들이 영업활동을 통해 이익을 가져다 줄 수 있는 역량과 잠재력이 있는지, 그리고 현금창출능력이 있는지, 미래의 성장을 위한 원동력이 될 수 있는지를 두루 살펴보는 것이다. 이는 마치 신입사원 채용 시 지원자들의 잠재력을 평가하기 위해 '자기소개서'를 읽는 것과 유사하다.

자산에 대한 평가는 개인 및 기관투자자는 물론 증권시장의 분석가를 비롯하여 채권은행, 잠재적 투자자에게도 중요하다. 왜냐하면 자산은 '기업'의 가치, 즉 주식가격을 결정하는 기본 바탕이 되며, 과연 기업이 영업활동 수행에 필요한 충분한 자원을 확보하고 있는가를 알려줄 뿐만 아니라 만약 사업을 포기할 경우 자산을 처분해서 현금화할 수 있는 규모를 알려 주기 때문이다.

또한 기업의 투자자들은 부채 수준에도 관심을 갖는다. 회사가 빚을 갚기에 충분한 현금자원을 보유하고 있지 않다면 주식가격이 하락할 위험이 있기 때문이다. 또한 은행 역시 추가대출 의사결정과 관련하여 기업의 부채수준에 관심을 갖게 마련이다. 채무자의 원금상환 및 이자지급이 제때 이루어지지 않을 경우 채권자들은 채무자가 담보로 맡긴 회사의 자산을 처분해서 자신들의 몫을 챙기는데, 때로는 기업이 보유한 자산이 충분치 않아서 손실을 보는 경우도 있다. 따라서 채권자들(특히, 은행)은 자본을 일종의 예방적 쿠션(protective cushion)이라고 생각한다.

☑ 적자누적으로 기업을 갉아먹는 '자본잠식'

자본잠식은 손실이 누적돼 잉여금이 바닥나고 원래 가지고 있던 자본금마저 까먹은 상태를 말한다. 자본잠식 상태를 확인하고 싶으면 회사 재무상태표에서 자본 항목을 살펴보면 된다. 자본총계 항목과 자본금 항목을 비교해 자본총계(예를 들어 자본금 150억원 + 이익잉여금(−120억원) = 30억원)가 자본금(이 경우 150억원)보다 적다면 잠식된 상태라고 판단할 수 있다. 이 경우 회사가 병든 정도를 판단하는 데는 자본잠식률 '(자본금−자본총계)÷자본금'으로 구할 수 있으며, 120억원÷150억원 = 75%로 산출된다. 결손금이 크게 늘면서 자본총계가 마이너스 상태가 되면(예를 들어 자본총계가 자본금 150억원 + 이익잉여금(−160억원) = −10억원) 완전자본잠식 상태라고 하며, 자본잠식률은 무려 {150억원 − (−10억원)}÷150억원 = 107%로 100%를 초과한다.

[너와 나의 회계고리] 2018년 6월 21일 매일경제 신문기사 중

제3절 포괄손익계산서

3.1 포괄손익계산서의 의의

포괄손익계산서는 기업의 일정기간의 경영성과를 알려주는 보고서이다. 그러므로 포괄손익계산서에는 기간을 나타내는 표시가 항상 붙어다닌다. 왜냐하면 기업의 경영성과란 경영활동을 전개한 기간 동안의 성과이기 때문이다. 이외에도 포괄손익계산서에는 보고서의 제목, 회사명이 함께 기록된다.

포괄손익계산서는 경상적이고 반복적으로 발생하는 당기 경영성과를 요약한 당기순이익뿐만 아니라 비경상적 · 비반복적으로 발생하는 손익까지 포함(즉, 포괄)하여 최종 경영성과를 계산한다. 이를 '총포괄손익'이라고 부른다. 이는 당기순이익보다 넓은 개념이다.

이해를 돕기 위해 '총포괄손익'과 '당기순이익'의 차이를 경기스코어를 통해 설명해보자. 축구경기 최종 스코어가 3:0인데 그 중 한 골은 심판의 등(또는 수비수의 발)을 맞고 들어간 예외적인 골이라고 가정하자. 종전 손익계산서의 당기순이익은 이처럼 비경상적이고 예외적인 골을 제외한 2골만을 당기성과(즉, 당기순이익)로 계산하여 2:0으로 표시한 셈이다. 이에 반해 포괄손익계산서는 경기 결과에 영향을 미치는 모든 골을 반영하여 3:0으로 나타내는 것이다.

지속적으로 특정 팀을 응원하는 스포츠팬이라면 당기순이익처럼 팀의 정상적인 득점력이 어느 정도인가에 관심을 가질 것이다. 그러나 스포츠복권을 구입한 경우에는 과정이나 지속적 득점력보다는 최종 결과에 관심을 갖게 마련이다. 마찬가지로 기업의 미래현금흐름과 수익창출 능력을 예측하고자 하는 투자자나 채권자의 경우에는 '포괄손익계산서'를 통해 일정기간 동안(어떤 과정을 통해서든지 상관없이) 기업이 실현한 경영성과에 보다 큰 관심을 가질 것이다. 포괄손익계산서는 이러한 가정하에 채택된 것이다.

이 장에서는 포괄손익계산서에서 당기순이익이 산출되는 과정까지만을 보여주고, 당기순이익으로부터 총포괄손익을 산출하기 위해 추가되는 기타포괄손익에 대해서는 제8장에서 다루기로 한다.

왜 포괄인가?

개별기업의 경영자로서는 어쩔 수 없는 외부 경제적 요인, 예를 들면 환율, 이자율변동이라든지, 주식가격변동에 의해 손익이 발생하고, 경영성과가 달라진다면 이를 어떻게 처리해야 할까? 음악감상에 비유할 경우 경상적이고 반복적으로 발생할 기업의 당기 경영성과를 잘 감상하려고 하는 청취자에게는 일종의 '잡음(noise)'처럼 들릴 것이다. 따라서 이러한 '잡음'을 제거한 '원음'상태의 경영성과와 '잡음'에 의한 경영성과를 구분하여 들려주되, '잡음'에 의한 영향도 피할 수 없는 것이라면 결국은 경영성과에 담아 전달할 수밖에 없다. 이런 이유로 포괄손익이라는 개념을 사용하게 된 것이다.

3.2 포괄손익계산서의 구조와 형식

포괄손익계산서에는 수익, 비용, 당기순손익(당기순이익 또는 당기순손실), 기타포괄손익의 네 가지 주요 정보가 기록된다. 기타포괄손익의 개념에 대해서는 제8장에서 다루게 될 것이므로 당분간 이를 잊어도 된다. 처음으로 회계를 공부하는 새내기들의 이해를 돕기 위해 포괄손익계산서의 구조를 수익, 비용, 당기순손익 이 세 정보의 상호관계에 따라 식으로 표현하면 다음과 같다.

- 당기순이익(수익 > 비용) = 수익 − 비용
- 당기순손실(수익 < 비용) = 수익 − 비용

위 식에 따라 수익을 먼저 열거하고 이어서 비용을 차감하면서 당기순이익에 도달하는 과정을 보여주는 것을 보고식 포괄손익계산서라 한다.

위 식에 따라 'T'자 형식에서 왼쪽에 비용과 순이익을, 오른쪽에 수익을 기록한 것을 계정식 포괄손익계산서라 한다. 계정식은 작성원리가 매우 간단하여 이해하는데 편리하다는 장점을 갖는다.

포괄손익계산서의 구조를 확실히 파악하기 위하여 예를 들어 살펴보자. 만일 (주)도시어부의 3월 한 1달 동안의 수익이 500만원, 비용이 300만원이었다면 당기순이익은 200만원이 되며, 각각의 포괄손익계산서는 다음과 같이 표시된다.

포괄손익계산서(보고식)

(주)도시어부	(3월 1일~3월 31일)
수　　익	500만원
비　　용	300만원
당기순이익	**200만원**

포괄손익계산서(계정식)

(주)도시어부　　(3월 1일~3월 31일)

비　　용	300만원	수　　익	500만원
당기순이익	**200만원**		
합　　계	500만원	합　　계	500만원

위의 (주)도시어부의 수익이 300만원, 비용이 500만원이라면 당기순손실은 200만원이 되며, 포괄손익계산서에는 다음과 같이 표시된다.

포괄손익계산서(계정식)

(주)도시어부　　(3월 1일~3월 31일)

비　　용	500만원	수　　익	300만원
		당기순손실	**200만원**
합　　계	500만원	합　　계	500만원

여기서 잠시 계정식 포괄손익계산서를 작성하면서 드는 의문사항에 대해 살펴보도록 하자. 앞으로 배우게 될 계정과 분개를 이해하는 데 도움이 되기 때문이다.

■ 수익을 'T' 자 형식의 오른편에 기록하는 이유는 무엇일까?

재무상태표의 오른편에 자금의 조달원천인 자본과 부채항목을 기록한다는 것을 기억한다면, 마찬가지로 포괄손익계산서에도 영업활동을 통하여 돈이 들어올 수 있도록 해주는 항목인 수익항목을 오른편에 기재한다는 것을 쉽게 이해할 수 있다.

■ 비용을 'T' 자 형식의 왼편에 기록하는 이유는 무엇일까?

재무상태표의 왼편에는 자금이 사용되거나 투자되어 취득된 자산을 기록한다는 것을 기억한다면, 마찬가지로 포괄손익계산서에도 수익을 창출할 수 있도록 영업활동을 지원하거나 영업활동을 위해 희생되거나 사용되어야 할 항목인 비용을 왼편에 기재한다는 것을 쉽게 이해할 수 있다.

■ 당기순이익을 비용항목이 계상되는 왼편에 기록하는 이유는 무엇일까?

수익이 비용보다 크다면 그 차액만큼이 당기순이익이다. 따라서 'T' 자 형식의 계정식 포괄손익계산서의 왼편과 오른편 합계금액을 일치시켜주기 위하여 금액이 작은 쪽인 비용쪽에 기록한다.

■ 당기순손실을 수익항목이 계상되는 오른편에 기록하는 이유는 무엇일까?

비용이 수익보다 크다면 그 차액만큼이 당기순손실이다. 따라서 'T' 자 형식의 계정식 포괄손익계산서의 왼편과 오른편 합계금액을 일치시켜주기 위하여 금액이 작은 쪽인 수익쪽에 기록한다.

참고로 비용을 종업원급여비용, 전기수도료, 광고선전비처럼 성격별로 구분하거나 매출원가, 물류원가, 관리비처럼 기능별로 구분하여 포괄손익계산서를 작성할 수 있으며, 보고식 포괄손익계산서 사례는 p.68의 [부록 A-2]에 제시하였으니 참고하기 바란다.

비용을 기능별로 요약하여 표시한 [표 2-2]의 (주)아모레퍼시픽의 포괄손익계산서에서 매출총이익은 매출액에서 판매된 상품의 원가(매출원가)를 차감하여 계산된다. 매출총이익은 상품이나 제품의 부가가치를 알려주는 귀중한 정보이다. 고부가가치 상품일수록 매출총이익이 크게 계산되므로 매출액에서 차지하는 비율인 매출총이익률이 높게 나타날 것이다. 무릇 경영자는 고부가가치 상품의 개발에 심혈을 기울이고 있고, 외부정보이용자들도 다음과 같은 비율에 매우 큰 관심을 보인다.

- 매출총이익 = 매출액−매출원가
- 매출총이익률 = $\frac{\text{매출총이익}}{\text{매출액}}$
- 매출액순이익률 = $\frac{\text{당기순이익}}{\text{매출액}}$
- 영업이익률 = $\frac{\text{영업이익}}{\text{매출액}}$

법인세비용차감전순이익은 당기순이익 산출의 바로 직전단계에서 법인세비용을 차감하기 전 상태의 영업성과를 말한다. 따라서 기업의 경영성과인 당기순이익은 세금까지도 차감하고 난 다음 주주에게 귀속될 이익의 몫을 나타낸다. 만일 법인세율이 20%라면 법인세비용차감전순이익이 1,000만원일 경우 법인세비용은 200만원이 되므로 세후 당기순이익은 800만원이 된다.

[표 2-2] 포괄손익계산서(기능별 비용 표시)

포괄손익계산서

제13기 2018년 1월 1일부터 2018년 12월 31일까지

(주)아모레퍼시픽 (단위 : 억원)

과목	금액		비고	
(1) 매출액		**36,707**		
(2) 매출원가		11,550	매출원가율 :	31.5%
(3) **매출총이익** : (1)−(2)		**25,157**	매출총이익률 :	68.5%
(4) 판매비와관리비	21,435			
(5) 영업이익 : (3)−(4)		**3,722**	영업이익률 :	10.1%
금융수익	126			
금융비용	19			
기타영업외손익	−219			
(6) 법인세비용차감전순이익		3,611		
(7) 법인세비용		−864		
(8) 당기순이익 : (6)−(7)		**2,747**	매출액순이익률 :	7.5%
기타포괄손익		230		
순확정급여부채 재측정요소	215			
기타포괄손익금융자산평가손익	15			
(9) 당기총포괄이익		**2,977**		
보통주 기본주당순이익		3,981원/1주당		

- 매출액－매출원가 = 매출총이익
- 매출총이익－판매비와관리비 = 영업이익
- 영업이익－영업외손익(금융손익 등) = 법인세비용차감전순이익
- 법인세비용차감전순이익－법인세비용 = 당기순이익
- 당기순이익＋기타포괄손익 = 총포괄손익

3.3 수익의 의의와 종류

수익은 쉽게 말하면, 기업이 특정 기간 동안 고객들에게 인도한 상품 혹은 제공한 용역의 총판매가액이며 영업실적이다. 용역회사의 경우에는 용역을 대행해주면서 상품매매회사는 상품판매를 통해서 매출이라는 수익을 얻는다. 또 다른 유형의 수익으로는 이자수익이나 임대료수익 등이 있다. 수익은 상품판매나 용역제공의 대가로서 유입된 현금과 수취채권의 합계액으로 측정한다.

수익(收益, revenues)이란 기업이 일정기간 동안 경영활동을 통해 벌어들인 자산(현금 또는 현금을 받을 권리)이며, 자본을 증가시키는 것이다.

예컨대 상품을 매출하면 당장 현금을 받거나 매출채권이라는 권리를 획득한다. 현금이나 매출채권의 크기는 상품매출액의 크기와 일치한다. 이처럼 상품매출액의 크기는 획득한 자산액의 크기와 일치하기 때문에 위의 단순한 정의와 개념상의 정의가 같다고 할 수 있다. 상품매출 이외에 건물의 매각이나 타인에게 자금대여를 통한 이자의 획득을 통해서도 수익은 달성된다.

한편, 수익은 궁극적으로 자본을 증가시키는 효과를 갖는다. 이에 관해서는 비용 설명시 구체적 예와 함께 설명하도록 한다. 일단 수익을 정의내린 현재로서는 과연 수익에는 어떤 항목들이 있는지 알 필요가 있다. 다음에 열거되는 수익항목을 잘 익혀두기를 바란다.

(1) 매출액

기업의 주된 영업활동에서 발생한 제품, 상품, 용역 등을 판매한 금액을 말한다. 한편, 인터넷쇼핑몰 운영회사처럼 제품공급자로부터 받은 제품을 중개해주거나 경매를 통해 판매하고 수수료만을 받는 경우에는 판매가액 총액이 아니라 중개수수료만을 수익으로 인식해야 한다. 마찬가지로 수출업무를 대행하는 종합상사도 일반회사를 대신하여 재화를 수출하는 것이므로 수수료만을 수익으로 계상해야 한다.

(2) 기타수익

기업의 주된 영업활동에서 발생한 매출 이외의 다양한 원천에서 발생된 수익항목에는 다음과 같은 항목들이 있다.

- **이자수익** : 예금이나 대여금 등에서 발생하는 이자를 말한다.
- **배당금수익** : 다른 회사 주식에 투자할 때 받는 현금배당을 말한다.
- **로열티수익** : 산업재산권(특허권 등)이나 컴퓨터 소프트웨어 등과 같은 무형자산을 타인에게 사용하게 함으로써 받게 되는 사용대가를 말한다.
- **임대료수익** : 당장 사용하지 않는 건물이나 토지를 빌려주고 받는 월세 수입 등을 말한다.
- **유형자산처분이익** : 장부에 기록되어 있는 금액 이상의 대가를 받고 유형자산을 처분할 경우 그 초과액을 말한다.

보다 구체적인 수익항목에 대해서는 p.68의 [부록 A-2]에 제시한 (주)까사미아의 포괄손익계산서를 참조하기 바란다.

☑ 배달의민족 매출액

음식 배달 스마트폰 어플리케이션인 배달의민족을 서비스하는 (주)우아한형제들은 2019년 연매출액이 5,654억원으로 보고되었다. 또한 배달의민족을 통한 소상공인 매출은 2019년 8조원이 넘는 것으로 집계되었다. 소비자가 배달음식에 대한 대가로 배달의민족에서 결제하는 음식 판매가액 총액은 8조원 이상이지만, 배달의민족을 서비스하는 (주)우아한형제들이 매출액으로 인식하는 금액은 소상공인이 (주)우아한형제들에게 지급하는 수수료인 5,654억원이라는 것이다. 실제로 스마트폰 어플리케이션 서비스 업체나 쿠팡, 11번가, G마켓 등의 오픈마켓 전자상거래 업체의 수중에 들어오는 것은 수수료뿐이다.

3.4 비용의 의의와 종류

개념적으로는 비용을 "자본의 감소를 가져오는 자산의 유출과 감소(또는 부채의 증가)를 통하여 한 회계기간 동안 감소한 경제적 효익"이라고 정의한다. 그러나 간단히 다음과 같이 이해하기로 하자.

> 비용(費用, expenses)이란 기업이 수익을 얻기 위해 일정기간 동안 소비한 자산(상품 또는 현금의 지급 및 현금을 지불할 의무)이며, 자본을 감소시킨다.

비용은 수익을 얻기 위해 희생된(즉, 소비된) 것을 측정한 것이다. 예컨대 매출액이라는 수익을 얻기 위하여 상품을 판매하면 상품이라는 자산이 소비된다. 앞에서 설명한 것처럼 매출된 상품의 원가가 곧 비용이 되는 것이다. 반면 수익을 얻는 데 공헌하지 못하고 소비된 것은 비용이라 부르지 않고 손실(loss)이라 부른다. 예컨대 도난손실, 화재손실 등이 그것이다.

앞에서 수익은 자본을 증가시키는 것이라 하였다. 이에 반해 비용은 자본을 감소시키는 것이다. 앞서 소개한 예를 들어 설명해보자.

자본금이 70만원인 상황에서 남의 돈 30만원과 합하여 상품 100만원어치를 사고 그 전부를 다시 180만원에 매출한 경우를 분석하면 다음의 [표 2-3]과 같다. 이 표에서 보듯이 수익은 자본을 180만원 증가시키고, 비용은 자본을 100만원 감소시킴으로써 최종적으로 자본을 150만원(자본금 70만원 + 순이익 80만원)으로 만든다.

한편, 비용에는 어떤 항목들이 있는지 살펴보자. 아래 열거된 비용항목들은 성격별로 예시한 것이다. 이외의 구체적인 비용항목에 대해서는 p.69의 [부록 A-2]에 제시한 (주)까사미아의 포괄손익계산서를 참조하기 바란다.

[표 2-3] 수익은 자본의 증가, 비용은 자본의 감소

자 본	70만원
수익(매출액)	+180만원
증가후 자본	250만원
비 용(매출된 상품의 원가)	−100만원
감소후 자본	150만원

- **매출원가** : 판매하려고 생산한 제품이나 매입한 상품 등에 대한 제조원가 또는 매입원가를 말한다. 상품매매업의 경우 가장 중요한 비용항목이다.
- **종업원급여** : 종업원에게 지급한 월급과 보너스 등을 말한다.
- **임차료비용** : 사무실, 건물 등을 빌려 쓰고 지급한 월세 등을 말한다.
- **감가상각비** : 건물 등 유형자산이 영업활동에 사용되어 소모된 부분으로 취득원가를 각 회계기간에 배분한 금액을 말한다.
- **광고선전비** : 방송, 신문, 포털사이트 등에 지출된 광고비를 말한다.
- **소모품비** : 문방구류, 복사용지, 프린터잉크 등의 소모품 사용액을 말한다.
- **보험료** : 상품이나 제품, 유형자산에 대한 화재보험료 등을 말한다.
- **이자비용** : 차입금에 대하여 발생한 이자를 말한다. 이자비용 이외에 차입금 등의 타인자본 조달에 소요되는 금융비용과 부대비용을 총괄하여 금융원가라고 지칭하기도 한다.

배당금에 대한 올바른 이해 : 과연 배당금은 비용인가?

기업에서는 이익을 창출하기 위하여 사람과 같은 인적자본 그리고 시설과 같은 물적자본을 사용한다. 이때 경영자 및 근로자의 인적자본에 대해서는 인건비(급여라고 함)를 비용으로 기록하며, 물적자본에 대해서는 감가상각비를 기록하며, 타인자본에 대해서는 이자비용을 기록한다. 그렇다면 기업의 주인인 주주들이 출자한 자기자본에 대한 대가, 즉 배당금은 어떻게 회계처리할까?

배당금(dividend)은 기업의 이익을 주주들에게 돌려주는 것이므로 이익(보다 정확한 명칭은 이익잉여금)의 처분 항목으로 회계처리한다. 회계를 처음 공부하는 학생들이 매우 혼동하여 실수를 많이 하므로 주의하기 바란다.

위에 성격별로 예시한 비용 가운데 상품매매업에서 가장 중요한 비중을 차지하는 매출원가를 다음의 예제를 통해 알아보도록 하자.

예제 2-4 상품매입액과 매출원가

(주)도시어부는 다가올 벚꽃축제기간 동안 '정종바'를 열기로 하였다. 첫날 식재료와 정종 10병을 ₩100,000에 사왔으며, 이 날 하루 동안 총 ₩200,000의 매출을 올린 가운데, 저녁에는 ₩20,000 상당의 식재료와 정종이 남았다고 한다.

(1) 상품매입액을 구하면 얼마인가?
(2) ₩200,000의 매출액을 벌기 위하여 희생된 원가, 즉 매출원가는 얼마인가?
(3) 매출총이익은 얼마인가?

| 풀이 |

(1) 상품매입액 : ₩100,000
(2) 매출원가 : 상품매입액(₩100,000)−상품재고(₩20,000 증가) = ₩80,000이며, 고객에게 제공된 원가를 의미한다.
(3) 매출총이익 : ₩200,000−₩80,000=₩120,000

☑ 감가상각비란 무엇인가?

건물이나 기계 등은 장기간 사용할 목적으로 구입한 유형자산이다. 이들은 시간이 경과할수록 사용과 더불어 마모되기 때문에 중고자산으로 전락하게 된다. 따라서 영업활동을 위해 유형자산을 사용함으로써 새 물건이 중고가 된 만큼 감소된 자산가치는 비용으로 인식해야 한다. 회계에서는 합리적인 방법에 의해서 취득원가를 비용으로 배분해주고 이를 감가상각비라고 한다. 자세한 내용은 제9장 비유동자산에서 설명한다.

3.5 당기순이익과 포괄손익계산서

일정기간의 경영성과를 나타내는 포괄손익계산서는 재무상태표와 더불어 가장 중요한 재무제표 중의 하나이다. 수익과 비용을 비교하면 기업의 경영성과를 파악할 수 있다. 수익이 비용보다 많으면 당기순이익(net income)이 기록되고, 반대로 수익이 비용보다 적으면 당기순손실(net loss)이 기록된다.

글로벌 세상에서 회계용어도 다양하게 사용된다. 참고로 매출은 일본에서는 매상으로 쓰이고 미국에서는 sales revenue(또는 줄여서 sales)라고 부른다. 반면에 영국, 호주 등 영연방 국가에서는 turnover로 부른다.

'bottom line'은 당기순이익 또는 총포괄손익(영화 「You've got mail」 중에서)

동네의 작은 아동전문 서점 주인인 케슬린(Kathleen, 맥 라이언 분)과 맨해튼의 대형 체인서점 '폭스 북스'의 사장인 죠 폭스(Joe Fox, 톰 행크스 분)는 둘 다 뉴욕의 거리와 정취를 사랑하며 뉴욕에 살고 있는 뉴요커. 케슬린이 자신의 생일에 우연히 채팅룸에 들어가서 죠를 만나게 되고 두 사람이 우정과 사랑 사이에서 헷갈려 할 즈음, 죠 폭스는 '폭스 북스'의 새 체인점을 케슬린이 운영하는 서점 가까운 곳에 개점하게 된다. 물량 공세와 박리다매 전술과 서점 내 에스프레소 카페 등으로 서비스하는 첨단 서점 '폭스 북스'와 애초부터 경쟁상대가 될 수가 없었던 케슬린이 죠 폭스와 다투는 장면에서 다음과 같은 대사가 나온다.

"당신은 일일 매출이나 bottom line에만 관심을 갖는 무자비한 사업가…"

위 대사에서 bottom line은 포괄손익계산서에 표기되는 **당기순이익** 또는 **총포괄손익**을 말한다.

지금까지 학습한 재무상태표와 (포괄)손익계산서의 내용과 연계관계를 정리하여 표시하면 [그림 2-4]와 같다.

그림 2-4 ▮ 경영성과와 재무제표의 연계

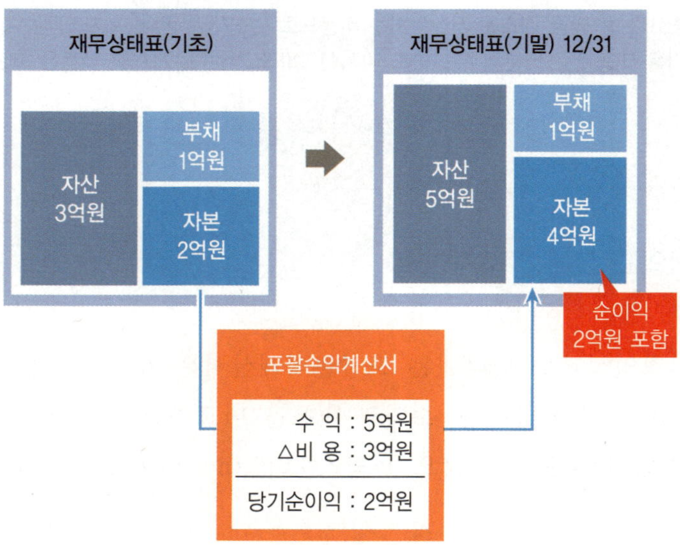

제4절 기타 재무제표 : 현금흐름표와 자본변동표

기업경영상 모든 활동은 현금유입 또는 유출과 관련된다. 현금관리에 신경을 써야 하는 CEO는 물론 외부정보이용자들이 관심있게 활용하는 재무제표가 현금흐름표이다. 현금흐름표(Statement of Cash Flow)는 일정기간 동안 기업의 현금유입과 현금유출에 관한 정보를 제공하는 보고서이다.

지금 단계에서는 현금흐름표의 작성보다 현금흐름의 증감내역 및 패턴 등을 이해하는 것이 중요하기 때문에 제12장(재무분석)에서 자세히 다루며, 여기에서는 (주)아모레퍼시픽의 현금흐름표를 요약하여 [표 2-4]에 제시한다.

[표 2-4] **현금흐름표**

현금흐름표

제13기 2018년 1월 1일부터 2018년 12월 31일까지

(주)아모레퍼시픽 (단위 : 억원)

과목	금액	
(1) 영업활동으로 인한 현금흐름		**5,001**
영업으로부터 창출된 현금흐름	5,967	
이자의 수취	88	
법인세의 납부	−1,050	
(2) 투자활동으로 인한 현금흐름		**−3,075**
(3) 재무활동으로 인한 현금흐름		**−1,090**
외화환산으로 인한 현금 증감		4
(4) 현금의 증가		**1,047**
기초의 현금		3,575
기말의 현금		4,623

자본변동표는 일정기간 동안 자기자본의 크기와 그 변동에 관한 정보를 담는 표이다. 기업연륜이 쌓임에 따라 자기자본의 크기와 내역(가령, 추가 주식발행 또는 감자, 이익잉여금의 증감, 배당금지급 등)이 바뀌게 되는데 이에 관한 자세한 정보를 담기 위해 별도의 보고서를 작성하는 것이다. 자본변동표에 관한 자세한 설명은 제11장(자본)에서 다룬다.

☑ 모든 기업의 회계연도(fiscal period)는 동일할까?

회계연도란 기업이 자신들의 재무활동을 보고하기를 희망하는 기간을 지칭한다. 전형적인 회계기간은 월, 분기 및 연간이다. 1년 동안의 회계기간은 회계연도(fiscal period)라고 불린다. 회계연도는 대개 달력과 일치하지만 반드시 그래야만 하는 것은 아니다.

가장 일반적인 회계연도는(손익계산서의 경우) 1월 1일부터 12월 31일까지이다. 그러나 일부 기업들은 12월말이 아닌 3월말, 4월말 등을 회계연도말로 정하는 경우도 있다. 이렇게 상이한 회계연도로 분산시켜 놓으면, 감사인의 연말 감사업무 집중을 피할 수 있다는 장점을 갖는다.

일부 회사는 특정 달의 마지막 일요일을 보고기간으로 삼기도 한다. 가령, 미국의 제너럴 밀(General Mill)사의 경우 5월 마지막 일요일을 회계연도 말일로 정한다. 그렇다면 12월말(연말)을 회계연도 종료일로 삼지 않는 기업들의 이유는 무엇일까? 그 이유는 재고수준이나 영업이 비교적 한가할 때를 택하기 때문이다. 참고로 미국의 유명한 전자제품 판매업체인 베스트바이는 1월말에 가장 가까운 토요일을 회계연도말로 정하고 있다.

Tips for Self Study

- 교과서 연습문제 [7] : 재무제표가 무엇인지 '감'을 키워주는 특별한 기회
- Study Guide 주관식 [문2] : 회계 적성과 궁합이 맞는지 직관을 발휘해보자!

부록 A

[A-1] 재무상태표(보고식)

재무상태표

(주)아모레퍼시픽 (단위 : 백만원)

과목	제13기(2018년말)	제12기(2017년말)	제11기(2016년말)
유동자산	**1,074,549**	**1,239,768**	**1,701,125**
(1) 현금및현금성자산	462,301	357,551	402,227
(2) 금융기관예치금	15,100	32,000	300,340
(3) 상각후원가측정 금융자산	30,000	–	–
(4) 기타포괄손익 금융자산	–	30,000	160,000
(5) 매출채권	274,092	294,106	291,669
(6) 기타수취채권	18,163	65,137	42,167
(7) 기타유동자산	23,081	20,792	40,947
(8) 재고자산	251,812	239,027	262,620
(9) 매각예정비유동자산	–	201,155	201,155
비유동자산	**3,604,392**	**3,546,504**	**2,917,526**
(1) 금융기관예치금	10,505	9,006	7,506
(2) 기타수취채권	106,837	117,663	126,271
(3) 상각후원가측정 금융자산	3,092	–	–
(4) 기타포괄손익 금융자산	2,690	9,139	9,394
(5) 유형자산	2,407,008	2,343,515	2,097,721
(6) 무형자산	198,706	183,685	172,741
(7) 투자부동산	501,437	560,045	234,571
(8) 순확정급여자산	58,503	25,339	–
(9) 종속기업및관계기업주식	291,911	281,012	269,323
(10) 기타비유동자산	23,703	17,100	–
자산합계	**4,678,941**	**4,786,272**	**4,618,,650**
(1) 유동부채	330,368	654,400	708,119
(2) 비유동부채	111,763	105,317	105,366
부채합계	**442,130**	**759,717**	**813,485**
(1) 자본금	34,508	34,508	34,508
(2) 주식발행초과금	712,702	712,702	712,702
(3) 자본잉여금	703	703	703
(4) 기타자본구성요소	−1,381	−1,381	−1381
(5) 기타포괄손익누계액	166	1,815	2,019
(6) 이익잉여금	3,490,112	3,278,208	3,056,614
자본합계	**4,236,811**	**4,026,555**	**3,805,165**
부채와자본합계	**4,678,941**	**4,786,272**	**4,618,650**

[A-2] 포괄손익계산서(보고식)

포괄손익계산서

제28기 2019년 1월 1일부터 2019년 12월 31일까지
제27기 2018년 1월 1일부터 2018년 12월 31일까지

(주)까사미아 (단위 : 백만원)

과 목	제 28(당)기	제 27(전)기
매출액	**118,360**	**109,567**
매출원가	**76,878**	**68,002**
매출총이익	**41,482**	**41,565**
판매비와관리비	**58,757**	**41,988**
급여	14,730	8,484
퇴직급여	1,030	664
복리후생비	612	580
여비교통비	708	258
통신비	215	148
수도광열비	816	709
세금과공과	797	743
지급임차료	1,298	5,777
감가상각비	10,729	2,638
무형자산상각비	426	313
수선비	759	153
소모품비	570	338
보험료	886	516
접대비	68	49
업무추진비	214	81
광고선전비	4,832	2,493
판매촉진비	474	467
매장운영비	347	378
운반비	6,708	4,595
용역비	3,471	3,253
차량유지비	162	127
도서인쇄비	52	53
지급수수료	8,196	6,198
교육훈련비	165	25
건물관리비	83	126
포장비	370	211
대손상각비(환입)	39	-17
경상연구개발비	-	2,628
영업손실	**−17,275**	**−424**
금융이익(이자수익 등)	929	1,237
금융원가(이자비용 등)	637	281
기타영업외수익	180	3,909
기타영업외비용	402	2,506
법인세비용차감전순이익(손실)	**−17,206**	**1,935**
법인세비용(수익)	−3,747	486
당기순이익(손실)	**−13,459**	**1,449**
기타포괄손익	**−734**	**−615**
당기총포괄이익(손실)	**−14,192**	**834**

연|습|문|제

[1] 재무제표의 이해

아래 괄호에 알맞은 단어나 영어로 된 용어(英 : 　　)를 기재하시오.

(1) 우리나라 「한국채택국제회계기준」에서 재무제표는 (재______, 포______, 현______, 자______)와 주석을 포함한다.

(2) (재______ 英 : statement of f__________ position)는 기업이 특정 시점에 가지고 있는 자산, 부채, 자본을 요약하여 보여주며, 특정 시점의 재무상태를 알려주는 보고서이다.

(3) [자산=부채+자본]을 (재______등식 또는 회__등식)이라 하며, 경영활동을 통하여 자산, 부채, 자본에 변화가 발생하더라도 이 등식은 항상 성립한다.

(4) (자__ 英 : a______)이란 경제적 가치가 있는 자원, 경제적 가치가 있는 물건 또는 권리를 말한다.

(5) 기업은 여유자금을 활용하여 타사가 발행한 주식이나 사채 등의 유가증권에 투자하기도 하고 금융기관이 취급하는 정기예금, 정기적금, 양도성예금증서(CD) 등을 보유하기도 한다. 회계에서는 이를 통칭하여 (금____)이라고 한다.

(6) 상품을 매출하고 대금을 아직 안 받은 것은 (매____)으로 기록하고, 상품 이외의 건물 등을 매각하고 대금을 아직 안 받은 것은 (미___)으로 기록한다.

(7) 상품을 매입하고 대금을 아직 지급하지 않은 것은 (매____)로 기록하고, 상품 이외의 건물 등을 구입하고 대금을 아직 지급하지 않은 것은 (미____)으로 기록한다.

(8) 판매 목적으로 자동차를 매입하였으면 (재____)으로 기록하고, 상품의 배달 등에 장기간 사용할 목적으로 자동차를 구입하였으면 차량운반구라는 (유____)항목으로 기록한다.

(9) (부__ 英 : l__________)란 현금으로 갚아주거나, 상품 또는 용역을 제공해주어야 할 의무, 즉 빚을 말한다.

(10) (자__ 英 : owners' e______)이란 자기가 출자한 금액과 영업활동을 통해 누적시켜 놓은 이익잉여금을 합한 순수한 자기 돈을 말한다.

(11) [자산－부채=자본]을 (자____)이라 부른다. 이는 곧 자산평가액에서 부채평가액을 차감한 잔액이 자본이라는 뜻이며, 이런 관점에서 자본을 (잔____)이라고 부르기도 한다.

(12) (포______)는 기업의 일정기간 동안 경영성과를 알려주는 보고서이다.

[2] 재무상태표 작성

(주)매직클린의 4월 1일 현재의 다음 자료를 이용하여 재무상태표를 작성하시오.

현 금	5만원	매출채권	20만원	단기대여금	13만원
건 물	30만원	비 품	2만원	매입채무	20만원
단기차입금	10만원	자 본 금	10만원	이익잉여금	30만원

[3] 재무상태표와 경영성과

(1) 3월 1일 : 주주들이 현금 ₩1,500,000을 투자하여 (주)신당동을 설립한 당시의 재무상태표를 작성하시오.

(2) 3월 5일 : (주)신당동이 떡볶이 체인사업을 위하여 조리기구 ₩100,000, 떡볶이 떡 및 기타재료 ₩200,000, 비품 ₩300,000, 오토바이 ₩400,000을 현금으로 구입한 직후의 재정상태를 나타내는 재무상태표를 작성하시오.

(3) 3월 31일 : (주)신당동이 떡볶이 사업을 중간 결산한 결과, 조리기구 ₩200,000, 떡볶이떡 및 기타재료 ₩400,000, 냉장고 ₩500,000, 오토바이 ₩500,000, 현금 ₩900,000과 은행으로부터의 차입금 ₩600,000이 채무로 남아 있었다. 3월 31일의 재무상태표를 작성하시오. 단, 31일의 기말자본은 3월 1일의 '기초자본'과 1달간의 경영성과인 '당기순이익'으로 나누어 표시하시오.

[4] 포괄손익계산서 작성

다음 자료는 3월 1달 동안의 (주)블루클린의 영업자료이다. 이를 근거로 포괄손익계산서를 작성하시오.

매 출 액	80만원	임 대 료	6만원	이자수익	14만원
급 여	10만원	감가상각비	20만원	광고선전비	30만원
당기순이익	40만원				

[5] 순자산비교법에 의한 당기순이익 등 계산

(1) 기초자본은 160만원, 기말자본은 200만원이다. 당기순이익은 얼마인가?

(2) 기초자산은 250만원, 기초부채는 150만원, 기말자산은 350만원, 기말부채는 140만원이다. 당기순이익은 얼마인가?

(3) 기초자본은 160만원, 기중에 추가출자한 금액은 40만원, 당기순이익은 60만원이다. 기말자본은 얼마인가?

(4) 기초자본은 300만원, 기말자본은 500만원이다. 그런데 기중에 추가출자한 금액이 70만원이 있었다. 당기순이익은 얼마인가?

(5) 기초자본은 300만원, 기말자본은 450만원, 당기순이익은 30만원이었다. 기중에 추가출자한 금액은 얼마인가?

[6] 직관에 의한 재무상태표, 포괄손익계산서 작성

다음은 심부름 사업을 하는 (주)매직헬프의 4월 1일의 재무상태표이다.

재무상태표

(주)매직헬프 4월 1일

현 금	150만원	단기차입금	70만원
매출채권	20만원	자 본 금	220만원
차량운반구(오토바이)	130만원	이익잉여금	10만원
자산합계	300만원	부채와자본합계	300만원

한편 (주)매직헬프에서 4월 중 발생한 거래는 다음과 같다.

① 심부름용역을 제공하고 대금 40만원은 외상으로 하다.

② 단기차입금 중 10만원을 현금으로 갚다.

③ 심부름에 사용할 차량운반구(오토바이) 1대를 현금 20만원에 구입하다.

④ 4월분 종업원급여 10만원은 현금으로 지급하다.

〈물음〉

(1) 4월 30일의 재무상태표를 직관에 의하여 작성하시오.

(2) 4월 1달 동안의 포괄손익계산서를 직관에 의하여 작성하시오.

[7] 인터넷을 이용한 회계 탐험

(1) 금융감독원 전자공시시스템(http://dart.fss.or.kr)에서 현대자동차와 기아자동차의 가장 최근의 재무제표를 찾아본 다음 아래 물음에 답하시오.

① 재무상태표 작성일과 금액 단위는 얼마인가?

② 총자산 금액과 부채총액은 얼마인지 비교해보시오.

③ 포괄손익계산서에 나타난 최근 3년간 매출액과 당기순이익의 변화 추이를 비교해보시오.

기업공시 사이트 '다트'만 봐도 주린이 탈출한다

주식시장에서 개인투자자의 거래 규모와 비중이 크게 늘었지만 초보 투자자 중에는 기업공시 정보를 제대로 보지 않고 덜컥 주식을 사고파는 경우가 많다. 주식 거래를 할 때는 가격뿐 아니라 회사를 지금까지 어떻게 운영했고 향후 주력 산업 전망은 좋은지 등을 종합적으로 봐야 한다. 금융감독원 전자공시시스템(DART: dart.fss.or.kr)만 잘 살펴도 합리적 투자 판단을 내리는 데 도움이 되는 정보를 얻을 수 있다.

◇ 투자 전 사업보고서 꼭 살펴보세요!

투자하고자 하는 회사가 있다면 먼저 전자공시시스템 첫 화면에서 그 회사 이름과 검색 기간을 입력해보자. 해당 기업의 모든 공시 서류를 한 번에 조회할 수 있으며, 사업보고서부터 열어보면 된다. 기업의 1년치 실적과 경영 현황이 구체적으로 설명돼 있다. 사업보고서 중 '재무에 관한 사항'을 통해 회사가 어떻게 이익을 내는지, 파산할 가능성은 없는지, 그 외 잠재적 위험은 없는지 등 재무건전성을 파악해볼 수 있다.

특히 재무제표는 기업에는 건강진단서나 다름없다. 이 중 재무상태표에서는 기업의 자산, 부채, 자본과 관련한 현재 상태를 알 수 있다. 매출과 순이익 산출 과정 등이 궁금하면 포괄손익계산서를 보면 된다. 현금흐름표를 통해선 현금이 주로 어디서 얼마나 들어오고 어떻게 쓰이는지를 알 수 있어 기업의 자금관리 능력을 평가하는 데 참고할 수 있다.

◇ 경영 진단 및 분석 의견도 필독!

'이사의 경영 진단 및 분석 의견'은 사실상 사업보고서의 요약본이다. 주요 사업의 내용 및 실적, 자금의 조달 및 지출, 유동성 그리고 금융 파생상품 투자나 직원 연금 지급 같은 부외거래 등 회사 주요 사항이 총망라돼 있다. 일반투자자 처지에서는 재무제표 등 숫자 나열만으로는 회사 상황을 이해하기 어려울 수 있다. 그래서 회사 내부 관계자가 현재 매출 감소 원인은 무엇인지, 제품 가격 하락이 사업에 어떤 영향을 끼칠지, 무엇 때문에 현금흐름이 변동했는지 등을 분석해 투자자에게 알려주는 것이다. 다만 경영진 시각의 해석이므로 투자할 때는 이를 맹신하지 말고 자율적으로 판단해야 한다.

– 자료 : 조선일보 경제면, 2021년 1월 18일 유소연 기자의 주식초보자가 '다트' 보는 방법 기사 중에서 –

Principle of Accounting

제 2 부

회계정보의 산출 : 회계순환과정

제 3 장 | 회계등식과 재무제표 작성원리

제 4 장 | 회계거래의 기록

제 5 장 | 원장계정잔액의 수정과 서비스업의 회계순환과정

제 6 장 | 상품매매업의 회계순환과정과 재고자산

제 7 장 | 재무보고와 재무회계의 기초이론

우리 인생에는 부모와 연인,
그리고 가슴 뜨거운 추억들과 맞잡이인
책들이 있습니다.

랠프 월도 에머슨(1803~1882)

■ 미국의 시인이자 사상가로 많은 명언과 대표작 『Self-Reliance』을 남김

There are

books

which rank in our lives
with parents
and lovers
and passionate
experiences.

(이미도, 『똑똑한 식스팩』 중에서)

제 **3** 장

회계등식과 재무제표 작성원리

제 1 절 | 회계상의 거래

제 2 절 | 회계등식을 이용한 거래의 기록

제 3 절 | 회계등식과 재무상태표, 포괄손익계산서 작성원리

앞서 회계란 무엇인가와 회계의 최종산물인 재무제표란 무엇인가를 배웠다. 이제는 회계의 기록대상이 되는 경제적 사건을 지칭하는 거래를 어떻게 체계적으로 기록하여 재무제표를 작성하는가와 관련된 기술적인 측면을 배운다. 회계가 갖는 과학과 기술 측면 중 장부의 기입과 관련된 기술적 측면을 다룬다.

제4장과 제5장에서 소개할 회계순환과정을 보다 쉽게 이해할 수 있도록 회계등식을 이용한 기록방식을 설명한다. 본 장에서의 훈련은 다음 장에서 소개할 계정을 이용한 회계기록과 재무제표 작성원리를 보다 쉽게 이해할 수 있는 징검다리 역할을 할 것이다.

회계의 탄생과 진화

루카 파치올리

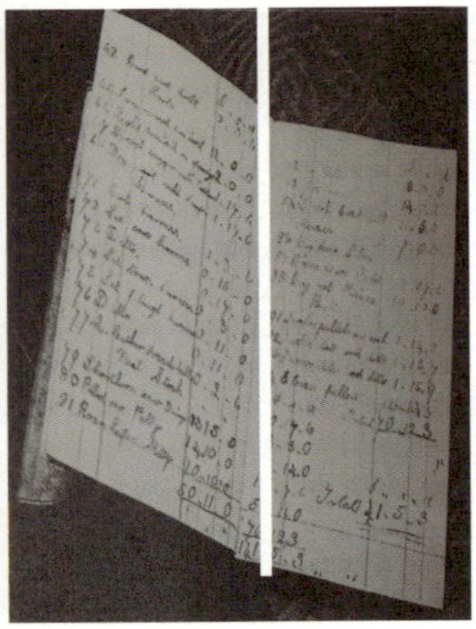

베네치아 상인의 장부

1494년 파치올리의 책

신뢰의 집단(vessel of trust)으로 불리는 회계의 기원은 멀게는 약 만년 전 지금의 이라크에 해당되는 고대 사마리안 도시에서 젖은 진흙판에 막대기를 이용하여(진흙이 굳은 후에는 영원히 기록이 남음) 부를 기록하던 장부를 꼽을 수 있다.

* * * *

공식적인 기록으로는 1494년 회계의 아버지라 불리는 루카 파치올리(사진 좌측)가 「산술, 비 및 비례통람」이라는 책을 출판함으로써 비로소 회계의 복식부기 원리가 선보이게 되었다. 루카 파치올리는 위의 책 중 실무적 수학(practical mathematics)이라는 장(일명, 회계에 관한 논문)에서 베네치아 상인이 독자적으로 고안해 활용하던 복식부기 원리를 소개하였다. 1445년경 이탈리아 토스카니 지역에서 가난하게 태어난 파치올리는 처음에는 지역상인의 제자로 들어갔지만 그 후 수학자가 되기 위해 도제를 포기하고 학문을 연마한 끝에 49세에 위 책을 출간했다.

구텐베르크 활자로 인쇄된 파치올리의 책은 당대에 수학책으로 유명세를 타서 밀라노에서 여러 제자를 가르치는 데 사용되었는데, 그 중 한 제자가 유명한 레오나르도 다빈치이다. 파치올리로부터 원근화법과 비례를 배운 다빈치는 파치올리 덕분에 최후의 만찬이라는 걸작을 탄생시킬 수 있었다.

* * * *

베네치아 상인들은 성공적인 상인들의 3가지 특성으로, 첫째 충분한 현금이나 신용, 둘째 성과를 관리하기 위한 회계시스템 그리고, 시스템 운영을 담당할 회계담당자를 꼽았다. 수학자인 파치올리를 사로 잡은 베네치아 상인들의 복식부기에 기반한 회계시스템은 크게 분개장과 원장으로 구성되는데 자산계정의 기입방식과 부채 및 자본계정의 기입방식을 달리 함으로써 거래는 왼쪽(차변) 기입금액과 동일한 금액이 오른쪽(대변)에 기록되어 항시 기장의 정확성 여부를 검증할 수 있다(교재 제4장 130쪽의 박스기사 참조).

제1절 회계상의 거래

경영성과는 문제를 해결함으로써가 아니라 수많은 기회를
이용함으로써 얻어진다.

– 피터 드러커

1.1 회계상 거래의 정의

사람들이 회계를 어렵게 생각하는 이유는 무엇일까? 회계를 공부했던 사람들은 기본원리만 알면 회계학이 어떤 학문보다 쉽다고 말한다. 회계를 어렵게 생각하게 만드는 것은 회계거래와 회계등식의 관계를 제대로 이해하지 못하기 때문이다. 여기에서는 먼저 회계거래와 회계등식을 살펴본 다음 제2절에서는 이를 바탕으로 재무상태표와 포괄손익계산서 작성원리를 살펴보도록 한다.

회계정보의 제공을 위해 기업이 무엇보다도 먼저 해야 할 일은 기업에 발생하는 여러 경영활동 중에서 장부에 기록할 대상을 식별(identification)하는 일이다. 어떤 것을 장부에 기록하고 어떤 것을 기록하지 말아야 할 것인가 하는 회계적 판단의 문제이다.

경영활동이 계속되는 한 기업의 재무상태는 계속 변동하게 된다. 예컨대 현금을 빌려오면 현금이 증가한다. 그러나 한편 갚아야 할 빚도 그만큼 증가한다. 또한 비품을 현금으로 구입하면 비품이 증가하는 한편 현금이 감소한다. 짐작하듯이 기업은 이런 변동을 장부에 적절히 반영함으로써 기업의 자산, 부채, 자본의 현재 잔액을 언제든지 장부를 통해서 알 수 있게 만들고자 한다.

이때 자산, 부채, 자본에 발생하는 변화의 크기를 금액으로 측정할 수 없다면 기록을 하고 싶어도 할 수가 없다. 회계에서는 자산, 부채, 자본에 변화를 가져오는 것이면서 동시에 그 변화의 크기를 금액으로 측정할 수 있는 사건을 거래라고 부르는데, 바로 이러한 거래는 장부 기록의 대상이 된다.

회계상 거래(去來, transaction)란?
자산, 부채, 자본에 변화를 가져오는 것이면서 동시에 변화의 크기를 금액으로 측정할 수 있는 사건, 따라서 장부 기록의 대상이 되는 사건을 말한다.

일상적으로 우리가 거래라고 말하는 것들은 대부분 회계상으로도 거래가 된다. 상품을 매입하고 판매하는 일, 자금을 차입하고 상환하는 일, 건물이나 비품을 매입하고 처분하는 일 등은 일상생활에서도 거래라고 부르며, 회계상으로도 거래가 된다. 이처럼 대부분의 사건들은 일상적으로나 회계상으로나 거래가 된다. 그러나 양자가 일치하지 않는 경우도 있다.

예컨대 다음의 사건들은 일상적으로는 거래라고 부르지 않지만 금액을 알 수 있는 한 회계상으로는 거래가 된다.

- 현금을 분실하였다, 건물이 불에 탔다 : 현금, 건물이라는 자산에 변화가 일어났기 때문에 회계상 거래이다.
- 차입금에 대하여 시간이 경과하여 이자가 발생하였다 : 이자를 지급해야 할 부채가 발생하였기 때문에 회계상 거래이다.

반면에 "계약의 체결이나 주문의 접수" 그 자체로는 기업의 재무상태인 자산과 부채 또는 자본에 변동을 가져오지 않으므로 아직까지 회계거래로 취급하지 않는다. 계약을 체결하거나 주문을 접수한 결과 "계약금을 수취하거나, 상품을 인도"함으로써 자산이나 부채에 변동을 가져올 경우 비로소 회계거래로 인식한다. 결국 "회계거래로 인식한다"라는 의미는 금액으로 표시하여 장부상에 반영함으로써 재무상태표와 포괄손익계산서에 그 영향이 나타나도록 한다는 것이다.

1.2 거래의 이중성

거래의 이중성이란 어떤 거래든 자산, 부채, 자본에 변화를 초래하는 원인과 결과라는 두 가지 속성이 함께 들어 있다는 사실을 지칭하는 말이다.

거래의 이중성(二重性, duality)이란?
어떤 거래든 자산, 부채, 자본에 변화를 초래하는 원인과 그 결과라는 두 가지 속성이 함께 들어 있다는 것

거래의 이중성을 다음의 예를 통하여 살펴보자. “현금 10만원으로 비품을 구입하였다”라는 거래를 분석하면 다음과 같은 두 가지 요소가 포함되어 있음을 알 수 있다.

① 현금 10만원이 감소하였다(자산 감소).
② 비품 10만원이 증가하였다(자산 증가).

즉, 현금이 감소하는 대신 비품이 증가한 것이다. 현금 감소가 원인이 되어 비품 증가라는 결과가 얻어진 것이다. 반대로 비품 증가가 원인이 되어 현금 감소라는 결과가 나타났다고 보아도 무방하다. 어찌 되었든 한 쪽은 다른 쪽의 원인이 되고 이와 동시에 다른 쪽은 한 쪽의 결과가 된다.

모든 거래는 이처럼 원인과 결과를 항상 함께 가지고 있으며, 또한 앞의 예에서 보듯이 원인의 금액과 결과의 금액 또한 항상 일치한다.

☑ 거래의 이중성은 왜 존재?

우리(합리적 인간)는 매사에 대가를 전제로 하여 행동하는 경향이 있다. 특히 타인과 거래를 할 때는 더욱 그러하다. 대가 없이는 나의 것을 포기하려 하지 않는다. 거래의 이중성은 바로 이 때문에 존재한다. 비품의 획득이라는 대가 없이 현금을 지출하지 않으며, 현금 내지 권리의 획득 없이 상품을 이전하지 않는다.

또한 모든 거래에 있어서 원인과 결과의 금액이 일치하는 것도 당연하다. 우리는 소위 ‘밑지는 장사’를 하지 않으려 한다. 포기하는 만큼 얻으려 하고, 얻는 만큼만 포기하려 한다. 따라서 거래의 이중성은 인간이 합리적 존재이기 때문에 나타나는 아주 당연한 현상인 것이다.

회계에서는 거래의 이중성에 따라 모든 거래를 원인과 결과로 나누어 이중으로 기록한다. 이처럼 하나의 거래를 이중으로 기록하는 기록방법을 복식부기(複式簿記, double-entry book-keeping)라고 부른다.

복식부기(複式簿記, double-entry book-keeping)란?
1. 거래의 이중성에 따라 원인과 결과를 이중으로 기록하는 방식
2. 특정 자산이나 부채의 발생 원인을 알게 해주는 장점이 있음

복식부기는 한 건의 거래를 원인과 결과의 인과관계를 파악하여 이중으로 기록함으로써 비품 구입이 현금 구입인지 외상 구입인지를 알 수 있으며, 기록에 오류가 발생했을 경우 쉽게 발견될 수 있도록 해주는 자기검증기능(自己檢證機能)의 장점을 갖는다. 이에 관해서는 제4장의 시산표 부분에서 설명한다.

왜 지금 이 시점에서 재무제표를 공부하는가?

"독일 사회학자 막스 베버는 근대 자본주의 출현에 결정적 영향을 끼친 여섯 가지 사회경제적 요인에 복식부기의 발전을 꼽았다. 기업 재무상태와 경영성과를 일목요연하게 파악하고 분석해, 경영을 혁신하고 합리적 의사결정을 내릴 수 있게 했다는 의미에서이다."

자료 : 조선일보(2010년 3월 28일) 만물상, "코스닥 부실(不實)회계기업" 중에서

제2절 회계등식을 이용한 거래의 기록

앞의 제2장에서는 재무상태표 구성요소들 간의 상호관계를 요약하는 다음과 같은 식을 재무상태표등식 또는 회계등식이라고 소개한 바 있다.

회계등식 : 자산 = 부채 + 자본(자본금 + 이익잉여금)

기업의 수익과 비용에 영향을 미치는 거래는 궁극적으로 재무상태표의 구성요소인 이익잉여금의 증감을 유발한다. 엄밀하게 말하자면 당기순이익은 주주들에게 귀속될 몫이므로 재무상태표상에는 주주들이 출자한 몫을 나타내는 자본에 표시된다.

당기순이익은 일정한 기간(가령, 1개월 또는 3개월, 6개월, 1년 등의 기간) 단위로 기업이 벌어들인 영업성과를 나타낸다. 반면 이 당기순이익이 배당 등의 형태로 외부로 유출되는 대신에 해를 거듭하여 계속 누적되어 남아 있다면 이익잉여금이 된다. 결국 이익잉여금에 증감을 가져오는 원인은 당기순이익이며, 당기순이익은 '수익−비용'으로 계산되므로 이를 반영하여 회계등식을 다시 정리하면 다음과 같다.

> **경영성과를 보여주기 위한 회계등식 :**
> 자산 = 부채 + 자본[자본금 − 이익잉여금의 감소(비용) + 이익잉여금의 증가(수익)]
> 또는 자산 = 부채 + 자본금 + 이익잉여금(Σ(수익 − 비용))

본 절에서는 거래의 이중성에 따라 모든 거래를 원인과 결과로 나누어 이중으로 기록하는 복식부기가 갖는 장점을 보다 쉽게 이해하도록 하기 위하여 회계등식을 이용한 기록방법을 설명한다. 제4장에서 다룰 계정을 이용한 방법에 앞서 경영성과를 보여주기 위한 회계등식을 이용한 기록방법을 설명하는 이유는 회계의 대전제인 '자산=부채+자본'이라는 회계등식이 결국은 재무상태표와 포괄손익계산서 작성원리가 되기 때문이다,

븐 절에서는 다음에 예시하는 각각의 거래를 통해서 거래의 이중성과 회계등식에 대해 연습한 다음, 제3절에서는 이들 거래가 종합적으로 반영되어 재무상태표와 포괄손익계산서가 작성되는 원리를 살펴보도록 하자.

> **(거래 1)** (주)삼일컨설팅을 설립하고 주식을 발행하여 자본금으로 현금 ₩1,000,000을 납입받았다. 3월 1달 동안의 주요 경영활동내용은 다음과 같다고 한다(단, 회계등식에서는 편의상 금액을 천원 단위로 표시).

[회계거래 분석 : 현금(자산) ₩1,000,000 증가, 자본금(자본) ₩1,000,000 증가]

자산	=	부채	+	자본금	+	이익잉여금(수익 − 비용)
현금 + 1,000	=			자본금 + 1,000		

현재 (주)삼일컨설팅이 ₩1,000,000의 자산을 보유하게 된 것은 주식을 발행하여 주주들로부터 ₩1,000,000을 조달하여(자금의 조달원천) 현금이라는 자산에 투자(자금의 운용결과)했기 때문에 가능한 일이었으며 회계등식이 성립함을 보여준다.

(거래 2) 하나은행에서 회사명의로 현금 ₩1,500,000을 차입하였다.

[회계거래 분석 : 현금(자산) ₩1,500,000 증가, 차입금(부채) ₩1,500,000 증가]

자산	=	부채	+	자본금	+	이익잉여금(수익 − 비용)
현금 + 1,500	=	차입금 + 1,500				

₩1,500,000의 현금 자산이 증가하며 대출금 ₩1,500,000을 갚아야 할 의무를 부담하게 된다. 즉 차입금(부채)이란 자금조달원천에서 ₩1,500,000을 마련하여 현금 자산에 투자해 놓은 결과로 부채가 발생한 후에도 회계등식은 여전히 성립한다.

(거래 3) (주)신&정에 컨설팅용역을 제공하고 현금 ₩2,000,000을 받았다.

[회계거래 분석 : 현금 ₩2,000,000 증가, 용역매출 수익 ₩2,000,000 발생]

자산	=	부채	+	자본금	+	이익잉여금(수익 − 비용)
현금 + 2,000	=					용역매출 + 2,000

본래의 영업목적인 용역제공 활동 결과 현금(자산)이 증가하고 용역매출이라는 수익의 발생으로 자본이 증가한 후에도 회계등식이 계속 성립함을 보여준다. 컨설팅업처럼 재화가 아닌 서비스를 제공하는 경우 용역매출이라고 하며, 재화를 공급하는 경우 매출이라는 용어를 사용하여 구별하기도 한다.

(거래 4) 종업원급여 ₩1,000,000을 현금으로 지급하였다.

[회계거래 분석 : 현금 ₩1,000,000 감소, 종업원급여 비용 ₩1,000,000 발생]

자산	=	부채	+	자본금	+	이익잉여금(수익 − 비용)
현금 − 1,000	=					−(급여 1,000)

급여지급 결과 현금(자산)이 감소하고 급여(비용)의 발생으로 인하여 자본의 구성항목인 이익잉여금이 감소한 후에도 회계등식은 계속 성립한다.

(거래 5) (주)신&정에 컨설팅용역을 제공하고, 용역대금 ₩3,000,000은 일단 외상으로 하였다.

[회계거래 분석 : 매출채권 ₩3,000,000 증가, 용역매출 수익 ₩3,000,000 발생]

자산	=	부채	+	자본금	+	이익잉여금(수익 − 비용)
매출채권 +3,000	=					용역매출 +3,000

외상으로 제공한 컨설팅용역을 (주)삼일컨설팅의 영업실적을 산출할 때 포함해야 할지 여부를 생각해야 한다. 대부분 신용카드라든지 외상으로 거래가 이루어지는 실정에서 외상으로 제공한 용역을 영업실적에 포함시키지 않는다면 영업담당자의 입장에서는 납득할 수 없을 것이다. 즉, 용역제공이나 상품판매 그 자체가 영업활동의 성과인 바 포괄손익계산서의 수익에 반영되어야 한다. 다만 그 대가를 현금으로 아직 받지 못했기 때문에 매출채권이란 자산의 증가로 인식해야 한다.

(거래 6) 사무실 임차료 ₩100,000을 현금으로 지급하다.

[회계거래 분석 : 임차료 비용 ₩100,000 증가, 현금 ₩100,000 감소]

자산	=	부채	+	자본금	+	이익잉여금(수익 − 비용)
현금 − 100	=					−(임차료 100)

사무실을 임차하여 사용한 결과 현금(자산)이 감소하고 임차료(비용)의 발생으로 자본이 감소한 후에도 회계등식이 여전히 성립함을 보여준다.

(거래 7) (주)신&정에 현금 ₩300,000을 이 달 말에 받기로 하고 빌려주었다.

[회계거래 분석 : 대여금(자산) ₩300,000 증가, 현금(자산) ₩300,000 감소]

자산		=	부채	+	자본금	+	이익잉여금(수익 − 비용)
현금	−300						
대여금	+300	=					

남에게 돈을 빌려준 결과 현금(자산)이 감소한 대신 '대여금'이라는 수취채권 자산이 추가되어 회계등식은 여전히 성립한다. 대여금은 돈을 받을 수 있는 권리라는 점에서는 상품이나 서비스의 외상판매 대금을 받을 권리인 매출채권과 유사하다. 그러나 그 발생원천이 매출이라는 영업활동이 아니라 자금의 운용인 재무활동이므로 매출채권 대신에 대여금이라는 명칭을 사용한다. 요컨대 회계등식의 왼쪽에 있는 자산 내부의 구성이 변화되는 경우에도 회계등식은 여전히 성립한다.

(거래 8) (주)신&정으로부터 외상용역대금 중 일부인 ₩1,300,000을 현금으로 회수하였다.

[회계거래 분석 : 현금(자산) ₩1,300,000 증가, 매출채권(자산) ₩1,300,000 감소]

자산		=	부채	+	자본금	+	이익잉여금(수익 − 비용)
현금	+1,300						
매출채권	−1,300	=					

외상대금을 받았을 뿐이지 새로이 서비스용역을 제공한 것은 아니므로 용역매출이라는 수익은 계상되지 않는다. 매출채권을 현금으로 회수한 것이므로 회수한 금액만큼 현금이 증가하고 매출채권은 그만큼 줄어들게 된다.

(거래 9) 컴퓨터 등 ₩1,200,000 상당의 사무실 집기를 외상으로 구입하였다.

[회계거래 분석 : 비품(자산) ₩1,200,000 증가, 미지급금(부채) ₩1,200,000 증가]

자산	=	부채	+	자본금	+	이익잉여금(수익 – 비용)
비품 +1,200	=	미지급금 +1,200				

이 거래에 대해서는 다음과 같이 3가지 관점에서 생각해볼 필요가 있다.

- 사무실 집기를 회계언어로 비품이라고 한다면 비품을 구입한 경우 비품구입비라는 비용이 발생한 것인가? 아니면 비품이라는 자산을 영업활동을 위해 투자한 것이므로 자산이 증가된 것인가?
  간단히 말해서 비용은 1회용 밴드, 자산은 기부스라고 생각하면 어떨까? 1회용 밴드나 기부스는 치료라는 의미에서 동일할지 모르지만 치료하는 동안 계속 사용할 수 있느냐 그렇지 않느냐로 쉽게 구별될 수 있는 것처럼 비품과 비품구입비도 마찬가지다. 영업활동에 기여한다는 측면에서 동일할지 모르지만 '비품구입비' 라고 한다면 1회용 밴드처럼 수익창출에 사용하고 나면 없어져 버리는 비용이고, 비품은 영업활동을 위한 인프라에 해당하므로 수명이 다할 때까지 사용할 수 있는 자산이다.
- 외상으로 비품을 구입했기 때문에 그 대금을 갚아야 할 부채가 발생하며, 이를 미지급금이라고 한다. 재고자산에 해당하는 상품이나 제품 등의 판매를 주된 영업목적으로 하는 경우 이들 자산을 외상으로 매입하는 경우 발생되는 매입채무와 구분하기 위하여 재고자산 이외의 자산을 외상으로 구입한 경우에 미지급금이라는 용어를 사용한다.
- 신규로 자금을 차입한 경우 '차입금' 이라는 부채가 자금조달원천으로 사용된 것처럼 '미지급금' 이라는 부채가 증가한 경우에도 이를 자금의 조달원천으로 볼 수 있을까?

이 거래를 다음과 같이 2개의 거래로 나누어 생각해보면 쉽게 판단할 수 있다.

(1) 사무실집기를 납품한 거래처로부터 ₩1,200,000을 현금으로 차입한다.

(2) 차입한 현금 ₩1,200,000으로 사무실 집기를 구입한다.

분명히 (1)의 거래는 '차입금' 이라는 자금의 조달거래에 해당한다. (주)삼일컨설팅은 ₩1,200,000의 현금을 상환해야 할 의무인 차입금과 ₩1,200,000 상당의 비품을 보유하게 되었다. 이러한 결과와 ₩1,200,000 상당의 비품과 ₩1,200,000의 거래대금을 거래처에 지급해야 할 미지급금이라는 부채가 있는 상태와 전혀 다를 바가 없다는 것을 알 수 있다. 따라서 '미지급금'의 증가도 자금의 조달원천이 된다.

> **(거래 10)** 하나은행에서 차입한 금액 중 원금 ₩1,000,000과 차입기간 동안 발생한 이자 ₩10,000을 현금으로 상환하였다.

[회계거래 분석 : 현금 ₩1,010,000 감소, 차입금(부채) ₩1,000,000 감소, 자금사용에 대한 이자비용 ₩10,000 발생]

자산	=	부채	+	자본금	+	이익잉여금(수익 − 비용)
현금 − 1,010	=	차입금 − 1,000				− (이자비용 10)

이 거래는 다소 복잡해보이지만 두 개의 거래로 나누어 분석하면 쉽게 이해할 수 있다. 하나는 차입금의 원금상환 거래로서 현금자산의 감소와 차입금이라는 부채의 감소를 가져오는 것이다. 다른 하나는 이자지급 거래로서 현금자산의 감소와 이자비용(금융원가)이라는 자금사용에 대한 비용의 발생을 가져오는 것이다.

> **(거래 11)** (주)신&정에 빌려주었던 ₩300,000을 이자 ₩5,000을 포함하여 ₩305,000을 현금으로 받았다.

[회계거래 분석 : 현금(자산) ₩305,000 증가, 대여금(자산) ₩300,000 감소, 자금대여에 대한 이자수익 ₩5,000 발생]

자산		=	부채	+	자본금	+	이익잉여금(수익 − 비용)
현금	+305						
대여금	−300	=					이자수익 +5

빌려준 돈을 받았기 때문에 '대여금'이라는 수취채권이 줄어드는 대신 현금이

증가한다. 그리고 자금을 빌려준 대가로 이자를 받았기 때문에 이를 매출이라는 영업활동에서 발생된 수익과 구분하여 이자수익으로 인식한다.

> (거래 12) 3월분 사무실관리비 및 공공요금 ₩215,000을 지급하라는 관리비명세서를 받았으나, 납입기일이 다음 달 10일이어서 아직 지급하지 않고 있다.

[회계거래 분석 : 관리비(비용) ₩215,000 발생, 미지급비용(부채)발생 ₩215,000]

자산	=	부채	+	자본금	+	이익잉여금(수익 − 비용)
	=	미지급비용 +215				− (관리비 215)

3월분 사무실관리비와 공공요금은 (주)삼일컨설팅의 컨설팅용역제공을 위해 사용된 것이 분명하다. 그러나 과연 현금으로 지급하지 않아도 비용으로 볼 수 있을까?

앞에서 살펴보았듯이 외상으로 컨설팅용역을 제공한 경우에도 영업실적을 올렸다는 점에서 수익이 창출된 것으로 인식했었다. 비용도 마찬가지로 수익창출과 관련해서 발생되었거나 사용되었다면 현금지급과는 상관 없이 인식해야 하고, 그 대금을 지급해야 할 의무인 부채, 즉 '미지급비용'으로 재무상태표에 반영해야 한다.

☑ 비용의 인식과 경영성과

판매수수료처럼 영업실적을 올리는 데 직접적으로 공헌한 비용은 그 판매수수료의 지급시기와는 관계없이 영업실적이 수익으로 보고되는 회계기간의 영업실적과 대비시켜야 진정한 영업성과를 파악할 수 있다. 자동차보험료와 같이 한 번의 현금지출로 1년 또는 6개월 동안에 걸쳐 경제적 효익을 받는 지출에 대해서도 현금지출이 이루어진 달의 비용으로만 인식하게 되면, 그 다음달에도 보험서비스를 제공받았음에도 불구하고 자동차보험료 비용을 인식할 수 없게 된다. 따라서 이와 같은 지출은 약정된 기간 동안 안분하여 비용으로 인식함으로써 현금지출이 이루어진 달의 경영자의 영업성과가 차후 회계기간의 경영자의 영업성과에 비해 불리해지지 않도록 해야 한다.

미지급 삼총사인 매입채무, 미지급금, 미지급비용은 어떻게 구별하나?

- 매입채무 : 상품, 제품 등의 재고자산을 외상으로 매입한 경우
- 미지급금 : 재고자산 이외의 비품, 건물 등의 유형자산과 기타자산을 외상으로 구입한 경우
- 미지급비용 : 포괄손익계산서에 반영될 비용으로 발생하였으나 아직 지급하지 못한 경우

예제 3-1 회계거래가 포괄손익계산서와 재무상태표에 미치는 영향

(주)영구무빙은 4월초에 포장이사서비스 사업을 시작한 이후 4월말까지 다음과 같은 거래가 발생하였다. 이 거래들이 자산 · 부채 · 자본 · 수익 · 비용 및 당기순이익에 어떤 영향을 초래하는지 분석하고, 이러한 영향이 모두 반영된 후의 재무상태표와 포괄손익계산서를 작성하시오.

(거래 1) 주식을 발행하여 주주로부터 현금 ₩1,000,000을 자본금으로 투자받았다.
(거래 2) 하나은행에서 회사명의로 현금 ₩1,500,000을 차입하였다.
(거래 3) 월 ₩1,000,000의 사용료(리스료) 지급조건으로 차량운반구를 임차하였다.
(거래 4) 래미안아파트 입주자에게 이사용역을 제공하고, 현금 ₩2,000,000을 받았다.
(거래 5) 종업원급여 ₩1,200,000을 현금으로 지급하였다.
(거래 6) 자이아파트 입주자에게 ₩3,000,000의 이사용역을 외상으로 제공하였다.
(거래 7) ₩3,000,000 상당의 진공청소기(비품)를 외상으로 구입하였다.
(거래 8) 4월분 차량운반구 임차료 ₩1,000,000을 현금으로 지급하였다.
(거래 9) 4월분 사무실 관리비 및 공공요금 ₩240,000을 지급하라는 관리비명세서를 받았으나, 납입기일이 다음 달 10일이어서 아직 지급하지 않고 있다.
(거래 10) 이사용역 외상대금 ₩3,000,000을 현금으로 회수하였다.
(거래 11) 하나은행의 대출금에 대한 4월분 이자 ₩10,000을 현금으로 지급하였다.

| 풀이 |

(거래 1) [재무상태표 : 현금(자산) ₩1,000,000 증가, 자본금(자본) ₩1,000,000 증가]
(거래 2) [재무상태표 : 현금(자산) ₩1,500,000 증가, 차입금(부채) ₩1,500,000 증가]
(거래 3) 빌린 차량운반구가 (주)영구무빙이 투자하거나 소유한 자산이라고 할 수 없기 때문에 (주)영구무빙의 재무상태표에 영향을 미치지 않는다. 다만, 사용료(리스료)는 결산일이나 지급시점에 비용으로 인식되어 포괄손익계산서의 비용에 반영될 것이다.

(거래 4) [재무상태표 : 현금 ₩2,000,000 증가]
[포괄손익계산서 : 용역매출(수익) ₩2,000,000 발생 → 당기순이익 증가]
(거래 5) [재무상태표 : 현금(자산) ₩1,200,000 감소]
[포괄손익계산서 : 종업원급여(비용) ₩1,200,000 발생 → 당기순이익 감소]
(거래 6) [재무상태표 : 매출채권(자산) ₩3,000,000 증가]
[포괄손익계산서 : 용역매출(수익) ₩3,000,000 발생 → 당기순이익 증가]
(거래 7) [재무상태표 : 비품(자산) ₩3,000,000 증가, 미지급금(부채) ₩3,000,000 증가]
(거래 8) [재무상태표 : 현금(자산) ₩1,000,000 감소]
[포괄손익계산서 : 사용료(비용) ₩1,000,000 증가 → 당기순이익 감소]
(거래 9) [재무상태표 : 미지급비용(부채) ₩240,000 증가]
[포괄손익계산서 : 관리비 및 공공요금(비용) ₩240,000 발생 → 당기순이익 감소]
(거래 10) 재무상태표 : 현금(자산) ₩3,000,000 증가, 매출채권(자산) ₩3,000,000 감소]
(거래 11) [재무상태표 : 현금(자산) ₩10,000 감소]
[포괄손익계산서 : 이자비용(비용) ₩10,000 발생 → 당기순이익 감소]

재무상태표

(주)영구무빙 4월 30일 현재 (단위 : 원)

현 금	₩5,290,000	차입금	₩1,500,000
비 품	3,000,000	미지급금	3,000,000
		미지급비용	240,000
		자본금	1,000,000
		이익잉여금	**2,550,000**
합 계	₩8,290,000	합 계	₩8,290,000

포괄손익계산서

(주)영구무빙 4월 1일부터 4월 30일까지 (단위 : 원)

급여비용(급료)	₩1,200,000	용역매출	₩5,000,000
이자비용	10,000		
사용료(임차료)	1,000,000		
관리비 및 공공요금	240,000		
당기순이익	**2,550,000**		
합 계	₩5,000,000	합 계	₩5,000,000

지금까지 회계등식을 이용하여 회계거래가 어떻게 재무상태와 경영성과에 영향을 미치는지 잘 이해하게 되었다면 이제부터는 하나하나의 거래들이 종합되어 재무상태표, 포괄손익계산서로 모아지는 과정을 학습해보도록 하자.

제3절 회계등식과 재무상태표, 포괄손익계산서 작성원리

지금까지는 회계등식을 이용하여 각각의 거래내용을 분석하였다. 하지만 이러한 거래내용이 누적되어 (주)삼일컨설팅의 3월 1달 동안 재무상태와 경영성과에 어떤 영향을 미치는지를 종합적으로 보여주지는 못하였다. 또한 회계등식을 이용한 거래의 기록은 항목 수가 많을 경우 개별 항목에 변화가 일어났다는 사실은 알려주지만 그 원인이 무엇이었는지를 일목요연하게 알려주지 못한다. 예컨대 자산 중 외상매출금 항목이 3월 1달 동안 어떻게 변화했는가를 파악하려면 수십 페이지의 장부를 일일이 들춰보아야 한다.

보다 중요한 점은 '찰떡궁합'인 재무상태표와 포괄손익계산서가 당기순손익으로 연계되어 있지만 회계등식에서는 이러한 연계관계를 잘 보여주지 못한다는 것이다. 따라서 이러한 문제점들을 쉽게 해결하기 위해 회계등식의 기록원리를 재무상태표와 포괄손익계산서 작성원리에 직접 적용하여 설명하기로 한다.

앞의 회계등식에서 예시한 거래내용을 그대로 활용하여 (주)삼일컨설팅의 설립당시의 재무상태표에서 출발하여 최종적으로 3월말의 재무상태표에 이르는 과정과 3월 1달 동안의 경영성과를 보여주는 포괄손익계산서에 반영되는 과정을 단계별로 살펴보기로 하자. 먼저 앞서 소개한 3월 1달 동안의 거래내용을 요약하면 다음과 같다.

(거래 1) (주)삼일컨설팅을 설립하고 주식을 발행하여 자본금으로 현금 ₩1,000,000을 납입받았다.

(거래 2) 하나은행에서 회사명의로 현금 ₩1,500,000을 차입하였다.

(거래 3) (주)신&정에 컨설팅용역을 제공하고, 현금 ₩2,000,000을 받았다.

(거래 4) 종업원급여 ₩1,000,000을 현금으로 지급하였다.

(거래 5) (주)신&정에 컨설팅용역을 제공하고, 용역대금 ₩3,000,000은 일단 외상으로 하였다.

(거래 6) 사무실 임차료 ₩100,000을 현금으로 지급하였다.

(거래 7) (주)신&정에 현금 ₩300,000을 이 달 말에 받기로 하고 빌려주었다.

(거래 8) (주)신&정으로부터 외상용역대금 중 일부인 ₩1,300,000을 현금으로 회수하였다.

(거래 9) 컴퓨터 등 ₩1,200,000 상당의 사무실 집기를 외상으로 구입하였다.

(거래 10) 하나은행에서 차입한 금액 중 원금 ₩1,000,000과 차입기간 동안 발생된 이자 ₩10,000을 현금으로 상환하였다.

(거래 11) (주)신&정에 빌려주었던 ₩300,000을 이자 ₩5,000을 포함하여 ₩305,000을 현금으로 받았다.

(거래 12) 3월분 사무실 관리비 및 공공요금 ₩215,000을 지급하라는 관리비명세서를 받았으나 납입기일이 다음 달 10일이어서 아직까지 지급하지 않고 있다.

[1단계] 재무상태표와 포괄손익계산서에 회계등식의 원리대로 거래내용을 직접 기입

이때 각 항목마다 충분한 줄 간격을 두어야 나중에 발생하는 거래를 기록할 수 있다는 점을 유의해야 한다. 특히 현금과 관련한 거래가 많을 경우에 대비하여 현금과목에는 다른 과목보다 더 여유 있게 간격을 둘 필요가 있다.

재무상태표

(주)삼일컨설팅 3월 1일 현재*

(* 거래내용이 모두 반영되면 3월 31일 현재로 바꾸어야 한다)

(단위 : 천원)

자 산			부채와자본		
(거래 1)	현 금	1,000	(거래 1)	자본금	1,000
(거래 2)		+1,500			
(거래 3)		+2,000	(거래 2)	차입금	1,500
(거래 4)		−1,000	(거래 10)		−1,000
(거래 6)		−100			
(거래 7)		−300	(거래 9)	미 지 급 금	1,200
(거래 8)		+1,300	(거래 12)	미 지 급 비 용	215
(거래 10)		−1,010			
(거래 11)		+305			
(거래 5)	매출채권	3,000			
(거래 8)		−1,300			
(거래 7)	대여금	300			
(거래 11)		−300			
(거래 9)	비 품	1,200			

포괄손익계산서

(주)삼일컨설팅 3월 1일부터 3월 31일까지*

(* 포괄손익계산서는 일정기간 동안의 경영성과를 보여주므로, 3월 31일 현재로 하지 않는다)

(단위 : 천원)

비 용			수 익		
(거래 4)	종업원 급여	1,000	(거래 3)	용역매출	2,000
(거래 6)	사무실 임차료	100	(거래 5)		+3,000
(거래 10)	이자비용	10			
(거래 12)	관리비 및 공공요금	215	(거래 11)	이자수익	5

[2단계] 각 과목의 합계금액(=잔액)을 산출해서 별도로 표시한다.

아래에서 보는 것처럼 현금과목의 경우 사업개시 시점에서는 ₩1,000,000의 현금을 보유하고 있었다. 그러나 11건의 거래내용이 모두 반영된 3월 31일 현재 ₩3,695,000만큼의 현금이 있다는 것을 재무상태표에서 보여주어야 한다. 마찬가지로, 매출채권 잔액은 ₩1,700,000, 차입금 잔액은 ₩500,000, 대여금 잔액은 ₩0이며, 나머지 과목에 대해서도 3월 31일 현재의 잔액을 보여주고 있다.

한편 포괄손익계산서에서는 3월 1달 동안의 용역매출수익이 ₩5,000,000이며, 이외에 이자수익, 종업원급여 등의 비용이 발생했음을 보여주고 있다.

재무상태표

(주)삼일컨설팅 3월 31일 현재*

(* 거래내용이 모두 반영되면 3월 31일 현재로 바꾸어야 한다)

(단위 : 천원)

자 산			부채와자본		
(거래 1)	현 금	1,000	(거래 1)	자본금	1,000
(거래 2)		+1,500			
(거래 3)		+2,000	(거래 2)	차입금	1,500
(거래 4)		−1,000	(거래 10)		−1,000
(거래 6)		−100			500
(거래 7)		−300	(거래 9)	미지급금	1,200
(거래 8)		+1,300	(거래 12)	미지급비용	215
(거래 10)		−1,010			
(거래 11)		+305			
		3,695			
(거래 5)	매출채권	3,000			
(거래 8)		−1,300			
		1,700			
(거래 7)	대여금	300			
(거래 11)		−300			
		0			
(거래 9)	비 품	1,200			

포괄손익계산서

(주)삼일컨설팅 3월 1일부터 3월 31일까지*
(* 포괄손익계산서는 일정기간 동안의 경영성과를 보여주므로 3월 31일 현재로 하지 않는다)
(단위 : 천원)

비 용		수 익	
(거래 4) 종업원 급여	1,000	(거래 3) 용역매출	2,000
(거래 6) 사무실 임차료	100	(거래 5)	+3,000
(거래 10) 이자비용	10		5,000
(거래 12) 관리비 및 공공요금	215	(거래 11) 이자수익	5

[3단계] 재무상태표에서 당기순이익을 구한다.

이 단계에서 재무상태표에서 경영성과인 당기순이익을 구하기 위해서는 기초자본과 기말자본을 비교해야 한다. 이 회사의 경우 기초자본은 주식발행자본금 ₩1,000,000이며, 기말자본은 기말자산 총액에서 기말부채를 전부 상환할 경우 남는 금액이 된다. 자산총계(₩6,595,000)에서 부채총계(₩1,915,000)를 차감하면 기말자본은 ₩4,680,000이다. 결국 기초자본 ₩1,000,000이 경영활동의 결과 ₩4,680,000으로 증가한 것이다. 따라서 경영성과인 당기순이익은 그 차액인 ₩3,680,000이 된다.

[4단계] 포괄손익계산서에서 당기순이익을 구한다.

포괄손익계산서에서는 수익총계가 ₩5,005,000이며, 이만큼의 수익을 창출하기 위하여 이보다 훨씬 적은 ₩1,325,000의 비용이 발생하였다. 따라서 차액 ₩3,680,000이 유리한 경영성과를 의미하는 당기순이익으로 산출된다.

[5단계] 재무상태표와 포괄손익계산서 마무리

재무상태표의 당기순이익과 포괄손익계산서의 당기순이익이 일치하는지 비교한다. 일치하면 재무상태표와 포괄손익계산서 각각의 왼편과 오른편의 합계금액 중 작은 쪽에 차액을 끼워넣어 총합계를 일치시켜 마무리한다.

재무상태표

(주)삼일컨설팅 3월 31일 현재*

(* 거래내용이 모두 반영되면 3월 31일 현재로 바꾸어야 한다)

(단위 : 천원)

자 산		부채와자본	
(거래 1) 현 금	₩1,000	(거래 1) 자본금	₩1,000
(거래 2)	+ 1,500		
(거래 3)	+2,000	(거래 2) 차입금	1,500
(거래 4)	−1,000	(거래 10)	−1,000
(거래 6)	−100		500
(거래 7)	−300	(거래 9) 미지급금	1,200
(거래 8)	+1,300	(거래 12) 미지급비용	215
(거래 10)	−1,010		
(거래 11)	+305		
	3,695		
(거래 5) 매출채권	3,000		
(거래 8)	−1,300		
	1,700		
(거래 7) 대여금	300		
(거래 11)	−300		
	0		
(거래 9) 비 품	1,200	당기순이익	3,680*
총 합 계	**₩6,595**	**총 합 계**	**₩6,595**

* 당기순이익이 왜 bottom line으로 불리는지 알 수 있을 것이다.

포괄손익계산서

(주)삼일컨설팅 3월 1일부터 3월 31일까지*

(* 포괄손익계산서는 일정기간 동안의 경영성과를 보여주므로 3월 31일 현재로 하지 않는다)

(단위 : 천원)

비 용		수 익	
(거래 4) 종업원 급여	₩1,000	(거래 3) 용역매출	₩2,000
(거래 6) 사무실 임차료	100	(거래 5)	+3,000
(거래 10) 이자비용	10		5,000
(거래 12) 관리비 및 공공요금	215	(거래 11) 이자수익	5
당 기 순 이 익	3,680		
총 합 계	₩5,005	총 합 계	₩5,005

앞의 예제에서 재무상태표와 포괄손익계산서의 당기순손익은 항상 일치하였다. 그렇다면 왜 일치할까? 그리고 포괄손익계산서와 재무상태표가 이렇게 일치된 당기순손익으로 상호 연계되어 있다는 것은 무엇을 의미하는가? 이러한 궁금증은 매우 자연스러울 뿐만 아니라 중요한 질문이다. 회계등식을 쉽게 받아들일 수 있었다면 이 또한 쉽게 이해할 수 있다.

재무상태표상의 당기순이익은 기말자본이 기초자본에 비해서 증가되었는지를 통해 계산된다. 왜냐하면 기말자본의 변화는 포괄손익계산서에 반영되는 영업활동의 성과를 좌우하는 수익과 비용에 의해 계산되기 때문이다. 즉, 수익은 자본을 늘려주고 비용은 자본을 감소시키는 바, 수익에서 비용을 차감한 차액(포괄손익계산서의 당기순이익)은 곧 자본의 증가액(재무상태표의 당기순이익)이 되는 것이다.

이를 스포츠를 통해 설명해보자. 맨유와 첼시의 축구경기가 3:1로 맨유의 승리로 끝났다고 가정하자. 2골차로 맨유가 승리했다는 사실은 경기 시작전의 스코어인 0:0(기초자본에 해당)에서 시작하여 3골을 얻고(일종의 수익) 1골을 실점(일종의 비용)하여 그 차이인 2골을 남긴 것(기말자본에 해당)을 의미한다. 3골을 얻고 1골을 실점한 것은 포괄손익계산서에 수익(3)과 비용(1)으로 계상되어 결국 당기순이익은 2로 계산되는데 이 수치(즉, 2골차)는 재무상태표에 기말자본을 그만큼 늘려주는 당기순이익으로 계상되는 것이다.

요컨대 누가 어떻게 골을 넣었는지? 얼마나 실점을 했는지가 궁금하면 포괄손익계산서를 통해 파악하고 몇 골차로 승패가 갈렸는지 그리고 그 결과 현재 팀의 누적 순득점(골득실)은 얼마인지를 알고 싶다면 재무상태표를 보면 되는 것이다.

앞서 소개한 회계등식에서 이해를 돕기 위해 등식 우측에 위치한 비용은 −로 그리고 수익은 +로 표기했다. 실제로 이 둘은 묶어서 이익잉여금으로 표기하고 비용은 이익잉여금을 줄여 주는 것(−)으로 그리고 수익은 이익잉여금을 늘려주기 때문에 (+)으로 표기한 것이다. 왜냐하면 소유주의 몫에 해당하는 이익잉여금은 자본이기 때문이다. 즉, 비용은 자본을 줄이고 수익은 자본을 늘리기 때문에 수익과 비용의 차이로 계산되는 당기순이익과 자본의 증가액이 같아질 수밖에 없는 것이다.

지금까지는 재무상태표와 포괄손익계산서 내에서 직접 거래내용을 반영하여 경영성과와 재무상태를 구하였으나, 각 과목에서 얼마나 많은 거래가 발생하게 될 것을 예상하여 줄간격을 얼마나 두어야 할지, 그리고 직접 금액을 기록하고 가감하는 계산을 해야 하는 번거로움과 불편함이 있었다. 따라서 다음 제4장에서는 이를 간편하게 해결함과 동시에 계산상의 오류를 줄여줄 수 있는 계정을 이용한 회계처리를 분개와 함께 소개한다.

구글도 보잉도 이 남자에게 리더십 배웠다

마셜 골드스미스 박사의 좌우명은 "인생은 좋은 것(Life is good)"이다. 그가 세계 최고의 리더십 코치가 될 수 있었던 비결도 사람들에게 이런 긍정의 힘을 불어넣었기 때문이다. "내가 '하지만(but)' 이라는 말은 절대 쓰지 말라고 했죠? 벌써 세 번째예요!"

"'하지만' 이라는 말을 쓰면 안 되는 이유가 뭐냐"고 물었다. 그의 대답은 이랬다. "'하지만' 같은 부정적인 말은 은연중에 대화 상대방에게 '나는 맞고 당신은 틀리다' 라는 인상을 주는 아주, 아주 안 좋은 버릇이에요. 똑똑한 사람들이 가장 많이 저지르는 잘못 중 하나죠. 훌륭한 리더가 되고 싶다면 그 버릇 고치는 게 좋을 겁니다." 그는 기자에게 손권총을 날리면서 찡긋하고 윙크를 했다.

'1회 컨설팅 25만불의 사나이' 골드스미스 박사

– 조선일보 Weekly BIZ의 커버스토리(2011년 2월 12일) 인터뷰 기사 중 일부 –

윤리이슈 회계의 빛과 그림자

대규모 분식과 부하직원의 갈등

회계부정은 주로 상위 경영진이 주도한다. 참고로 1999년 조사결과에 의하면, 미국 증권위원회가 적발한 회계부정의 83%는 윤리적 의식이 현저히 결여된 CEO나 CFO(재무담당 부사장)가 연루되어 있다고 한다. 또한 회계부정을 저지른 기업들의 지배구조는 매우 취약한 편이다.

* * * *

지배구조란 회사에서 벌어지는 각종 사건을 감독하는 조직체계 및 프로세스를 말한다. 지배구조에는 이사회가 경영진들이 과연 주주들 위해서 제대로 경영하는지를 감시하는 것을 포함한다. 상사가 부당한 회계부정을 지시할 경우 부하직원들은 이를 거부할 경우 자칫 승진에 지장을 초래하거나 쫓겨날 것을 염려해 마지못해 지시를 따른다. 이처럼 부하직원들이 상사의 비윤리적이며 불법적 행동을 거부하기는 힘들지만 실제 법정에서는 그렇다고 해서 봐주지 않는다. 이를 방지하기 위한 차원에서 선도기업들은 사전에 정한 절차를 반드시 따르도록 하거나 그릇된 지시를 고발할 수 있도록 핫라인을 설치하여 내부고발자(whistle blower) 보호를 추구한다.

* * * *

2000년대 초 월드컴과 엔론 같은 거대 기업들의 잇달은 회계부정으로 인해 막대한 피해가 발생하자 회계제도 개혁의 필요성이 제기되어 마련된 대표적인 법안이 사베인스-옥슬리법(Sarbanes-Oxley Act)이다.

사베인스-옥슬리법에 의해 회계법인들이 동일한 기업에 대해 감사와 비감사업무(경영자문 등)를 동시에 제공하는 것에 제한이 생겼으며, 과거에는 감사업무에 대한 감리를 회계법인의 자율적인 상호감리에 맡겼다면, 해당 법안 이후에는 PCAOB(상장기업 회계감독위원회)가 설립되어 회계법인 감리업무를 관할하게 되었다. 이 법은 회계법인의 독립성 강화, 재무정보 공시 강화 등의 강한 회계제도 개혁 의지를 담고 있으며, 미국뿐 아니라 대한민국 등 다른 나라의 회계제도 개혁에도 상당한 영향을 미쳤다.

자료 : 위키피디아 및 기타 자료 일부 참조

Tips for Self Study

- 교과서 연습문제 [6] : 문제 [3], [5]로 신발끈을 동여매고, 인내심을 발휘하여 정답을 구할 때까지 계속 전진! 회계원리 학습성공의 분수령
- Study Guide 주관식 [문1], [문2] : 교과서 연습문제를 시작하기 전 가벼운 '스트레칭'으로 제격!

연|습|문|제

[1] 아래 괄호에 알맞은 단어나 영어로 된 용어(英 :)를 기재하시오.

(1) 회계상 (거　 英 : t　　　　　　　　)란 자산, 부채, 자본에 변화를 가져오는 것이면서 동시에 변화의 크기를 금액으로 측정할 수 있는 사건, 따라서 장부 기록의 대상이 되는 사건을 의미한다.

(2) (거　 의 　　　)이란 어떤 거래든 자산, 부채, 자본에 변화를 초래하는 원인과 그 결과라는 두 가지 속성이 함께 들어 있다는 것이다.

(3) 회계에서는 거래의 이중성에 따라 모든 거래를 원인과 결과로 나누어 이중으로 기록한다. 이처럼 하나의 거래를 이중으로 기록하는 기록방법을 (복　　　 英 : d　　　　　 – entry b　　　 keeping)라 부른다.

(4) (당　　　　)은 일정한 기간 가령, 1개월 또는 3개월, 6개월, 1년 등의 기간단위로 기업이 벌어들인 영업성과를 나타낸다.

(5) 재고자산에 해당하는 상품이나 제품 등의 매매를 주된 영업목적으로 하는 경우 이들 자산을 외상으로 매입해 오는 경우 발생되는 매입채무와 구분하기 위하여 재고자산 이외의 자산을 외상으로 구입한 경우에 (미　　　)이라는 용어를 사용한다.

[2] 다음 중 회계상 거래에 해당하는 것은?

(1) 10만원에 상품을 판매하기로 하는 계약을 체결하다.
(2) 원가 20만원의 상품을 주문하다.
(3) 회사의 현금 50만원을 도난당하다.
(4) 은행예금에 이자 5만원이 불어 통장에 자동입금되다.
(5) 월급여 230만원을 주기로 하고 종업원을 채용하다.
(6) 월세 40만원을 주기로 하고 사무실을 임차하다.

[3] 회계등식을 이용한 거래의 기록(Ⅰ)

(주)안진컨설팅의 다음 각 거래에 대해 회계등식에 의하여 거래를 분석하여 아래 〈보기〉와 같이 구분하여 기록하시오.

〈보기〉 현금(자산) ₩100,000 증가, 자본금(자본) ₩100,000 증가

(1) 현금 ₩1,000,000을 출자하여 회계자문 사업을 개시하다.
(2) 개업을 알리는 광고를 하고 현금 ₩100,000을 지출하다.
(3) 비품 ₩200,000을 구입하고 현금을 지급하다.
(4) 현금 ₩300,000을 은행에서 단기간 차입하다.

(5) 회계자문을 제공하고 대금 ₩400,000은 외상으로 하다.
(6) 단기차입금 중 ₩200,000을 이자 ₩10,000과 함께 현금으로 지급하다.
(7) 회계자문을 제공하고 현금 ₩500,000을 받다.
(8) 종업원에게 급여 ₩100,000을 현금으로 지급하다.
(9) 앞서의 회계자문 외상대금 중 ₩300,000을 현금으로 받다.
(10) 사무실 임차료 ₩100,000을 현금으로 지급하다.

[4] 회계등식을 이용한 거래의 기록(Ⅱ)

(주)매직서비스의 10월 중 거래를 회계등식을 이용하여 기록하시오. 단, 자본은 본문에서처럼 자본금과 비용, 수익으로 구분하여 표시하고, 편의상 금액은 천원 단위로 한다(비용은 이익잉여금을 줄이는(−) 것으로, 그리고 수익은 늘리는(+) 것으로 표시).
(1) 현금 ₩8,000,000을 출자하여 영업을 개시하다.
(2) 은행으로부터 ₩2,000,000을 차입하다.
(3) 미래 건물신축에 필요한 토지를 ₩3,000,000에 현금으로 구입하다.
(4) 전화기와 컴퓨터(회계상 비품)를 ₩400,000에 외상으로 구입하다.
(5) 세탁기계를 현금 ₩2,000,000에 구입하다.
(6) 조선호텔에 세탁서비스를 제공하고 대가 ₩2,100,000을 현금으로 받다.
(7) 신라호텔에 세탁서비스를 제공하고 대가 ₩200,000은 나중에 받기로 하다(매출채권 계정을 사용비).
(8) 10월분 임차료 ₩300,000을 현금으로 지급하다.

[5] 회계등식을 이용한 재무제표 작성

(주)한진택배의 9월 중 거래를 회계등식의 원리를 이용하여 재무상태표와 포괄손익계산서를 작성하시오. 편의상 금액은 천원 단위로 표시한다.
(1) 현금 ₩2,000,000을 출자하여 영업을 개시하다.
(2) 은행으로부터 ₩1,000,000을 차입하다.
(3) 전화기와 컴퓨터(회계상 비품)를 현금 ₩400,000에 구입하다.
(4) 택배서비스를 제공하고 대가 ₩100,000을 현금으로 받다.
(5) 택배서비스를 제공하고 대가 ₩200,000은 나중에 받기로 하다.
(6) 9월분 임차료 ₩300,000을 현금으로 지급하다.
(7) 외상매출금 ₩200,000을 현금으로 회수하다.
(8) 9월분 종업원급여 ₩800,000을 현금으로 지급하다.
(9) 차입금의 일부(₩500,000)와 이자(₩5,000)를 현금으로 지급하다.

[6] 사례연습 : 회계등식을 이용한 재무상태표, 포괄손익계산서 작성

(주)쿠팡택배는 주주들이 투자한 ₩9,500,000과 은행에서 차입한 ₩1,500,000을 자금의 조달원천으로 3월 1일 설립된 택배회사이며, 조달된 자금에서 비품 ₩3,300,000, 차량운반구 ₩4,800,000을 구입하여 사업을 시작하였다. 3월 1달 동안의 주요 경영활동은 다음과 같다.

3/1 택배용역 ₩1,900,000을 제공하고 대금 중 ₩1,300,000은 현금으로 받고 나머지는 외상(매출채권)으로 하였다.

3/2 택배용소모품 ₩400,000을 외상(매입채무)으로 구입하였다.

3/3 종업원급료 ₩200,000과 차량운반구에 대한 보험료 ₩240,000을 현금으로 지급하였다.

3/4 현금 ₩1,300,000을 추가로 차입하였다.

3/11 광고선전비 ₩160,000을 현금으로 지급하였다.

3/12 물류창고에 대한 지급임차료 ₩150,000을 현금으로 지급하였다.

3/13 차량운반구 ₩4,600,000을 추가로 구입하였으나 대금은 다음 달에 지급(미지급금)하기로 하였다.

3/14 택배용역 외상대금(매출채권) 중 ₩500,000을 현금으로 회수하였다.

3/15 거래처의 요청으로 ₩1,200,000을 빌려(대여금)주었다.

3/21 차량운반구에 대한 유류비 ₩200,000 중에서 현금으로 ₩150,000을 지급하고 나머지는 다음 달에 지급(미지급비용)하기로 하였다.

3/22 차량운반구를 수선하고, 수선비 ₩300,000은 다음 달에 지급(미지급비용)하기로 하였다.

3/23 사업확장을 위하여 주주로부터 ₩1,500,000의 현금을 추가로 출자(주식발행 자본금)받았다.

3/24 차량운반구 중 ₩1,200,000 상당부분에 대해 현금 ₩1,100,000을 수취하여 처분하고, 그 차액은 차량운반구 처분손실로 처리하였다.

3/25 차입금 중 원금 ₩800,000과 이자비용 ₩30,000을 더한 현금을 상대방에게 지급하였다.

3/26 거래처에 빌려준 대여금 중 원금 ₩1,000,000과 이자수익 ₩20,000을 더한 현금을 상대방으로부터 수취하였다.

(1) 비품과 차량운반구를 구입하여 사업을 시작한 3월 1일의 재무상태표를 작성하시오(단, 재무제표의 명칭과 보고일자, 회사명칭을 정확한 장소에 바르게 기재합니다).

(2) 위에서 작성한 3월 1일의 재무상태표에서 출발하여 3월중에 발생한 경영활동이 반영된 3월 31일의 재무상태표와 3월 1달 동안의 경영성과를 나타내주는 포괄손익계산서를 재무제표의 명칭, 보고일자, 회사 명칭을 정확하게 기재하여 작성하시오(단, 재무상태표와 포괄손익계산서 내에서, 각각의 항목별로 거래내용에 따라 금액이 +, -되는 과정을 전부 표시하고, 각 항목별 금액의 계산결과는 색연필로 타원을 표시한 다음 그 타원 안에 잔액을 구하여 기입합니다).

[7] 회계윤리와 팀프로젝트

코카콜라의 제조성분 등 회사 기밀 정보를 빼내 펩시에 팔아 넘기려던 3명이 약 6주간에 걸친 FBI의 위장수사 끝에 2006년 7월 5일 체포됐다.
이들 혐의자의 체포는 코카콜라의 매우 자세한 기밀을 제공하겠다는 편지를 받은 펩시가 즉각 편지의 복사본을 코카콜라 측에 보냈고, 코카콜라가 이같은 내용을 FBI에 신고하면서 바로 수사가 시작됐기 때문에 가능했다. 펩시는 "경쟁은 치열하지만 공정하고 합법적이어야 한다"며 '검은' 제의를 물리친 배경을 설명했으며, 코카콜라는 당혹감을 감추지 못한 채 정보보호 정책을 전면 재검토하겠다고 밝혔다.
본 기사가 시사하는 바는 모든 정보가 공개대상이 아니라는 점과 공정한 경쟁은 강한 윤리의식을 전제로 한다는 점이다. 수십년 만에 코카콜라를(주가총액에서) 앞지르기 시작한 펩시 경영진의 자신감을 엿볼 수 있다.

2006년 7월 7일자 일간신문의 기사를 종합하여 각색

〈물음〉

당신이 승진을 앞둔 펩시콜라 또는 코카콜라의 임원이라면 이러한 상황에서 어떤 입장을 취해야 할까?

제 4 장

회계거래의 기록

제 1 절 | 계정

제 2 절 | 회계순환과정

제 3 절 | 분개

제 4 절 | 전기

제 5 절 | 시산표

기업에서는 수많은 거래들이 끊임없이 발생하며, 회계는 우선 이들을 장부에 기록하고 재무제표로 요약하는 일을 한다. 올바른 재무제표의 작성을 위해서는 기중에 발생하는 수많은 거래들을 체계적으로 기록하고 정리해 두는 것이 매우 중요하다. 본 장에서는 복식부기 방법에 따른 체계적 기록과정 중 핵심적 활동에 해당하는 계정기입, 분개 및 전기에 관해서 공부한다.

이러한 복식부기 과정은 이 책에서 다루는 모든 회계처리의 기초에 해당되며, 이런 의미에서 본 장은 가장 핵심적인 내용을 담고 있다. 회계를 처음 접하는 독자들의 편의를 위하여 서비스기업에서 발생하는 단순한 거래들을 기초로 분개와 전기를 공부한다.

▶ 경영자의 역할을 어떻게 정의하십니까?

"변화를 관리하는 것이 리더십이라고 생각합니다. 변화를 실현해가는 과정에서 복잡한 문제를 풀어나가는 것이 리더의 역할이고요. 어디로 갈지 방향을 정하고 거기로 가는 과정에서 나타날 위험을 관리해야 해요. 뭐든 하다보면 성공보다는 실패가 많다는 게 진리에요. 실패관리에 대한 생각이 없으면 대부분 무너져 내려요."

▶ 상상력이 제일 중요하겠군요?

"저희 회사에서 제일 중요한 단어가 상상력이죠. 획기적인 아이디어가 어느 날 갑자기 하늘에서 떨어지는 것이 아니라 조그마한 생각들을 개선해 나가면서 만들어지는 거죠. 오늘보다 조금 더 나아지려는 노력, 닥친 문제에 대한 열린 고민을 통해 발전해요. 거기 열정이 있으면 방향이 잡혀요."

▶ 나이가 들어 어쩔 수 없이 머리가 굳는다고 느낍니까?

"전 아직 말랑말랑한 것 같아요. 끊임없이 생각하고, 자극받고 영화, 음악, 책, 오페라 등 많은 일에 저 자신을 노출시키고 있어요."

▶ 다음 세대에 영감을 주기 위해 어떤 이야기를 해주고 싶은가요?

"남이 좋다고 하는 방식으로 살지 말고 네 인생을 네가 살아보라"고 얘기하고 싶어요. "편하고 남 보기에 그럴싸한 삶보다는 자기가 정말 살아보고 싶은 인생을 살아야 한다고 생각해요. 그런 도전이 의외로 나중에 큰 것을 남길 거라고 봅니다. 저는 제 아이들에게도 네가 제일 잘할 수 있는 걸 하라."고 해요

2009년 1월 17일 조선일보 강인선 live(앤씨소프트 김택진 사장) 중에서

제1절 계 정

가격은 우리가 내는 돈, 가치란 그를 통해 우리가 얻는 것

– 워렌 버핏

1.1 계정의 의의

재무제표를 올바로 작성하기 위한 첫 걸음은 회계기간 중에 발생하는 수많은 거래들을 체계적으로 기록하는 것이다. 회계에서는 기중의 거래들을 항목별로 체계적으로 기록하기 위하여 '계정'(account)이라는 것을 사용한다. 계정이라는 용어가 다소 생소하게 들리겠지만 내용은 지극히 단순한 것이다. 즉, 계정이란 왼쪽과 오른쪽을 구분하기 위한 것이다. 회계에서는 '자산, 부채, 자본, 수익, 비용에 속하는 여러 항목들을 각기 구분하여 기록하는 장소'라고 정의된다.

여러분이 갖고 있는 은행 계좌는 'account'

은행에서 첫 거래를 트고 통장을 발급받는 것을 영어로 "Open a new account"라고 한다. 여기서 'account'란 곧 우리말의 계좌 또는 통장에 해당한다. 통장은 입출금 기록을 위해 왼쪽과 오른쪽으로 구분되어 있다. 물론 양쪽의 차이를 통해 잔액을 계산할 수 있음은 물론이다. 이처럼 'account'는 왼쪽과 오른쪽 구분을 통해 증가와 감소를 체계적으로 기록할 수 있게 하는데 이를 회계에서는 계정이라고 부른다.

제3장에서 배운 회계등식을 이용한 거래기록방식은 재무상태표와 포괄손익계산서 내에서 직접 거래내용을 반영하여 경영성과와 재무상태를 구하였다. 그러나 보다 쉽고 체계적으로 기록할 수 있는 방법이 필요한데 이를 도와주는 것이 계정이다. 즉 계정은 각 과목별로 발생하는 거래내용을 한 곳에 모아 깔끔하게 기록 계산한 다음 그 결과만을 가지고 회계기말의 재무상태표와 포괄손익계산서를 작성할 수 있도록 도와준다.

따라서 재무상태표와 포괄손익계산서에 표시될 항목마다 별도의 기록 및 계산단위로서 하나씩의 계정을 설정하면 아무리 많은 자산이나 부채, 수익, 비용에 영향을 미치는 거래가 발생한다고 하더라도 각각의 계정을 살펴봄으로써 특정 항목의 발생 내역과 현재 잔액을 쉽게 파악할 수 있다. 이는 은행이 고객에게 통장(계좌)을 발급하고 고객의 입출금을 개별적으로 기록한 후 필요한 경우 수시로(가령, 기말에) 잔액을 파악하는 것과 유사하다.

계정(計定, account)이란?
자산, 부채, 자본, 수익, 비용에 속하는 여러 항목들을 각기 구분하여 기록하는 장소

가장 단순한 형태의 계정 양식을 예시하면 다음과 같다.

현 금	
왼쪽 (=차변)	오른쪽 (=대변)

비 품	
왼쪽 (=차변)	오른쪽 (=대변)

이렇게 생긴 계정의 모양을 감안하여 'T계정'이라 부르며 이처럼 약식 형태로 이해해도 충분하다.

위에서 예시한 두 계정은 현금과 비품이라는 명칭을 갖고 있는데, 이를 계정과목(計定科目)이라 부른다. 계정은 항목별로 그 종류가 무척 다양하다. 이에 관해서는 수시로 본 서 부록에 수록된 실제 기업의 재무상태표와 포괄손익계산서 사례를 참조하기 바란다.

또한 위 계정들은 중앙의 선을 기준으로 하여 왼쪽과 오른쪽 양쪽으로 나누어져 있는데, 회계에서는 왼쪽을 차변(借邊, debtor : Dr), 오른쪽을 대변(貸邊, creditor : Cr)이라 부른다. 차변, 대변이라는 용어는 과거 회계의 초기 발전단계에서는 의미를 갖는 용어였지만, 오늘날에는 전혀 의미를 갖지 못한 채 단지 왼쪽 및 오른쪽을 가리키는 말로 사용될 뿐이다.

이제 현금의 유입이나 유출을 수반하는 거래가 발생하면 현금계정에 기록하고,

비품의 증가나 감소를 수반하는 거래가 발생하면 비품계정에 기록한다. 여기서 한 가지 궁금증이 들 것이다. 과연 왼쪽과 오른쪽은 무엇 때문에 구분해 놓은 것일까 하는 점이다.

1.2 계정기입의 규칙

거래를 분석하여 해당 계정에 기입할 때는 일정한 규칙을 따라야 한다. 이를 계정기입의 규칙이라 한다. 이에 대한 설명을 잠시 미루고, 계정에 대한 정의 외에는 아무런 사전지식이 없다고 가정하자. 여러분은 아래에 예시된 현금계정의 기록이 무엇을 말해주는지를 알 수 있을까? 즉, 현금수입액은 얼마였고, 어떤 용도에 얼마를 지출하여 현재 얼마의 현금잔액이 남아 있는지를 알 수 있을까?

현 금

3/2 자본금	100,000	3/5 광고선전비	30,000
		3/6 임 차 료	50,000

위 계정의 기록을 한번 훑어보기만 해도 아마도 여러분은 이내 주식발행을 통해 현금 10만원이 생겼고, 광고선전비와 임차료로 각각 3만원과 5만원을 지출하여 현재 2만원이 남아 있음을 쉽게 감잡을 수 있을 것이다. 이런 통찰력 어디에서 오는 것일까? 그것은 바로 우리의 상식에서 온다. 상식만을 이용하여 현금계정의 내용을 해독한 것이다. 이는 곧 회계의 기록 방법은 앞서 배운 회계등식처럼 우리가 이미 알고 있는 상식에 기초하고 있음을 말한다.

현금계정에서는 왼쪽 차변이 현금의 증가 기록이고, 오른쪽 대변이 현금의 감소 기록이다. 그 이유는 현금계정이 자산에 속하는 계정이기 때문이다. 부채와 자본은 반대로 오른쪽(즉, 대변)에 증가를 기록하고 왼쪽(즉, 차변)에 감소를 기록한다.

여기서 소개하는 규칙들은 앞서 공부한 재무상태표 및 포괄손익계산서 작성원리와 밀접한 관련이 있다. 참고로 두 재무제표의 양식을 계정식으로 다시 한번 제시하면 다음과 같다.

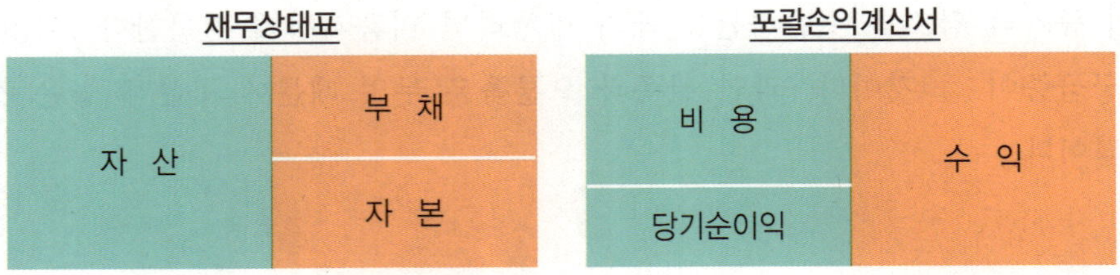

자산은 왼쪽 차변에, 부채와 자본은 오른쪽 대변에 기록되어 있다. 또한 자본을 증가시키는 수익은 자본과 같은 쪽인 오른쪽 대변에, 자본을 감소시키는 비용은 반대쪽인 왼쪽 차변에 기록되어 있다. 이 사실을 잘 기억하고 있으면 계정기입의 규칙을 쉽게 이해할 수 있다. 즉 '원래 있던 위치는 증가, 그 반대 위치는 감소'라는 것만 알면 된다. 제3장에서 설명한 거래 예제를 토대로 이렇게 단순한 원리를 적용하여 계정의 기입을 연습해보자.

> **(거래 1)** (주)신&브라더스를 설립하고 주식을 발행하여 자본금으로 현금 ₩1,000,000을 납입받았다.

[1단계] 이 거래에 관련된 계정과목과 금액을 정한다.

- '자본금'과 '현금' 계정과목이 적절하며, 금액은 각각 ₩1,000,000이다.

[2단계] 관련된 계정과목이 '재무상태표'의 자산, 부채, 자본 또는 '포괄손익계산서'의 수익, 비용 어디에 속하는지 판단한다.

- '자본금'은 재무상태표의 자본에 그리고 '현금' 역시 재무상태표의 자산에 속한다.

[3단계] 재무상태표와 포괄손익계산서 작성원리(이하, 재무제표라고 줄여 표현)를 적용하여 왼편과 오른편을 결정한다.

- '자본금', 즉 자본이 증가되었기 때문에 재무상태표상에 자본의 원래 위치인 오른편에 금액 ₩1,000,000과 함께 기록한다.
- '현금', 즉 자산이 증가되었기 때문에 재무상태표상에 자산의 원래 위치인 왼편에 금액 ₩1,000,000과 함께 기록한다.

현금계정	
① 1,000,000	

자본금계정	
	① 1,000,000

(거래 2) 하나은행에서 회사명의로 현금 ₩1,500,000을 차입하였다.

[1단계] 이 거래에 관련된 계정과목과 금액을 정한다.

- ■ '차입금'과 '현금' 계정과목이 적절할 것이며, 금액은 각각 ₩1,500,000이다.

[2단계] 관련된 계정과목이 '재무상태표'의 자산, 부채, 자본 또는 '포괄손익계산서'의 수익, 비용 어디에 속하는지 판단한다.

- ■ '차입금'은 재무상태표의 부채이며, '현금'은 재무상태표의 자산에 속한다.

[3단계] 재무제표 작성원리를 적용하여 왼편과 오른편을 결정한다.

- ■ '차입금', 즉 부채가 증가하였기 때문에 재무상태표상에 부채의 원래 위치인 오른편에 금액 ₩1,500,000과 함께 기록한다.
- ■ '현금', 즉 자산이 증가하였기 때문에 재무상태표상에 자산의 원래 위치인 왼편에 금액 ₩1,500,000과 함께 기록한다.

현금계정	
① 1,000,000	
② 1,500,000	

차입금계정	
	② 1,500,000

(거래 3) (주)블루에 컨설팅용역을 제공하고, 현금 ₩2,000,000을 받았다.

[1단계] 이 거래에 관련된 계정과목과 금액을 정한다.

- ■ '용역매출'과 '현금' 계정과목이 적절할 것이며, 금액은 각각 ₩2,000,000이다.

[2단계] 관련된 계정과목이 '재무상태표' 의 자산, 부채 자본 또는 '포괄손익계산서' 의 수익, 비용 어디에 속하는지 판단한다.

- ■ '용역매출' 은 포괄손익계산서의 수익이며, '현금' 은 재무상태표의 자산에 속한다.

[3단계] 재무제표 작성원리를 적용하여 왼편과 오른편을 결정한다.

- ‘용역매출’, 즉 수익이 발생하였기 때문에 포괄손익계산서에 수익의 원래 위치인 오른편에 금액 ₩2,000,000과 함께 기록한다.
- ‘현금’, 즉 자산이 증가하였기 때문에 재무상태표상에 자산의 원래 위치인 왼편에 금액 ₩2,000,000과 함께 기록한다.

현금계정

① 1,000,000	
② 1,500,000	
③ 2,000,000	

용역매출계정

	③ 2,000,000

(거래 4) 종업원급여 ₩1,000,000을 현금으로 지급하였다.

[1단계] 이 거래에 관련된 계정과목과 금액을 정한다.

- ‘종업원급여’와 ‘현금’ 계정과목이 적절하며, 금액은 각각 ₩1,000,000이다.

[2단계] 관련된 계정과목이 ‘재무상태표’의 자산, 부채 자본 또는 ‘포괄손익계산서’의 수익, 비용 어디에 속하는지 판단한다.

- ‘종업원급여’는 포괄손익계산서의 비용, ‘현금’은 재무상태표의 자산에 속한다.

[3단계] 재무제표 작성원리를 적용하여 왼편과 오른편을 결정한다.

- ‘종업원급여’, 즉 비용이 증가하였기 때문에 포괄손익계산서에 비용의 원래 위치인 왼편에 금액 ₩1,000,000과 함께 기록한다.
- ‘현금’, 즉 자산이 감소하였기 때문에 재무상태표상에 자산의 원래 위치인 왼편의 반대편인 오른편에 금액 ₩1,000,000과 함께 기록한다.

현금계정

① 1,000,000	④ 1,000,000
② 1,500,000	
③ 2,000,000	

종업원급여계정

④ 1,000,000	

(거래 5) (주)블루에 컨설팅용역을 제공하고, 용역대금 ₩3,000,000은 일단 외상으로 하였다.

[1단계] 이 거래에 관련된 계정과목과 금액을 정한다.

- ‘용역매출’과 ‘매출채권’ 계정과목이 적절하며, 금액은 각각 ₩3,000,000이다.

[2단계] 관련된 계정과목이 ‘재무상태표’의 자산, 부채 자본 또는 ‘포괄손익계산서’의 수익, 비용 어디에 속하는지 판단한다.

- ‘용역매출’은 포괄손익계산서의 수익, ‘매출채권’은 재무상태표의 자산이다.

[3단계] 재무제표 작성원리를 적용하여 왼편과 오른편을 결정한다.

- ‘용역매출’, 즉 수익이 증가하였기 때문에 포괄손익계산서에 수익의 원래 위치인 오른편에 금액 ₩3,000,000과 함께 기록한다.
- ‘매출채권’, 즉 자산이 증가하였기 때문에 재무상태표상에 자산의 원래 위치인 왼편에 금액 ₩3,000,000과 함께 기록한다.

매출채권계정

⑤ 3,000,000	

용역매출계정

	③ 2,000,000
	⑤ 3,000,000

(거래 6) 사무실임차료 ₩100,000을 현금으로 지급하다.

[1단계] ‘임차료비용’과 ‘현금’ 계정과목의 설정과 금액 ₩100,000 확정

[2단계] ‘임차료비용’은 포괄손익계산서의 비용, ‘현금’은 재무상태표의 자산

[3단계] 사무실임차료가 발생되었기 때문에 비용의 원래 위치인 왼편에 ‘현금’, 즉 자산이 감소되었기 때문에 자산의 원래 위치인 왼편의 반대편인 오른편에 기록

현금계정

① 1,000,000	④ 1,000,000
② 1,500,000	⑥ 100,000
③ 2,000,000	

임차료비용계정

⑥ 100,000	

(거래 7) (주)블루에 현금 ₩300,000을 이 달 말에 받기로 하고 빌려주었다.

[1단계] '대여금'과 '현금' 계정과목의 설정과 금액 ₩300,000 확정

[2단계] '대여금'과 '현금' 모두 재무상태표의 자산

[3단계] 향후 돈을 받을 권리인 '대여금' 자산이 증가하였으므로 자산의 원래 위치인 왼편에, '현금' 자산이 감소하였으므로 자산의 원래 위치와 반대편인 오른편에 기록

현금계정

① 1,000,000	④ 1,000,000
② 1,500,000	⑥ 100,000
③ 2,000,000	⑦ 300,000

대여금계정

⑦ 300,000	

(거래 8) (주)블루로부터 외상용역대금 중 일부인 ₩1,300,000을 현금으로 회수하다.

[1단계] '매출채권'과 '현금' 계정과목의 설정과 금액 ₩1,300,000 확정

[2단계] '매출채권'과 '현금' 모두 재무상태표의 자산

[3단계] 매출채권을 회수하였기 때문에 '매출채권' 자산이 감소하였으므로 자산의 원래 위치의 반대편인 오른편에, '현금' 자산이 증가되었기 때문에 재무상태표의 자산의 원래 위치인 왼편에 기록

현금계정

① 1,000,000	④ 1,000,000
② 1,500,000	⑥ 100,000
③ 2,000,000	⑦ 300,000
⑧ 1,300,000	

매출채권계정

⑤ 3,000,000	⑧ 1,300,000

(거래 9) 컴퓨터 등 ₩1,200,000 상당의 사무실 집기를 외상으로 구입하였다.

[1단계] '비품'과 '미지급금' 계정과목의 설정과 금액 ₩1,200,000 확정
[2단계] '비품'은 재무상태표의 자산, '미지급금'은 재무상태표의 부채
[3단계] '비품' 즉 자산이 증가하였기 때문에 자산의 원래 위치인 왼편에, '미지급금' 부채가 증가하였기 때문에 부채의 원래 위치인 오른편에 기록

비품계정	
⑨ 1,200,000	

미지급금계정	
	⑨ 1,200,000

(거래 10) 하나은행에서 차입한 금액 중 원금 ₩1,000,000과 차입기간 동안 발생한 이자 ₩10,000을 현금으로 상환하였다.

[1단계] '차입금' ₩1,000,000과 '이자비용' ₩10,000 및 '현금' ₩1,010,000으로 계정과목과 금액을 확정
[2단계] '차입금'은 재무상태표의 부채, '현금'은 자산, '이자비용'은 포괄손익계산서의 비용에 해당
[3단계] '차입금' 상환으로 부채가 감소한 바 원래 위치의 반대인 왼편에, '현금' 자산이 감소하였기 때문에 자산의 원래 위치인 왼편의 반대인 오른편에, '이자비용'이 발생하였기 때문에 비용의 원래 위치인 왼편에 기록

현금계정	
① 1,000,000	⑥ 100,000
② 1,500,000	④ 1,000,000
③ 2,000,000	⑦ 300,000
⑧ 1,300,000	⑩ 1,010,000

차입금계정	
⑩ 1,000,000	② 1,500,000

이자비용계정	
⑩ 10,000	

(거래 11) (주)블루에 빌려주었던 ₩300,000을 이자 ₩5,000을 포함하여 ₩305,000을 현금으로 받았다.

[1단계] '대여금' ₩300,000과 '이자수익' ₩5,000 및 '현금' ₩305,000으로 계정과목과 금액을 확정

[2단계] '대여금'과 '현금'은 재무상태표의 자산, '이자수익'은 포괄손익계산서의 수익

[3단계] '대여금' 회수로 자산이 감소되어 원래 위치의 반대인 오른편에, '현금' 자산이 증가되어 자산의 원래 위치인 왼편에, '이자수익'이 발생하였기 때문에 수익의 원래 위치인 오른편에 기록

현금계정

차변	대변
① 1,000,000	④ 1,000,000
② 1,500,000	⑥ 100,000
③ 2,000,000	⑦ 300,000
⑧ 1,300,000	⑩ 1,010,000
⑪ 305,000	

대여금계정

차변	대변
⑦ 300,000	⑪ 300,000

이자수익계정

차변	대변
	⑪ 5,000

(거래 12) 3월분 사무실 관리비 및 공공요금 ₩215,000을 납부하라는 관리비명세서를 받았으나, 납입기일이 다음 달 10일이어서 아직 지급하지 않고 있다.

[1단계] '관리비 및 공공요금' ₩215,000과 '미지급비용' ₩215,000으로 계정과목과 금액을 확정

[2단계] '관리비'는 포괄손익계산서의 비용, '미지급비용'은 재무상태표의 부채

[3단계] '관리비' 비용이 발생하였기 때문에 비용의 원래 위치인 왼편에, '미지급비용' 부채가 증가되었기 때문에 부채의 원래 위치인 오른편에 기록

관리비 및 공공요금계정

차변	대변
⑫ 215,000	

미지급비용계정

차변	대변
	⑫ 215,000

1.3 계정잔액의 산출과 재무제표 작성

재무상태표와 포괄손익계산서에 표시될 항목마다 별도로 설정된 계정에 기록된 내용을 정리하고, 각 계정잔액을 구한 다음 이를 토대로 재무제표를 작성하는 과정을 단계별로 설명한다.

먼저 각 계정의 왼편 합계금액과 오른편 합계금액을 구한 다음, 금액이 큰 쪽에 차액을 계산하여 아래처럼 박스로 표시해 둔다. 편의상 계정은 분개시 나타난 순서대로 배치하였다.

현금계정	
① 1,000,000	④ 1,000,000
② 1,500,000	⑥ 100,000
③ 2,000,000	⑦ 300,000
⑧ 1,300,000	⑩ 1,010,000
⑪ 305,000	
소계 6,105,000	소계 2,410,000
3,695,000	

자본금계정	
	① 1,000,000

차입금계정	
⑩ 1,000,000	② 1,500,000
	500,000

용역매출계정	
	③ 2,000,000
	⑤ 3,000,000
	5,000,000

종업원급여계정	
④ 1,000,000	

매출채권계정	
⑤ 3,000,000	⑧ 1,300,000
1,700,000	

사무실임차료계정	
⑥ 100,000	

대여금계정	
⑦ 300,000	⑪ 300,000
0	

비품계정	
⑨ 1,200,000	

미지급금계정	
	⑨ 1,200,000

이자비용계정	
⑩ 10,000	

이자수익계정	
	⑪ 5,000

관리비 및 공공요금계정	
⑫ 215,000	

미지급비용계정	
	⑫ 215,000

이와 같이 각 계정과목별로 계정잔액을 구하고, 재무상태표에 속한 자산, 부채, 자본인 경우에는 재무상태표로, 포괄손익계산서에 속한 수익과 비용이라면 포괄손익계산서에 그 잔액을 기재하여 깔끔하게 재무제표를 작성한다.

이 경우 재무상태표에서 기초자본과 기말자본을 비교하여 경영성과인 당기순이익을 구한다. 포괄손익계산서에서는 수익총계와 비용총계를 비교하여 그 차액으로 당기순이익을 구한 다음 상호 일치되는지 비교한다. 일치되면 재무상태표와 포괄손익계산서 각각의 왼편과 오른편의 합계금액 중 작은 쪽에 끼워넣어 총합계를 일치시켜 마무리한다.

재무상태표

(주)신&브라더스 3월 31일 현재

자 산		부채 및 자본	
현 금	₩3,695,000	차 입 금	₩500,000
매출채권	1,700,000	미지급금	1,200,000
비 품	1,200,000	미지급비용	215,000
		자 본 금	1,000,000
		당기순이익	3,680,000
합 계	₩6,595,000	합 계	₩6,595,000

포괄손익계산서

(주)신&브라더스 3월 1일부터 3월 31일까지

비 용		수 익	
종업원급여	₩1,000,000	용역매출	₩5,000,000
사무실임차료	100,000	이자수익	5,000
이자비용	10,000		
관리비 및 공공요금	215,000		
당기순이익	3,680,000		
합 계	₩5,005,000	합 계	₩5,005,000

제2절 회계순환과정

오늘날 회계는 기간별 보고의 가정에 따라 기업이 계속되어도 1년 단위의 회계기간으로 인위적으로 구분한 후, 각 회계기간마다 회계정보를 산출하고 보고하게 된다. 이를 위하여 회계에서는 매 회계기간마다 수많이 발생하는 거래들을 장부에 일일이 기록한 후 기말에 이를 몇 페이지의 재무제표로 요약하는 과정을 반복적으로 수행한다. 이와 같이 회계순환과정(會計循環過程, accounting cycle)이란 거래를 기록하고 요약하여 재무제표를 작성하는 과정이 매 회계기간마다 순환적으로 반복된다는 뜻에서 붙여진 용어이다.

회계순환과정의 전체 모습을 이해하면 앞으로 공부할 분개와 전기 그리고 다음 장어서 공부할 시산표 및 정산표 작성 등의 중간과정을 왜 공부하는지를 명쾌하게 파악할 수 있게 된다. 이 과정은 [그림 4-1]과 같다.

회계순환과정은 크게 두 부분으로 구분된다. 하나는 회계기간 중에 이루어지는 것으로서 일상적으로 발생하는 거래들을 식별하고, 분개장에 기록(즉, 분개)하며, 총계정원장의 해당 계정에 전기하는 일이다.

다른 하나는 회계기간 말에 이르러 그간의 기록을 요약하여 최종적으로 재무제

그림 4-1 | 회계순환과정

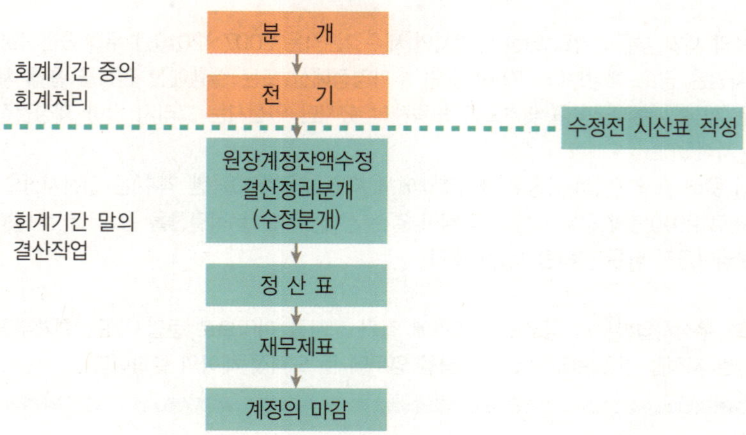

표를 작성하는 것인데 흔히 결산(決算)이라 부른다. 결산을 위해서는 먼저 시산표를 작성해봄으로써 기중의 분개와 전기가 오류없이 바르게 이루어졌는지를 점검한다. 그리고 나서 결산정리사항목록(inventory sheet, 일명 재고조사표)을 작성하여 결산시점에서 각 계정의 잔액을 수정해야 할 사항들을 파악한다. 이를 바탕으로 결산정리분개(수정분개)를 행한 후 정산표를 작성하고, 정산표 내용을 토대로 재무제표를 작성한다. 이상의 모든 과정이 종료되고 나면 총계정원장의 각 계정을 마감하여 다음 회계기간을 위한 새 장부, 즉 새 계정들을 준비한다.

윤리이슈 **회계의 빛과 그림자**

감사원에 적발된 인천시 재정운영 '꼼수' 기사 중에서

세입예산 부풀리기 · 분식결산 등 인천시 갖가지 수법 동원돼…

인천시가 시장의 공약사업을 무리하게 추진하다 예산이 구멍나자 이를 숨기려고 회계를 조작한 사실이 감사원에 적발됐다. 인천시는 결손이 발생하지 않은 것처럼 꾸미기 위해 예산 당겨쓰기, 특별회계 재원 부당전입, 계속비 불용처리 등 갖가지 수법을 동원한 것으로 지적됐다. 감사원은 11일 '지방재정 건전성 진단 · 점검'을 통해 "인천시는 세수 결손을 보전하기 위해 다음연도 수입을 당겨 쓰거나 계속사업비를 임의로 불용처리하는 일이 없도록 결산업무를 철저히 하라"며 주의를 촉구했다.

* * * *

인천시는 2014년 인천아시안게임, 인천도시철도 2호선 건설 등 대형사업 추진을 위해 세입예산을 마구잡이로 부풀려 책정했다. 2010회계연도 예산편성 당시 인천시의 세입업무 담당부서는 한 해 동안 거둬들일 수 있는 지방세 수입을 2조 1천 92억원으로 전망했다. 그러나 예산부서는 인천아시안게임과 도시철도 2호선 건설 등 주요 사업을 차질 없이 추진해야 한다는 이유로 아무런 근거 없이 4천 25억원을 더 늘려 2조 5천 117억원을 세입예산에 계상했다. 결국 인천시는 해당연도에 2천 671억원의 세수 결손을 안게 됐다.

* * * *

이런 방식의 세입 부풀리기로 인한 인천시의 세수결손액은 2007~2010년 무려 8천 495억원에 이르렀다. 감사원은 당초 예상보다 세입이 줄면 추가경정예산 또는 실행예산 편성을 통해 세출 수요를 축소하는 등 재정의 수지균형을 맞추도록 노력해야 했지만 인천시는 그러지 않아 재정건전성이 더욱 악화됐다고 지적했다.

이런 수법 탓에 순세계잉여금(징수 세금총액에서 지출 세금총액을 뺀 액수)은 결산서상으로는 늘 흑자였다. 일례로 2010년의 경우 4천 24억원이 결손 상태였지만 분식결산을 통해 결산서상에는 136억원의 순세계잉여금이 남은 것처럼 둔갑시켰다.

〈저자코멘트〉 우정사업본부의 경우도 수년간에 걸쳐 적자를 이익으로 둔갑시키는 회계부정을 저지른 것으로 감사원 지적을 받았는데 모두 성과급을 염두에 둔 도덕적 해이의 결과이다.

제3절 분 개

3.1 분개의 정의

예컨대 '비품 ₩100,000을 현금으로 구입하다'라는 거래를 기록함에 있어서는 앞서 말한 것처럼 현금계정과 비품계정에 곧바로 기록할 수도 있다. 그러나 회계에서는 그렇게 하지 않고 대신 분개라는 중간 절차를 거친 다음에 계정에 옮겨 적는다. 그 이유는 수많은 거래들을 기록하다 보면 자칫 누락되거나 중복되는 등 오류가 발생할 위험이 있기 때문이다. 즉 회계에서는 위의 비품 구입거래를 복식부기의 논리에 따라 먼저 다음과 같이 기록한다.

(차) 비 품	100,000	(대) 현 금	100,000

이러한 기록활동을 회계에서는 분개(分介, journalizing)라 한다. 분개를 말 그대로 풀이하면 '나누어 격리시킨다'라는 말인데, 내용적으로 보면 거래에 내재된 원인과 결과를 서로 구분하여 따로따로 기록하는 것을 의미한다. 한편, 분개를 기록하는 장부를 분개장(分介帳, journal)이라고 부른다.

분개(分介, journalizing)란?
거래에 내재된 원인과 결과를 서로 구분하여 차변과 대변에 따로따로 기록하는 절차

그런데 분개를 하기 위해서는 다음 세 가지를 먼저 판단하여야 한다.

- 거래에 내재된 자산, 부채, 자본, 수익, 비용의 어떤 계정에 기록할 것인가?
- 얼마의 금액으로 기록할 것인가?
- 왼쪽 차변과 오른쪽 대변 중 어느 쪽에 기록할 것인가?

이 중 회계를 처음 배우는 단계에서 신경을 써야 할 것은 세 번째의 어느 쪽에

기록할 것인가 하는 점이다. 앞에서 공부한 재무상태표 및 포괄손익계산서 작성원리를 떠올리면 쉽게 해결된다. 즉 자산은 왼쪽 차변에, 부채와 자본은 오른쪽 대변에 기록되어 있다. 또한, 자본을 증가시키는 수익은 자본과 같은 쪽인 오른쪽 대변에, 자본을 감소시키는 비용은 반대쪽인 왼쪽 차변에 기록되어 있다. 즉 '원래 있던 위치는 증가, 그 반대 위치는 감소'라는 것만 알면 왼쪽 차변과 오른쪽 대변 중 어느 편에 기록할 것인지를 쉽게 판단할 수 있다. 그리고 계정과목은 제2장의 부록에 예시한 재무상태표와 포괄손익계산서의 항목을 참고하면 될 것이다.

3.2 분개 방법

분개 방법을 이해하기 위해 비품 ₩100,000을 현금으로 구입한 거래의 결합관계를 다시 살펴보자.

(차) 자산(비품)의 증가	100,000	(대) 자산(현금)의 감소	100,000

분개 시에는 아래에서 보듯이 이 결합관계에서 자산이라는 포괄적 명칭 대신 비품이라는 구체적 명칭을 사용한다. 또한 비품이라는 자산이 차변에 기록되면 그 자체가 비품의 증가를 의미한다. 마찬가지로 현금이라는 자산이 대변에 기록되면 그 자체가 현금의 감소를 의미한다. 따라서 위의 기록에서 구체적 계정명칭을 사용하고, 아울러 증가, 감소라는 불필요한 말을 제거하면 다음과 같이 분개가 완성된다.

(차) 비 품	100,000	(대) 현 금	100,000

위의 분개를 보고 거꾸로 어떤 거래가 발생하였는지를 추론할 수도 있다. '(차) 비품 100,000'은 비품 ₩100,000의 증가를 뜻하며, '(대) 현금 100,000'은 현금 ₩100,000의 감소를 뜻한다. 이 둘을 연결하면 '비품 ₩100,000을 현금으로 구입하다'라는 거래가 된다.

회계순환과정에서 분개가 차지하는 비중은 매우 크다. 분개가 이루어져야만 그 다음 과정이 이루어지기 때문이다. 최종적으로 작성하고자 하는 재무상태표나 포괄손익계산서는 수많은 분개가 요약되고 정리된 것이므로, 회계업무를 실제로 담당할 사람이 아닐지라도 재무제표를 잘 이해하고 활용하기 위해서는 반드시 분개를 정확히 이해하여야 한다.

이런 의미에서 제1절에서 사용했던 서비스업 사례를 이용하여 분개를 연습해보기로 한다. 서비스업은 매출원가 산정이라는 다소 어려운 과정이 필요하지 않은 만큼 회계처리가 단순하다. 매출원가 산정이 필수적인 상품매매업의 회계순환과정에 대해서는 제5장에서 다룬다.

종합예제 : 서비스업 사례

3월 1일에 컨설팅업을 위해 설립된 (주)신&브라더스의 3월의 주요 거래내용은 다음과 같다. 각각의 거래에 대해 분개를 연습해보도록 하자.

(거래 1) (주)신&브라더스를 설립하고 주식을 발행하여 자본금으로 현금 ₩1,000,000을 납입받았다.

(차) 현　　금　1,000,000　　(대) 자본금　1,000,000

■ 자산(현금)이 증가하고 자본(자본금)이 증가한다.

(거래 2) 하나은행에서 회사명의로 현금 ₩1,500,000을 차입하였다.

(차) 현　　금　1,500,000　　(대) 차입금　1,500,000

■ 자산(현금)이 증가하고 부채(차입금)가 증가한다.

(거래 3) (주)블루에 컨설팅용역을 제공하고 현금 ₩2,000,000을 받았다.

(차) 현　　금　2,000,000　　(대) 용역매출　2,000,000

■ 자산(현금)이 증가하고 수익(매출)이 발생한다. 서비스기업의 수익을 용역매출

이라고 기록한다.

(거래 4) 종업원급여 ₩1,000,000을 현금으로 지급하였다.

(차) 종업원급여 1,000,000 (대) 현 금 1,000,000

■ 비용(급여)이 발생하고 자산(현금)이 감소한다.

(거래 5) (주)블루에 컨설팅용역을 제공하고 용역대금 ₩3,000,000은 일단 외상으로 하였다.

(차) 매출채권 3,000,000 (대) 용역매출 3,000,000

■ 자산(매출채권)이 증가하고, 수익(매출)이 발생한다.

(거래 6) 사무실 임차료 ₩100,000을 현금으로 지급하다.

(차) 임차료비용 100,000 (대) 현 금 100,000

■ 비용(임차료)이 발생하고 자산(현금)이 감소한다.

(거래 7) (주)블루에 현금 ₩300,000을 이 달 말에 받기로 하고 빌려주었다.

(차) 대여금 300,000 (대) 현 금 300,000

■ 자산(대여금)이 증가하고 자산(현금)이 감소한다.

(거래 8) (주)블루로부터 외상용역대금 중 일부인 ₩1,300,000을 현금으로 회수하였다.

(차) 현 금 1,300,000 (대) 매출채권 1,300,000

■ 자산(현금)이 증가하고 자산(매출채권)이 감소한다.

(거래 9) 컴퓨터 등 ₩1,200,000 상당의 사무실 집기를 외상으로 구입하였다.

(차) 비　　품　　1,200,000　　(대) 미지급금　　1,200,000

■ 자산(비품)이 증가하고 대금을 지급해야 할 의무인 부채(미지급금)가 증가한다.

(거래 10) 하나은행에서 차입한 금액 중 원금 ₩1,000,000과 차입기간 동안 발생된 이자 ₩10,000을 현금으로 상환하였다.

(차) 차 입 금　　1,000,000　　(대) 현　　금　　1,010,000
　　 이자비용　　10,000

■ 부채(차입금)가 감소하고 비용(이자비용)이 발생하며 아울러 자산(현금)이 감소한다.

(거래 11) (주)블루에 빌려주었던 ₩300,000을 이자 ₩5,000을 포함하여 ₩305,000을 현금으로 받았다.

(차) 현　　금　　305,000　　(대) 대 여 금　　300,000
　　　　　　　　　　　　　　　　 이자수익　　5,000

■ 자산(현금)이 증가하고, 대여금(자산)이 감소하며, 이자수익(수익)이 발생한다.

(거래 12) 3월분 ₩215,000의 관리비명세서를 받았으나 납입기일이 다음 달 10일이어서 아직 지급하지 않고 있다.

(차) 관리비　　215,000　　(대) 미지급비용　　215,000

■ 비용(관리비)이 발생하고 현금으로 지급해야 할 부채(미지급비용)가 증가한다.

3.3 분개장

분개장(分介帳, journal)이란 분개를 기록하는 회계장부이다. 분개장에는 거래가 발생된 순서에 따라 기록된다.

분개장의 양식은 [표 4-1]과 같다. 이 표에는 (주)신&브라더스의 거래 내용 일부가 분개되어 있다. 여기서 보듯이 분개장에는 거래발생 날짜, 계정과목 및 차변과 대변의 금액, 그리고 거래내용이 간략히 기술된다. 원면은 원장의 계정번호를 말하는 것인데, 분개장 기록과 원장 기록을 대조해야 할 때를 대비하여 분개장에 원장의 계정번호를 기록한다. 원장에 관해서는 절을 바꾸어 더 살펴본다. 한편 회계원리를 공부하는 우리들은 정식 분개장을 사용하는 대신 다음과 같이 간단한 형식으로 분개를 하더라도 회계순환과정을 이해하는 데 충분하다.

월/일	(차) 현 금	×××	(대) 용역매출	×××

[표 4-1] 분개장

일 자		적 요	원면	차 변	대 변
3월	1일	(현 금)	11	1,000,000	
		(자 본 금)	31		1,000,000
		현금을 출자하여 개업하다.			
	2일	(현 금)	11	1,500,000	
		(차 입 금)	53		1,500,000
		하나은행에서 회사명의로 차입하다.			
	5일	(현 금)	11	2,000,000	
		(용역매출)	41		2,000,000
		(주)블루에 컨설팅 용역을 제공하다.			
		⋮	⋮	⋮	⋮

분개장을 의미하는 저널(journal)은 어디에서 유래되었을까요?

우리들이 흔히 접하는 '저널'이라는 말은 시사저널이나 회계저널에서 보는 것처럼 잡지 또는 학술지를 의미하는 말로 오늘날 많이 사용되고 있다. 이런 용법에 익숙해 있는 독자들은 왜 분개장을 영어로 'journal'이라 하는지 의아할 것이다.

본래 'journal'이라는 말은 항해사들이 매일매일 기록하는 항해일지를 말하는 것이었다. 즉 매일의 항해에서 발생하는 중요 사건을 기록하던 일지를 'journal'이라 불렀다. 이것이 중세 무역상들에 의하여 회계에 도입된 것으로 생각된다. 이런 의미에서 미국의 대표적 시사경제 일간지인 월스트리트저널은 이 단어의 본래 뜻에 가장 가까운 용법으로 사용된 것이라고 볼 수 있다. 일간지이기 때문이다. 이것이 다른 잡지매체에도 원용되어 오늘날 시사저널, 학회저널 등으로 쓰이고 있는 것이다.

반면, 우리나라에서는 분개장에 해당되는 영어 'journal'을 상업일지 등으로 번역하지 않고 계정의 왼쪽과 오른쪽으로 나누어 기입하는 것 그 자체에 초점을 맞추어 분개장(分介帳)이라고 번역해서 사용하고 있다. 회계순환과정을 강조한 적절한 번역이라고 생각한다. 다만, 거래를 발생순서별로 마치 일지처럼 기록하는 장부라는 뜻이 명칭에 묻어나지 않는 점은 다소 아쉬운 일이다.

제4절 전 기

앞서 살펴본 분개는 각 계정에 거래내용을 기록함에 있어 누락이나 중복이 발생하지 않도록 하기 위한 중간적 절차였다. 그러므로 분개가 완료되면 이제는 해당 계정에 옮겨 적는 과정을 밟아야 한다. 이처럼 분개장의 거래 기록을 해당 계정에 옮겨 적는 것을 전기(轉記, posting)라고 한다.

전기(轉記, posting)란?

1. 분개장의 거래기록을 각 해당 계정에 옮겨 적는 것
2. 특정 시점의 계정잔액을 파악하기 위하여 수행

각 계정에 전기된 내용을 읽음으로써 우리는 특정 시점의 현금이나 단기차입금 등의 잔액이 얼마인지, 또한 기초부터 그 시점까지의 매출액이나 임차료 지급액이

얼마였는지를 쉽게 파악할 수 있다.

자산, 부채, 자본, 수익, 비용의 각 항목별 계정은 **원장**(元帳, ledger)이라는 두꺼운 장부에 편철되어 있다. 즉, 원장이란 각 계정을 모아 놓은 두꺼운 장부이며, 이런 의미에서 **총계정원장**이라 부르기도 한다.

분개장에서 원장 내 각 계정으로 전기하는 방법을 단계적으로 설명하면 다음과 같다.

① 분개장의 차변과 대변에 분개된 계정을 원장에서 찾는다.

② 분개장의 차변 분개 내용을 해당 계정의 차변에 옮겨 적는다. 예컨대 '(차) 현금 1,000,000' 이라는 차변 분개 내용을 전기하려면 현금계정을 찾아 차변에 ₩1,000,000을 기록한다. 이는 현금이 ₩1,000,000 증가했음을 말해준다. 그러나 무슨 이유로 증가했는지는 알려주지 못하기 때문에 그 이유를 밝히기 위하여 대변에 분개했던 계정과목을 함께 기록한다. 만일 대변 분개 내용이 '(대) 자본금 1,000,000' 이었다면 현금계정 차변에 '자본금 1,000,000' 이라고 적는다.

③ 분개장의 대변 분개 내용을 해당 계정의 대변에 옮겨 적는다. 예컨대 '(대) 자본금 1,000,000' 이라는 대변 분개 내용을 전기하려면 자본금계정을 찾아 대변에 ₩1,000,000을 기록한다. 현금으로 출자였으므로 자본금계정 대변에 '현금 1,000,000' 이라고 적는다.

이상의 전기 방법에 따라 앞의 사례 중 (거래 1)과 (거래 8)을 계정에 전기하면 다음과 같다. 이때 일자를 곁들여 표시해야 한다는 것을 유의할 필요가 있다.

(거래 1) (3월 1일) 현금 ₩1,000,000을 출자하여 (주)신&브라더스를 설립하다.

(차) 현　금　1,000,000　　(대) 자본금　1,000,000

현　금 (11)

차변	대변
3/1 자본금 1,000,000	

자 본 금 (31)

차변	대변
	3/1 현금 1,000,000

(거래 8) (3월 10일) 은행으로부터 차입한 금액 중 ₩1,000,000을 20일간의 이자 ₩10,000과 함께 현금으로 상환하다.

(차) 차입금	1,000,000	(대) 현　금	1,010,000
이자비용	10,000		

차 입 금	21
3/10 현금 1,000,000	

현　금	11
	3/10 제좌* 1,010,000

이자비용	54
3/10 현금 10,000	

* 제좌(諸座)란 여러 개의 계정 또는 계좌라는 뜻으로, 전기 시 상대계정의 수가 둘 이상일 때 사용하는 용어이다.

이와 같이 상대계정 과목을 기입하는 대신 날짜나 거래번호를 기입하여 간단하게 전기할 수도 있다. 이렇게 간단한 형식으로 전기하는 것이 회계순환과정을 이해하는 데 도움이 될 수 있다.

[표 4-2] 총계정원장(General Ledger)

현　금	11
① 1,000,000	④ 1,000,000
② 1,500,000	⑥ 100,000
③ 2,000,000	⑦ 300,000
⑧ 1,300,000	⑩ 1,010,000
⑪ 305,000	

매출채권	14
⑤ 3,000,000	⑧ 1,300,000

대여금	17
⑦ 300,000	⑪ 300,000

비　품	18
⑨ 1,200,000	

차입금	21
⑩ 1,000,000	② 1,500,000

자본금	31
	① 1,000,000

용역매출	41
	③ 2,000,000
	⑤ 3,000,000

이자수익	42
	⑪ 5,000

임차료비용	51
⑥ 100,000	

종업원급여	52
④ 1,000,000	

관리비	53
⑫ 215,000	

이자비용	54
⑩ 10,000	

미지급비용	23
	⑫ 215,000

미지급금	22
	⑨ 1,200,000

이와 같이 분개된 거래내용을 [표 4-2]와 같이 총계정원장에 전기한 다음, 계정 잔액을 구하고, 이를 토대로 재무제표를 작성하는 과정은 앞의 제1절 계정에서 설명한 것과 동일하다. 다만 차이점은 거래내용을 계정에 곧바로 기입하기 전에 분개장에서 기록한 다음 전기함으로써 자칫 거래가 누락, 중복되거나 금액 또는 계정과목에 오류가 발생할 가능성을 줄이기 위한 과정을 거쳤다는 것이다.

☑ Voucher(일명, 증빙서류철)란?

일반적으로 기업에서 일어난 거래를 분개장에 기록하기 위해서는 거래의 내용과 기록 금액을 뒷받침하는 서류가 필요하다. 가령, 상품을 구입하는 경우의 거래명세서, 그리고 판매할 경우의 금전등록기를 이용한 영수증이나 세금계산서 등이 대표적인 예이다. 이밖에도 송장(invoice)이나 입금표 등을 꼽을 수 있다. 이처럼 장부에의 기록을 위해 활용되는 제반서류를 증빙서류(source document)라고 부른다.

기업은 자신들이 마련한 계정과목 코드별로 일정기간 동안 수집된 증빙서류를 철해 놓는데 이를 영어에서는 Voucher(바우처)라고 부른다. 가령, 여러분이 출장 후 첨부 · 제출한 각종 증빙서류를 추후에 확인할 필요가 있다면 경리부에서 보관 중인 특정과목별(가령, 출장비) 증빙서류철을 참고하면 된다.

또 바우처는 해외여행을 갈 경우 여행사에서 여러분 손에 쥐어주는 현지 호텔숙박권, 식 · 음료이용권 등을 말하기도 한다.

현장탐구

국내에서 예약한 스페인 호텔의 바우처

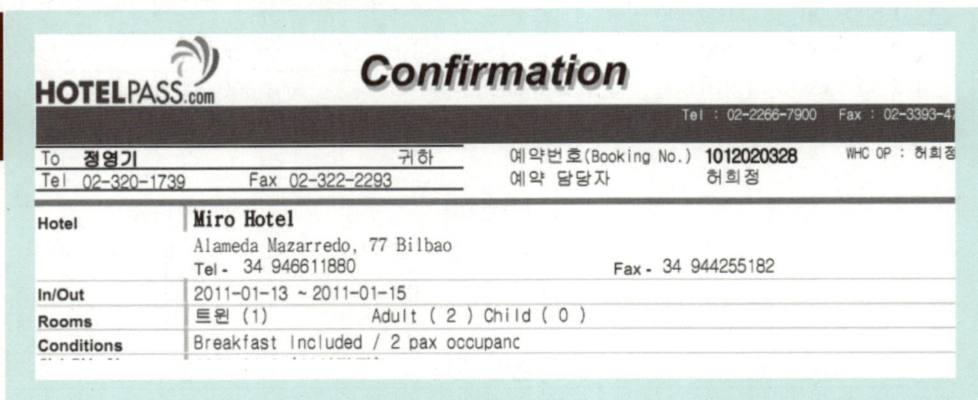

HOTELPASS.com

Confirmation

Tel : 02-2266-7900 Fax : 02-3393-4

To 정영기 귀하
Tel 02-320-1739 Fax 02-322-2293

예약번호(Booking No.) 1012020328 WHC OP : 허희정
예약 담당자 허희정

Hotel	Miro Hotel Alameda Mazarredo, 77 Bilbao Tel - 34 946611880 Fax - 34 944255182
In/Out	2011-01-13 ~ 2011-01-15
Rooms	트윈 (1) Adult (2) Child (0)
Conditions	Breakfast Included / 2 pax occupanc

제5절 시산표

5.1 대차평형의 원리

시산표는 결산 기초자료인 계정기록의 정확성 여부를 점검하기 위한 과정에서 작성하는 표라고 정의한 바 있다.

복식부기에서는 모든 거래를 차변과 대변으로 나누어 동일한 금액으로 양변에 각각 분개한 다음, 차변에 분개된 금액은 총계정원장의 차변에 전기하고, 대변에 분개된 금액은 총계정원장의 대변에 전기한다. 따라서 만일 모든 거래를 바르게 분개하고 또한 바르게 전기했다면 각 계정들의 차변을 합계한 금액과 대변을 합계한 금액은 완전히 일치하게 된다. 이를 복식부기가 가지고 있는 대차평형의 원리라고 한다. 대차평형의 원리는 분개 및 전기를 모두 올바르게 했을 때 달성되는 결과임을 유념할 필요가 있다.

> **대차평형의 원리(貸借平衡의 原理, principle of equilibrium)란?**
> 분개 및 전기를 모두 올바르게 했을 때 모든 계정의 차변을 합계한 금액과 대변을 합계한 금액이 정확히 일치하는 현상

만일 차변 합계액과 대변 합계액이 일치하지 않는다면 이는 분개와 전기 중 적어도 하나 이상이 잘못 이루어졌음을 의미한다. 다시 말해 회계기록의 어딘가에 잘못이 있음을 뜻한다. 그러므로 차변 합계액과 대변 합계액을 구하여 일치 여부를 점검해보면 회계기록상에 오류가 있었는지 여부를 즉각 알 수 있다. 그래서 복식부기는 자기검증기능(self-verification function)을 가지고 있다고 말한다. 대차평형의 원리가 복식부기로 하여금 자기검증기능을 가지게 하는 것이다.

☑ 사고의 단순한 전환이 일궈낸 놀라운 성과!!

마이너스(−) 개념이 가져다 준 복식부기의 자동검증기능

계정의 종류에 상관없이 증가는 전부 왼쪽 차변에 기록하고 감소는 전부 오른쪽 대변에 기록하는 단순한 방식을 복식부기에서 정했더라면 과연 지금과는 어떠한 차이가 있을까?

이러한 기록방식이 초심자에게는 쉽게 기억될 수 있겠지만 불행히도 이런 기록방식으로는 자산계정, 부채계정, 자본계정을 막론하고 무조건 모든 왼쪽 합계액 및 모든 오른쪽 합계액을 계산한 후에 단순히 양자를 비교해 보는 것만으로 오류 발생 여부를 쉽게 파악할 수 있는 장점을 결코 향유할 수 없다. 여기 한 가지 숨은 이야기가 있다.

*　　　*　　　*　　　*

대부분의 베네치아 상인들이 계정 정도는 알고 있던 시절, 상인들은 자산, 부채, 자본을 막론하고 모든 증가는 왼쪽 차변에 그리고 모든 감소는 대변에 기록하고 있었다. 지극히 평범한 사람들의 지극히 평범한 사고임에 틀림없다.

어느 봄날, 어떤 잘 생긴 소년은 자산의 증가는 왼쪽에 기록하되, 부채와 자본의 증가는 반대편(오른쪽)에 기록하면 어떨까 하는 사고의 전환을 해보았다. 그럼으로써 그는 거래를 계정에 기록한 다음에 무조건 왼쪽 합계액을 구한 후 오른쪽 합계액을 구하여 비교하는 것으로써 기록의 정확성 여부를 검증해볼 수 있다는 놀라운 사실을 깨닫게 되었다. 과연 이 소년은 복식부기의 창시자로 오늘날 우리들에게 잘 알려져 있는 루카 파치올리였을까 아니면 파치올리가 알고 지내던 뛰어난(합리적 사고의) 베네치아 상인 중 한 사람이었을까?

*　　　*　　　*　　　*

비록 단순해보일 수 있는 이러한 사고의 발상은 오늘날 소위 등식에서의 이항(移項) 및 마이너스(−) 개념을 익히 알고 있는 우리들에게는 대수롭지 않게 보이겠지만 14~15세기 경 당시의 사람들로서는 결코 쉬운 발상은 아니었을 것이다.

5.2 시산표

시산표란 총계정원장에 있는 모든 계정의 차변 합계액과 대변 합계액을 단순히 한 곳에 모아놓은 표이다. 이처럼 단순히 한 곳에 모아보는 것만으로도 계정기록의 정확성 여부를 점검하는 좋은 방법이 되는 이유는 전술한 대차평형의 원리 때문이다.

시산표에서는 다음의 등식이 성립한다([그림 4-2] 참조).

시산표 등식 : 자산 + 비용 = 부채 + 자본 + 수익

그림 4-2 ▮ 시산표의 구성

시 산 표

(주)신&브라더스 20×1년 3월 31일 현재

자 산	부 채
	자 본
비 용	수 익

☑ 시산표등식이 성립하는 이유는?

저무상태표상에서 자산 = 부채 + 자본 + 당기순이익(이익잉여금) … (1)

도괄손익계산서상에서 비용 + 당기순이익 = 수익 … (2)

따라서 위의 (1)과 (2)의 양변을 더하게 되면

자산 + 비용 + 당기순이익 = 부채 + 자본 + 수익 + 당기순이익 … (3)

이때 당기순이익이 동일하므로 식의 좌변과 우변에서 각각 당기순이익을 차감하면

자산 + 비용 = 부채 + 자본 + 수익 … (4)

시산표를 작성하면 계정기록의 정확성을 점검하는 외에, 모든 계정들의 잔액을 한눈에 파악할 수 있어 재무제표의 개략적인 윤곽을 사전에 그려볼 수 있다는 장점이 있다. 실제 기업에서는 총계정원장이 여러 권에 달할 정도로 계정의 수가 많기 때문에 시산표를 이용하지 않고 원장만으로 직접 재무제표를 작성하는 것은 쉽지 않다.

시산표(試算表, trial balance : T/B)란?

1. 계정기록의 정확성 여부를 점검해보기 위한 표
2. 모든 계정의 차변 합계액과 대변 합계액을 한 곳에 모아놓은 표
3. 재무제표의 개략적 윤곽을 사전에 알 수 있게 해주는 표

시산표라는 용어의 뜻은?

시산표(試算表)라는 말은 계정기록의 오류 여부를 점검하기 위하여 시(試)험적으로 계산 또는 검산(算)해보는 표라는 의미

5.3 시산표의 종류

시산표는 모든 계정의 금액을 집계하여 작성한다. 집계방법에 따라 합계시산표, 잔액시산표, 합계잔액시산표로 구분된다.

합계시산표는 각 계정의 차변 합계액과 대변 합계액을 모아서 작성한 것이며, 잔액시산표는 각 계정의 잔액만을 모아서 작성한 것이다. 합계잔액시산표는 이 둘을 합한 것이다.

시산표 작성 시 계정과목의 열거순서는 정해진 바 없다. 일반적으로 자산, 부채, 자본, 수익, 비용의 순서로 열거한다. 이렇게 할 경우 재무제표 작성이 보다 용이하기 때문이다. 앞의 (주)신&브라더스의 거래사례를 이용하여 시산표를 작성하면 [표 4-3]과 같다.

[표 4-3] 합계잔액시산표

합계잔액시산표

(주)신&브라더스 20×1. 3. 31

차 변		계정과목	대 변	
잔 액	합 계		합 계	잔 액
₩3,695,000	₩6,105,000	현 금	₩2,410,000	
0	300,000	대 여 금	300,000	
		이 자 수 익	5,000	5,000
215,000	215,000	관 리 비		
		미 지 급 비 용	215,000	215,000
	1,000,000	차 입 금	1,500,000	500,000
10,000	10,000	이 자 비 용		
1,200,000	1,200,000	비 품		
		미 지 급 금	1,200,000	1,200,000
1,700,000	3,000,000	매 출 채 권	1,300,000	
		용 역 매 출	5,000,000	5,000,000
1,000,000	1,000,000	종 업 원 급 여		
100,000	100,000	임 차 료 비 용		
		자 본 금	1,000,000	1,000,000
₩7,920,000	**₩12,930,000**	합 계	**₩12,930,000**	**₩7,920,000**

합계잔액시산표에는 양쪽에 각각 2개씩의 금액란이 있다. 이 중 안쪽에 있는 두 개의 금액은 합계시산표를 나타내고, 바깥쪽에 있는 두 개의 금액은 잔액시산표를 나타낸다. 잔액시산표는 합계시산표의 양쪽 합계 금액의 차이로 작성된다.

한편, 잔액시산표로부터 재무상태표와 포괄손익계산서를 작성해볼 수 있다. 잔액시산표에서 자산, 부채, 자본계정들을 따로 모아 재무상태표를 만들 수 있고, 수익, 비용계정들을 모아 포괄손익계산서를 만들 수 있다. [표 4-4]에 이 과정이 나타나 있으며, 맨 아래에 적혀 있는 당기순이익은 포괄손익계산서 대변 합계액과 차변 합계의 차이임을 이해할 수 있을 것이다.

[표 4-4] 잔액시산표를 이용한 재무제표 작성

(주)신&브라더스 20×1. 3. 31

계정과목	잔액시산표		포괄손익계산서		재무상태표	
	차 변	대 변	차 변	대 변	차 변	대 변
현 금	₩3,695,000				₩3,695,000	
대 여 금	0				0	
이 자 수 익		₩5,000		₩5,000		
관 리 비	215,000		₩215,000			
미지급비용		215,000				₩215,000
차 입 금		500,000				500,000
이 자 비 용	10,000		10,000			
비 품	1,200,000				1,200,000	
미 지 급 금		1,200,000				1,200,000
매 출 채 권	1,700,000				1,700,000	
용 역 매 출		5,000,000		5,000,000		
종업원급여	1,000,000		1,000,000			
임차료비용	100,000		100,000			
자 본 금		1,000,000				1,000,000
합 계	₩7,920,000	₩7,920,000	1,325,000	5,005,000	6,595,000	2,915,000
당기순이익			3,680,000			3,680,000
합 계			**₩5,005,000**	**₩5,005,000**	**₩6,595,000**	**₩6,595,000**

5.4 시산표 기능의 한계

시산표의 기능에 관하여는 다음 두 가지 사항을 유의할 필요가 있다.

첫째, 시산표는 오류의 존재 유무만을 알려줄 뿐 그 오류가 구체적으로 어느 계정에서 발생한 것인지는 알려주지 못한다. 그러므로 시산표를 통해 오류의 존재가 확인된 경우에는 그 오류가 어디에서 발생한 것인지를 찾기 위한 노력이 추가되어야 한다.

둘째, 시산표의 양변 합계액이 일치한다고 해서 계정기록에 오류가 전혀 없다는 것을 의미하는 것은 아니다. 예컨대 현금계정 차변에 기록해야 할 것을 매출채권계정 차변에 기록했다면 이는 분명히 오류이지만 이런 오류는 시산표에서 파악되지 않는다. 양변 합계액이 일치하는 한 오류가 있음을 감지하지 못하기 때문이다.

☑ 시산표상의 대차불일치 원인 파악을 위한 절차는?

일단 시산표의 차변과 대변 잔액이 일치하지 않는다는 것은 계정상 최소한 하나의 오류가 있거나 시산표 작성 과정에서 오류가 있음을 의미한다. 시산표를 활용하더라도 모든 오류를 파악할 수는 없다(가령, 거래의 전기를 차변, 대변에 동시에 빠트리거나, 우연히 차변 · 대변 모두 잘못된 계정에 전기하거나 동시에 잘못된 금액을 차변 · 대변에 전기하는 경우). 그러나 다음 요령을 알면 연습문제 풀이시 자주 범하는 오류를 쉽게 찾아낼 수 있다.

첫째, 시산표상 차변 · 대변 잔액의 합계 차이가 2로 나누어 떨어질 경우에는 이 수치를 2로 나눈 금액 잔액의 계정을 잘못된 위치에 전기했을 가능성이 있다. 가령, 재고자산 500을 차변 대신에 대변에 잘못 계상할 경우 1,000만큼 대변 잔액 수치가 크게 된다. 따라서 이 금액의 잔액을 담고 있는 계정을 확인하도록 한다.

둘째, 숫자 일부 자리가 뒤바뀌거나(가령 4,610을 4,160으로 잘못기재), 자리수가 잘못 처리된 경우(가령 20,000을 2,000으로 잘못기재) 시산표 잔액 합계의 차이(즉, 450과 18,000)는 9로 나누어진다. 따라서 이런 실수를 있었는지 살펴보면 된다.

Tips for Self Study

- 교과서 연습문제 [6], [7] : 서비스업의 회계순환과정을 정복하기 위한 예비단계이자 다음 제5장을 학습하기 위한 필수코스!
- Study Guide [문1], [문2], [문3] : 여러 번 연습하다보면, 분개와 계정과목이 익숙해지고 편해져요!

연|습|문|제

[1] 아래 괄호에 알맞은 단어나 영어로 된 용어(英 :   )를 기재하시오.

(1) (회 英 : accounting c)이란 거래를 기록하고 요약하여 재무제표를 작성하는 과정이 매 회계기간마다 순환적으로 반복된다는 뜻에서 붙여진 용어이다.

(2) (계 英 : a)이란 자산, 부채, 자본, 수익, 비용에 속하는 여러 항목들을 각기 구분하여 기록하는 장소이다.

(3) 재무제표의 각 계정들은 중앙의 선을 기준으로 하여 왼쪽과 오른쪽의 양편으로 나누어져 있는데, 회계에서는 왼쪽을 (차변 英 : debit), 오른쪽을 (대 英 : c)이라 부른다.

(4) (분 英 : j)란 거래에 내재된 원인과 결과를 서로 구분하여 차변과 대변에 따로따로 기록하는 것을 말하며, 이를 기록하는 회계장부를 (분 英 : j)이라고 한다.

(5) (전 英 : p)란 분개장의 거래 기록을 각 해당 계정에 옮겨적는 과정이다.

(6) (시 英 : trial b sheet)는 총계정원장에 있는 모든 계정의 차변 합계액과 대변 합계액을 단순히 한 곳에 모아 놓은 표로서 결산 기초자료인 계정기록의 정확성 여부를 점검하기 위한 표이다.

(7) 모든 거래를 바르게 분개하고 전기했다면 각 계정들의 차변합계액과 대변합계액은 서로 일치하게 된다. 이를 (대 의 원리)라고 한다.

[2] 거래의 분개와 전기

다음은 (주)한진택배에서 발생한 거래들이다.

1/1 주식 ₩900,000을 발행하고 현금 ₩660,000과 건물 ₩240,000을 납입받다.

1/2 1월분 창고 임차료 ₩6,000을 지급하다.

1/4 소형컴퓨터 ₩132,000을 현금으로 구입하다.

1/6 운반용 트럭을 ₩280,000에 구입하고 대금 중 ₩150,000은 현금으로 지급하고 나머지는 30일 만기의 어음으로 지급하다(미지급금으로 처리).

1/12 트럭을 보험에 가입하고 보험료 ₩800을 현금으로 지급하다.

1/15 1월분 수도광열비 ₩960을 현금으로 지급하다.

1/17 운송료 ₩1,800을 현금으로 받다.

1/20 ₩180의 휘발유를 외상으로 구입하다.

1/23 ₩108,000의 운반용 트럭을 현금으로 구입하다.

1/25 운송료 ₩2,880을 현금으로 받다.
1/27 복사기 ₩3,600을 현금으로 구입하다.
1/28 1월분 급여 ₩8,400을 현금으로 지급하다.
1/29 ₩11,400의 운송서비스를 외상으로 제공하다.
1/30 운반용 트럭 수선비 ₩1,120을 현금으로 지급하다.

1월에 발생한 거래들을 분개하고 T계정에 전기하시오.

[3] 소모품 – 소모품비, 이익잉여금 – 배당금의 회계처리

다음은 (주)블루보틀의 5월 1일 회계자료의 일부이다.

자산 : 현금 ₩500,000, 소모품 ₩60,000　　자본 : 이익잉여금 ₩50,000

5월중 발생한 거래에 대한 설명을 토대로 분개하고 이들 계정의 잔액을 구하시오.

(1) 소모품 ₩25,000을 현금을 지급하고 구입 : 소모품(자산)이 증가하고 현금(자산)이 감소한다.

(2) 이익잉여금 중 ₩20,000을 주주들에게 배당금으로 현금 지급 : 배당금은 비용이 아니며 이익잉여금(자본)과 현금(자산)이 감소한다.

(3) 5월말 결산일의 소모품 재고액은 ₩6,000으로 파악되었다 : 소모품 총액(85,000 = 60,000 + 25,000) 가운데 ₩79,000의 자산(소모품)을 영업활동을 위해 사용한 것이므로 소모품비(비용)₩79,000을 인식하고 동시에 소모품(자산)을 ₩79,000 만큼 감소시켜 결과적으로 ₩6,000의 잔액이 남아 있도록 한다.

[4] 거래의 추정(I)

다음의 계정기입 내용을 토대로 어떤 거래가 발생되었는지 추정하고, 그 거래를 분개하시오.

현금	
(1) 70,000	(3) 40,000
(2) 12,000	(7) 3,000

토지	
(3) 60,000	

미지급금	
(6) 600	(3) 50,000
(7) 3,000	(4) 6,000
	(5) 5,000

건물	
(3) 30,000	
(5) 5,000	

사무용비품	
(4) 6,000	(6) 600

차입금	
	(2) 12,000

자본금	
	(1) 70,000

[5] 거래의 추정(Ⅱ)

다음의 분개를 토대로 어떤 거래가 발생하였는지 추정하시오.

(1)	(차) 현 금	500,000	(대) 자 본 금	800,000
	토 지	300,000		
(2)	(차) 단기차입금	400,000	(대) 현 금	410,000
	이 자 비 용	10,000		
(3)	(차) 건 물	900,000	(대) 현 금	200,000
			미 지 급 금	700,000

[6] 분개와 전기, T계정 잔액

(주)영구클린의 4월중 발생한 다음의 거래에 대하여 분개한 다음, T계정에 전기하고 각각의 T계정잔액을 구하시오.

4/1 주주들이 현금 ₩400,000을 투자하고, 은행에서 ₩600,000을 대출받아 (주)영구클린을 설립하였다.

4/2 삼성래미안아파트 100세대에 대한 청소용역을 제공하고 ₩538,000은 현금으로, ₩220,000은 외상으로 하였다.

4/3 대우푸르지오아파트 35동에 대한 청소용역의 제공을 완료하고 ₩418,000을 현금으로 받았다.

4/4 건영아파트 80세대에 대한 청소용역을 제공하고 ₩438,000은 현금으로, ₩220,000은 외상으로 하였다.

4/5 ₩240,000 상당의 청소용 소모품을 구입하고, 대금 중 ₩100,000은 현금으로, 잔액은 외상(매입채무)으로 하였다.

4/6 거래처에 ₩300,000을 현금으로 빌려주었다.

4/7 매출채권 중 ₩400,000을 현금으로 회수하다.

4/8 매입채무 중 ₩20,000을 현금으로 지급하다.

4/9 종업원에 대한 2주간 급료 ₩200,000을 현금으로 지급하다.

4/10 위의 4/5에서 외상으로 구입한 세척제 등의 소모품 중 ₩20,000 상당액을 품질불량으로 반품시켰다.

4/11 라이프아파트 150세대에 대한 청소용역 ₩415,000을 제공하였으나, 대금은 외상으로 하였다.

4/12 진공청소기 등 비품 ₩540,000을 외상으로 구입하다.

4/13 청소용 세제 등의 소모품 ₩410,000을 구입하고, 대금 중 ₩240,000은 현금으로, 나머지는 외상으로 하였다.

4/15 종업원에 대한 2주간 급료 ₩200,000이 발생되었지만, 급료지급은 5월 10일로 예정되어 있기 때문에 4월말 현재 미지급된 상태에 있다.

4/16 현대홈타운아파트에 대하여 ₩512,000 상당의 청소용역을 수행하고, ₩200,000에 해당되는 청소용 비품을 현금 대신 받았으며, 나머지 잔액은 다음 달에 현금으로 받기로 하였다.

4/17 대여금 중 ₩150,000을 현금으로 회수하고, 4월분 이자 ₩10,000도 추가로 현금으로 받았다.

4/18 ₩15,000 상당의 청소용 세제(소모품)를 인근 아파트단지에 광고선전의 목적으로 무상으로 나누어주었다.

4/20 사업규모를 확장하기 위하여 유상증자를 실시하고 주주들로부터 ₩200,000의 증자대금을 현금으로 납입받았다.

4/21 차입금 중 ₩300,000을 현금으로 상환하고 4월분 이자 ₩20,000도 추가로 현금으로 지급하였다.

4/30 월말까지의 수도광열비 사용에 대한 청구액은 ₩40,000이나 다음 달에 지급하기로 하였다.

4/30 보유하고 있는 차량운반구의 4월분 차량유지비 ₩110,000에 대한 청구서를 받았지만 월말 현재까지 지급하지 못하였다.

[7] 사례연습 : 분개, 전기, T계정잔액을 이용한 재무상태표, 포괄손익계산서 작성

(주)블루클린의 3월 1일 재무상태와 3월 중의 거래내용은 다음과 같다.

현금	1,500,000	매출채권	1,200,000	차량운반구	1,800,000
비품	860,000	매입채무	280,000	대여금	1,350,000
차입금	1,300,000	미지급금	1,000,000	미지급비용	500,000
소모품	430,000	이익잉여금	800,000	자본금	(?)

〈3월의 거래내용〉

3/1 청소용역 ₩3,900,000을 제공하고 대금 중 ₩1,300,000은 현금으로 받고 나머지는 외상으로 하였다.

3/2 청소용세제(소모품) ₩400,000을 외상으로 구입하였다.

3/3 종업원급료 ₩200,000과 차량운반구에 대한 보험료 ₩240,000을 현금으로 지급하였다.

3/4 현금 ₩1,300,000을 추가로 차입하였다.

3/7 위의 청소용세제(소모품) 중 ₩140,000을 광고선전의 목적으로 고객들에게 나누어주었다.

3/12 물류창고에 대한 지급임차료 ₩150,000을 현금으로 지급하였다.

3/13 차량운반구 ₩4,600,000을 외상으로 구입하였다.

3/14 청소용역 외상대금 중 ₩500,000을 현금으로 회수하였다.

3/15 거래처의 요청으로 ₩1,200,000을 빌려주었다.

3/16 청소용역 ₩2,400,000을 제공하고, 대금은 현금 대신 청소용세제(소모품)를 받았다.

3/21 차량유지비가 ₩200,000 발생하여 현금으로 ₩150,000을 지급하고 나머지는 미지급비용으로 처리하기로 하였다.

3/22 통신비 ₩300,000이 발생하여 미지급비용으로 처리하기로 하였다.

3/23 사업확장을 위하여 주주로부터 ₩1,500,000의 현금을 추가로 출자받았다.

3/24 차량운반구 중 노후화된 취득원가 ₩1,200,000 상당부분을 처분하고, 현금 1,250,000을 수취하였다. 단, 취득원가와 처분대가의 차액은 유형자산처분이익(손실)으로 처리한다.

3/25 차입금에 대한 이자비용 ₩30,000과 원금 ₩800,000을 현금으로 지급하였다.

3/26 거래처로부터 대여금중 ₩500,000과 이자수익 ₩20,000을 현금으로 수취하였다.

3/27 이익잉여금 중 ₩500,000을 배당금으로 주주들에게 현금으로 지급하였다(배당금 계정과목을 별도로 만들 필요 없이 '이익잉여금'의 감소로 처리).

3/31 3월말 현재 청소용세제(소모품)의 재고조사 결과 ₩32,000이 남아 있으므로, 영업활동을 위해 사용된 소모품을 소모품비(비용)로 인식하고 남아 있는 잔액을 소모품(자산)으로 재무상태표에 나타낸다.

(1) 3월 1일의 자본금이 얼마이었는지 계산하고, 3월 중의 경영활동을 분개하시오.

(2) 3월 1일의 기초잔액을 T계정에 표시한 다음 위의 (2)에서 분개한 내용을 각각의 T계정에 전기하시오.

(3) 계정 잔액을 구하고, 이를 토대로 포괄손익계산서와 재무상태표를 작성하시오.

[8] 실제사례 : 기사읽기와 팀프로젝트

다음은 매일경제 2012년 1월 17일에 게재된 '성과급 받으려 분식회계한 우정사업본부'의 기사 중 일부이다.

우정사업본부가 경영성과를 뻥튀기 하기 위해 분식회계를 저지른 사실이 감사원 감사 결과 드러났다. 우편사업을 하면서 원가 이하로 택배수수료를 무리하게 낮추고, 민간 택배사가 접수한 물량을 평균 49.2% 할인한 요금으로 인수함으로써 매출을 크게 늘렸다. 하지만 수수료 덤핑으로 매출이 늘수록 적자가 커져 지난 3년간 택배부문에서 2,874억원 누적 손실을 냈다.

예금 · 보험사업은 2007년에 보유 유가증권을 처분한 것처럼 속여 1,191억원 만큼 이익을 과다계상해 경영수지 114억원 적자를 1,077억원 흑자로 반전시켰다. 직원 성과급과 연계된 매출액을 늘리기 위해서이다. 금융사업에서는 외형 확대에 주력해 2010년 타금융사 고액예금 4조 9,762억원을 유치해 이를 수익률이 낮은 단기 상품에 운용함으로써 858억원의 손실을 초래했다.

〈물음〉

우정사업본부가 이와 같은 분식회계를 저지르게 된 근본적 이유는 무엇이라고 생각하는지 답하시오.

제 5 장

원장계정잔액의 수정과 서비스업의 회계순환과정

제 1 절 | 결산의 의의와 절차
제 2 절 | 원장계정잔액의 수정과 결산정리분개
제 3 절 | 회계순환과정과 정산표
제 4 절 | 이익처분과 재무제표 작성
[부록 A] 계정의 마감

본 장에서는 회계순환과정 중 회계기간 말에 수행하는 결산에 대하여 살펴본다. 본 장을 공부하고 나면 회계순환과정에 대한 전체 윤곽을 알 수 있게 된다.
앞 장에서와 마찬가지로 서비스업의 경우를 설명하며, 결산절차 중에서 극히 기계적 절차인 계정의 마감 부분은 본문에서의 설명을 피하고 [부록]으로 제시하였다.
특히 제2절의 원장계정잔액의 수정과 결산정리분개는 다소 어려울 수도 있으니 넘어지면서 걸음마를 배우는 어린아이처럼 천천히 그러나 확실히 이해하도록 하자.

▶ '철의 여인'이라고 불릴 정도로 의지와 결단력이 강한 비결은 무엇입니까?

"두려움은 인간 본성의 한 부분입니다. 용기라는 말은 두려움이 없다는 뜻이 아닙니다. 두렵긴 하지만 "좋아, 위험해도 한 번 해보자"라며 포기하지 않고 도전하는 것이 진정한 용기입니다. 무엇보다 해내겠다는 의지가 중요하죠. 변화를 추진하는 것은 두려운 일입니다. 하지만 기회는 항상 리스크와 함께 옵니다. 기회를 잡는 것을 두려워하면 아무 일도 할 수 없습니다."

~ 중략 ~

▶ 비즈니스를 하면서 사람의 중요성을 강조하는 이유는 무엇입니까?

"비즈니스는 결국 사람에 대한 이야기입니다. 경쟁력 있는 사람은 많지만 인격을 겸비한 사람은 적어요. 다른 사람의 효율적인 파트너가 될 수 있는 사람은 더욱 드물죠. 비즈니스는 단순한 수치가 아니라 사람에 대한 것이라고 생각해요. 사람을 설득시키고 변화에 동참하도록 만들어야 성공할 수 있어요."

▶ 당신의 자서전('칼리 피오리나 『힘든 선택들(원제 : Tough Choices)』을 발간, 한국에서도 화제가 되고 있습니다. 우리 젊은이들에게 들려주고 싶은 말이 있나요?

"한 가지 충고한다면 젊은이들은 자신이 진정으로 무엇을 사랑하는지를 찾아야 합니다. 내가 로스쿨을 그만 둔 것도 이 길이 내가 가야 할 길이 아니라고 뒤늦게 알게 됐기 때문입니다. 새로운 도전을 무서워하지 마세요. 리스크를 감수하는 것은 매우 중요합니다."

조선일보 Weekly BIZ 2006년 11월 25일 [커버스토리] "눈물 많은 얼음여왕"
HP 前CEO 칼리 피오리나와의 독점인터뷰 기사 중에서

제1절 결산의 의의와 절차

거북이를 보라, 목을 앞으로 쭉 내밀고 전진한다.

– 제임스 브라이언트 코난트, 전 하버드대 총장

결산이란 회계기간 전체에 걸쳐 계속적으로 발생한 자산, 부채, 자본의 변동내용 및 그 변동들로 인한 결과를 종합하여 단 몇 페이지의 의미있는 재무제표로 일목요연하게 요약하는 것을 말한다. 결산절차는 회계에서 매우 중요한 과정으로 간주된다. 왜냐하면 결산절차를 통하여 비로소 정보이용자들에게 제공할 의미있는 회계보고서가 산출되기 때문이다.

한편, 기술적 관점에서 결산절차를 아주 간략히 규정하면 다음과 같다.

회계기간 전체에 걸쳐 계속적으로 발생해 온 거래들은 이미 해당 계정에 잘 정리되어 있다. 따라서 결산절차는 각 계정들이 재무상태표 항목인지 포괄손익계산서 항목인지에 따라 각각 제무상태표와 포괄손익계산서에 모으는 것으로 대부분 완료된다. 여기서 '대부분'이라고 말하는 이유는 재무제표의 개략적 윤곽이 이미 기중에 발생한 거래들에 의하여 거의 결정되기 때문이다.

결산(決算, closing)이란?

1. 결산이란 회계기간 동안 자산, 부채, 자본에 발생한 변동내용 및 그 변동들로 인한 결과를 종합하여 재무제표로 일목요연하게 요약하는 과정
2. 결산작업을 통하여 정보이용자들에게 제공할 회계보고서를 산출

결산의 영어 표현 'closing'은?

결산의 영어 표현 'closing'은 지금까지 기록해 온 계정 또는 장부를 '닫는다'는 뜻이다. 즉, 새 회계기간이 시작되는 내일부터는 새 장부에 회계기록을 남겨야 하므로 기존 장부들을 정리하여 경영활동 내용을 파악한 후 마감시킨다는 뜻을 갖고 있다.

그러나 한 가지 유념할 점은 각 계정의 잔액을 재무제표별로 모으는 것으로 결산절차가 대부분 완료된다 하더라도 일부 계정의 기말잔액을 다소간 수정하는 것이 필요하다. 필요한 수정을 마친 후에 재무제표별로 모아야 한다는 것이다. 이 수

정작업을 오류없이 체계적으로 전개하기 위하여 기업들은 [그림 5-1]에서 보이는 **정산표**라는 것을 이용한다. [그림 5-1]에 의하면 결산절차는 시산표의 작성에서 출발하여 정산표 작성을 거쳐 최종적으로 재무제표를 작성하고 계정을 마감하는 것으로 완료됨을 알 수 있다.

그림 5-1 ▮ 결산 절차

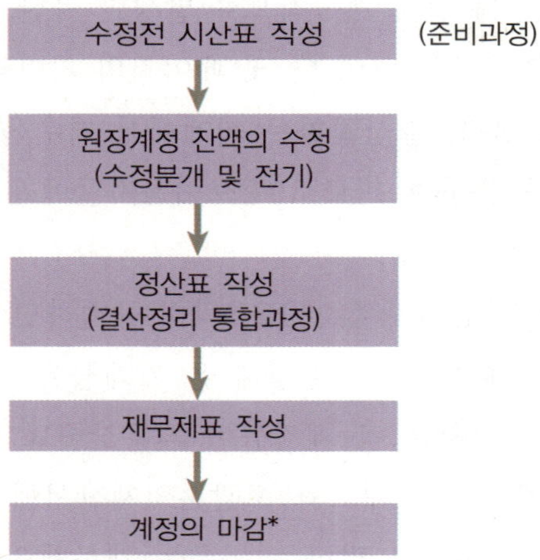

* 계정의 마감은 극히 기계적 과정이며, 따라서 본문 대신 본 장의 [부록 A]에서 설명한다.

이 중 앞의 제4장에서 배운 시산표는 기중에 발생한 거래들을 정확하게 계정에 전기했는지를 점검하기 위하여 작성하는 표이다. 재무제표가 본질적으로 각 계정 잔액을 모아서 작성하는 것이기 때문에 계정잔액에 오류가 포함되어 있을 경우 결코 올바른 재무제표를 작성할 수가 없다. 그러므로 기업은 본격적인 결산작업에 들어가기에 앞서 재무제표의 기초자료인 계정잔액이 정확한지 여부를 점검하게 된다. 이때 작성되는 표가 곧 **시산표**이다. 따라서 시산표 작성은 어디까지나 결산을 위한 준비작업이라는 점을 이해할 필요가 있다.

> **시산표(試算表, trial balance : T/B) 작성은?**
> - 계정기록의 정확성 여부를 점검해 보는 과정
> - 결산을 위한 준비과정

시산표 작성을 통해 계정잔액에 오류가 없는 것이 판명되면 본격적인 결산절차로 들어가는데, 이에는 ① 수정사항의 파악, ② 수정사항의 기록, ③ 기말의 계정잔액과 수정사항의 통합이라는 세 가지 작업이 포함된다. 결산 시점에서 수정사항을 분개하는 것을 **결산정리분개**라고 부른다.

그런데 독자들도 짐작하듯이 대기업일수록 수정사항의 수가 많고 복잡하여 자칫하면 누락이나 중복이 발생하기 때문에 결산작업이 어렵고 힘든 일이 된다. 결산작업을 쉽고 정확하게 수행하기 위하여 거의 모든 기업이 정산표라는 일종의 연습장을 활용한다. 비록 연습장 작업이긴 하지만 정산표 작성은 결산작업의 핵심이다. 왜냐하면 정산표가 정확히 작성되고 나면 최종목표인 재무제표 작성작업이 단지 '옮겨 적기' 라는 단순작업의 차원으로 바뀌기 때문이다. 요컨대 정산표 작성은 재무제표 작성을 보다 용이하게 하기 위한 마무리 작업이다.

정산표(精算表, work sheet : W/S) 작성은?

- 계정잔액과 결산정리사항을 통합하는 과정
- 복잡한 결산과정을 쉽고 정확하게 수행하기 위한 연습장 작업
- 재무상태표, 포괄손익계산서의 99% 완성*

* 나머지 1%는 계정의 배열 순서정리, 여러 계정(가령, 외상매출금과 받을어음)을 하나의 계정(매출채권)으로 통합하는 등 이용자들의 이해가능성을 높이기 위한 보고서 작업

결산절차의 세 번째 단계에 해당하는 재무제표(작성)에 관해서는 앞에서 설명한 바 있으므로 여기서는 생략한다. 다만, 회계순환과정이 마무리되고, 한 회계기간의 경영성과인 당기순이익이 주주총회를 통하여 배당금으로 주주들에게 지급되는 경우 어떻게 재무상태표에 반영되는지를 이해할 필요가 있다. 이는 제4절에서 다루기로 한다.

한편 [그림 5-1]의 결산절차에서 보는 바와 같이 흔히들 결산절차의 마지막 단계로 '**계정의 마감**'을 꼽는다. 이것은 비록 실무에서는 중요하게 다루어질지라도 극히 단순하고 기계적인 작업이다. 관심 있는 사람은 [부록 A]를 참조하기 바란다.

제2절 원장계정잔액의 수정과 결산정리분개

2.1 결산정리분개의 필요성과 목적

앞서 일부의 계정에 대하여 기말잔액을 수정해야 할 것이 있을 수 있으며, 이런 수정사항을 결산정리사항이라고 부른다고 하였다. 어떤 경우에 원장계정잔액을 수정해야 하는 것일까? 원장계정잔액을 수정하는 것은 수익과 비용을 정확하게 인식하여 회계기간 동안의 경영성과를 올바르게 나타내기 위해서이다. 왜냐하면 일상의 거래기록과정에서 단순히 현금의 수입과 지출을 토대로 기록한 수익과 비용 항목을 토대로 재무제표를 작성하게 되면 경영성과를 제대로 나타내주지 못하는 경우가 발생하기 때문이다. 요컨대 결산정리란 계정의 기말잔액을 회계기간 동안의 경영성과를 잘 나타낼 수 있도록 하기 위해 결산시점에서 수정하는 것을 말하며, 기말정리 또는 기말수정이라고도 부른다. 또한 회계기간말에 계정잔액을 수정하기 위한 분개를 결산정리분개라고 한다.

> **결산정리(決算整理, year-end adjustment)란?**
> 계정잔액을 기말 결산 시점에서 수정하는 것

이러한 결산정리분개가 왜 필요한지를 발생기준과 수익 · 비용의 대응원칙을 토대로 살펴보기로 하자.

(1) 발생기준

> 수익 · 비용의 발생기준(發生基準, accrual basis)이란 현금이나 현금성자산의 수취나 지급시점이 아니라 거래나 사건 또는 수익과 비용의 금액을 그 발생 여부를 기준으로 하여 확정하는 것을 말한다. 발생기준은 현금의 수입이나 지출 여부를 기준으로 하는 현금기준(現金基準, cash basis)과 대비되는 기준이다.

일정기간마다 경영성과를 보고하려면 기간별로 먼저 정확한 수익과 비용 금액을 확정하지 않으면 안 된다. 회계에서 기간별 수익과 비용을 확정하는 방법에는 현금기준과 발생기준의 두 가지가 있다.

현금기준(cash basis)이란 상품의 매매활동과 같은 영업활동에서 현금의 수입이 있으면 수익으로 보고 현금의 지출이 있으면 비용으로 보아 경영성과를 계산하는 방법을 말한다. 현금의 수입 여부나 지출 여부는 누구나 쉽게 이해할 수 있기 때문에 현금기준을 따르면 회계보고서 작성이 매우 쉽다는 장점이 있다. 그러나 현금기준은 다음과 같은 이유로 기간별 경영성과를 파악하는 데 있어 중대한 결함을 안고 있다.

영업활동은 상품의 구입과 판매를 거쳐 대금회수로 종료되며, 이러한 영업활동은 반복하여 계속적(continual basis)으로 발생한다. 만일 매 회계연도마다 그 해의 모든 영업활동이 기초에 시작되어 기말 이전에 전부 종료되면서 그에 따른 현금의 수입과 지출까지도 모두 완결된다면 현금기준에 따라 경영성과를 파악하는 데 아무런 문제가 없다.

그러나 많은 영업활동들이 다음 회계연도에까지 걸쳐 계속적으로 발생한다. 즉, 당기의 상품판매에 따른 현금회수가 차기 이후에 이루어지는 경우가 많다. 회계에서는 경영성과를 기간별(periodical basis)로 파악하는데, 만일 기말에 아직 대금회수가 이루어지지 않은 영업활동이 있다면 현금기준에 따라 경영성과를 계산할 경우 필연적으로 이 부분은 누락되게 된다. 또한 전기 영업활동으로 인한 현금수입이 당기에 이루어질 경우 이 부분이 부당하게 당기 경영성과로 집계된다. 그러므로 현금기준에 의하면 결코 기간별 경영성과를 올바르게 계산할 수 없다.

이같이 회계에서는 현금의 수입이나 지출과는 관계없이 수익과 비용의 당기 발생 여부를 기준으로 하여 거래나 당기의 수익과 비용을 확정하고 이에 따라 경영성과를 계산하는 발생기준(accrual basis)을 채택하고 있다. 발생기준은 어디까지나 기간별 경영성과를 올바르게 계산하기 위한 재무회계의 기본원칙임을 기억할 필요가 있다. 다음에 소개하는 정당한 사회를 지향하는 수익과 비용의 인식에 관한 사례연구에서 발생기준의 의미를 되새겨보자.

사례연구 : 정당한 사회를 지향하는 수익과 비용의 인식

라이프아파트 부녀회의 사업연도와 회계기간은 매년 1월 1일부터 12월 31일까지이며, 부녀회장의 임기 역시 1년 단임이라고 한다. 부녀회장은 다음 2건의 사업에 대해 총 ₩1,200,000의 수입이 발생하였고 동일한 금액을 현금으로 보유하고 있기 때문에 부녀회사업을 아주 잘 수행하였음을 사업보고서를 통하여 주민들에게 공지하였다.

(1) 부녀회장은 7월 1일부터 1년간 매주 수요일 단지 내에서 직거래장터를 개설해 주기로 약속하고, 상인들로부터 ₩1,200,000의 사용료를 현금으로 수취하였다.

(2) 주민 복지공간에 공약사항인 주요 일간지와 월간지 및 여성지를 비치하기로 하여 지난 1월부터 구독하여 왔다. 1년분 구독료 총액은 ₩800,000이나 구독료 납입기일은 내년 초이므로 그때 지급하기로 미루어 두었다.

■ 수익과 비용에 대해 회계등식에서 배운 내용을 토대로 현 부녀회장의 사업보고서상에 나타난 경영성과를 평가해보자.

(1) ₩1,200,000의 사용료수익은 현금으로 수취한 7월 1일 현 부녀회장의 사업보고서에 수익으로 계상되어 있다. 따라서 차기 부녀회장의 입장에서는 자신의 임기 중인 다음 해 1월부터 6월말까지 6개월간은 직거래장터 사용료수익을 자신의 성과인 수익으로 한 푼도 계상하지 못하게 된다. 이같은 경영성과의 표시와 이를 토대로 한 경영자의 업적평가는 결코 공정하지 못할 것이다. 그뿐만 아니라 자신의 임기의 절반에 해당하는 6개월간 사용료수익을 한푼도 올리지 못한 채 직거래장터를 개설해주어야 하는 것을 자칫 못마땅하게 생각할 차기 부녀회장은 이런 저런 형태로 직거래장터의 상인들에게 부담을 주지는 않을까?
더구나 차기 부녀회장의 입장에서는 현 부녀회장보다 한술 더 떠 가급적이면 현금수입이 있는 모든 계약을 본인의 재임 중에 체결하려고 욕심을 부릴지도 모른다.
이런 현상은 비단 아파트 부녀회뿐만 아니라 공무원사회, 정부정책, 정치권 등을 망라한 모든 분야에 걸쳐 만연되어 자기세대의 이익만을 극대화하려는 도덕적 해이 현상까지 보인다. 바로 이런 이유로 회계의 사회적 역할은 지대할 뿐만 아니라 공정성을 구현할 수 있도록 해준다. 요컨대 회계가 본연의 기능을 다한다면 우리 사회의 빛과 소금의 역할을 충실히 할 수 있을 것이다.

(2) 비용의 인식시기에 관한 이슈이다. 1년분 구독료 ₩800,000을 납입기일이 다음 연도이므로, 현 부녀회장이 재임하는 12월 31일까지 지급할 필요가 없다고 해서

이를 비용으로 인식하지 않게 되면 경영성과를 올바르게 보여주지 못한다. 그뿐만 아니라 현 회장의 사업성과는 과대포장될 것이고, 차기 부녀회장의 사업성과는 실제보다 비용을 많이 쓴 것으로 왜곡될 것이다. 이러한 회계처리는 형평성의 문제를 초래할 뿐만 아니라 분식회계의 전형적인 예에 속한다. 올바른 회계처리는 현 회장의 임기 중에 발생한 구독료 ₩800,000을 사업보고서에 비용으로 포함하는 것이다.

(3) 이를 종합하면 사업보고서에는 다음과 같이 표시함으로써 사업성과 또는 운영성과를 올바로 나타낼 수 있다.

수　　익 : ₩600,000(1년분 수익 ₩1,200,000×6개월/12개월)
비　　용 : 800,000(1년분 구독료)
사업성과 : (₩200,000)…… 사업활동손실을 의미

(2) 수익 · 비용의 대응원칙

수익 · 비용의 대응원칙(對應原則, matching principle)이란 어떤 경영활동의 결과로 나타나는 각각의 수익에 대하여 그것을 획득하는 데 소요된 비용을 대비시키는 것을 말하며, 구체적으로 비용은 수익이 기록되는 기간과 동일한 기간에 기록되어야 한다는 것을 말한다. 대응의 형태에는 수익과의 직접적인 관련성을 확인할 수 있는 경우에 적용되는 개별적 대응과 그렇지 못한 경우에 적용되는 기간적 대응이 있다.

발생기준에 따라 비용 금액을 확정한다고 하더라도 과연 비용을 어느 기간에 기록할 것인가 하는 문제는 계속 남는다. 예를 들어 판매 목적으로 상품을 구입하면 상품이라는 자산이 기업에 존재하게 되며, 상품 구입액은 곧 자산 금액이 된다. 이 상품의 구입원가가 언제 비용으로 기록되는가 하는 문제를 생각해보자.

이 상품이 기업 외부에 판매되면서 매출수익이라는 수익을 창출하면 당해 상품의 구입원가는 그때 비로소 매출원가라는 비용이 됨을 쉽게 알 수 있다. 간단히 말해 판매되기 전에는 자산이고 판매된 후에는 비용이 되는 것이다. 즉, 수익을 창출하지 않고 아직 기업 내에 존재할 때는 자산(資産)이고, 수익을 창출하면서 소멸된 뒤에는 비용(費用)이 된다.

바로 이 점으로부터 중요한 결론이 도출된다. 즉, 매출원가라는 비용은 매출수익이라는 수익이 기록되는 동일한 기간에 비용으로 기록되어야 한다는 것이다. 이처럼 경영활동의 결과로 나타나는 각각의 수익에 대하여 그것을 획득하는 데 소요된 비용을 대비시키는 것을 수익 · 비용의 대응원칙(matching principle)이라고 하며, 구체적으로는 수익이 기록되는 기간과 동일한 기간에 비용으로 기록하는 것을 말한다.

수익 · 비용의 대응원칙을 앞의 사례연구에서 소개한 라이프아파트 부녀회의 사업보고서 사례에 그동안 배운 분개와 계정과목을 이용하면 보다 쉽게 이해될 것이다. 7월 1일 ₩1,200,000의 사용료를 현금으로 수취한 경우의 분개는 다음과 같다.

(차) 현 금	1,200,000	(대) 사용료수익	1,200,000

한편, 결산보고서일에는 6개월분의 사용료수익만이(₩1,200,000 − ₩600,000) 인식되도록 수정분개를 한다.

(차) 사용료수익	600,000	(대) 선수수익	600,000

이와 같이 분개함으로써 불공평한 현금기준에서 공정한 성과평가를 위한 발생기준으로 전환할 수 있다. 잡지구독료에 대한 회계처리 역시 마찬가지이다. 즉, 연초부터 구독해 온 잡지의 1년분 구독료 총액은 ₩800,000이지만 구독료 납입기일이 내년인 경우 올바른 분개는 다음과 같다.

(차) 구독료비용	800,000	(대) 미지급비용	800,000

그러나 매출원가를 제외한 다른 비용들은 수익과의 직접적인 관련성을 확인하기가 어려운 경우가 많다. 예컨대 광고선전비의 경우 일정기간의 광고활동으로 인한 매출수익이 언제 얼마만큼 발생할 것인지는 아무도 모른다. 즉, 광고선전비와 매출수익과의 관련성을 객관적으로 확인하기가 어렵다. 그러나 광고선전비와 매출수익 간에 간접적인 관련성은 분명히 존재한다고 보아야 하기 때문에 광고선전비라는 비용은 발생기간에 비용으로 기록하는 방법으로 매출수익에 대응시키고 있다. 이런 방식의 대응을 기간대응(期間對應)이라 부른다.

2.2 결산정리분개의 의미

(1) 수정분개와 선급비용

수정분개를 할 때 자신이 일정 회계기간의 경영자라고 생각하면 보다 쉽게 이해할 수 있다. 회계기간이 20×1년 1월 1일부터 12월 31일까지 1년이며, 10월 1일 준공한 회사 공장 설비에 화재보험을 가입하여야 하는데, 보험계약의 관행상 1년 단위로 가입할 수밖에 없다고 한다. 따라서 1년분(10월 1일부터 다음 연도 9월 30일까지) 2억 4천만원을 현금으로 지급하고 이를 보험료라는 비용으로 회계처리했다고 가정하자. 지금 이 상태대로라면 보험료 계정잔액은 2억 4천만원이 계상되어 있을 것이다.

만일 여러분이 20×1년 1년간 (주)신&브라더스의 경영자라면 포괄손익계산서에 보험료로 2억 4천만원이 계상되는 것을 참고 받아들이겠는가? 당장 회계부서에 연락해서 3개월분(10월 1일~12월 31일) 6천만원만 계상하도록 지시할 것이다. 그렇게 하지 않으면 자신의 재임기간중의 경영성과가 부당하게 낮게 계산되기 때문이다. 이렇게 보험료 계정잔액을 2억 4천만원에서 6천만원으로 바로잡아 주기 위해서는 원장계정잔액을 수정하여야 하며, 이를 장부에 기록하기 위한 분개가 바로 수정분개인 것이다. 물론 현금 2억 4천만원을 지급한 것은 되돌릴 수 없기 때문에 현금계정잔액을 수정하지는 않는다. 즉 현금이 2억 4천만원 감소된 상태는 팩트이므로 단지 포괄손익계산서의 보험료(비용)를 바로잡는 데 의의가 있는 것이다. 그렇다면 나머지 1억 8천만원은 어떻게 된 것일까? 20×1년 12월 31일 시점에서 향후 9개월간 보험서비스를 받을 수 있는 권리를 미리 취득한 것으로 보아 선급비용이라는 자산으로 수정분개를 해야 한다.

(2) 수정분개와 선수수익

(주)신&브라더스의 회계기간이 20×1년 1월 1일부터 12월 31일까지 1년이며, 12월 1일부터 (주)매직클린을 위해 6개월 동안 컨설팅 용역을 제공해주기로 하고 6개월분 자문료 1억 2천만원을 현금으로 받고, 이를 용역매출 수익으로 회계처리했다고 가정하자. 6개월분 자문료 수익 1억 2천만원 전부가 20×1년의 포괄손익계산서

에 용역매출로 기록되면 안 된다는 것은 자명하다. 즉, 12월 1일부터 자문용역을 제공했기 때문에 1개월분 자문료 수익만을 20×1년의 포괄손익계산서에 기록하고, 나머지 5개월분의 자문료 수익은 20×2년의 경영성과에 반영되도록 해야 한다. 이 경우 현금 1억 2천만원은 이미 수취한 것이므로 되돌릴 수 없다. 따라서 현금계정 잔액은 수정하지 않는다. 그 대신 포괄손익계산서의 용역매출 수익을 바로잡을 필요가 있다. 그렇다면 나머지 5개월분 자문료로 미리 받은 1억원은 어떻게 처리해야 할까?

20×1년 12월 31일 시점에서 향후 5개월간 컨설팅서비스를 제공해주어야 할 의무가 있으므로 이를 선수수익이라는 부채로 계상하고 용역매출을 줄이는 수정분개를 하면 된다.

이상의 내용을 정리하면 보험료의 사례에서는 결산정리분개를 하지 않으면 자산이 과소하게 기록되고 비용이 과대하게 기록된다. 그리고 자문료 수익의 사례에서는 결산정리분개를 하지 않으면 수익이 과다하게 기록되고 부채가 과소하게 기록된다. 이런 이유들로 인하여 적절한 결산정리분개가 필요함을 알 수 있다.

이와 같이 여러분 자신이 공정한 경영성과로 평가를 받아야 하는 경영자의 입장에 설 수 있다면 결산정리분개가 쉽게 느껴질 것이다. 결국 결산정리분개의 목적은 다음 두 가지로 요약할 수 있다.

> **결산정리분개의 목적은?**
> 첫째, 재무상태표에 기말의 자산 및 부채가 올바른 금액으로 나타나도록 한다.
> 둘째, 포괄손익계산서에 당기의 수익과 비용이 올바른 금액으로 나타나도록 한다.

앞에서 본 것들 외에도 결산정리사항들이 많이 있다. 기업은 이들을 빠짐없이 파악하기 위하여 결산정리사항 목록을 작성한다. 결산정리사항목록에는 기말 현재의 자산과 부채의 평가, 아직 지급하지 않은 비용(미지급비용), 아직 받지 않은 수익(미수수익), 미리 지급한 비용(선급비용), 미리 받은 수익(선수수익) 등이 집계된다. 이 중 뒷부분의 네 가지 사항을 아래에서 자세히 살펴본다.

2.3 결산정리분개의 4가지 유형

회계기간이 1월 1일부터 1월 31일까지라고 가정하고, 이자비용과 이자수익에 관련된 결산정리분개를 살펴보기로 하자.

결산정리분개의 네 가지 유형인 ① 미지급비용, ② 미수수익, ③ 선급비용, ④ 선수수익에 대한 이해를 쉽게 하려면 무엇보다도 미지급, 미수, 선급, 선수라는 용어의 의미를 쉽게 떠올릴 수 있어야 한다. 이들의 의미를 쉽게 떠올릴 수만 있어도 문제를 상당히 쉽게 해결할 수 있다. 또한 앞에서 설명한 대로 결산정리분개 목적과 공정한 경영성과로 평가를 받아야 하는 경영자의 입장을 다시 한번 기억해보는 것도 큰 도움이 된다. 네 가지 사항들은 모두 회계기간에 따른 경영성과와 재무상태를 올바르게 나타내기 위한 것이기 때문이다.

또 하나 잊지 말아야 할 것은 수정분개로 인하여 올바른 원장계정잔액이 산출되어야 한다는 점이다. 즉, 초록색으로 옷감을 염색을 해야 되는데 이미 파란색 염료를 물에 타 놓았다면(회계기간 중의 거래에 대한 분개), 여기에 노란색 염료, 즉 수정분개를 첨가하여야만 원하는 초록색(올바른 재무상태와 경영성과를 나타내는 계정잔액)을 얻을 수 있는 이치와 마찬가지이다. 따라서 회계기간 중의 거래에 대한 최초분개를 '엎질러진 물'이라고 한다면 수정분개는 '엎질러진 물 되담기' 또는 '사고뒷처리'과정이라고 보면 된다.

(1) 미지급비용(unpaid expense)

결산정리사항 : 1월분 이자비용 ₩1,000을 아직 지급하지 않았다.

1월분 이자비용을 아직 지급하지 않았다는 것은 차입금에 대한 이자비용이 이미 발생했다는 것을 의미한다. 따라서 포괄손익계산서에는 '이자비용'이라는 비용을, 재무상태표에는 '미지급비용'이라는 부채를 기록해야 하며, 다음과 같은 결산정리분개가 필요하다.

결산정리분개 : (차) 이자비용	1,000	(대) 미지급이자	1,000

미지급이자, 미지급급여, 미지급임차료 등을 통틀어 미지급비용이라 하는데, 미지급비용은 상품의 외상매입대금인 매입채무나 상품 이외의 자산(건물, 비품 등)의 외상구입대금인 미지급금과는 구별되는 것임을 꼭 유념하기 바란다.

한편, 미지급이자는 미지급이자계정에, 미지급임차료는 미지급임차료계정에 각각 구분하여 분개하는 것이 필요하다. 기업으로서는 이자 미지급액이 얼마, 임차료 미지급액이 얼마라는 식으로 각각 구체적으로 파악하고 있어야 하기 때문에 이처럼 구분하여 기록을 유지하는 것이 필요하다. 그러나 외부 보고용 재무상태표에는 이들의 금액이 중요하지 않은 작은 금액이라고 판단될 경우 정보이용자의 편의와 중요성의 원칙에 따라 금액들을 통합하여 '미지급비용'이라는 단일 항목으로 표시할 수도 있는데, 실제 기업들은 이렇게 통합하여 재무상태표를 작성한다.

(2) 미수수익(accrued revenue)

결산정리사항 : 1월분 이자수익 ₩1,000을 아직 받지 못하였다.

1월분 이자수익을 아직 받지 못했다는 것은 대여금에 대한 이자수익이 이미 발생했다는 것을 의미한다. 따라서 포괄손익계산서에는 '이자수익'이라는 수익을, 재무상태표에는 '미수수익'이라는 자산을 기록해야 하며, 다음과 같은 결산정리분개가 필요하다.

결산정리분개 : (차) 미수수익	1,000	(대) 이자수익	1,000

미수이자, 미수임대료 등을 통틀어 미수수익이라 하는데, 미수수익은 포괄손익계산서에 계상될 주된 영업활동 이외의 수익을 아직 현금으로 받지 못했기 때문에 받아야 할 권리를 나타낸다. 따라서 주된 영업활동의 성과인 상품이나 용역의 외상판매 대금인 매출채권 또는 외상매출금이나 상품 이외의 자산을 외상으로 처분하고 그 대금을 받아야 할 권리를 나타내는 미수금과는 구별되는 것임을 기억할 필요가 있다.

한편 미수수익을 분개할 때는 전술한 미지급비용과 마찬가지로 각 항목을 구분하여 분개하되, 재무상태표에는 여러 미수항목을 통합하여 '미수수익' 이라는 단일 항독으로 기재하는 것이 권장된다. 이러한 처리는 이하 선급비용이나 선수수익의 경우에도 동일하게 적용된다.

미수삼총사 : 매출채권, 미수수익, 미수금

일반적 상거래란 그 기업의 정상적 영업활동목적이나 경상적으로 발생하는 거래를 중심으로 판단해 볼 수 있다. 따라서 재고자산의 매입이나 판매는 그 자체가 영업활동의 수행이므로 일반적 상거래에 해당되나, 비품과 같은 유형자산의 구입이나 처분은 영업활동 그 자체라기보다는 영업활동에 필요한 인프라를 구축하기 위한 것이므로 일반적 상거래로 분류하지 않는다. 한편 미수수익은 수익을 올바르게 인식하기 위한 것이다.

예를 들면 가구의 제조 · 판매가 주된 영업목적인 (주)까사미아에서

- 가구 배달용으로 사용하던 중고 트럭을 외상으로 처분한 경우라면 '미수금' 으로
- 건설회사에 외상으로 납품한 가구판매대금은 '매출채권' 으로
- 창고의 일부를 임대해주고 임대료수익을 아직 받지 못한 경우에는 '미수수익' 으로 회계처리한다.

(3) 선급비용(prepaid expense)

결산정리사항 : 1월 1일에 향후 6개월분 이자비용 ₩6,000을 현금으로 지급하고 다음과 같이 분개하였으나 이 중 ₩1,000만이 1월분 이자비용이다.

(차) 이자비용	6,000	(대) 현　　금	6,000

1월 1일의 현금지급액 ₩6,000 중 1월분 이자비용은 ₩1,000뿐이고, 나머지는 미래 기간에 부담해야 할 이자를 미리 지급한 것으로 1월말 시점에서는 금융서비스를 향후 5개월간 제공받을 수 있는 권리인 자산을 보유하게 된다. 그러나 이자비용계정에는 1월말 현재 ₩6,000이 기록되어 있다. 따라서 이자비용계정에서 ₩5,000을 차감하여 '선급비용' 이라는 자산으로 옮겨야 한다.

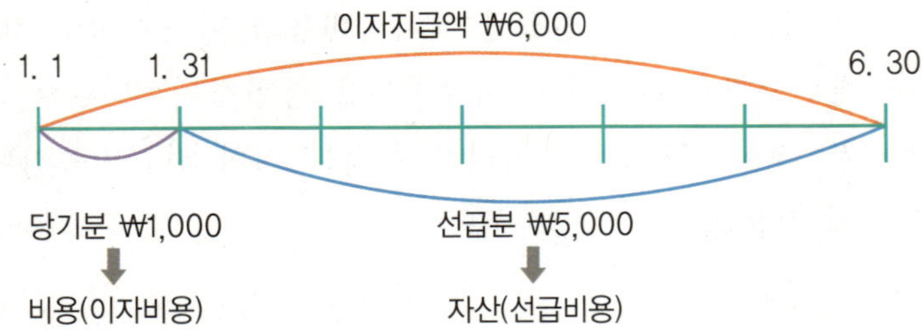

즉, 아래와 같이 분개하면 포괄손익계산서에 기록되는 이자비용은 ₩1,000으로 조정되며, 재무상태표 자산란에는 선급비용 ₩5,000이 기록되어 결과적으로 올바른 재무상태와 경영성과가 표시된다.

결산정리분개 : (차) 선급비용	5,000	(대) 이자비용	5,000

만일 위의 거래에서 맨 처음에 다음과 같이 분개했다면 결산정리분개가 어떻게 달라져야 할까?

(차) 선급비용	6,000	(대) 현　　금	6,000

현금으로 지급한 시점에 전액 '선급비용'이란 자산으로 기록한 것이므로, 1개월이 경과된 월말 시점에서는 더 이상 선급비용 잔액이 ₩6,000만큼 남아 있지 않을 것이다. 즉 ₩1,000만큼 선급비용(자산)이 감소되어 이자비용으로 전환된 것으로 볼 수 있다. 따라서 다음과 같이 수정분개를 해줌으로써 정확한 선급비용 잔액이 ₩5,000으로 표시되고, 이자비용도 ₩1,000으로 포괄손익계산서에 나타나게 될 것이다.

결산정리분개 : (차) 이자비용	1,000	(대) 선급비용	1,000

결국 첫 단추를 어떻게 끼웠든 수정분개를 통해 재무상태와 경영성과를 올바르게 나타낼 수 있어야 한다.

(4) 선수수익(deferred revenue)

결산정리사항 : 대여금에 대하여 향후 6개월분 이자수익 ₩6,000을 1월 1일 현금으로 받고 이를 다음과 같이 분개하였으나 이 중 ₩1,000만이 1월분 이자수익이다.

(차) 현　　금	6,000	(대) 이자수익	6,000

1월 1일의 현금 수취액 ₩6,000 중 1월분 이자수익은 ₩1,000뿐이다. 나머지는 미래기간에 대한 미리 받은 금액으로서 향후 5개월 동안 자금대출 서비스를 제공해야 하는 의무인 1월말의 부채가 된다. 그러나 이자수익계정에는 1월말 현재 6개월분에 해당하는 서비스대가인 이자수익 ₩6,000이 기록되어 있다. 따라서 이자수익계정에서 ₩5,000을 차감하여 '선수수익'이라는 부채로 옮겨야 한다.

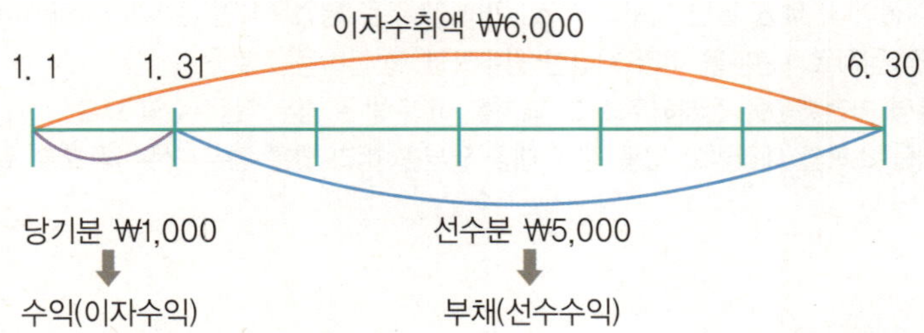

아래와 같이 분개하면 포괄손익계산서에 기록되는 이자수익은 ₩1,000으로 조정되어 나타나며, 재무상태표 부채란에는 '선수수익' ₩5,000이 기록된다.

결산정리분개 : (차) 이자수익	5,000	(대) 선수수익	5,000

한편 위의 거래에서 맨 처음에 다음과 같이 분개했다면 결산정리분개가 어떻게 달라져야 할까?

(차) 현　　금	6,000	(대) 선수수익	6,000

현금으로 수취한 시점에 전액 '선수수익'이라는 부채로 기록한 것이므로 1개월이 경과된 월말 시점에서는 더 이상 선수수익 잔액 ₩6,000만큼 남아 있지 않을 것

이다. 왜냐하면 대출서비스를 1개월간 제공했기 때문에 ₩1,000만큼 이자수익을 계상하고, 부채를 ₩1,000만큼 감소시켜주어야 한다. 따라서 다음과 같이 수정분개를 해줌으로써 결과적으로 정확한 선수수익 잔액이 ₩5,000으로 표시되고, 이자수익도 ₩1,000만큼 포괄손익계산서에 나타나게 될 것이다.

결산정리분개 : (차) 선수수익	1,000	(대) 이자수익	1,000

선급비용과 선수수익은 선급금, 선수금과 어떻게 다를까?

선급금, 선수금은 그 기업의 정상적 영업활동목적이나 경상적으로 발생하는 거래, 예를 들면 재고자산의 매입이나 판매와 관련하여 재화나 서비스를 제공하기 전에 현금지출이나 유입이 이루어졌음을 의미하는 자산, 부채항목이다. 이에 반해 선급비용과 선수수익은 비용과 수익을 올바른 수치로 인식하기 위한 목적의 계정이다. 예를 들면 가구의 제조 · 판매가 주된 영업목적인 (주)까사미아에서

- 가구전시장 임차료 1년분을 미리 지급한 경우라면 '선급비용'으로
- 매장에 유명 가전제품을 전시해주고 그 대가를 미리 받은 경우 '선수수익'으로
- 인기 신제품 소파를 예약받고 납품 전에 대금 일부를 미리 받은 경우 '선수금'으로 회계처리한다.

예제 5-1 선급금, 선수금에 대한 회계처리

선급금은 상품이나 원재료 등을 매입하기로 하고 대금의 일부를 미리 지급한 경우 앞으로 상품 등의 재고자산이나 용역을 인도받아야 할 권리를 표시하는 자산계정과목이다.

선수금은 상품이나 원재료 등을 판매하거나 인도하기 이전에 대금의 일부를 미리 지급받은 경우 앞으로 상품 등의 재고자산이나 용역을 제공해주어야 할 의무를 표시하는 부채계정과목이다.

| 선급금 |

■ 건설경기의 활황으로 시멘트구입이 어렵게 되자 건설회사들이 물량을 확보하기 위하여 시멘트회사에 현금 ₩100,000을 미리 지급한 경우의 회계처리

(차) 선 급 금	100,000	(대) 현 금	100,000

■ 시멘트입고시점의 회계처리

(차) 재고자산	100,000	(대) 선급금	100,000

| 선수금 |

■ 자동차에 부과되던 특별소비세 인하혜택을 받기 위해서 소비자들이 차를 출고하기 전에 차값을 미리 지급한 경우 자동차회사의 회계처리

(차) 현　　금　100,000　(대) 선 수 금　100,000

■ 차량출고시점의 회계처리

(차) 선 수 금	100,000	(대) 매　　출	100,000

(5) 소모품에 대한 결산정리

(주)신&브라더스에서 3월중에 ₩100,000 상당의 소모품을 현금으로 구입하여 영업활동에 사용하던 중 재무제표 작성시점인 3월말에 실사를 한 결과 소모품 재고가 ₩30,000만큼 남아 있는 경우

결산정리사항 : 구입시점에서 소모품계정으로 회계처리한 경우

(차) 소 모 품　100,000　(대) 현　　금　100,000

소모품 구입액(₩100,000) − 월말재고(₩30,000) = ₩70,000은 수익창출을 위해 소비된 소모품 가액을 말한다. 따라서 자산계정(소모품)에서 소비된 부분인 ₩70,000을 감소시키고 소비된 것만큼 비용계정(소모품비)에 차변기입해야 한다. 따라서 다음과 같이 수정분개를 해서 결과적으로 소모품 기말 원장잔액이 ₩30,000만큼 나타나도록 해주어야 한다.

결산정리분개 : (차) 소모품비	70,000	(대) 소 모 품	70,000

만일 위의 거래에서 소모품 구입대금을 현금으로 지급했을 때 다음과 같이 소모품비계정으로 회계처리한 경우 결산수정분개는 어떻게 달라져야 할까?

(차) 소 모 품 비 100,000 (대) 현 금 100,000

현금으로 구입한 소모품을 모두 비용계정인 소모품비로 기록하였다면 재무제표 작성시점에 실사에 의해 재고로 남은 ₩30,000 만큼을 소모품비에서 차감하여 소모품(자산)으로 기록한다. 왜? 비용을 다 쓰지 않고 자산으로 남겨두었으니까! 즉, 소모품비(₩100,000) − 월말재고(₩30,000) = 수익창출을 위해 소비된 소모품(₩70,000)이므로 다음과 같은 수정분개를 통하여 동일한 결과를 얻을 수 있다.

결산정리분개 : (차) 소 모 품 30,000 (대) 소모품비 30,000

(6) 유형자산에 대한 결산정리

건물이나 비품 등의 비유동자산은 1년 이상 장기간에 걸쳐 영업활동에 사용할 목적으로 보유한다. 기업은 이들 자산의 사용에 따른 가치감소를 비용으로 파악하여 포괄손익계산서에 기록하는 것이 필요하다. 이를 위하여 취득원가를 수명기간에 걸쳐 나누어 조금씩 비용화하는 감가상각의 회계처리를 해야 한다.

이때 유형자산의 매년도 사용에 따른 비용을 '감가상각비'라 부른다. 한편, 감가상각비와 결합되는 상대편 계정 이름은 '감가상각누계액'이라고 하며, 이는 취득한 때로부터 당기말 시점까지의 매년도 감가상각비를 누계한 금액으로 해당자산에서 차감시켜 표시하기 위한 계정이다. 이에 관해서는 제3부 제9장에서 자세히 다룬다.

결산정리사항 : (주)신&브라더스가 20×1년 3월 1일에 컴퓨터를 ₩1,200,000에 구입했다. 5년간 사용할 수 있으며, 잔존가액은 없다고 추정하였을 경우 5년이라는 기간 동안 사용되어 가치가 감소되는 부분만큼 장부금액을 수정해줘야 한다. 만약 수정해주지 않는다면 중고 컴퓨터가 새 컴퓨터로 계속 남아 있는 모순이 발생하며, 그 결과 당기순이익도 실제보다 과대계상된다. 감가상각비는 컴퓨터의 취득원가를 사용기간 동안 일정한 방법에 의해서 배분하여 계산하며, 여기에서 1개월의

감가상각비는 $\frac{₩1,200,000}{60개월}$ = ₩20,000로 산출된다. 이러한 감가상각비 계산방법을 정액법이라 한다.

결산정리분개 : (차) 감가상각비	20,000	(대) 감가상각누계액	20,000

감가상각누계액을 재무상태표에서 어떻게 표시할까요?

위의 사례에서 (차) 감가상각비 20,000 (대) 비품 20,000으로 분개한다면 비품계정잔액이 ₩1,000,000으로 감소되고, 몇 년 지나게 되면 해당 자산을 최초에 얼마주고 구입했는지 추적하기 불편하다. 따라서 매년 결산시점에 계상될 감가상각비를 누적시켜 '감가상각누계액' 계정에 표시하고, 이를 원래의 구입가액에서 차감하는 형식으로 다음과 같이 표시하면 이런 문제를 해결할 수 있다.

비　　품	₩1,200,000	
감가상각누계액	20,000	₩1,180,000

상품매매업이나 서비스업에서 발생하는 감가상각비는 영업활동을 위한 비용이므로 판매비와관리비로 분류한다. 반면에 제조업에서 발생하는 감가상각비는 둘로 나누어 분류한다. 즉, 판매부문과 관리활동에 사용되는 유형자산에 대한 감가상각비는 마찬가지로 판매비와관리비로 분류하지만 생산설비와 같은 유형자산에 대한 감가상각비는 비용이 아닌 제조원가로 하여 제조원가명세서에 반영한다.

한편, 감가상각누계액은 해당 유형자산의 차감항목으로 재무상태표에 기록된다.

임차료와 임대료 어떻게 구분하나요?

임차료는 사무실 등을 빌리고 사용료의 지급을 표시하는 비용항목이고, 임대료는 사무실 등을 빌려주고 사용료를 받을 때 기록하는 수익항목이다. 따라서 임차료는 판매비와관리비로 분류하지만 임대료는 기타수익으로 분류한다. 그러나 임대료수입이 주 수입원인 부동산개발회사의 임대료는 기타수익으로 분류하지 않고, 영업수익에 해당하는 용역매출로 표시한다.

2.4 결산정리분개 종합연습

학생들이 회계원리를 배우면서 가장 어려워하는 부분이 바로 원장계정잔액의 수정과 결산정리분개이다. 이를 감안하여 여기에서 다양한 사례를 통해 충분한 연습을 한 다음 정산표 작성으로 넘어가도록 하자. 여러분 자신이 공정한 경영성과로 평가를 받아야 하는 미래의 경영자라는 사실, 그리고 수정분개로 인하여 올바른 원장계정잔액이 산출되어야 한다는 점을 분명히 이해하고 있으면 결산정리분개가 쉽게 느껴질 것이다.

사례연습(I)

(주)신&브라더스는 매월 결산을 한다. 다음의 각 결산정리사항에 대하여 원장계정잔액 수정에 필요한 수정분개를 하시오.

(1) 3월 1일 1년분 보험료 ₩1,800,000을 지급하였으며, (차) 보험료 1,800,000 (대) 현금 1,800,000으로 분개하였다.

결산정리분개 : (차) 선급보험료	1,650,000	(대) 보 험 료	1,650,000

만일 위의 거래에 대해 3월 1일에 (차) 선급비용 1,800,000 (대) 현금 1,800,000으로 분개한 경우라면

결산정리분개 : (차) 보 험 료	150,000	(대) 선급비용	150,000

(2) 소모품 구입 시 (주)신&브라더스는 (차) 소모품비 1,300,000 (대) 현금 1,300,000으로 분개하였으며, 3월 31일 현재 소모품 보유액은 실지재고조사결과 ₩250,000이다.

결산정리분개 : (차) 소 모 품	250,000	(대) 소모품비	250,000

위의 거래에 대해 (차) 소모품 1,300,000 (대) 현금 1,300,000으로 분개한 경우라면

결산정리분개 : (차) 소모품비	1,050,000	(대) 소 모 품	1,050,000

(3) 사무용비품의 수정전 계정잔액은 ₩4,000,000, 내용연수는 36개월, 잔존가액은 ₩400,000이며, 정액법에 의해 1개월분의 감가상각비를 계상하여야 한다.

결산정리분개 : (차) 감가상각비*	100,000	(대) 감가상각누계액	100,000

* (₩4,000,000−₩400,000)/36개월

(4) 3월 1일 (주)블루와 8건의 자문용역을 제공하기로 하고, ₩1,000,000을 현금으로 받은 다음, (차) 현금 1,000,000 (대) 용역매출 1,000,000로 분개하였으며, 3월 31일 현재 2건에 대해서는 아직 자문용역을 제공하지 못하였다.

결산정리분개 : (차) 용역매출	250,000	(대) 선 수 금	250,000

만일 위의 거래에 대해 3월 1일에 (차) 현금 1,000,000 (대) 선수금 1,000,000으로 분개한 경우라면

결산정리분개 : (차) 선 수 금	750,000	(대) 용역매출	750,000

(5) 3월 1일 1년간 사무실을 임차하고, 1년분 임차료 ₩1,200,000을 현금으로 일시에 지급한 다음, (차) 선급비용 1,200,000 (대) 현금 1,200,000으로 분개하였다.

결산정리분개 : (차) 임차료비용	100,000	(대) 선급비용	100,000

만일 위의 거래에 대해 3월 1일에 (차) 임차료비용 1,200,000 (대) 현금 1,200,000으로 분개한 경우라면

결산정리분개 : (차) 선급비용	1,100,000	(대) 지급임차료	1,100,000

(6) 3월 1일 보유하고 있던 차량운반구를 거래처에 6개월간 빌려주고 ₩2,400,000을 일시에 현금으로 받은 다음, (차) 현금 2,400,000 (대) 선수수익 2,400,000으로 분개하였다.

결산정리분개 : (차) 선수수익	400,000	(대) 임대료수익	400,000

만일 위의 거래에 대해 3월 1일에 (차) 현금 2,400,000 (대) 임대료수익 2,400,000으로 분개한 경우라면

결산정리분개 : (차) 임대료수익	2,000,000	(대) 선수수익	2,000,000

(7) 냉난방기 교체를 위하여 3월 1일 거래처에 계약금명목으로 현금 ₩3,000,000을 지급하고 발주한 다음 (차) 비품구입비 3,000,000 (대) 현금 3,000,000으로 분개한 경우 이러한 오류를 결산시점에 발견하여 수정하려면 비품구입비를 없애주고 선급금을 나타내주어야 하므로

결산정리분개 : (차) 선 급 금	3,000,000	(대) 비품구입비	3,000,000

위의 냉난방기가 3월 31일 거래처로부터 납품되어 잔액 ₩2,000,000을 현금으로 추가 지급한 경우 선급금과 현금에 상당하는 비품을 취득하였기 때문에

결산정리분개 : (차) 비 품	5,000,000	(대) 선 급 금	3,000,000
		현 금	2,000,000

위의 냉난방기의 내용연수는 4년, 잔존가액은 ₩200,000이며, 정액법에 의해 1개월분의 감가상각비를 계상하는 경우

결산정리분개 : (차) 감가상각비*	100,000	(대) 감가상각누계액	100,000

* (₩5,000,000−₩200,000)/48개월

사례연습(Ⅱ)

(주)꽃샘은 매월 결산을 하며, 수정전 시산표상에 나타난 일부 항목의 원장계정잔액은 다음과 같다고 한다. 결산시점에서 원장계정잔액 수정에 필요한 결산정리 분개를 하시오.

선급보험료	480,000	소 모 품	540,000	선 수 금	420,000
미수수익	320,000	선 급 금	600,000	선수수익	240,000

(1) 3월 31일 현재 미경과보험료는 ₩300,000이다.

결산정리분개 : (차) 보 험 료 180,000 (대) 선급보험료 180,000

(2) 3월 31일 현재 소모품 재고액은 ₩250,000이다.

결산정리분개 : (차) 소모품비 290,000 (대) 소 모 품 290,000

(3) 3월 31일 현재 선수금 중 용역매출로 실현되지 않은 부분은 ₩70,000이며, 나머지는 3월 중 용역매출로 실현되었다.

결산정리분개 : (차) 선 수 금 350,000 (대) 용역매출 350,000

(4) 미수수익은 이자수익에 대한 것이며, 3월 말까지 현금으로 ₩170,000을 회수하였다.

결산정리분개 : (차) 현 금 170,000 (대) 미수수익 170,000

(5) 선급금은 사무용 소모품구입을 위한 것이었으며, 3월 말까지 60%가 입고되었다.

결산정리분개 : (차) 소 모 품 360,000 (대) 선 급 금 360,000

(6) 선수수익은 총 4개월분의 임대료수익에 관한 것이며, 1개월분을 수익으로 인식하여야 한다.

결산정리분개 : (차) 선수수익 60,000 (대) 임대료수익 60,000

제3절 회계순환과정과 정산표

3.1 회계순환과정과 정산표 작성

회계순환과정은 회계거래를 장부에 기록하고 최종적으로 재무제표를 작성하기까지 매 회계기간마다 일정한 회계처리과정을 반복하여 수행하는 과정을 말한다. 회계순환과정은 크게 회계거래의 기록, 회계정보의 산출 및 회계장부의 마감과 같은 세 과정으로 구분할 수 있다. 초록색의 지하철 2호선은 종착역 없이 계속 순환하기 때문에 순환열차이다. 회계도 회계실체가 없어지기 전까지 매 회계기간 계속 수행되기 때문에 회계순환과정이라 한다. 그리고 재무제표가 작성되는 정기적인 기간을 회계기간이라 하며, 가장 널리 채택되고 있는 회계기간은 1년이다.

한편 회계순환과정은 다음과 같이 다섯 가지 주요 단계로 구성된다.

① 분개 : 분개장에 거래를 기록(거래발생 시)

② 전기 : 분개장의 내용을 원장에 전기(매주 또는 매월 등 주기적으로)

③ 수정분개 및 전기 : 원장계정의 잔액을 수정(재무제표 작성 시)

④ 정산표를 이용한 재무제표 작성

⑤ 임시계정의 마감(회계연도말)

위에서 ①과 ②는 회계거래의 기록단계, ③과 ④는 회계정보의 산출단계, ⑤는 회계장부의 마감단계이다. 제5단계는 [부록]에 설명되어 있다.

회계순환과정에서 결산정리사항이 없으면 시산표에서 바로 최종적인 재무제표를 작성할 수 있음을 앞의 제4장에서 살펴보았다. 그러나 결산정리사항이 있으면 결산정리분개를 통하여 잔액시산표상의 계정잔액을 수정한 후에 재무제표를 작성하여야 한다. 이러한 수정작업은 정산표에서 이루어진다.

정산표는 반드시 작성하여야 하는 정식 회계보고서는 아니다. 재무제표 작성에 필요한 사항을 한 곳에 모아 결산정리 및 당기순이익 계산을 용이하게 하기 위한 보조양식, 즉 연습장에 불과하다. 정산표를 작성하지 않아도 재무제표 작성에 어려움이 없다면 얼마든지 생략할 수 있지만 회계실무에서는 정산표를 많이 강조한다. 정산표를 바르게 작성할 수 있다면 회계처리의 기본이 되는 복식부기의 원리와 재무제표작성을 완전히 이해하였다고 볼 수 있기 때문이다.

정산표(精算表, work sheet : W/S)란?
정(精)밀하게 계산(算)과정을 보여주는 표라는 의미
정산표에 해당하는 영어 표현은 'work sheet' 로서, 이는 연습장이라는 의미
잔액시산표상 기말 계정잔액 ± 결산정리분개 금액 = 재무제표 금액

3.2 정산표 작성절차

정산표의 양식은 [표 5-1]과 같으며, 잔액시산표, 결산정리분개, 수정후시산표, 포괄손익계산서, 재무상태표 등 5개 란이 있으며, 각각 차변과 대변이 있어서 금액을 기록할 수 있는 칸은 총 10개가 된다. 이를 10칸식 정산표라 한다. 수정후시산표를 별도로 두지 않고 생략하는 경우도 많은데, 이를 8칸식 정산표라 한다.

[표 5-1] 정산표 양식(10칸식)

계정과목	잔액시산표		결산정리분개		수정후시산표		포괄손익계산서		재무상태표	
	차변	대변	차변	대변	차변	대변	차변	대변	차변	대변
현금										
매출채권										
......										
합계	×××	×××								
(결산수정분개 과정에서 추가된 계정과목)	⋮	⋮								
합계			×××	×××	×××	×××				
당기순이익							×××			×××
합계							×××	×××	×××	×××

[단계별 정산표 작성 절차]

■ 1단계 : 잔액시산표 작성

잔액시산표의 계정과목과 금액을 정산표 왼쪽에 옮겨 적고, 차변 및 대변의 합계액을 기록한다. 이때 계정잔액이 ₩0인 계정도 보통 옮겨 적는다. 계정잔액이 ₩0인 것은 아예 계정 자체가 없는 것과는 다르며, 결산정리분개 과정에서 금액이 기록될 가능성도 있다.

■ 2단계 : 결산정리분개 기입

결산정리사항별로 결산정리분개를 하여 결산정리분개(일명, 수정기입 또는 수정분개)란에 기입한다. 결산정리분개 과정에서 새로 생겨난 계정과목이 있으면 계정과목란 하단의 빈칸에 추가로 기재한다. 결산정리분개를 마치면 차변 합계와 대변 합계를 계산한 후 이들 금액이 상호 일치하는지 확인하고 합계란에 기록한다.

■ 3단계 : 수정후시산표 작성

잔액시산표란의 금액과 결산정리분개란의 금액을 통합하여 수정후시산표란에 기록한다. 이때 두 금액이 같은 변(차변 또는 대변)에 기록되어 있으면 합해서 적고, 두 금액이 반대편에 기록되어 있으면 큰 금액이 기록되었던 변에 차액을 적는다. 그리고 차변 합계와 대변 합계를 구하여 일치하는지 확인하고 합계란에 기록한다.

■ 4단계 : 수정후시산표 잔액을 포괄손익계산서와 재무상태표에 옮겨 적음

수정후시산표에 남아 있는 계정 중 수익 · 비용계정은 포괄손익계산서란에 옮겨 적고, 자산, 부채, 자본계정은 재무상태표란에 옮겨 적는다.

■ 5단계 : 포괄손익계산서에서 당기순이익 계산

포괄손익계산서에서 차변의 비용금액을 합계하고 대변의 수익금액을 합계하여 각각 합계란에 기록한다. 이들 합계는 일치하지 않는다. 당기순손익이 기록되지 않았기 때문이다.

차변의 비용 합계와 대변의 수익 합계 간의 차이는 당기순손익(당기순이익 또는 당기순손실)이다. 수익 합계가 비용 합계보다 크면 당기순이익으로, 반대의 경우에

는 당기순손실로 기록된다. 양변 금액의 차액을 구하여 다음 6단계의 재무상태표에서 계산되는 당기순이익 금액과 비교한다.

■ 6단계 : 재무상태표에서 당기순이익 계산

재무상태표 차변의 자산금액을 합계하고 대변의 부채 및 자본금액을 합계하여 각각 합계란에 기록한다. 이 경우 포괄손익계산서의 경우처럼 양변의 금액은 일치하지 않는다. 왜냐하면 당기순손익이 계산되지 않았기 때문이다. 양변 금액의 차액을 구하여 5단계에서 구한 차액과 일치하는지를 확인한다.

■ 7단계 : 당기순이익의 기록

5단계의 포괄손익계산서에서 구한 당기순이익과 6단계의 재무상태표에서 구한 당기순이익이 일치하면 포괄손익계산서 차변과 재무상태표 대변에 기록하여 각기 차변 합계액과 대변 합계액을 일치시킨다. 반대로 당기순손실이면 포괄손익계산서 대변과 재무상태표 차변에 기록하여 역시 각기 차변 합계액과 대변 합계액을 일치시킨다.

이상 7단계로 나누어 정산표 작성과정을 살펴보았는데, 정산표는 결국 최종적인 포괄손익계산서와 재무상태표의 윤곽을 확정하고 동시에 당기순이익을 계산하기 위한 표라고 간단히 요약할 수 있다.

다음에서는 (주)신&브라더스의 거래사례를 통하여 분개에서 전기 그리고 정산표를 이용한 재무제표 작성까지의 회계순환과정을 종합적으로 연습해보자. 다만 앞의 거래사례와 다른 점은 3월 1일 기초상태의 원장계장잔액이 있으며, 특히 자본에 이익잉여금이 계상되어 있다는 점이다. 따라서 분개 후 전기할 경우 각 계정에 기초잔액을 먼저 기록해 넣은 다음 각 거래에 대한 분개내용을 기록해야 한다는 점을 유의해야 한다. 이 경우 각 계정에 기입하는 기초잔액을 '평상잔액'이라고도 한다.

사례연습 : 결산정리사항과 정산표 작성

(주)신&브라더스는 컨설팅용역을 제공하며, 매월 결산 후 재무제표를 작성한다. 3월 1일 재무상태와 3월 1달 동안의 주요 경영활동은 다음과 같다. 3월중 발생한 거래를 분개하고 계정에 전기한 다음, 계정잔액과 원장계정잔액을 수정하기 위한 수정분개를 정산표에 기입하시오.

(단위 : 천원)

현 금	1,500	차량운반구	1,800	소 모 품	860
대 여 금	1,350	미지급금	1,000	선급비용	600
선 수 금	520	미지급비용	180	선 급 금	600
자 본 금	4,000	이익잉여금	1,010		

3월 1일 : 컨설팅용역 ₩4,900을 제공하고 대금을 현금으로 받았다.

〈분개〉 (차) 현 금 4,900 (대) 용역매출 4,900

3월 2일 : 차량운반구 ₩4,600을 외상으로 구입하였다(비유동자산을 외상으로 구입한 경우 적절한 부채과목 : 미지급금).

〈분개〉 (차) 차량운반구 4,600 (대) 미지급금 4,600

3월 3일 : 위의 차량운반구 중 일부를 거래처에 빌려주고 대여료 ₩1,200을 현금으로 수취하였다(빌려주었다고 해서 (주)신&브라더스의 자산(차량운반구)의 소유권이 이전되는 것은 아니다. 리스회사처럼 차량운반구의 대여가 주된 영업활동이 아니므로 적절한 수익과목은 용역매출 대신 '임대료수익').

〈분개〉 (차) 현 금 1,200 (대) 임대료수익 1,200

3월 4일 : 3월분 사무실임차료 ₩200 중에서 현금으로 ₩150을 지급하고 나머지는 다음 달에 지급하기로 하였다(발생한 비용을 지급하지 못한 것이므로 적절한 부채과목 : 미지급비용).

〈분개〉 (차) 임차료비용 200 (대) 현 금 150
미지급비용 50

3월 5일 : 차량운반구 중 노후화된 ₩1,200 상당부분을 ₩1,100에 처분하였으나 아직 그 대금을 받지 못하였다(장부금액과 처분가액과의 차이를 '처분이익' 또는 '처분손실'로 포괄손익계산서에 반영한다. 그리고 주된 영업활동이 아닌 거래에서 대금을 받아야 할 채권이므로 적절한 자산과목은 미수금이다).

〈분개〉 (차) 차량운반구처분손실 100 (대) 차량운반구 1,200
미 수 금 1,100

■ 결산수정사항(3월 31일자로 분개기입되어야 하나 이해를 위해 번호로 표기)

① 위 3월 3일의 대여료는 1년분이므로 1개월분을 인식하기 위한 수정분개를 하여야 한다(미리 현금으로 받았기 때문에 앞으로도 용역을 제공해주어야 할 의무인 부채로서 적절한 과목 : 선수수익)

〈수정분개〉 (차) 임대료수익 1,100 (대) 선수수익 1,100

② 대여금에 대한 이자수익 ₩20을 수취하여야 하나 아직 받지 못하였다(이자수익을 아직 받지 못한 경우 적절한 자산과목 : 미수수익)

〈수정분개〉 (차) 미수수익 20 (대) 이자수익 20

③ 3월 1일의 선급금은 소모품을 수입하기 위해 미리 지급된 것으로 3월중 40%가 입고되었다.

〈수정분개〉 (차) 소 모 품 240 (대) 선 급 금 240

④ 결산시점에서 실지재고조사를 한 결과 소모품 ₩430이 남아 있다(수정전 소모품가액은 ₩1,100(=860+240)이나 실제로 ₩430밖에 남아 있지 않으므로 그 차액은 영업활동과정에서 사용된 소모품비로 인식).

〈수정분개〉 (차) 소모품비 670 (대) 소 모 품 670

⑤ 3월 1일 재무상태에 나타난 선급비용은 차량운반구에 대한 5개월분 보험료를 미리 지급한 것으로서, 3월달의 보험료를 인식하기 위한 회계처리를 하여야 한다.

〈수정분개〉 (차) 보 험 료 120 (대) 선급비용 120

⑥ 3월 1일의 선수금은 10건의 컨설팅용역계약을 체결하고 미리 수취한 것이며 이 달 중 6건의 컨설팅용역을 수행하였다(미리 대금을 수취하여 향후 컨설팅용역을 제공해야 할 의무를 나타내는 적절한 부채과목 : 선수금).

〈수정분개〉 (차) 선수금 312 (대) 용역매출 312

⑦ 3월의 당기순이익 중 ₩200을 주주들에게 배당금으로 4월 1일에 지급하였다(이익잉여금이 감소되므로 '배당금' 대신에 이익잉여금으로 분개).

〈수정분개〉 (차) 이익잉여금 200 (대) 현 금 200

■ 전기 후의 총계정원장 모습(박스의 숫자는 잔액을 의미)

현 금			
기초	1,500	3/4	150
3/1	4,900	⑦	200
3/3	1,200		
	₩7,250		

대 여 금			
기초	1,350		
	₩1,350		

소 모 품			
기초	860	④	670
③	240		
	₩430		

차량운반구			
기초	1,800	3/5	1,200
3/2	4,600		
	₩5,200		

선급비용			
기초	600	⑤	120
	₩480		

소모품비			
④	670		
	₩670		

미지급비용			
		기초	180
		3/4	50
			₩230

미지급금			
		기초	1,000
		3/2	4,600
			₩5,600

이자수익			
		②	20
			₩20

자본금			
		기초	4,000
			₩4,000

미수수익			
②	20		
	₩20		

임차료비용			
3/4	200		
	₩200		

보 험 료			
⑤	120		
	₩120		

용역매출

		3/1	4,900
		⑥	312
			₩5,212

차량운반구처분손실

3/5	100		
	₩100		

선 수 금

⑥	312	기초	520
			₩208

선수수익

		①	1,100
			₩1,100

미 수 금

3/5	1,100		
	₩1,100		

이익잉여금

⑦	200	기초	1,010
			₩810

임대료수익

①	1,100	3/3	1,200
			₩100

선 급 금

기초	600	③	240
	₩360		

정 산 표

(주)신&브라더스 (배당금지급이 반영된) (단위 : 천원)

계정과목	잔액시산표		결산정리분개		수정후시산표		포괄손익계산서		재무상태표	
현금	7,450			200	7,250				7,250	
대여금	1,350				1,350				1,350	
차량운반구	5,200				5,200				5,200	
소모품	860		240	670	430				430	
선급비용	600			120	480				480	
미수금	1,100				1,100				1,100	
선급금	600			240	360				360	
미지급비용		230				230				230
미지급금		5,600				5,600				5,600
선수금		520	312			208				208
이익잉여금		1,010	200			810				810
자본금		4,000						4,000		
임차료비용	200				200		200			

차량운반구처분손실	100				100		100			
용역매출		4,900		312		5,212		5,212		
임대료수익		1,200	1,100			100		100		
합계	**17,460**	**17,460**								
미수수익			20		20				20	
선수수익				1,100		1,100				1,100
소모품비			670		670		670			
보험료			120		120		120			
이자수익				20		20		20		
합계			**2,662**	**2,662**	**17,280**	**17,280**				
당기순이익							**4,242**			**4,242**
합계							**5,332**	**5,332**	**16,190**	**16,190**

그림 5-2 ▮ 회계순환주기 단계별 요약

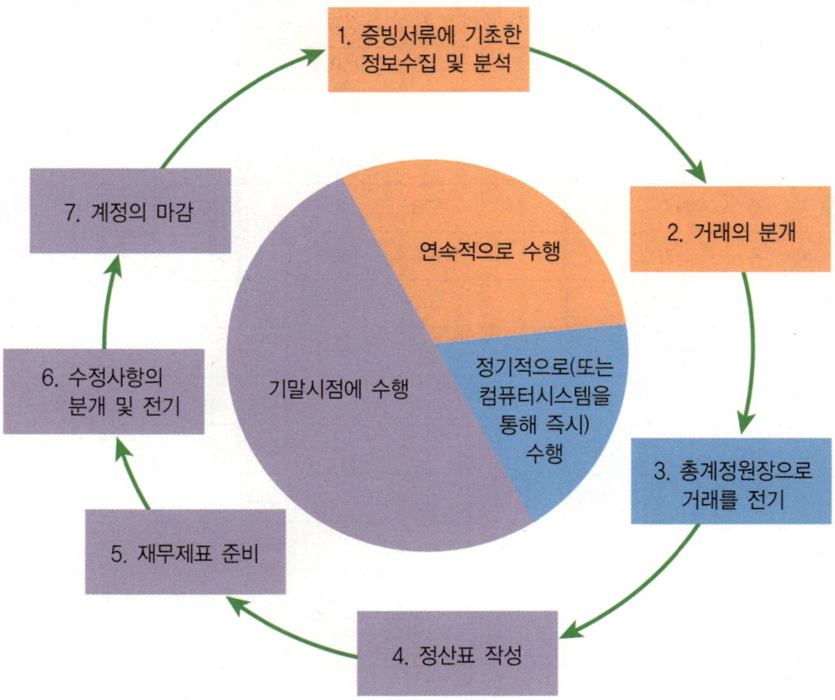

제4절 이익처분과 재무제표 작성

정산표가 정확히 작성되면 이제 정산표에 기록된 내용을 그대로 옮겨 포괄손익계산서와 재무상태표를 작성할 수 있다.

정산표를 바탕으로 포괄손익계산서와 재무상태표를 작성할 때 정산표상 계정과목의 배열 순서를 정리해야 할 필요도 있다. 또한 현금 등의 통합, 외상매출금과 받을어음의 통합, 외상매입금과 지급어음의 통합, 미지급항목 등 계정과목의 통합 등을 해야 할 경우도 있으며 계정잔액이 ₩0인 계정은 재무제표에 더 이상 기록할 필요가 없다.

한편 결산이 완료되어 이번 회계기간 동안의 경영성과인 당기순이익이 산출되면 주주총회를 통하여 이익처분을 하게 된다.

(주)신&브라더스의 20×1년 당기순이익이 ₩4,242,000이고, 이 중 ₩200,000을 배당금으로 지급하면 어떻게 될까? [부록]의 회계장부의 마감절차에서 상세하게 다룬다. 여기에서는 배당금지급 전과 배당금지급 이후의 재무상태를 비교 목적으로 간략히 설명한다.

먼저 재무상태표에 표시될 당기순이익은 이익잉여금의 증가를 가져오므로 다음과 같이 분개한다.

(차) 당기순이익	4,242,000	(대) 이익잉여금	4,242,000

한편, 배당금지급은 비용의 발생이 아니라 이익잉여금의 감소를 가져온다. 따라서, (차) 배당금 200,000 (대) 현금 200,000으로 분개하더라도 결과적으로 다음과 같이 분개한 것과 동일한 결과가 나타난다.

(차) 이익잉여금	200,000	(대) 현금	200,000

그러면 당기순이익 중 배당금으로 처분된 ₩200,000을 제외한 나머지는 어떻게

될까? 이는 주주의 몫을 나타내는 자본의 이익잉여금에 반영되어 총 ₩5,052,000(=기초이익잉여금 ₩1,010,000+당기순이익 ₩4,242,000−배당금지급액 ₩200,000)으로 표시될 것이다. 그리고 당기순이익 ₩4,242,000은 이익잉여금을 보충 설명해주는 형식으로 괄호 안에 표기한다.

이에 따라 앞에서 작성한 정산표를 이용하여 재무제표를 완성하면 [표 5-2], [표 5-3]과 같다.

[표 5-2] 재무상태표

재무상태표

(주)신&브라더스 20×1년 4월 1일 (단위 : 천원)

자 산		부채와자본	
현 금	₩7,250	미지급비용	₩230
대여금	1,350	미지급금	5,600
차량운반구	5,200	선수수익	1,100
소모품	430	선수금	208
선급비용	480	이익잉여금*	5,052
미수수익	20	(당기순이익 : 4,242)	
미수금	1,100	자본금	4,000
선급금	360		
합 계	**₩16,190**	**합 계**	**₩16,190**

* 기초이익잉여금에 당기순이익을 가산하고, 배당금을 차감하여 산출한 금액이다.

[표 5-3] 포괄손익계산서

포괄손익계산서

(주)신&브라더스 20×1년 3월 1일~3월 31일까지 (단위 : 천원)

비 용		수 익	
임차료비용	₩200	용역매출	₩5,212
보험료	120	이자수익	20
차량운반구처분손실	100	임대료수익	100
소모품비	670		
당기순이익	4,242		
합 계	**₩5,332**	**합 계**	**₩5,332**

실무에서 선호하는 재무제표는? B/S or I/S?

대부분의 인간활동이 두 그룹으로 대비되는 것처럼 비즈니스 세계에서도 손익계산서(I/S) 팬(fan)과 재무상태표(B/S) 팬으로 구분할 수 있다. 마치 축구에서는 힘과 스피드로, 야구에서는 배팅(타격)과 피칭으로, 농구에서는 높이와 스피드로 대별되듯이 말이다. 어쨌든 한쪽을 선호하는 사람은 자신이 좋아하는 쪽을 밀고 다른 쪽은 배타하는 습성이 있는데 이는 영원히 지속될지 모른다.

비즈니스 세계에서는 손익계산서가 주가 되고 재무상태표는 마치 여행 시 자동으로 달려 오는 수화물처럼 간주되는 이유는 크게 2가지로 요약할 수 있다. 첫째, 월스트리트가 비즈니스 사고를 지배하기 때문이다. 증권가에서는 성과를 강조하는데 특히 단기 재무성과와 이익잠재력에 초점을 맞추기 때문이다. 재무상태표에 관심을 둔다면 드물게 기업인수 합병을 노리는 탐욕가들로부터 기업을 보호하기 위한 경우에 국한되기 쉽다.

두 번째 이유는 비록 사소하지만 기업전략 계획수립 및 예측이 수행되는 방식과 관련된다. 과거에는 판매예측치와 기업목표 및 전반적 사업 윤곽이 확정되면 이러한 자료들이 재무담당자에게 보내지고 이들이 책상머리에 앉아 엑셀프로그램을 활용하여 머리를 짜내 월별 분기별 예측치를 제시하는 식으로 기업활동이 전개되었기 때문이다.

Tips for Self Study

- 교과서 연습문제 [3], [4] : Practise makes perfect! 수정분개연습은 많이 해볼수록 좋음!
  [7] : 이 문제에 대한 이해 정도가 곧 중간시험성적의 바로메타!
- Study Guide 주관식 [문7], [문8] : 회계담당자와 공인회계사들이 즐겨 사용한다는 '정산표' 맛보기!

부록 A 계정의 마감

기업실무에서는 정산표 작성 후 계정의 마감이라는 절차를 꼭 거친다. 계정의 마감이란 다음 회계기간의 거래들을 새 장부에 기록하기 위하여 지금까지 기록해 온 계정들에 대하여 기술적인 마무리를 하는 절차를 말한다. 계정의 마감은 포괄손익계산서 계정의 마감과 재무상태표 계정의 마감으로 나누어진다.

[A-1] 포괄손익계산서 계정의 마감

포괄손익계산서와 관련된 수익계정 및 비용계정은 당기의 경영성과를 파악하기 위하여 기록한 것이었다. 그러므로 차기에는 차기의 경영성과를 파악하기 위하여 영(0, zero)에서부터 출발하여 다시 새롭게 기록해 나가지 않으면 안 된다. 즉, 차기에는 새로운 장부를 마련하고 여기에 차기에 발생하는 수익과 비용들을 기록하여 차기의 경영성과를 파악하는 데 사용하여야 한다.

그러면 지금까지 사용해 온 수익 및 비용계정은 어떻게 처리하여야 하는가? 결론부터 말하면 지금까지 사용해 온 수익 및 비용계정은 정리하여 캐비닛 속에 집어넣는 처리를 하여야 한다. 이를 위하여 먼저 손익(income summary account, 또는 집합손익)이라는 별도 계정을 설정한 다음, 수익계정의 대변 잔액은 손익계정 대변으로 옮기고, 비용계정의 차변 잔액은 손익계정 차변으로 옮긴다.

결국 손익계정은 당기의 수익과 비용을 총괄적으로 집계하기 위한 계정이다. 이렇게 되면 수익 및 비용계정들은 잔액이 '0'이 되어 더 이상 의미있는 장부가 되지 못하므로 캐비닛 속으로 들어갈 상태가 되는 것이다.

이처럼 수익 및 비용계정은 회계기간의 종료와 함께 소멸하기 때문에 임시계정(temporary accounts)이라 부르기도 한다.

한편, 손익계정에 집계된 수익과 비용은 당기순이익을 계산하는 데 사용된다. 손익계정에서 산출한 당기순이익은 재무상태표상의 미처분이익잉여금계정으로 대체된다.

수익 및 비용계정의 잔액을 손익계정으로 옮기거나 당기순이익을 이월이익잉여금 계정에 옮길 때는 모두 분개를 거쳐 옮겨야 하는데, 이 분개를 마감분개라 한다.

■ 수익계정의 마감분개

수익계정의 잔액을 손익계정에 대체하기 위한 마감분개를 살펴보자. 편의상 수익계정의 대표적 예로서 매출을 살펴보자. 3월 중의 용역매출액이 ₩5,212,000이라면 마감분개는 다음과 같다.

■ 수익계정의 마감분개

(차) 용역매출	5,212,000	(대) 손 익	5,212,000

위의 마감분개를 전기하면 다음과 같다(컬러글씨 부분).

매 출

3/31 손익 5,212,000	현금 등 5,212,000
합계 5,212,000	합계 5,212,000

손 익

	3/31 용역매출 5,212,000

마감분개는 어디까지나 계정을 마감하기 위한 기계적 분개일 뿐 경제적 의미를 갖지는 않는다. 위 마감분개에서 용역매출이라는 수익이 차변에 기록되었다고 해서 이를 수익의 감소거래가 발생한 것이라고 생각하면 안 된다. 마감분개는 단지 한 계정의 잔액을 다른 계정으로 옮기기 위한 기술적 분개에 불과하다. 오늘날에는 컴퓨터 회계프로그램이 마감분개를 자동으로 수행해준다.

수익계정의 마감을 통해 다음의 사실을 확인할 수 있다. 첫째, 용역매출이라는 수익계정의 잔액이 손익계정으로 옮겨진다. 둘째, 용역매출계정은 잔액이 ₩0이 되어 다음 회계기간 초에는 '0'에서부터 새로이 시작하게 된다.

■ 비용계정의 마감분개

임차료비용계정을 이용하여 비용계정의 마감분개를 살펴본다. 3월 중의 지급임차료가 ₩200,000일 때 마감분개는 다음과 같다.

■ 비용계정의 마감분개

(차) 손　　익　　200,000　　(대) 임차료비용　　200,000

위의 마감분개를 전기하면 다음과 같다(컬러글씨 부분).

임차료비용

3/31 현금 등 200,000	3/31 손익 200,000
합계 200,000	합계 200,000

손　　익

3/31 임차료비용 200,000	

이제 임차료비용이라는 계정의 잔액이 손익계정으로 옮겨졌으며, 임차료비용계정 잔액은 ₩0이 되어 다음 회계기간 초에는 '0'에서부터 새로이 시작된다.

지금까지의 과정을 그림으로 표시하면 다음과 같다.

그림 A-1 ▮ 수익 · 비용계정의 마감

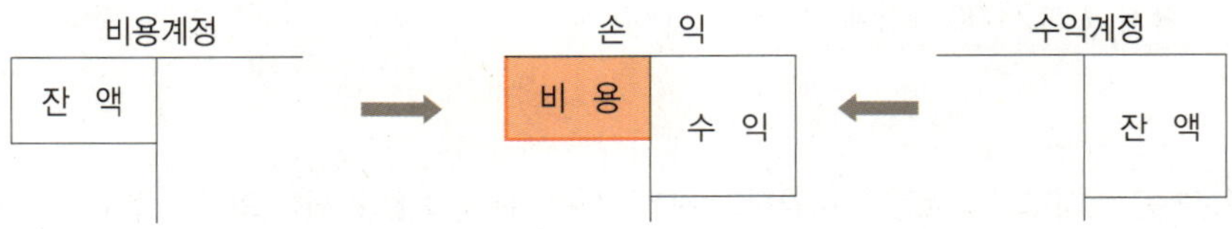

■ 손익계정의 마감

수익 및 비용계정의 잔액들이 손익계정이라는 단일계정에 요약된 후에는 양자의 차액으로 당기순이익을 계산할 수 있다. 즉, 손익계정의 차변에는 모든 비용들이 집계되고 대변에는 모든 수익들이 집계된 만큼, 양자의 차액으로 당기순이익(또는 당기순손실)을 계산할 수 있다.

한편, 당기순이익은 이익잉여금을 증가시킨다. 손익계정상의 당기순이익(₩4,242,000)을 미처분이익잉여금으로 대체하는 마감분개는 다음과 같다.

■ 손익계정의 마감분개

(차) 손　　익　　4,242,000　　(대) 미처분이익잉여금　　4,242,000

앞의 마감분개를 전기하면 다음 [표 A-1]과 같다(컬러글씨 부분).

[표 A-1] 손익계정의 마감

손 익 (단위 : 천원)

차변		대변	
3/31 임차료비용	200	3/31 용역매출	5,212
3/31 보험료	120	3/31 이자수익	20
3/31 차량운반구처분손실	100	3/31 임대료수익	100
3/31 소모품비	670		
3/31 미처분이익잉여금	4,242		
합계	5,332	합계	5,332

미처분이익잉여금 (단위 : 천원)

차변		대변	
		3/31 손익	4,242

이를 통하여 손익계정의 잔액은 '0'이 된다. 손익계정은 결산 시점에서 수익 및 비용계정을 마감하기 위해 일시적으로 등장하였다가 당기순이익을 이익잉여금계정에 대체함과 동시에 소멸한다.

[A-2] 재무상태표계정의 마감

재무상태표에 기록되는 자산, 부채, 자본계정의 마감은 포괄손익계산서 계정의 마감과 전혀 다르다. 즉 재무상태표계정들은 마감 후에도 소멸하지 않는다. 예컨대 현금이나 비품이라는 실물자산이 장부를 마감하는 것으로 완전히 없어져 버린다면 말이 되겠는가?

재무상태표 계정들은 그 잔액이 차기로 이월되어 계속 존속하게 된다. 이런 이유로 재무상태표 계정들을 영구계정(permanent accounts)이라고 부르기도 한다.

자산에 속하는 계정의 잔액은 차변에, 부채 자본에 속하는 계정의 잔액은 대변에 존재하는데, 이 금액들은 차기의 기초잔액으로 이월된다. 재무상태표 계정의 잔액을 차기로 이월시키는 것을 재무상태표계정의 마감이라 한다.

재무상태표계정을 마감하는 과정을 살펴보자. 결산일에 각 계정별로 잔액을 계산한다. 그런 다음에는 해당 계정의 반대편 변에 그 금액과 동일한 금액을 차기이월(次期移越, 차기로 이월함)이라 기록한다. 이렇게 되면 일단 차변 합계액과 대변 합계액이 일치된다. 차기 첫 날짜로 원래 잔액이 있던 변에 전기이월(前期移越, 전기에서 이월됨)이라 기록하고 동일한 금액을 기재한다.

예로 들어 현금계정의 차변 합계액이 ₩7,600,000이고 대변 합계액이 ₩350,000이면 결산 시점의 현금계정 잔액은 ₩7,250,000이므로 이 금액이 차기로 이월되어야 할 금액이 된다. 현금계정을 마감하기 위해서는 대변에 붉은 글씨로 '차기이월 7,250,000'이라 기록하고 차변과 대변에 각각의 합계액 ₩7,600,000을 기록한 후 두 개의 밑줄을 긋는다. 아울러 차기 초에는 차변에 '전기이월'로 이 금액을 기록한다. 이를 표시하면 앞의 [표 A-2]와 같다.

[표 A-2] 현금계정의 마감 (단위 : 천원)

〈장부마감 이전〉

현	금		
기초	1,500	3/4	150
3/1	4,900	3/31	200
3/3	1,200		

〈장부마감 이후〉

현	금		
기초	1,500	3/4	150
3/1	4,900	3/31	200
3/3	1,200	차기이월	**7,250**
합 계	7,600	합 계	7,600
전기이월	**7,250**		

프로농구팀도 손익계산서를 만들고 있을까?

현장탐구

프로농구팀을 운영하게 되면 수익과 비용이 발생하는데, 미국 프로농구(NBA)팀인 피닉스선즈(Phoenix Suns)는 주요 수익과 비용을 다음과 같이 분류한다.

- 비용(expense)
  - 농구단 연봉
  - 경기 비용
  - NBA 연맹비
  - 판촉비
- 수익(revenue)
  - 입장권 수입
  - 방송 수수료
  - 광고 수입
  - 플레이오프 배당금

피닉스선즈의 스티브내쉬(포인트가드)

연 | 습 | 문 | 제

[1] 기말결산과 재무제표의 이해

아래 괄호에 알맞은 단어나 영어로 된 용어(英 :   )를 기재하시오.

(1) (결   英 : c   )이란 회계기간 전체에 걸쳐 계속적으로 발생한 자산, 부채, 자본의 변동내용 및 그 변동들로 인한 결과를 종합하여 재무제표로 일목요연하게 요약하는 것을 말한다.

(2) 수익 · 비용의 (발   英 : a   basis)이란 일정기간의 수익과 비용의 금액을 그 발생 여부를 기준으로 하여 확정하는 것을 말한다. 이 기준은 현금의 수입이나 지출 여부를 기준으로 하는 (현   英 : c   basis)과 대비되는 기준이다.

(3) 수익 · 비용의 (대   英 : m   principle)이란 어떤 경영활동의 결과로 나타나는 각각의 수익에 대하여 그것을 획득하는 데 소요된 비용을 대비시키는 것을 말하며, 구체적으로 비용은 수익이 기록되는 기간과 동일한 기간에 기록되어야 한다는 것을 말한다.

(4) (결   )란 계정의 기말잔액을 결산 시점에서 수정하는 것을 말하며, 기말정리 또는 기말수정이라고 부른다.

(5) 비용이 이미 발생하였으나 아직 지급하지 않은 것을 (미   )이라 하는데, 이는 상품의 외상매입대금인 외상매입금이나 건물, 비품 등의 외상구입대금인 미지급금과는 구별된다.

(6) 수익이 이미 발생하였으나 아직 받지 못한 것을 (미   )이라 하는데, 이는 상품의 외상판매대금인 외상매출금이나 건물, 비품 등의 외상판매대금인 미수금과는 구별된다.

(7) 다음 회계연도의 비용을 미리 지급한 금액을 (선   )이라는 자산으로 회계처리한다. 한편, 다음 회계연도의 수익을 미리 받은 금액을 (선   )이라는 부채로 회계처리한다.

(8) 결산정리사항이 있으면 결산정리분개를 통하여 잔액시산표의 기말계정잔액을 수정한 후에 재무제표를 작성하여야 한다. 이 과정을 하나의 표로 작성한 것을 (정   英 : w   sheet)라 한다.

(9) (임   비용)은 사무실을 빌리고 사용료의 지급을 표시하는 비용항목이고, (임   )은 사무실을 빌려주고 사용료를 받을 때 기록하는 수익항목이다.

(10) 유형자산의 감가상각대상금액을 내용연수 동안에 원가배분하여 매년도 비용으로 인식한 것을 (감   )라 부른다.

[2] 정산표 작성

다음은 (주)꽃샘의 잔액시산표 및 8칸식 정산표이다. 아래의 결산정리사항에 대한 수정분개를 하고, 정산표를 완성한 후, 요약식 재무제표를 작성하시오.

정 산 표

(주)꽃샘 (단위 : 천원)

계정과목	잔액시산표		결산정리분개		포괄손익계산서		재무상태표	
	차변	대변	차변	대변	차변	대변	차변	대변
현금	400							
금융자산	800							
건물	700							
△감가상각누계액		200						
자본금		300						
이익잉여금		600						
매출		1,000						
이자수익		100						
임대료수익		400						
급여	500							
보험료	200							
합계	2,600	2,600						
합계								
당기순이익								
합계								

〈결산정리사항〉

(1) 이자수익이 추가로 발생하였으나 아직까지 받지 못한 미수액 : ₩200,000

(2) 임대료수익으로 기록된 ₩400,000 중 임대기간이 경과되지 아니한 선수액 : ₩300,000

(3) 급여로 기록된 ₩500,000 중 미리 지급한 선급액 : ₩100,000

(4) 보험료가 추가로 발생하였으나 아직까지 지급하지 못한 미지급액 : ₩200,000

(5) 당기의 건물 감가상각비 : ₩100,000

[3] 수정분개연습(I)

(주)블루는 월별로 결산을 하며, 4월 30일 현재 다음과 같은 수정사항이 있다. 4월의 적정한 경영성과와 재무상태를 표시하기 위해 필요한 수정분개를 하시오.

(1) 4월 1일 선급보험료 계정잔액은 ₩480,000이며, 4월 30일 현재 미경과보험료는 ₩300,000이다.

(2) 4월 1일 소모품계정잔액은 ₩540,000이며, 4월 30일 현재 소모품재고액은 ₩250,000이다.

(3) 4월 1일 사무용비품 계정잔액은 ₩4,000,000이며, 감가상각누계액 계정잔액은 ₩600,000이라고 한다. 사무용비품의 내용연수는 3년이며, 잔존가액은 ₩400,000이며, 정액법에 의해 1개월분의 감가상각비를 감가상각누계액 계정을 이용하여 계상한다.

(4) 4월 1일 선수금 계정잔액은 ₩420,000이며, 4월 30일 현재 선수금 중 용역매출로 실현되지 않은 부분은 ₩70,000이며, 나머지는 용역매출로 실현되었다.

[4] 수정분개연습(II)

(주)영구클린은 매월 결산을 하며, 6월 1일부터 6월 30일 동안의 적정한 재무상태와 경영성과 산출을 위해 6월 30일 결산시점에서 필요한 수정분개를 하시오.

(1) 6월 1일 1년분 보험료 ₩1,800,000을 지급하였으며, 이때 (차) 보험료 1,800,000 (대) 현금 1,800,000으로 분개한 경우

(2) 6월 1일 1년분 보험료 ₩1,800,000을 지급하였으며, 이때 (차) 선급비용 1,800,000 (대) 현금 1,800,000으로 분개한 경우

(3) 소모품 구입시 이 회사에서는 (차) 소모품비 1,300,000 (대) 현금 1,300,000로 분개하였으며, 6월 30일 현재 소모품 보유액은 실지재고조사결과 ₩250,000 인 경우

(4) 소모품 구입시 이 회사에서는 (차) 소모품 1,300,000 (대) 현금 1,300,000으로 분개하였으며, 6월 30일 현재 소모품 보유액은 실지재고조사결과 ₩250,000인 경우

(5) 사무용비품에 대해서는 매월 ₩40,000씩 감가상각을 하며, 감가상각비는 감가상각누계액을 설정하여 회계처리하되, 관련 자산계정에서 차감하는 형식으로 표시한다.

(6) 위의 감가상각비를 비품계정에서 직접 차감하여 회계처리한다.

(7) 차입금에 대한 6월분 발생이자가 ₩50,000이나 아직 현금으로 지급하지 못하였다.

(8) 6월 30일 현재 전기료가 ₩200,000 발생하였으나 현금으로 지급하지 못하였다.

(9) 대여금에 대해 1개월분 이자 ₩15,000이 발생하였으나 아직 현금으로 수취하지는 못하였다.

(10) 6월 1일 100벌의 세탁용역을 수행하기로 하고 ₩1,000,000을 현금으로 받은 다음 (차) 현금 1,000,000 (대) 용역매출 1,000,000로 분개하였으나, 6월 30일 현재 20벌에 대해서는 세탁용역 제공을 완료하지 못한 경우

(11) 6월 1일 100벌의 세탁용역을 수행하기로 하고 ₩1,000,000을 현금으로 받은 다음 (차) 현금 1,000,000 (대) 선수금 1,000,000으로 분개하였으며, 6월 30일 현재 20벌에 대해서는 세탁용역 제공을 완료하지 못한 경우

(12) 6월 1일 1년간 창고를 임차하고 1년분 집세 ₩1,200,000을 현금으로 일시에 지급한 다음 이때 (차) 선급비용 1,200,000 (대) 현금 1,200,000으로 분개한 경우

(13) 6월 1일 1년간 창고를 임차하고 1년분 집세 ₩1,200,000을 현금으로 일시에 지급한 다음, 이때 (차) 임차료비용 1,200,000 (대) 현금 1,200,000으로 분개한 경우

(14) 6월 1일 차량운반구를 6개월간 빌려주고 ₩2,400,000을 현금으로 일시에 받은 다음 이때 (차) 현금 2,400,000 (대) 선수수익 2,400,000으로 분개한 경우

(15) 6월 1일 차량운반구를 6개월간 빌려주고 ₩2,400,000을 현금으로 일시에 받은 다음 이때 (차) 현금 2,400,000 (대) 임대료수익 2,400,000으로 분개한 경우

[5] 재무제표의 작성

대학생인 인아는 여름방학(7/1~8/31)을 이용하여 청소 용역사업을 위해 ₩1,000,000을 투자하였으며, 방학기간 동안 현금의 입금, 출금내역은 다음과 같다.

입금 :	인아의 투자액	₩1,000,000
	현금 매출액	4,000,000
	친척으로부터의 차입금	1,000,000
	합 계	₩6,000,000
출금 :	가게 임차료	₩1,500,000
	시간제 아르바이트의 수당	800,000
	소모품 구입	500,000
	수도광열비	300,000
	합 계	₩3,100,000

위의 내역을 토대로 인아는 현금 입금액과 출금액의 차이인 ₩2,900,000의 이익을 올렸다고 당신에게 자랑하였다. 이 과정에서 당신은 다음과 같은 사실을 추가로

알게 되었다.

(1) 청소 용역 외상매출액 ₩500,000이 누락되었다.

(2) 광고선전비 ₩200,000을 아직 지급하지 못했다.

(3) 방학이 끝난 시점에 남아 있는 소모품은 ₩100,000이다.

(4) 가게 임차료비용 중 ₩100,000을 아직 지급하지 못했다.

(5) 차입금에 대한 이자 ₩50,000이 발생되어 있었으나, 지급하지 못했다.

〈물음〉

인아의 청소 용역사업성과를 적정하게 보여줄 수 있는 재무상태표와 포괄손익계산서를 작성하시오.

[6] 결산정리분개의 추정

(주)매직클린의 수정전 잔액시산표와 재무상태표에 의하여 결산정리분개를 추정하고, 포괄손익계산서를 작성하시오.

(주)매직클린 **수정전잔액시산표**

현금및현금성자산	₩30,000	감가상각누계액	₩800,000
금 융 자 산	720,000	매 입 채 무	1,500,000
매 출 채 권	500,000	자 본 금	950,000
건 물	2,500,000	용 역 매 출	1,000,000
급 여	500,000		
합 계	**₩4,250,000**	**합 계**	**₩4,250,000**

(주)매직클린 **재무상태표**

현금및현금성자산	₩30,000	매 입 채 무	₩1,500,000
금 융 자 산	720,000	미지급비용	100,000
매 출 채 권	500,000	자 본 금	950,000
건 물	2,500,000	이익잉여금	200,000
△감가상각누계액	(1,000,000)		
합 계	**₩2,750,000**	**합 계**	**₩2,750,000**

[7] 사례연습 : 원장계정잔액의 수정과 서비스업의 회계순환과정 종합

매월 결산을 하는 (주)한진택배의 5월 1일 재무상태는 다음과 같다.

현금	₩1,500,000	매출채권	₩1,200,000	차량운반구	₩1,800,000
소모품	860,000	대여금	1,350,000	차입금	1,300,000
미지급금	1,000,000	선급비용	600,000	이익잉여금	430,000
선수수익	240,000	미지급비용	180,000	자본금	(?)

5/1 동안의 (주)한진택배의 주요 경영활동은 다음과 같다.

5/1 택배용역 ₩4,900,000을 제공하고 대금 중 ₩3,300,000은 현금으로 받고 나머지는 외상으로 하였다.

5/2 차량운반구 ₩4,600,000을 외상으로 구입하였다.

5/3 위의 차량운반구 중 ₩2,600,000 상당의 차량운반구를 거래처에 6개월간 빌려주었으며, 6개월분 대여료 ₩1,200,000은 8월말에 받기로 하였다(단, 이 거래와 관련된 수정분개는 5월 30일 하기로 한다).

5/4 택배용역 ₩2,200,000을 제공하고, 대금은 현금 대신 택배용 포장재료(소모품)를 받았다.

5/5 차량유지비 ₩200,000이 발생하여 현금으로 ₩150,000을 지급하고 나머지는 미지급비용으로 처리하였다.

5/6 차입금에 대한 5월분 이자비용 ₩30,000이 발생하였으나, 아직 지급하지 못하였다.

5/7 노후화된 차량운반구 ₩1,000,000 상당액을 처분하고, 현금 ₩850,000을 받았다.

5/8 5월말 현재 남아 있는 차량운반구 잔액에 대해 내용연수 50개월, 잔존가액 ₩400,000, 정액법에 의해 1개월분 감가상각비를 계상한다.

5/9 대여금에 대한 5월분 이자수익 ₩20,000을 아직 받지 못하였다.

5/10 택배용 포장재료(소모품) ₩240,000이 남아 있다.

5/11 기초 선급비용은 차량운반구에 대한 5개월분 보험료를 미리 지급한 것으로서 5월분 보험료를 인식하기 위한 회계처리(수정분개)를 한다.

5/12 기초 선수수익은 창고의 일부분을 6개월간 빌려주고 미리 받은 것으로서 5월분 임대료수익을 인식하기 위한 회계처리(수정분개)를 한다.

5/30 5월 3일 대여해준 차량운반구 임대료수익에 대해 필요한 수정분개를 한다.
6/1 이익잉여금 중 ₩200,000을 주주들에게 배당금으로 지급하였다.

〈물음〉

(1) 위의 거래내용을 분개하고, 5월 1일의 기초잔액을 T계정에 표시한 다음, 분개한 내용을 각각의 T계정에 전기하시오.
(2) 각 계정의 왼편과 오른편 합계를 각각 구하여 표시하고, 큰 편에 색연필로 타원을 표시하고 그 타원 안에 차액을 기입하시오.
(3) 위의 (2)에서 구한 계정잔액으로 5월의 포괄손익계산서와 배당금 지급이 완료된 6월 1일의 재무상태표를 작성하시오.

[8] 기사읽기와 팀프로젝트

다음은 삼성중공업에 인수될 기대로 주가가 많이 올랐던 산업용 보일러 제조회사 신텍이 상장요건을 맞추기 위해 시도한 분식회계와 관련된 일련의 기사를 정리한 것이다.

---

1. 2011년 9월 : 삼성중공업은 신텍지분 27%를 인수하는 주식양수도 계약을 체결

2. 2011년 9월 6일 : 한국거래소가 분식회계 관련 제보를 접수, 매매거래를 정지시킴.

3. 2011년 10월 1일(이데일리) : "분식 유혹 뿌리칠 수 없었다 – 적자폭 메우려 예상매출 조기인식으로 분식회계 시인"
분식회계설이 제기되며 거래가 정지됐던 신텍 경영진이 마침내 입을 열었다. 그는 "일시적으로 수익구조가 악화돼 적자폭을 줄이기 위해 수백억원 규모의 예상매출을 조기 인식한 것이 문제가 됐다"고 밝혔다. 신텍은 "매출 등 총액에는 변함이 없지만 이를 나누어 회계장부에 반영하는 과정에 문제가 있었음을 시인하고, 수익인식방법 중 일부에서 오류가 발생했음을 발견했다"고 공시한 바 있다.

4. 2011년 10월 26일(신텍의 분식회계설에 대한 답변) : "왜곡 표시를 수정한 결과 상반기 매출이 672억원에서 592억원으로 줄었다"며 "영업이익은 39억 흑자에서 27억 적자로, 순이익은 31억에서 37억 적자로 각각 돌아섰다"고 밝혔다. 이후 2009년과 지난해에도 회계오류가 발생했음을 공시했다.

5. 2011년 12월 8일(한국경제) : “상장 전 분식회계 퇴출 첫 사례”
한국거래소는 전날 장마감 후 공시를 통해 신텍은 2009년 4월에 상장했는데 상장서류에 2008년 영업이익이 122억원이라고 밝혔지만 실제로는 영업적자 46억원이고, 당기순이익도 40억 흑자에서 117억 당기순손실로 허위기재한 것으로 드러나 ‘상장폐지 기준에 해당된다’ 라고 밝혔다.

〈물음〉
분식회계를 통해 수익을 제대로 재무제표에 계상하지 못한 신텍은 삼성중공업과의 M&A, 그리고 신텍에 투자한 개인투자자들에게 어떤 결과가 초래되었을지를 예상해보고, 실제로 어떤 결과가 초래되었는지 확인해보시오.

윤리이슈 **회계의 빛과 그림자**

어느 건설사 부부의 횡령을 찾아낸 회계담당자

고급 스포츠카 및 가구에, 빈번한 해외여행을 일삼던 외국 건설사에 종사하던 두 사람은 허위 자재 구입 서류를 통해 총 8번에 걸쳐 거의 100만달러에 달하는 부당현금을 개인용도로 유용했다가 덜미를 잡혀 유죄판결을 받았을 뿐만 아니라 이자를 포함해 총 120만달러를 변상하게 되었다. 이들은 실제로 영업을 하지 않는 유령회사를 자신의 부인이름으로 설립한 후 마치 이 회사로부터 건설자재를 구입한 것처럼 허위로 서류를 꾸미고 이 회사계정으로 물품 구입대금을 지급하도록 한 것이다.

이들이 덜미를 잡히게 된 것은 이 유령회사에 대한 대금지급 결제가 회사 방침처럼 제3자에 의해 승인되지 않고 이들 두 사람의 결제만으로 지급된 것을 의아하게 생각한 회계담당자에 의해서였다. 이에 주목한 회계담당자는 유령회사의 인터넷 홈페이지 검색을 통해 이 회사의 이사 명단에 두 사람의 부인이 모두 포함된 것을 알게 되고 실제 구입 여부를 확인하여 범죄사실을 밝힐 수 있었다.

〈저자코멘트〉 본 사례는 기본적인 내부통제시스템 운영과 이의 준수 여부를 확인하는 회계담당자의 역할의 중요성을 일깨워 준다.

제 6 장

상품매매업의 회계순환과정과 재고자산

제 1 절 유통업의 재고자산과 상품거래의 기록
제 2 절 상품매매업의 회계기록
제 3 절 상품매매업의 결산과 재무제표 작성
제 4 절 상품매매업의 기타 회계처리
제 5 절 기말상품재고액의 결정
[부록 A] 매출원가 산정의 또 다른 방법
[부록 B] 제조업의 회계순환과정과 재무제표

상품매매를 주된 영업활동으로 하는 기업을 상품매매업 또는 유통업이라 한다. 상품매매업의 회계순환과정도 서비스업의 경우와 근본적인 차이는 없다. 다만, 서비스업에 비하여 상품매매라는 영업활동이 추가되는 관계로 이에 관한 회계처리가 추가될 뿐이다.

본 장에서는 상품의 기말재고량 파악을 위해 실지재고조사법을 사용하는 경우의 상품매매업 회계순환과정을 살펴본다.

매출원가 산정의 또 다른 방법은 [부록 A]에 설명되어 있으며, 제조업의 회계순환과정과 재무제표작성은 [부록 B]에 제시하였다.

코스트코는 한국에서 유일하게 살아남은 외국 유통기업이다. 코스트코의 서울 양재점 연간 매출(약 5,000억원)은 세계 코스트코 매장을 통틀어 1등이다. 코스트코는 창업 때부터 '마진 15%룰(rule)'을 엄수한다. 마진이 더 이상 생길 때는 가격을 낮춰 고객에게 혜택을 나눠준다. 월마트 등 대형할인점(20~25%), 백화점(50%)의 마진율보다 크게 낮다.

"월마트는 14만개 아이템을 진열해 놓지만 우린 4,000개만 판다. 품목별로 가장 품질 좋고, 값이 싸며, 큰 사이즈 하나만 제공하는 것이다. 비슷한 제품 4~5개를 고객이 고르다가 결국 안 사가는 것보다, 확실한 제품 하나가 잘 팔리는 게 낫다. 이런 방식으로 코스트코는 1년에 재고가 13차례 소진된다. 월마트 등 경쟁기업은 연간 9차례 재고가 소진된다. 재고 없이 끊임없이 팔아치우는 게 우리의 힘이다."

Weekly BIZ(2012. 8. 18) 코스트코 창업자와의 인터뷰 기사 중에서

제1절 유통업의 재고자산과 상품거래의 기록

현명한 사람은 역사에서 배우고, 어리석은 자는 경험에서 배운다.

– 카이사르

1.1 재고자산의 정의 및 상기업의 기말재고량 파악

판매를 목적으로 기업이 구매 또는 생산하여 보유하고 있는 자산을 재고자산(inventory)이라고 부른다. 대표적인 재고자산은 상품과 제품이다. 기업이 정상적인 영업활동 과정에서 판매를 목적으로 매입한 것은 상품(merchandise)으로 그리고 판매를 목적으로 직접 원재료를 구입하여 가공한 후 만든 결과물은 제품(product)이라고 부른다. 상품과 제품은 각각 유통업과 제조업의 대표적인 재고자산이다. 재고자산은 기업의 유동성을 좌우하는 유동자산 중 최상단에 위치하는 당좌자산보다는 유동성이 떨어지지만 일년 이내에 현금화가 예상되기 때문에 유동자산에 속하며 경영 목적상 가장 중요한 자산에 속한다.

기업의 특성에 따라 재고자산의 종류도 다양하다. 기업이 판매를 목적으로 보유하고 있는 것은 모두 재고자산이므로 판매를 목적으로 거래처로부터 매입한 상품뿐만 아니라 판매를 목적으로 생산과정을 거쳐 생산한 유형의 제품은 물론 눈에 보이지 않는 전력 · 가스 등도 재고자산으로 분류할 수 있다.

그리고 동일한 자산이라도 보유하는 목적에 따라 재고자산으로 분류될 수도 있고, 유형자산으로 분류될 수도 있다. 예를 들어 부동산업을 하는 (주)한일개발에서 보유하고 있는 부동산은 재고자산이지만, (주)까사미아에서 공장부지로 부동산을 구입하여 사용하고 있다면 유형자산인 토지로 분류해야 한다.

상품매매업의 회계처리는 제5장에서 다룬 서비스업의 회계처리와 본질적인 차이는 없다. 단지 상품의 매매거래에 대한 회계처리만 추가될 뿐이다. 서비스업과는 달리 상품매매회사에서 가장 중요한 것은 상품에 대한 회계처리와 매출원가 개념이다. 이들의 개념을 확실하게 이해하고 간다면 회계가 아주 흥미로운 분야라는 것을 느끼게 될 것이다.

본 절에서는 상품의 매매에 대한 회계처리방법을 공부한다. 또한 앞서 배운 서비스업의 결산정리에 대한 복습을 할 수 있게 될 것이다.

상품매매업의 회계순환과정을 공부하기 위해서는 먼저 상품의 기말재고량을 파악하는 방법인 계속기록법과 실지재고조사법을 이해하는 것이 필요하다.

매입한 상품 가운데 기말 현재 아직 판매되지 않고 창고에 남아 있는 상품을 기말재고라 하고, 그 수량을 기말재고량이라 부른다. 기말재고량을 파악하는 방법에는 평소에 철저하게 장부기록을 해 둠으로써 장부에서 기말재고량을 파악하는 계속기록법과 기말에 창고에 가서 실물을 직접 눈으로 확인함으로써 기말재고량을 파악하는 실지재고조사법이 있다. 계속기록법과 실지재고조사법 중 어느 방법으로 기말재고량을 파악하는가에 따라 기중의 상품매매에 대한 분개방법이 달라진다.

1.2 계속기록법

계속기록법(perpetual inventory method)에서는 상품의 기초재고액을 자산계정인 상품 또는 재고자산계정에 기록하는 동시에, 상품의 매입을 자산증가로 보고 상품계정 차변에 분개하며, 대변에는 제공한 대가에 따라 현금, 매입채무, 지급어음 등으로 분개한다. 예컨대 상품 ₩100,000을 현금으로 매입한 경우의 분개는 다음과 같다.

계속기록법에서의 매입 분개

(차) 상 품*	100,000	(대) 현 금	100,000

* 상품 대신에 재고자산이라고 분개할 수도 있음.

한편, 상품을 판매하면 차변에 현금(또는 매출채권, 받을어음)이라는 자산증가와 대변에 매출이라는 수익발생을 분개하며, 동시에 차변에 매출원가라는 비용발생과 대변에 상품이라는 자산의 감소를 분개한다. 매출원가(cost of goods sold : COGS)란 판매된 상품의 원가를 말한다. 예컨대 앞의 상품 전부를 현금 ₩150,000에 판매한 경우의 분개는 다음과 같다.

계속기록법에서의 매출 분개

(차) 현 금	150,000	(대) 매 출	150,000
매 출 원 가	100,000	상 품	100,000

계속기록법을 사용하는 경우에는 여기서 보는 것처럼 상품계정 차변에는 기초상품 원가 및 당기 중에 매입한 상품의 원가가 계속적으로 기록되고 대변에는 매출된 상푼의 원가가 또한 계속적으로 기록되기 때문에 상품계정의 차변잔액은 곧 특정 시점(가령, 기말시점)의 상품재고액(원가)을 나타낸다.

그림 6-1 ▮ 기말상품재고액(계속기록법)

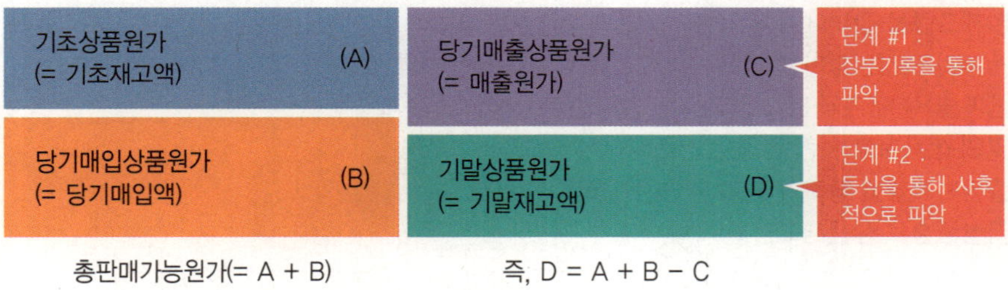

그리고 계속기록법을 사용하면 매출원가계정이 존재하기 때문에 기말에 이 계정의 차변 합계액을 구하여 당기 매출원가를 즉시 파악할 수 있다.

한편, 계속기록법을 사용할 때는 분개장 외에 취급하는 상품별로 상품재고장이라는 별도의 장부에 추가적으로 기록하여야 한다. 바로 이 상품재고장에 매입 및 매출되는 상품의 수량이 계속적으로 기록되기 때문에 장부를 통하여 기말재고량을 즉시 파악할 수 있다([표 6-1] 참조).

상품재고장에는 입고란, 출고란, 잔고란이 있다. 입고란에는 매입수량이 기록되고, 출고란에는 매출수량이 기록되며, 잔고란에는 매 시점마다의 재고수량이 계속 기록된다. 따라서 기말 시점의 잔고란을 읽으면 기말재고량을 즉시 파악할 수 있다.

[표 6-1] 상품재고장 예

상품재고장

[상품명 : A4용지] (금액단위 : 천원)

20××년		적요	입고			출고			잔고		
			수량	단가	금액	수량	단가	금액	수량	단가	금액
7	1	기초재고	60	10	600				60	10	600
	2	매 입	10	10	100				70	10	700
	4	매 출				50	10	500	20	10	200
	⋮	‥	‥	‥	‥	‥	‥	‥	‥	‥	‥

계속기록법 요약

1. 기말재고량을 장부에서 파악하는 방법
2. 상품매입을 자산증가로 보고 자산계정인 상품계정에 기록
3. 상품매출 시 매출액 분개 외에 매출원가를 추가적으로 분개
4. 기말의 상품계정 차변 잔액은 상품의 기말재고액
5. 매출원가계정을 통하여 당기 매출원가를 즉시 계산
6. 취급상품별로 상품재고장을 기록

1.3 실지재고조사법

그림 6-2 ▮ 기말상품재고액(실지재고조사법)

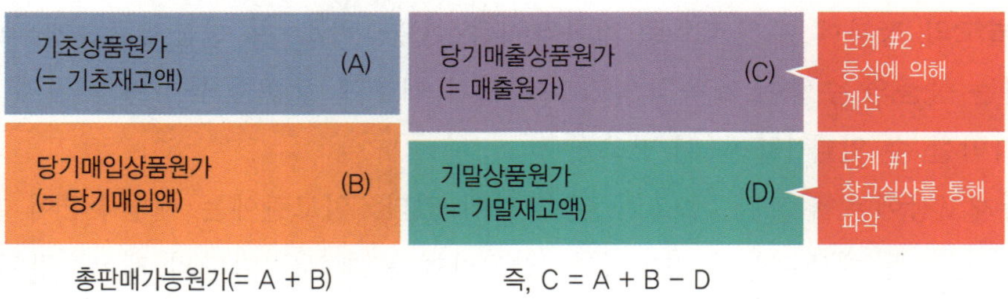

실지재고조사법(physical inventory method)에서는 회계기간 중의 상품매매거래는 상품계정에 기록하지 않는다. 즉, 상품의 매입을 자산증가로 보지 않고 비용발생으로 보아 비용계정의 하나인 매입계정 차변에 분개한다. 예컨대 상품 ₩100,000을 현금으로 매입한 경우의 분개는 다음과 같다.

실지재고조사법에서의 매입 분개

(차) 매 입	100,000	(대) 현 금	100,000

한편, 상품을 판매하면 현금(또는 매출채권, 받을어음)이라는 자산증가와 매출이라는 수익발생만을 분개하며, 매출원가라는 비용발생은 분개하지 않는다. 예컨대 위 상품 전부를 현금 ₩150,000에 판매한 경우의 분개는 다음과 같다.

실지재고조사법의 매출 분개

(차) 현 금	150,000	(대) 매 출	150,000

실지재고조사법에서는 매출원가를 기중에는 기록하지 않기 때문에 추후 기말결산시점에서 기록해야 하는데, 이에 관해서는 제3절에서 살펴본다.

☑ 상품매입을 비용으로 간주하는 이유는 무엇일까?

상품은 판매를 목적으로 구입되는 자산이다. 따라서 이 자산은 곧 판매될 것이고, 상품의 매입원가는 이때 판매된 상품의 원가, 즉 매출원가라는 비용으로 바뀌게 된다. 다만 상품의 구입시점에서는 아직 판매된 것이 아니기 때문에 매출원가계정으로 분개하지 않고 일단 매입계정에 분개하는 것 뿐이다. 만일 기말시점에서 아직 판매되지 않고 창고에 남아 있는 상품이 있다면 그에 해당하는 구입원가를 매입계정 금액에서 차감함으로써 그만큼 매출원가를 하향조정하면 된다.

실지재고조사법으로 기중의 상품매매거래를 분개하면 원장에는 기초재고액이 기록된 상품계정, 당기 중에 매입한 상품의 원가를 기록하는 매입계정, 그리고 판매가격으로 기록되는 매출계정이 존재한다. 이들 계정 어디에도 기말상품재고액 및 매출원가를 알려주는 계정은 존재하지 않는다. 그렇기 때문에 회계기말에 수정분개를 통하여 매입계정잔액이 '매출원가'가 되도록 할 필요가 있다.

실지재고조사법 요약

1. 기말재고량을 장부가 아닌 창고에서 직접 눈으로 파악하는 방법
2. 상품매입을 비용발생으로 보고 비용계정인 매입계정에 기록
3. 상품매출시 매출 분개만 하고 매출원가 분개는 하지 않음
4. 상품계정은 기초재고액만을 나타냄
5. 장부에서는 상품의 기말재고액과 매출원가를 알 수 없음
6. 기말 결산시점에서 수정분개를 통하여 매출원가를 계산함

예제 6-1 상품매매의 분개방법

아래 자료를 토대로 물음에 답하시오.

① 상품 ₩300,000을 외상으로 매입하다.

② 위 상품 전부를 ₩500,000에 외상으로 매출하다.

▌물음▐

(1) 계속기록법을 사용할 때의 분개를 하시오.

(2) 실지재고조사법을 사용할 때의 분개를 하시오.

▌풀이▐

(1) 계속기록법 사용 시

①	(차) 상　　품	300,000	(대) 매입채무	300,000
②	(차) 매출채권	500,000	(대) 매　　출	500,000
	매출원가	300,000	상　　품	300,000

(2) 실지재고조사법 사용 시

①	(차) 매　　입	300,000	(대) 매입채무	300,000
②	(차) 매출채권	500,000	(대) 매　　출	500,000

1.4 실지재고조사법을 사용하는 이유

실지재고조사법은 기말재고량을 직접 눈으로 파악하는 방법이기 때문에 평소 판매시에는 매출수량을 장부에 기록하지 않는다. 이런 이유로 기말재고량을 알려면 부득이 창고에 가서 직접 눈으로 실물을 확인하는 실지재고조사를 수행하지 않으면 안 된다. 이런 실지재고조사법을 과연 사용할 필요가 있을까?

대답은 '그렇다'는 것이다. 실지재고조사법은 매출이 이루어질 때마다 그 수량과 매출원가를 장부에 기록할 필요가 없다는 큰 장점을 지니기 때문이다. 하루에도 수많은 매출거래가 발생하는 경우(가령 할인점이나 백화점 등)를 떠올리면, 그것도 성미 급한 고객들이 밀어닥치는 상황을 떠올리면 실지재고조사법의 장점을 충분히 이해할 수 있을 것이다.

그러나 기업들은 업종과 경영목적에 따라서 대부분 두 방법을 모두 사용한다. 두 가지 방법을 접목하면 어느 한 가지를 선택했을 때 나타나는 단점을 보완할 수 있다. 예를 들어 도난이나 파손 등과 같은 사유로 재고자산이 없어졌다고 하더라도 실지재고조사법이나 계속기록법의 한 가지 방법만으로는 그 사실을 발견할 수 없는 경우도 있기 때문이다.

☑ 실지재고조사법 – 옥의티?

실지재고조사법도 단점을 가지고 있다. 실지재고조사법에 의하면 기말에 창고에 남아 있지 않은 상품의 원가는 모두 매출원가로 간주하는 오류를 범하게 된다. 그러나 엄밀히 말하면 기말 현재 창고에 없는 상품이라 하더라도 그것이 꼭 판매된 것이라고 볼 수는 없다. 대부분의 상품은 정말 판매되었겠지만 그 중 일부는 보관 중에 증발, 도난되었을 수도 있다. 회계에서는 이들을 감모손실이라고 부른다. 따라서 보다 엄정한 회계처리를 하려면 계속기록법과 실지재고조사법을 병용함으로써 계속기록법을 통해서는 '창고에 남아 있어야 할 수량'을 파악하고, 실지재고조사법을 통해서는 '창고에 실제로 남아 있는 수량'을 파악하는 것이 필요하다. 그렇게 하면 양자의 차이를 이용하여 보관 중의 감모손실을 계산할 수 있어서 매출원가를 보다 정확하게 산출할 수 있게 된다.

'오마하의 현인' 버핏

"10년 이상 보유하지 않을 생각이라면 단 10분도 들고 있지 마라." 현존하는 최고의 주식투자의 대가 워렌 버핏 회장은 장기투자의 중요성을 강조한다. 주식을 살 때는 기업을 매수한다는 생각으로 신중하게 내재가치를 판단하고 이후는 믿고 기다리는 게 최고의 투자법이라는 얘기다. 버핏이 22년간 코카콜라에 장기 투자해 벌어들인 수익만도 총 88억 달러(약 9조 6,800억 원)이었다.

동아일보 2012년 1월 26일 [Money&Life] 기사 중에서

제2절 상품매매업의 회계기록

본 절부터 제4절까지 상품매매업의 회계순환과정을 살펴봄에 있어서 아래의 자료를 이용한다. 여기에 나타나 있는 상품 ₩300,000은 6월 30일 재고조사를 통하여 파악한 금액이다.

[자료] (주)현대오토의 7월 1일 현재 기초 재무상태표는 다음과 같다.

재무상태표

(주)현대오토 7월 1일

현 금	₩600,000	매 입 채 무	₩700,000
매 출 채 권	800,000	자 본 금	800,000
상 품	300,000	이익잉여금	200,000
합 계	₩1,700,000	합 계	₩1,700,000

7월 중에 발생한 거래 및 결산정리사항은 다음과 같다.

7월 5일 : 상품 ₩400,000을 현금으로 매입하다.

7월 10일 : 상품 ₩600,000을 외상으로 매입하다.

7월 15일 : 매입한 상품에 마진을 붙여 ₩500,000에 현금판매하다.

7월 20일 : 매입한 상품에 마진을 붙여 ₩1,500,000에 외상판매하다.

[결산정리사항] 7월 31일 : 실지재고조사법에 의한 기말상품재고액은 ₩500,000이다(매입한 원가를 의미).

이상의 내용을 분개 · 전기한 후 시산표를 작성하고, 결산정리사항을 반영하여 정산표를 작성한 다음, 재무상태표와 포괄손익계산서를 작성하는 과정을 살펴보기로 한다.

2.1 분 개

실지재고조사법에 따라 7월 중의 거래를 분개하면 다음과 같다.

7월 5일 : 상품 ₩400,000을 현금으로 매입하다.
(차) 매 입 400,000 (대) 현 금 400,000
7월 10일 : 상품 ₩600,000을 외상으로 매입하다.
(차) 매 입 600,000 (대) 매 입 채 무 600,000
7월 15일 : 상품을 ₩500,000에 현금으로 판매하다.
(차) 현 금 500,000 (대) 매 출 500,000
7월 20일 : 상품을 ₩1,500,000에 외상으로 판매하다.
(차) 매 출 채 권 1,500,000 (대) 매 출 1,500,000

2.2 전 기

상품매매업의 분개를 원장에 전기하는 방법도 서비스업에서 살펴본 것과 동일하다. 즉 차변분개는 해당 계정의 차변으로, 대변분개는 해당 계정의 대변으로 옮겨 기록한다.

한편, 사업을 개시한 첫 해를 제외하고는 전기로부터 당기로 이월된 금액, 즉 전기이월액(또는 기초재고액)이 존재한다. 기초 재무상태표에는 이 전기이월액들이 나타나 있으며, 이 금액들은 우선적으로 해당 계정에 기록한다(실은 전기말 결산시에 이미 이월기록이 이루어짐). (주)현대오토의 전기이월액과 전기내용을 보면 [표 6-2]와 같다.

여기에서 전기된 내용을 살펴보면, 상품계정잔액은 300이며 매입계정잔액은 1,000이다. 과연 300의 금액이 7월말 재무상태표에 재고자산으로, 포괄손익계산서에는 1,000의 매출원가로 나타내는 것이 타당할까? 그렇지 않기 때문에 실지재고조사법하에서는 제3절에 설명할 결산정리분개가 필요한 것이다.

[표 6-2] (주)현대오토의 총계정원장

(단위 : 천원)

현 금 (차변)		현 금 (대변)	
전기이월	600	7/5 매 입	400
7/15 매 출	500		

상 품* (차변)		상 품* (대변)	
전 기 이 월	300		

매출채권 (차변)		매출채권 (대변)	
전기이월	800		
7/20 매 출	1,500		

매입채무 (차변)		매입채무 (대변)	
		전기이월	700
		7/10 매 입	600

자 본 금 (차변)		자 본 금 (대변)	
		전기이월	800

이익잉여금 (차변)		이익잉여금 (대변)	
		전기이월	200

매 입 (차변)		매 입 (대변)	
7/5 현 금	400		
7/10 매입채무	600		

매 출 (차변)		매 출 (대변)	
		7/15 현 금	500
		7/20 매출채권	1,500

* 상품 대신에 이월상품 또는 재고자산이라고 표시할 수도 있음.

제3절 상품매매업의 결산과 재무제표 작성

3.1 매출원가를 표시한 포괄손익계산서 작성

실지재고조사법을 이용하고 매출원가를 표시한 포괄손익계산서를 작성하는 경우 상품과 관련하여 기말에 결산정리분개를 할 필요는 다음과 같다.

첫째, 상품계정 금액이 기말상품재고액을 나타내지 못하고 기초상품재고액을 나타내고 있다.

둘째, 상품매매 기업이라면 마땅히 상품의 매출원가라는 비용항목이 포괄손익계산서에 기재되어야 하지만 장부에는 상품계정, 매입계정, 매출계정만 있을 뿐 이 중 어느 것을 보아도 매출원가를 즉시 알 수 있게 해주는 계정은 없다.

실지재고조사법 사용시 상품의 결산정리분개가 필요한 이유는?
기말 재무상태표에 기말상품재고액을 기록하여야 하고, 또한 포괄손익계산서에 당기의 매출원가를 기록하여야 하기 때문

이제 실지재고조사법에 의한 상품의 결산정리분개를 어떻게 해야 하는지를 파악하기 위하여 다음과 같이 생각해보기로 하자.

첫째, 기초상품재고액이 기록된 상품계정 금액과 당기상품매입액이 기록된 매입계정 금액을 합하면 어떤 금액이 계산될까? 이에 대한 대답은 당기 중에 판매가능했던 상품의 원가, 즉 판매가능원가가 된다.

기초상품재고액+당기상품매입액 = 판매가능원가

둘째, 판매가능원가로부터 기말상품재고액(원가)을 차감하면 어떤 금액이 계산될까? 이에 대한 대답은 당기 중에 실제로 판매된 상품의 원가, 즉 매출원가가 산출된다.

판매가능원가－기말상품재고액 = 매출원가

이상의 두 식을 결합하여 다음과 같이 정리할 수 있다.

[기초상품재고액+당기상품매입액]－기말상품재고액 = 매출원가

회계에서는 모든 덧셈과 뺄셈을 분개를 통하여 수행하기 때문에 위의 셈을 위해서도 분개가 필요하다. 이것이 곧 상품에 관한 결산정리분개이다. 상품의 결산정리분개는 두 개로 구성된다. 하나는 판매가능원가를 계산하기 위하여 기초상품재고액을 상품계정에서 제거하고 대신 매입계정에 가산해주는 분개이다. 이로써 상품계정 금액은 영(0)이 되고, 매입계정 금액은 판매가능원가가 된다. 또 하나는 판매가능원가가 기록된 매입계정에서 기말상품재고액을 차감하여 매출원가를 계산하는 한편, 이 기말상품재고액을 재무상태표 자산으로 기재하기 위하여 (이월)상품계정 차변에 기록하는 분개이다. (주)현대오토의 매입계정에서 매출원가를 산출하기 위

한 결산정리분개를 나타내면 다음과 같다.[1)]

[결산정리사항]

7월 31일에 실지재고조사법에 의한 기말상품재고액은 ₩500,000이다. 한편, 기초상품재고액은 ₩300,000이다.

[결산정리분개]

① 기초상품 : (차) 매 입 300,000 (대) 상 품 300,000
② 기말상품 : (차) 상 품 500,000 (대) 매 입 500,000

결산정리분개를 전기하면 상품계정과 매입계정은 [표 6-3]과 같다(빨간색 글씨가 결산정리분개를 전기한 것임).

이 전기 결과를 보자. 상품계정 잔액은 먼저 ₩0이 되었다가 후에 ₩500,000으로 바뀌어 기말상품재고액을 나타내며, 이제 재무상태표에 옮겨 적어도 되는 올바른 금액으로 정리되었다. 한편, 매입계정의 차변 잔액 ₩800,000은 포괄손익계산서에 기록할 매출원가가 된다.

[표 6-3] 결산정리분개 전기 결과

(단위 : 천원)

상 품

차변	금액	대변	금액
전기이월	300	**① 7/31 매 입**	**300**
② 7/31 매 입	**500**		(기초상품)
	(기말상품)		

매 입

차변	금액	대변	금액
당기매입액	1,000	**② 7/31 상 품**	**500**
① 7/31 상 품	**300**		(기말상품)
	(기초상품)		

■ 실지재고조사법의 매출원가는 결산정리분개와 전기를 한 다음 '매입계정잔액'에서 구한다.

1) 이 방법 외에도 본 장의 [부록 A]에서는 '매출원가계정'을 사용하는 결산정리분개를 설명한다.

3.2 정산표와 재무제표 작성

상품매매업의 정산표 작성원리도 서비스업의 경우와 동일하며, 다만 상품관련 계정이 포함된다는 점만 다르다. 매출원가를 표시한 포괄손익계산서를 작성하는 경우 (주)현대오토의 정산표는 [표 6-4]와 같다.

상품매매업의 정산표와 관련하여 특히 유의해야 할 계정은 상품계정과 매입계정이다. 상품계정을 살펴보면 잔액시산표상에는 기초금액이 기록되지만, 재무상태표에는 기말금액으로 기록됨을 알 수 있다. 매입계정을 살펴보면 잔액시산표상에는 당기상품매입액이 기록되지만, 포괄손익계산서에는 매출원가가 기록됨을 확인하기 바란다.

[표 6-4] 정산표

(단위 : 천원)

계정과목	잔액시산표		결산정리분개		포괄손익계산서		재무상태표	
	차변	대변	차변	대변	차변	대변	차변	대변
현금	700						700	
매출채권	2,300						2,300	
상품	**300**		**500**	**300**			**500**	
매입채무		1,300						1,300
자본금		800						800
이익잉여금		200						200
매출		2,000				2,000		
매입	1,000		300	500	800			
합계	4,300	4,300	800	800				
당기순이익					**1,200**			**1,200**
합계					2,000	2,000	3,500	3,500

정산표가 정확히 작성되고 나면 정산표에 기록된 것을 이용하여 포괄손익계산서와 재무상태표를 작성한다. 상품매매업의 손익계산서는 [표 6-6]에서 보는 것처럼 매출액 외에 매출원가와 매출총이익이 기재된다는 점이 서비스업과 다르지만 그 밖에 비용 및 기타수익 항목은 서비스업에서와 동일하게 기재된다.

[표 6-5] 재무상태표

(주)현대오토 (7. 31, 단위 : 천원)

자 산		부 채	
1. 현 금	₩700	1. 매 입 채 무	₩1,300
2. 매 출 채 권	2,300	**자 본**	
3. 상 품	500	1. 자 본 금	800
		2. 이익잉여금	1,400
합 계	**₩3,500**	**합 계**	**₩3,500**

[표 6-6] 포괄손익계산서

(주)현대오토 (7. 1~7. 31, 단위 : 천원)

1. 매 출 액		₩2,000
2. 매 출 원 가		
1) 기초상품재고액	₩300	
2) 당기상품매입액	1,000	
3) 기말상품재고액	(500)	(800)
3. 매출총이익		₩1,200

* 위 포괄손익계산서는 실지재고조사법을 감안한 포괄손익계산서이다. 왜냐하면 매출원가 산정이 '기초상품재고액+당기상품매입액－기말상품재고액'의 형태로 3줄에 걸친 계산결과를 담고 있기 때문이다. 계속기록법에 의해 재고자산을 평가하고 매출원가를 산정하는 기업의 경우에는 계속기록법의 결과인 매출원가 ₩800,000을 한 줄로 기록한다.

윤리이슈 회계의 빛과 그림자

매출 관련 계정을 이용한 이익 조작

매출할인및에누리 계정은 대표적인 수익차감계정으로 순매출액을 줄이는 계정이다. 따라서 본 계정이 잘못 처리되면 이익수치가 왜곡된다. 남미 프에리토리코(Puerito Rico)의 펩시 본사는 가격인하를 통해 시장점유율 제고를 추구하는 코카콜라에 대응하기 위해 매출할인 및 에누리를 대폭 늘려 판촉에 활용한 후 이를 재무제표에 생략하여 이익을 1분기에 330만달러, 2분기에 520만달러씩 과대계상하여 미국 증권감독위원회로부터 경고 및 시정조치를 받았다.

실제로 회계부정은 재무책임자와 부하직원에 의해 이루어졌는데 앞선 박스(제3장의 대규모 회계스캔들 참조)에서 지적한 것처럼 상사가 지시한 부당한 회계처리를 회계담당자들이 거절하기가 쉽지 않은 것이 일반적이다. 남미 프에리토리코 펩시 본사 직원들도 같은 상황에 처했는데 부당한 상사의 지시를 거부하지 않고 회계조작에 가담한 죄로 결국은 유죄판결을 받고 말았다.

제4절 상품매매업의 기타 회계처리

4.1 상품매매에 따른 운임

판매자와 구매자는 상품매매계약을 체결할 때 누가 상품의 운송을 책임질 것인가와 누가 운송비를 부담할 것인가를 결정한다.

(1) 선적지인도조건(F.O.B. : free on board)

선적지인도조건에서는 상품을 선적하는 시점에 상품이 판매자로부터 구매자에게 인도완료되었다고 간주한다. 따라서 구매자가 운임을 부담하고 그 운임은 매입계정의 차변에 기록하거나 매입운임계정에 별도로 기록하되 포괄손익계산서에는 매입액에 가산하는 형식으로 보고한다.

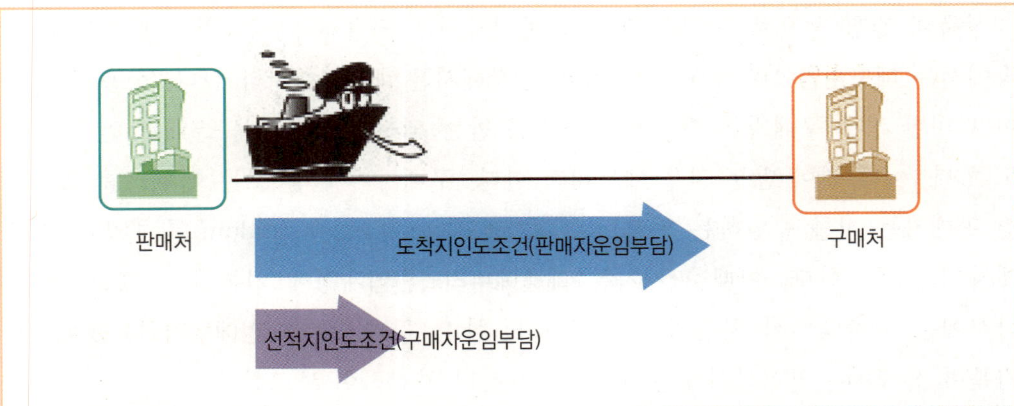

(2) 도착지인도조건(F.O.B. destination)

도착지인도조건에서는 상품이 구매처에 도착하는 시점에 상품이 판매자로부터 구매자에게 인도완료되었다고 간주한다. 따라서 판매자가 운임을 부담하며 이는 판매자의 운반비계정에 기록하고, 포괄손익계산서에는 판매비와관리비로 보고한다.

예제 6-2 **판매조건과 운송비의 회계처리**

(주)아이나비가 (주)현대오토에 내비게이션 10대를 1대당 ₩70,000에 외상으로 판매하면서 운송비 ₩50,000이 발생하였다.

- 선적지인도조건의 구매회사(현대오토) 회계처리 : 구매회사가 운송비를 부담
  (차) 매입운임(또는 매입) 50,000 (대) 현 금 50,000
  * 선적지인도조건의 판매회사 회계처리 : 운송비에 대한 별도의 회계처리 없음.

- 도착지인도조건의 판매회사(아이나비) 회계처리 : 판매회사가 운송비를 부담
  (차) 판매비(운송비) 50,000 (대) 현 금 50,000
  * 도착지인도조건의 구매회사 회계처리 : 운송비에 대한 별도의 회계처리 없음.

4.2 매출환입(매입환출)과 매출에누리(매입에누리)

상품의 결함 등으로 구입한 상품을 판매자에게 되돌려보내는 것을 판매자의 입장에서는 **매출환입**이라 하고, 구매자의 입장에서는 **매입환출**이라 한다. 상품의 결함이 경미한 경우 구매자는 적당한 에누리를 받는 조건으로 상품을 그대로 인수할 수도 있다. 이때 깎아 받는 것을 에누리라 한다. 구매자가 반품 또는 에누리를 요청하면 판매자는 이를 승인하는 형식으로 **대기메모**(credit memorandum)를 발행하여 구매자에게 통보한다. 이때 판매자는 **매출에누리와환입**계정에 기록하고, 포괄손익계산서에는 매출액에서 차감하여 보고한다. 한편, 구매자는 **매입에누리와환출**계정에 기록하고, 포괄손익계산서에는 매입액으로부터 차감하여 보고한다.

☑ 반품이 생겼을 때 왜 이렇게 복잡하게 할까요?

반품이 발생했을 때 직접 매입계정이나 매출계정에서 차감할 수도 있다. 그러나 매출에누리와환입, 매입에누리와환출계정을 별도로 이용하여 기록하면 총매출액(총매입액)에 대한 반품된 상품이나 에누리 발생액의 상대적인 규모를 파악하여 관리할 수 있다는 장점이 있다.

일반적으로 할인과 에누리는 같은 의미로 사용하고 있지만, 회계에서는 에누리와 할인의 의미를 구분해서 사용한다. 할인은 외상대금을 신용기간보다 짧은 할인기간 내에 현금으로 일찍 상환하는 경우에 해당된다.

예제 6-3 환입 · 환출 · 에누리

(주)아이나비가 (주)현대오토에 내비게이션 10대를 1대당 ₩70,000에 외상으로 판매하였는데, 그 중에서 2개가 불량품인 것으로 밝혀져서 (주)현대오토는 이를 (주)아이나비에게 반품하고 대기메모를 받았다면 구매자와 판매자의 회계처리는 다음과 같다.

• 매입환출 : 구매자(현대오토)의 회계처리

(차) 매입채무	140,000	(대) 매입에누리와환출*	140,000

* 매입액에서 차감.

• 매출환입 : 판매자(아이나비)의 회계처리

(차) 매출에누리와환입*	140,000	(대) 매출채권	140,000

* 매출액에서 차감.

4.3 현금할인

상품이 외상으로 거래되면 일반적으로 신용기간(credit period) 내에 현금결제가 이루어진다. 판매자는 대금회수의 촉진을 위해 신용기간보다 짧은 할인기간(discount period)을 제시하고, 구매자가 이 기간 내에 대금을 지급하면 송장가격에서 일정액을 공제해주는데, 그 할인액을 현금할인(cash discount)이라고 한다. 예를 들어「2/10, n/30」같은 신용조건은 고객이 총 30일의 신용기간 중 10일 이내에 대금을 지급하면 2%의 할인을 받을 수 있다는 것을 의미한다.

(1) 매입할인

매입채무를 할인기간 내에 현금으로 지급하고 받게 되는 유리한 현금할인이며, 매입액의 차감항목으로 계상한다.

(2) 매출할인

매출채권을 할인기간 내에 현금으로 회수하기 위하여 현금할인을 해주는 경우 이를 매출할인으로 기록하고, 매출액의 차감항목으로 계상한다.

예제 6-4 현금할인

(주)아이나비의 매출채권계정과 (주)현대오토의 매입채무계정에는 ₩560,000의 잔액이 남아 있으며, 대금지급조건이 「2/10, n/30」이었다고 가정하자.

- 정상적으로 30일 이내에 대금을 지급했을 경우의 회계처리

[판매회사 : 아이나비]	(차) 현　　금	560,000	(대) 매출채권	560,000
[구매회사 : 현대오토]	(차) 매입채무	560,000	(대) 현　　금	560,000

- 현금할인이 적용되는 10일 이내에 대금을 지급했을 경우의 회계처리

[판매회사 : 아이나비]	(차) 현　　금	548,800	(대) 매출채권	560,000
	매출할인	11,200*		
[구매회사 : 현대오토]	(차) 매입채무	560,000	(대) 현　　금	548,800
			매입할인	11,200*

* ₩560,000×0.02=11,200, 매입할인과 매출할인은 별도의 수익이나 비용항목이 아니며 매출액과 매입액에서 차감하여 순매출액과 순매입액을 구하기 위한 차감항목이다.

제5절 기말상품재고액의 결정

기말상품재고액은 다음과 같이 계산되기 때문에 기말재고수량 파악방법과 단가결정방법의 둘로 나누어 살펴보아야 한다.

기말상품재고액 = 기말재고수량 × 단가

이 중 기말재고수량 파악방법인 계속기록법과 실지재고조사법에 대하여는 제1절에서 살펴보았으므로 여기서는 단가결정 문제를 설명한다.

5.1 기말재고상품의 단가결정

기말 현재의 재고상품이 모두 동일한 가격으로 구입된 것이라면 기말재고상품의 단가결정이라는 어려운 문제는 발생하지 않는다. 기말재고상품의 단가결정이라는 회계적 문제가 발생하는 이유는 기업이 서로 다른 시점에서 서로 다른 가격으로 상품을 구입하기 때문이다.

그림 6-3 ▮ 선입선출법과 후입선출법에 의한 재고흐름

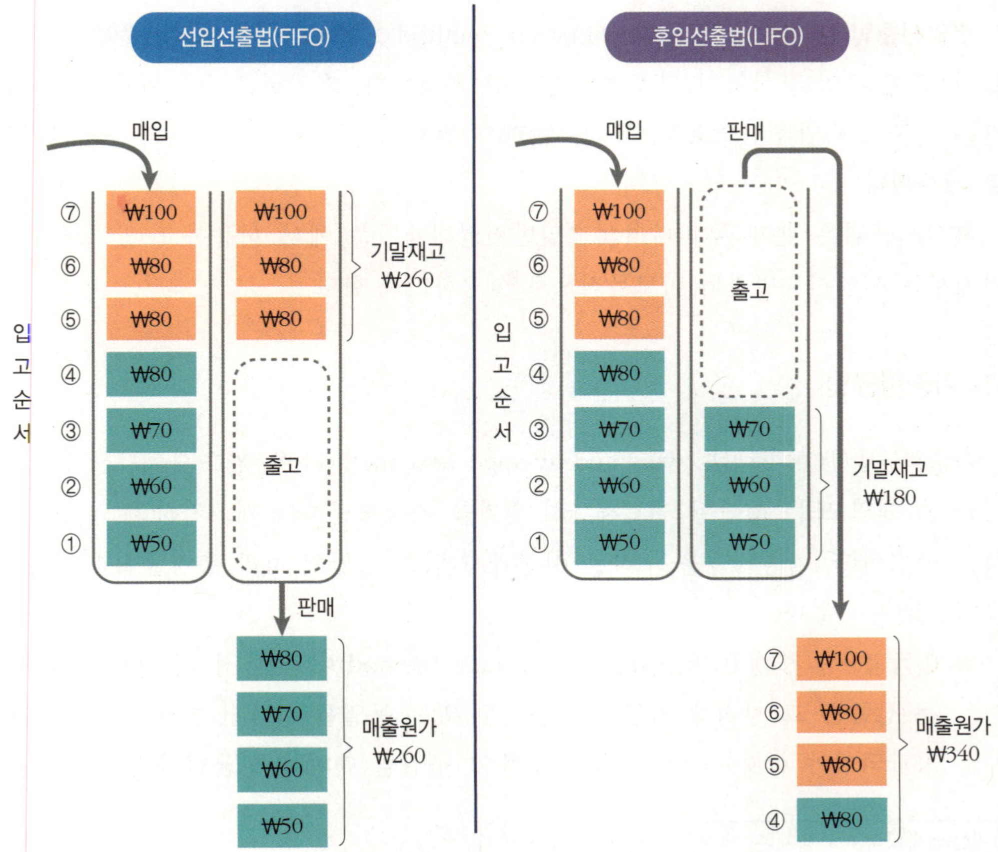

이런 이유로 기말재고는 서로 다른 가격으로 구입된 상품들이 혼재할 수밖에 없다. 이때 과연 얼마짜리 상품이 기말에 남아 있는 것인가 하는 문제를 해결해야 한다. 회계에서는 이 문제를 해결하기 위하여 원가흐름의 가정(assumption)을 도입하는데, 대표적인 것으로는 선입선출법, 후입선출법, 가중평균법 등이 있다.

(1) 선입선출법

선입선출법(先入先出法, first-in, first-out method : FIFO)이란 먼저 구입된 상품이 먼저 매출된다고 가정한다. 선입선출법에 의하면 매출원가는 과거 시점의 구입가격으로 계산되는 반면, 기말재고상품은 최근의 구입가격으로 계산된다.

(2) 후입선출법

후입선출법(後入先出法, last-in, first-out method : LIFO)이란 선입선출법과 반대로, 나중에 구입된 상품이 먼저 매출된다고 가정한다. 후입선출법에 의하면 매출원가는 최근의 구입가격으로 계산되는 반면, 기말재고상품은 과거 시점의 구입가격으로 계산된다.

후입선출법은 현재 우리나라의 「일반기업회계기준」에서 허용하고 있으므로 여기에서는 선입선출법과의 비교목적으로 설명하기로 한다.[2)]

(3) 가중평균법

가중평균법(加重平均法, weighted average cost method)은 기초재고자산과 회계기간 중 매입 또는 생산된 재고자산의 원가를 가중평균하여 재고자산의 단가를 구하는 방법이다. 가중평균을 구하는 시점과 기업의 상황에 따라 총평균법과 이동평균법으로 구분된다.

- 이동평균법(移動平均法, moving average method)이란 특정 시점에서 판매되는 상품은 그 시점에 기업이 보유하고 있는 동일한 상품인 한 동일한 원가로 평가되어야 한다는 가정하에서 상품이 구입될 때마다 평균단가를 다시 계산

2) 「한국채택국제회계기준」에서는 허용하고 있지 않다.

하는 방법이다. 구체적으로, 이번 매입액과 직전 잔고란 금액을 합하여 그 시점의 매입원가 총액을 구한 다음, 이 금액을 이번 매입량과 직전 잔고량의 합계수량으로 나누어 이동평균단가를 계산한다.

- 총평균법(總平均法, gross average method)이란 일정기간에 판매되는 상품은 동일한 원가로 평가되어야 한다는 가정에 근거한다. 따라서 총평균법에서는 기말에 기초상품재고액과 당기상품매입액을 합한 총판매가능원가를 구한 다음, 이를 그 기간의 판매가능수량 전체로 나누어 총평균단가를 계산한다. 총평균법에 의하면 기중에는 상품의 단가를 전혀 알 수 없다는 문제가 있다.

이상 세 가지 방법 외에 개별법이라는 것도 있다. 개별법은 매입되는 상품마다 낱낱이 구입원가표(cost tag)를 붙여놓음으로써 기말에 개별적으로 구입원가표를 이용하여 기말상품의 단가를 파악하는 방법이다. 이런 점에서 개별법은 앞의 세 가지 방법과 달리 실제의 상품흐름에 따라 매출원가와 기말재고액을 파악한다. 개별법은 상품의 거래수량이 많은 경우에는 거의 사용할 수 없는 방법이지만, 거래수량이 적고 비교적 고가인 시계 · 보석류 등에 적용할 수 있는 방법이다. 개별법을 적용하기 위해서는 고객이 당해 상품의 원가표를 보지 못하도록 바코드를 이용하는 등 기술적 보완책이 필요하다.

이상 살펴본 내용을 예제를 통하여 구체적으로 학습해보자. 먼저 실지재고조사법의 경우를 살펴본 후, 계속기록법에 따라 상품재고장 기록을 통하여 파악하는 경우를 살펴본다.

☑ 기말재고자산과 농업회계기준

농업회계기준이란 일반 기업회계기준을 적용하기 어려운 금융업이나 건설업종이 별도의 회계기준서를 적용하고 있는 것처럼 농업도 특수성을 반영해 회계처리할 수 있도록 지원하기 위해 마련됐다.

농림부가 2006년 마련한 농업회계기준 제정안에 따르면 재화의 생산이나 용역의 제공 등을 목적으로 1년 넘게 사용할 것으로 예상되는 것을 유형자산으로 분류하고 젖소, 씨돼지, 과일나무를 포함시켰다. 이에 비해 달걀 생산을 목적으로 키우는 닭은 개체별 관리가 어렵고 사육기간도 길지 않다는 점을 감안해 재고자산으로 분류했다. 축산물로 자체 소비되는 한우나 돼지, 미수확 상태의 벼, 채소, 과일 등도 판매를 위해 보유하거나 생산과정 중에 있는 재고자산으로 분류됐다. 현재는 한국채택국제회계기준 제1041호 '농림어업'을 준거해야 한다.

예제 6-5 **기말상품재고액 및 매출원가 계산 : 실지재고조사법**

(주)현대오토의 7월중 상품매매거래는 다음과 같다.

		수 량	단 가	금 액	판매량
7/1	기초재고	100개	₩100	₩10,000	
7/2	매 입	900	140	126,000	
7/6	매 출				600개
7/10	매 입	1,000	150	150,000	
7/25	매 출				1,200
7/30	매 입	500	160	80,000	
	합 계	2,500개		₩366,000	1,800개
7/31	기말재고				700개

| 물음 |

기말재고 700개는 창고실사를 통하여 파악한 것이다. 다음 각 방법으로 7월 31일의 기말재고액과 7월 중의 매출원가를 계산하시오.

(1) [실지재고조사법 + 선입선출법]

(2) [실지재고조사법 + 후입선출법]

(3) 총평균법

| 풀이 |

(1) [실지재고조사법 + 선입선출법]

선입선출법에 의하면 기초시점 부근에 매입된 상품은 당기 중에 매출되고, 기말상품은 모두 최근에 매입된 것들로 구성된다고 본다. 따라서 기말재고량 700개는 7월 30일 매입분 500개와 7월 10일 매입분 중 200개로 구성된다고 가정한다.

기말재고액 : ₩80,000 + 200개 × ₩150 = ₩110,000

매 출 원 가 : 실지재고조사법하에서 매출원가는 판매가능원가에서 기말재고액을 차감한 것이므로 ₩366,000 − ₩110,000 = ₩256,000

(2) [실지재고조사법 + 후입선출법]

후입선출법에 의하면 기말시점 부근에 매입된 상품은 당기 중에 매출되고, 기말상품은 모두 기초시점 부근에 매입된 것들로 구성된다고 본다. 따라서 기말재고량 700개는 기초재고 100개와 7월 2일 매입분 중 600개로 구성된다고 가정한다.

기말재고액 : ₩10,000 + 600개 × ₩140 = ₩94,000

매 출 원 가 : ₩366,000 − ₩94,000 = ₩272,000

(3) 총평균법

$$총평균단가 = \frac{판매가능원가}{판매가능수량} = \frac{₩366,000}{2,500개} = ₩146.4/개$$

기말재고액 : ₩146.4×700개 =₩102,480

매 출 원 가 : ₩146.4×1,800개=₩263,520

예제 6-6 기말상품재고액 및 매출원가 계산 : 계속기록법

[예제 6-5]의 자료를 이용하여 계속기록법에 따라 아래 각 방법으로 상품재고장을 작성하고 7월 31일의 기말재고액과 7월의 매출원가가 어떻게 산출되는지 확인해보시오.

(1) [계속기록법+선입선출법]

(2) 이동평균법

풀이

(1) 상품재고장(계속기록법+선입선출법)

20×1		적 요	입고 수량	입고 단가	입고 금액	출고 수량	출고 단가	출고 금액	잔고 수량	잔고 단가	잔고 금액
7	1	기초재고	100	100	10,000				100	100	10,000
	2	매 입	900	140	126,000				100	100	10,000
									900	140	126,000
	6	매 출				100	100	10,000			
						500	140	70,000	400	140	56,000
	10	매 입	1,000	150	150,000				400	140	56,000
									1,000	150	150,000
	25	매 출				400	140	56,000			
						800	150	120,000	200	150	30,000
	30	매 입	500	160	80,000				200	150	30,000
									500	160	80,000
		합 계	2,500		366,000	1,800		256,000			

* 매출원가(출고란 합계) : ₩256,000
* 기말재고액(7월 30일의 잔고란 합계) : ₩30,000+₩80,000=₩110,000
* 선입선출법의 경우에는 실지재고조사법이든 계속기록법이든 기말재고액과 매출원가는 동일하게 계산된다.

(2) 상품재고장(이동평균법)

20×1		적 요	입 고			출 고			잔 고		
			수량	단가	금 액	수량	단가	금 액	수량	단가	금 액
7	1	기초재고	100	100	10,000				100	100	10,000
	2	매 입	900	140	126,000				1,000	136*	136,000
	6	매 출				600	136	81,600	400	136	54,400
	10	매 입	1,000	150	150,000				1,400	146	204,400
	25	매 출				1,200	146	175,200	200	146	29,200
	30	매 입	500	160	80,000				700	156	109,200
		합 계	2,500		366,000	1,800		256,800			

* 7월 2일의 단가=₩136,000÷1,000개=₩136
* 매출원가(출고란 합계) : ₩256,800, 기말재고액(7월 30일의 잔고란 금액) : ₩109,200

5.2 선입선출법과 후입선출법 중의 선택

위의 예제를 통해 산출된 선입선출법과 후입선출법의 매출원가를 비교해보자.

	매 출 원 가		
	선입선출법		후입선출법
[예제 6-5] 실지재고조사법	₩256,000	<	₩272,000

예제의 자료는 전형적인 물가상승기를 가정한 것이며, 이러한 물가상승기에는 선입선출법의 매출원가가 후입선출법의 매출원가보다 작게 계산된다. 매출원가는 비용항목이기 때문에 매출원가가 작게 계산된다는 것은 당기순이익이 크게 계산된다는 것을 의미한다.

〈선입선출법과 후입선출법의 비교〉
물가상승기에 선입선출법을 사용하면 매출원가가 작게 계산되며, 결국 당기순이익이 크게 계산된다.

이는 또한 같은 수량을 판매했어도 어떤 재고자산 평가방법을 사용하였느냐에 따라 당기순이익의 크기가 달리 계산된다는 것을 말해주기 때문에 여러분이 회계를 학습함으로써 회계수치의 이면에 있는 기업의 경제적 실질을 올바르게 이해할 수 있도록 해준다.

☑ 만일 당신이 경영자라면?

물가상승기에 당기순이익이 크게 계산되는 선입선출법을 택하겠는가, 아니면 그보다 작게 계산되는 가중평균법이나 후입선출법을 택하겠는가?

기업에는 월급받는 CEO가 경영하는 기업도 있고, 대주주가 직접 경영하는 기업도 있다. 월급받는 CEO로서 전문경영자는 주주총회에서 재임명을 받기 위하여 당기순이익이 크게 계산되는 선입선출법을 선호하는 경향이 있고, 주주인 소유경영자는 어차피 자기 회사이므로 법인세 및 배당금의 지출을 줄이기 위하여 당기순이익이 작게 계산되는 후입선출법을 선호하는 경향이 있다는 연구결과가 있다.

윤리이슈

재고자산의 과대계상을 통한 이익조작

〈사례 1〉

재고자산 평가의 핵심은 실제 존재 여부와 가치평가이다. 참고로 재고자산 관련 홍콩의 최대 회계분식 사건의 장본인인 Trend and Intelligence(T&I)사는 2002년 재무제표 분식을 통해 9,600만 홍콩 달러의 이익을 부풀렸다.

* * * *

T&I가 이익조작을 할 때 사용한 방법은 크게 3가지이다. 첫째, 허위구매주문서와 입고확인서 등 재고관련 기록의 위조, 둘째 고객의 주문서 및 인수확인서, 송장 및 기타 매출기록 위조, 셋째 은행계정명세서 및 은행관련 기록 등을 위조하여 현금잔액을 과대계상하는 수법이다. 결과적으로 T&I는 매출액의 40%에 해당하는 분식을 포함한 재무제표를 외부감사인인 Ernst & Young에게 제출하였던 것이다.

〈저자코멘트〉 위 사례를 보면 회계분식을 위해서는 엄청난 관련 자료의 위조 및 회계처리를 조작해야 함을 알 수 있다. 따라서 이러한 부정을 사전에 예방하기 위한 내부통제시스템을 설계하여 운용하거나 적발할 수 있는 역량을 갖추고 있어야 한다.

〈사례 2〉

수출이 장려되던 시기에 무리하게 천만달러 수출기념 훈장을 노린 대봉산업은 고객의 주문이 없었음에도 불구하고 무려 150만달러에 달하는 텐트를 중동지사에 밀어내기식으로 수출한 후 정부로부터 포상을 받았다. 정작 텐트를 넘겨받은 해외지사는 보관료를 아끼려고 뜨거운 모래밭에 적당히 바닥을 깔고 보관했고 텐트제품은 열에 의해 손상되어 더 이상 제구실을 못하게 되었다.

〈저자코멘트〉 해외지사에 물건을 옮기기만 해도 수출실적으로 인정했던 정부 수출실적 집계방식도 문제였지만, 연말 시점에 쓰지 못할 텐트제품을 재고자산으로 계상한 업체나 이를 확인하지 못한 감사인도 책임이 있다. 그후 2년만에 대봉산업은 도산했다.

부록 A 매출원가 산정의 또 다른 방법

본 장의 제3절에서는 매입계정에서 매출원가를 산출하는 방식을 살펴보았다. 여기에서는 매출원가계정을 별도로 설정한 상태에서 매출원가를 산정하는 방식을 (주)현대오토의 상품계정, 매입계정을 통해 학습해보기로 하자.

상 품	
300,000	

매 입	
1,000,000	

한편, 기말상품재고액은 ₩500,000이다. 이들 자료를 토대로 매출원가계정을 이용한 결산정리분개를 살펴보면 아래와 같다.

매출원가계정을 이용한 결산정리분개

① 기초재고액을 매출원가계정 차변으로 옮기면서 상품계정 잔액을 ₩0으로 만든다.

(차) 매출원가	300,000	(대) 상 품	300,000

② 매입계정을 매출원가계정 차변으로 옮긴다.

(차) 매출원가	1,000,000	(대) 매 입	1,000,000

③ 기말재고액을 매출원가계정 대변으로 옮기면서 상품계정 잔액을 기말재고액으로 만든다.

(차) 상 품	500,000	(대) 매출원가	500,000

이상을 전기하면 다음과 같다(붉은색 글씨가 결산정리분개를 전기한 것임).

[표 A-1] 결산정리분개 전기 결과

(단위 : 천원)

상품			
전기이월	300	① 매출원가	**300**
③ 매출원가	**500**		

매입			
	1,000	② 매출원가	**1,000**

매출원가			
① 상　품	**300**	③ 상　품	**500**
② 매　입	**1,000**		

위의 결산정리결과를 살펴보자. 상품계정의 잔액은 기말상품재고액 ₩500,000으로 기록되며, 매입계정은 ₩0으로, 매출원가계정은 다음과 같이 ₩800,000임을 확인할 수 있다.

매출원가 = 기초상품재고액 + 당기상품매입액 − 기말상품재고액

₩800,000 = ₩300,000 + ₩1,000,000 − ₩500,000

부록 B 제조업의 회계순환과정과 재무제표

[B-1] 제조업의 재무제표

제5장과 제6장에서 서비스업과 상품매매업의 순환과정과 재무제표를 소개하였다. 상품매매업의 경우 재고등식을 이용한 매출원가 산정이 당기순이익이라는 경영성과 산정을 위한 핵심이었다.

그렇다면 제조업의 재무제표는 유통업의 경우와 과연 다를까? 만약 다르다면 어떠한 차이가 있을까? 이런 궁금증은 매우 자연스러운 것이다. 대부분의 회계원리 교과서에서는 원가회계나 관리회계에서 다룬다는 이유로 이에 대한 설명을 생략한다.

그러나 어차피 모든 조직은 결산을 통해 재무제표를 작성 공시해야 한다. 따라서 이미 유통업의 매출원가 산정과 재무제표를 배운 여러분이 감당가능한 범위 내에서 제조업의 회계순환과정과 재무제표를 소개한다. 제조업의 분개와 전기를 비롯한 기술적 사항은 원가회계에서 배우기 바란다.

제조업의 재무제표, 즉 포괄손익계산서와 재무상태표는 상품매매업의 경우보다 복잡하다. 왜냐하면 상품매매업이나 유통업은 기업 외부에서 상품을 매입한 후 그 상품을 소비자에게 판매하는 반면에, 제조회사(manufacturing company)는 원재료를 가공하여 제품을 제조한 후 그 제품을 외부에 판매하기 때문이다. 따라서 제조업의 매출원가 계산은 유통업의 매출원가 계산에 비해 복잡하지만 외부에서 상품을 매입하는 대신에 자체 공장에서 생산된 제품의 제조원가를 마치 매입한 것처럼 생각하여 매출원가를 산정함은 마찬가지이다.

[표 B-1]을 보면 제조업의 재고자산 종류는 유통업보다 많음을 알 수 있다. 즉, 유통업의 재고자산은 상품뿐이며, 제조업의 재고자산은 원재료, 재공품, 제품 등으로 구성되어 있을 뿐 그 이외의 다른 차이는 없다. 참고로 서비스업, 유통업, 제조업 간의 재고자산의 종류는 [그림 B-1]에 제시되어 있다. 서비스업의 경우 소모품만이 유일한 재고자산에 해당한다.

현장탐구

[표 B-1] 현대자동차의 재고자산 내역

(단위 : 억원)

구 분	2018년말	2017년말
제 품	1조 5,656	9,613
상 품	–	–
반 제 품	3,176	4,755
재 공 품	3,146	3,021
원 재 료	4,670	4,552
저 장 품	1,921	1,818
미 착 품	65	121
계	2조 8,636억원	2조 3,883억원

그림 B-1 ▮ 상이한 유형별 재고원가 : 재고자산 명칭과 흐름

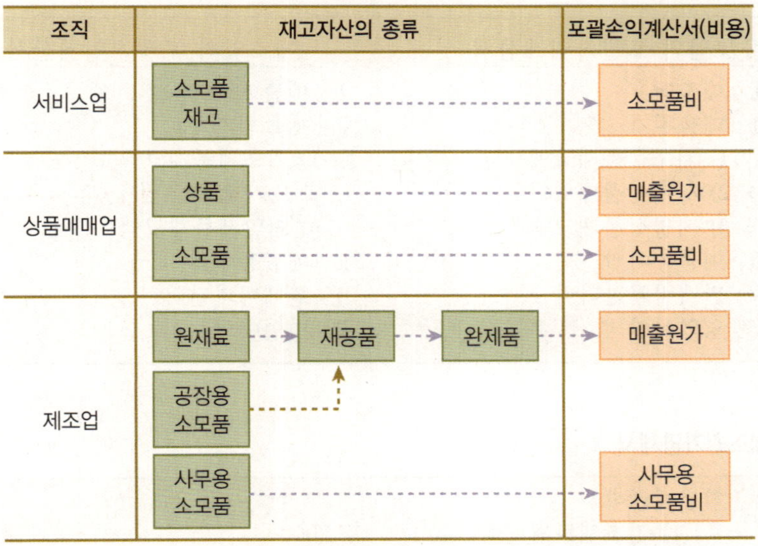

한편, 포괄손익계산서를 비교하면 상품매매업과 제조업의 포괄손익계산서상의 차이점은 매출원가에 있다. 매출원가를 구하는 과정을 비교하면 상품이 제품으로 매입액이 제조원가로 바뀌었음을 알 수 있다(빨간색 글씨부분 참조). 제조업의 당기제품제조원가는 포괄손익계산서상에 총액으로 표시하며, 이에 대한 자세한 구성 내역은 제조원가명세서라는 별도의 보고서에 보고한다([표 B-3] 참조).

제조업에 필수적인 제조원가명세서는 당기제품제조원가를 구하는 과정을 자세하게 나타내는 보고서이다. 제조원가명세서에 최종적으로 나타나는 당기제품제조원가는 당연히 포괄손익계산서상의 당기제품제조원가와 항상 일치하여야 한다. [표 B-3]과 같은 제조원가명세서는 제조업의 원가흐름 가운데 당기제품제조원가를 보고서 형식으로 나타낸 것이다.

[표 B-2] 유통업과 제조업의 포괄손익계산서

(단위 : 천원)

유통업의 포괄손익계산서	제조업의 포괄손익계산서
Ⅰ. 매출액	Ⅰ. 매출액
Ⅱ. 매출원가	Ⅱ. 매출원가
1) 기초상품재고액	1) 기초제품재고액
+ 2) 당기상품매입액	+ 2) 당기제품제조원가 ←
− 3) 기말상품재고액	− 3) 기말제품재고액
Ⅲ. 매출총이익	Ⅲ. 매출총이익
Ⅳ. 판매비와관리비	Ⅳ. 판매비와관리비
Ⅴ. 영업이익	Ⅴ. 영업이익

[표 B-3] 제조원가명세서

Ⅰ. 직접재료비		
1) 기초재료재고액	₩2,000	
2) 당기재료매입액	13,000	
3) 기말재료재고액	△4,000	₩11,000
Ⅱ. 직접노무비		9,000
Ⅲ. 제조간접비		
1) 간접재료비	₩1,000	
2) 간접노무비	2,000	
3) 기계수선유지비	3,000	
4) 공장감가상각비	4,000	
5) 공장수도광열비 등	500	10,500
Ⅳ. 당기신규투입원가(Ⅰ+Ⅱ+Ⅲ)		₩30,500
Ⅴ. 기초재공품원가		12,000
Ⅵ. 기말재공품원가		△8,000
Ⅶ. 당기제품제조원가(Ⅳ+Ⅴ−Ⅵ)		₩34,500

[B-2] 제조업의 원가흐름

제조원가는 제품이라는 자산에 내재화되었다가 제품이 판매될 때 비로소 매출원가라는 비용으로 대체된다. 제조원가에는 직접재료비, 직접노무비, 제조간접비가 포함되며 이들을 제조원가의 3대 요소라 한다.

한편, 본사나 영업부서의 판매활동에서 발생한 비용(판매비)과 관리활동에서 발생한 비용(관리비) 등은 포괄손익계산서에 판매비와관리비로 반영된다.

원재료를 제조공정에 투입한 이후에도 제품이 완성되기까지는 수많은 제조공정을 거쳐야 한다. 제조공정 중에 있는 모든 재고자산을 재공품(在工品, work-in-process)이라 한다. 어떤 재공품은 제조공정의 극히 일부분만을 거친 것도 있으며, 어떤 재공품은 제조공정을 거의 마친 것도 있을 것이다. 제조공정에 '머물러 있다(즉, in-process)'는 말은 아직 미완성인 상태를 뜻하며, 제조공정을 얼마만큼 거치든 상관없이 미완성된 재고자산을 모두 재공품이라 한다.

재공품이 제조공정을 전부 거치게 되면 완성품으로 바뀌게 된다. 완성된 재고자산을 제품(finished goods) 또는 완제품이라 한다. 완성된 제품이 판매되면 판매된 제품의 원가는 비로소 매출원가가 된다.

이상의 원가흐름을 그림으로 나타내면 [그림 B-2]와 같다.

그림 B-2 ▮ 원가흐름 : 제조원가의 3요소 및 재고관련 계정

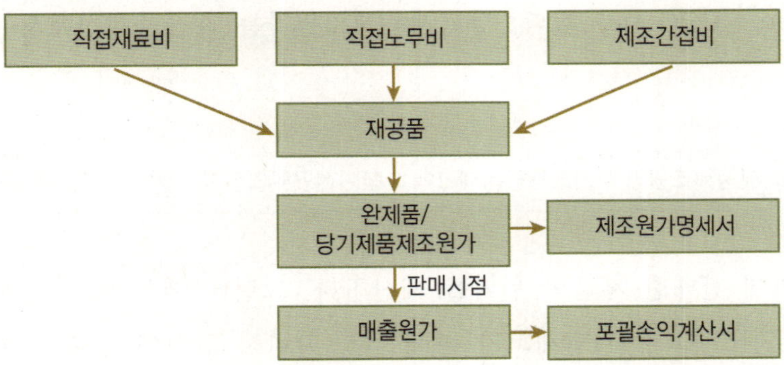

앞의 [표 B-3]과 [그림 B-2]를 참고로 제조업의 매출원가 산정 절차를 설명하면 다음과 같다. 핵심은 재고등식을 3번 이용하여 매출원가를 구한다는 것이다.

첫째, 제조공정에 투입된 당기의 제조원가를 계산하는 것이다. 이를 위하여 직접재료비, 직접노무비, 제조간접비를 집계 계산해야 한다. 직접재료비는 당기에 제조공정에 투입한 재료의 원가이다. 그런데 재료는 재고자산이므로 상품처럼 기초재고나 기말재고가 존재한다. 당기에 제조공정에 투입한 직접재료비는 기초재료재고액과 당기재료매입액을 가산한 금액에서 기말재료재고액을 차감하여 구한다.

직접재료비 = 기초재료재고액 + 당기재료매입액 − 기말재료재고액

직접노무비는 당기에 제조공정에 투입한 생산직 근로자의 임금을 말하며, 임금·급료계정에서 구한다. 한편, 제조간접비는 직접재료비와 직접노무비를 제외한 기타 제조원가로서 제조간접비계정에서 구한다. 당기에 투입한 제조원가의 합계액을 당기신규투입원가라 한다.

당기신규투입원가 = 직접재료비 + 직접노무비 + 제조간접비

둘째, 당기에 완성된 제품의 원가를 계산한다. 제조공정에 투입한 직접재료비, 직접노무비, 제조간접비는 모두 재공품계정의 차변에 집계한다. 그런데 재공품은 재고자산이므로 기초재고나 기말재고가 존재한다. 당기에 완성된 제품의 원가는 기초재공품재고액과 당기신규투입원가를 가산한 금액에서 기말재공품재고액을 차감하여 구한다. 당기에 완성된 제품의 원가를 당기제품제조원가(cost of goods manufactured : COGM)라 한다. 당기제품제조원가는 재공품계정에서 제품계정으로 대체된다.

당기제품제조원가 = 기초재공품재고액 + 당기신규투입원가 − 기말재공품재고액

셋째, 당기에 판매한 제품의 원가를 계산한다. 그런데 제품 역시 상품처럼 재고자산이므로 기초재고나 기말재고가 존재한다. 따라서 당기에 판매한 제품의 원가는 매출원가(cost of goods sold : COGS)가 되며 기초제품재고액과 당기제품제조원가를 가산한 금액에서 기말제품재고액을 차감하여 구한다.

매출원가 = 기초제품재고액 + 당기제품제조원가 − 기말제품재고액

연|습|문|제

[1] 아래 괄호에 알맞은 단어나 영어로 된 용어(英 :   )를 기재하시오.

(1) 기말재고량을 파악하는 방법에는 장부에서 기말재고량을 파악하는 (계   )과, 기말에 창고에 가서 실물을 직접 눈으로 확인함으로써 기말재고량을 파악하는 (실   )이 있다. 이들 중 어느 것으로 기말재고량을 파악하는가에 따라 기중의 상품매매에 대한 분개방법이 달라진다.

(2) 기말재고량을 장부에서 파악하는 방법인 (계   )에서는 상품매입을 자산 증가로 보고, 자산계정인 (상)계정에 기록한다. 상품매출시에는 매출액 분개 외에 (매   )를 추가적으로 분개한다. 이에 따라 기말의 상품계정 차변 잔액은 상품의 기말재고액을 나타낸다.

(3) 기말에 창고에 가서 실물을 직접 눈으로 확인함으로써 기말재고량을 파악하는 (실   조사법)에서는 상품의 기초재고액은 자산계정인 상품계정에 기록하되, 그 이후 회계기간 중의 상품매매거래는 상품계정에 기록하지 않는다. 즉, 상품의 매입을 자산 증가로 보지 않고 비용계정의 하나인 (매)계정 차변에 분개한다. 한편 상품매출시에는 매출원가에 대한 분개를 별도로 하지 않는다. 따라서 기말상품과 매출원가를 파악하기 위한 결산정리분개가 필요하다.

(4) 기말재고상품의 단가결정방법 중 (선   英 : f   - in, f   - out method)이란 먼저 구입된 상품이 먼저 매출된다는 가정이다. 이에 의하면, 매출원가는 과거 시점의 구입가격으로 계산되는 반면, 기말재고상품은 최근의 구입가격으로 계산된다.

(5) 기말재고상품의 단가결정방법 중 (후   英 : l   in first - out method)이란 나중에 구입된 상품이 먼저 매출된다는 가정이다. 이에 의하면 매출원가는 최근의 구입가격으로 계산되는 반면, 기말재고상품은 과거 시점의 구입가격으로 계산된다.

(6) 기말재고상품의 단가결정방법 중 (이   )에서는 상품이 구입될 때마다 이동평균단가를 계산한다.

(7) 기말재고상품의 단가결정방법 중 (총   )이란 일정기간에 매출되는 상품은 동일한 원가로 평가되어야 한다는 가정이다. 이 방법에서는 기말에 가서 총평균단가를 계산한다.

(8) (개   )은 매입되는 상품마다 낱낱이 구입원가표를 붙여 놓음으로써 기말에 개별적으로 구입원가표를 이용하여 기말상품의 단가를 파악하는 방법이다. 이 방법은 상품의 거래수량이 많은 경우에는 거의 사용할 수 없다.

(9) 물가상승기에 기말재고상품의 단가결정방법 가운데 (선　　　　)을 사용하면 매출원가가 작게 계산되며, 결국 당기순이익이 크게 계산된다.

[2] 상품의 매매 : 실지재고조사법

아래의 상품매매거래를 실지재고조사법으로 분개하시오.

(1) 상품 ₩100,000을 현금으로 매입하다.
(2) 상품 ₩200,000을 외상으로 매입하다.
(3) 상품을 매출하고 대금 ₩300,000은 현금으로 받다.
(4) 상품을 매출하고 대금 ₩400,000은 외상으로 하다.

[3] 매출원가 계산 및 결산정리분개 (Ⅰ)

기초상품재고액은 ₩100,000, 당기상품매입액은 ₩700,000, 기말상품재고액은 ₩300,000이다. 매출원가를 계산하고, 실지재고조사법에 따른 결산정리분개를 하시오.

[4] 매출원가 계산 및 결산정리분개 (Ⅱ)

상품관련 계정의 기록과 기말에 실지재고조사 결과 밝혀진 상품재고액은 ₩400,000이다.

상 품	
전기이월 300,000	

매 입	
현금 등 1,000,000	

매 출	
	현금 등 900,000

(1) 매출원가를 계산하시오.
(2) 결산정리분개를 한 후 위 계정에 전기하시오.
(3) 매출총이익을 보여주는 부분까지의 포괄손익계산서를 작성하시오.

[5] 상품매매업의 정산표 및 재무제표 작성

다음 정산표상의 잔액시산표와 결산정리사항을 이용하여 (주)블루유통의 정산표를 완성하고 보고식 포괄손익계산서와 계정식 재무상태표를 작성하시오. 단, 금융자산은 기말의 공정가치로 평가하고 평가손익은 당기순이익 계산에 반영한다.

정 산 표

(주)블루유통 (6. 1~6. 30) (단위 : 천원)

계정과목	잔액시산표		결산정리분개		포괄손익계산서		재무상태표	
	차변	대변	차변	대변	차변	대변	차변	대변
현금	400							
금융자산	800							
매출채권	1,000							
상품	500							
건물	3,000							
(감가상각누계액)		600						
매입채무		700						
자본금		500						
이익잉여금		2,800						
매출		3,500						
이자수익		700						
임대료수익		800						
매입	2,500							
급여	400							
보험료	1,000							
합계	9,600	9,600						
합계								
당기순이익								
합계								

〈결산정리사항〉

(1) 기말상품재고액 : ₩800,000

(2) 금융자산 중 ₩100,000 상당액의 주식을 ₩500,000의 현금을 수취하고 처분하다.

(3) 건물 당기분 감가상각비 : ₩400,000

(4) 기말 이자수익이 발생하였으나 현금으로 수취하지 못한 미수액 : ₩500,000

(5) 기말 현재 임대기간이 남아 있는 임대료선수액 : ₩100,000

(6) 당기분 급여로 인식하여야 할 금액 : ₩1,200,000

(7) 당기분 보험료로 반영하여야 할 금액 : ₩300,000

[6] 기말상품재고액 및 매출원가 계산

(주)코스트코는 6월중에 다음과 같은 상품매매거래가 있었다.

		수량	단가	금액	판매량
6/1	기초재고	10개	₩500	₩ 5,000	
6/2	매 입	90	530	47,700	
6/6	매 출				60개
6/10	매 입	100	600	60,000	
6/25	매 출				100
6/30	매 입	100	640	64,000	
	합 계	300개		₩176,700	160개
6/30	기말재고				140

다음 각 방법으로 6월 30일의 기말상품재고액과 6월중의 매출원가를 구하시오.

(1) 계속기록법(선입선출법을 적용)

(2) 총평균법

(3) 이동평균법 : 평균계산 시 소수점 첫째 자리 수치 이용

[7] 재고자산평가방법의 비교

(주)현대오토의 20×1년 12월말 재고기록은 다음과 같다.

	수량	단가	금액
기초재고	1,000개	₩40	₩40,000
구　　입			
3월 31일	600	43	25,800
5월 27일	800	49	39,200
8월 26일	700	50	35,000
10월 19일	1,000	56	56,000
12월 15일	900	60	54,000
합　　계	5,000개		₩250,000
판　　매	(4,500)		
기말재고	500개		

실지재고조사법을 채택하고 있는 (주)현대오토의 20×1년도 매출액은 ₩270,000이었고, 매출원가를 제외한 연간 판매비와관리비는 ₩40,000이었다. 법인세율은 법인세비용차감전순이익의 40%이다.

〈물음〉

(1) 선입선출법, 후입선출법 각각의 방법에 따라 매출원가와 기말재고액을 계산하시오.

(2) 각 방법에 따라 (주)현대오토의 포괄손익계산서를 작성하시오.

(3) (주)현대오토가 당기순이익을 적게 보고하려면 어떤 방법을 사용하여야 하는가?

(4) 당신이 (주)현대오토에 대한 투자를 고려하던 중 최근 후입선출법에서 선입선출법으로 재고자산 평가방법을 변경하였음을 알게 되었다고 가정하자. 이러한 평가방법 변경이 20×1년도 보고이익(당기순이익)에 미치는 효과는 얼마인가? 이러한 변경이 당신의 투자의사결정에 영향을 미치는가? 영향을 미친다면 그 이유는 무엇인가?

[8] 인터넷을 이용한 회계 탐험과 팀프로젝트

롯데백화점의 공식적인 기업명칭은 (주)롯데쇼핑이며, 신세계백화점은 (주)신세계, 현대백화점은 (주)현대백화점이다. 최근 사업연도의 이 세 회사 포괄손익계산서를 토대로 다음 물음에 답하시오.

(1) 총매출액은 얼마인가?

(2) 상품군별 매출 중 가장 많은 비중을 차지하는 상품군은 무엇인가?

(3) 단위매장면적(평)당 또는 1m^{2}당 매출액을 구해보시오.

(4) 세 회사의 매출액 1억원당 당기순이익, 종업원 1인당 당기순이익과 매출액의 수치를 비교한 다음 시사점을 도출해보시오.

(5) 당신이 펀드매니저라고 한다면 위의 세 회사의 주식 가운데 어느 회사의 주식을 투자자에게 추천할 것인지 판단해보시오.

[9] 사례연습 : 상품매매업의 회계순환과정 종합연습

(주)꽃샘유통의 4월 1일 현재 각 원장계정잔액은 다음과 같다.

현　　금	₩2,250,000	소모품	₩760,000
선급비용	200,000	차량운반구	4,200,000
(기초)재고자산*	700,000(₩10,000×70개)	매출채권	480,000
매입채무	650,000	미지급비용	140,000
장기차입금	1,400,000	자본금	5,720,000
이익잉여금	680,000		

* 흔히 (이월)상품계정 명칭을 사용하기도 한다.

(1) 4월중 (주)꽃샘유통의 거래에 대해 분개하고, 상품매매에 대해서는 실지재고조사법하의 선입선출법으로, 매출원가는 매입계정잔액에서 산출될 수 있도록 재고자산에 대한 결산정리분개를 한 다음 재무상태표와 포괄손익계산서를 작성하시오.

10일 : 화나상사에 상품 ₩1,200,000(₩30,000×40개)을 현금으로 판매하다.

11일 : 신세계상사에서 상품 ₩600,000(₩12,000×50개)을 외상으로 구입하다.

12일 : 불나상사에 상품 ₩2,400,000(₩40,000×60개)을 외상으로 판매하다.

17일 : 4월의 판매비와 일반관리비로 ₩465,000이 발생되었으나, 이 중 ₩285,000은 현금으로 지급하고, 나머지 ₩180,000은 다음 달에 지급할 예정이다.

30일 : 편의상 번호로 표기

① 소모품을 영업활동에 사용하고 남은 월말 재고액은 ₩120,000이다.

② 차량운반구의 내용연수는 50개월, 잔존가치는 ₩200,000이며, 1개월분 감가상각비를 계상한다.

③ 장기차입금의 4월분 이자 ₩10,000이 발생하였으나, 이자는 12월 31일 지급한다.

④ 선급비용은 3월 31일 10개월분 보험료를 현금으로 지급하면서 회계처리한 결과이며, 4월분 보험료를 인식하여야 한다.

⑤ 재고자산 계정에 대한 결산정리분개

(2) 4월중 (주)꽃샘유통의 거래와 상품매매에 대해서는 계속기록법하의 선입선출법으로 분개한 다음 재무상태표와 포괄손익계산서를 작성하시오.

[10] 제조업의 매출원가

인형제조를 하고 있는 (주)드림박스의 원가자료가 아래와 같을 때 '당기제품제조원가'와 '매출원가'는 각각 얼마인가?

• 기초재공품	₩10,000	• 당기신규투입원가	₩90,000
• 기말재공품	₩15,000	• 기초제품재고액	₩50,000
• 기말제품재고액	₩40,000		

[11] 사례연습 : 제조업의 회계순환과정 종합연습

파리바게뜨의 원가계산기간은 5/1~5/31이며, 5월 중의 원가계산자료는 다음과 같다.

[자료 1] 5월 1일(기초) 파리바게뜨의 재무상태

현 금	₩3,400,000	기계장치(오븐 및 반죽기계)	₩50,000,000
비품(매장의 냉장고)	3,600,000	기계장치감가상각누계액	(5,000,000)
비품감가상각누계액	(400,000)	자본금	(각자 계산)
원재료 : 밀가루	2,050,000	제품	2,340,000(₩18,000×130개)
기초재공품	1,580,000	소모품(매장의 포장용지)	180,000

[자료 2] 5월 1일부터 5월 31일까지의 원가계산기간 동안의 거래내용

① 원재료인 밀가루 ₩5,000,000(₩50,000×100포대)을 외상으로 매입하다.

② 급료 ₩10,000,000을 현금지급하고 수당 ₩2,000,000이 발생되었으나 다음 달에 지급할 예정이다(급료와 수당은 매장 20%, 공장 80% 배분).

③ 수도광열비 ₩1,500,000을 현금지급(수도광열비는 매장 10%, 공장 90% 배분)하다.

④ 공장 기계장치의 내용연수는 90개월, 잔존가치는 ₩5,000,000, 정액법에 의해 감가상각한다. 한편, 매장 냉장고의 내용연수는 60개월, 잔존가치는 ₩600,000, 정액법에 의해 감가상각한다.

⑤ 매장 소모품 ₩530,000(포장용지 등)을 외상으로 구입(매입채무로 표시)하다.

⑥ 일반관리비 ₩2,000,000이 발생하였으나 월말 현재까지 현금으로 지급하지 못했다(매장 40%, 공장 60% 배분).

⑦ 공장 기계장치(오븐)의 고장으로 수리비 ₩1,070,000을 현금으로 지급하였다.

⑧ 5월중 원재료인 밀가루 120포대를 선입선출의 원가흐름에 의해 재료비로 공장에 투입한 결과 ₩1,500,000의 원재료가 5월말에 재고로 남게 되었다.

⑨ 5월중 완성된 제품수량은 총 1,000개이며, 기말재공품평가액은 ₩850,000이다.

⑩ 5월중 총 1,100개를 선입선출의 원가흐름에 의해 개당 ₩40,000으로 판매하였으며, 이 중 현금매출액은 ₩30,000,000이며 나머지는 외상으로 매출하였다.

⑪ 외상매입대금 중 ₩2,500,000을 현금으로 지급하였다.

⑫ 5월말 소모품(매장의 포장용지) 재고액은 ₩80,000이다.

〈물음〉

(1) 5월의 제조원가명세서를 작성하시오.

(2) 5월의 포괄손익계산서를 작성하시오.

(3) 5월 31일 현재의 재무상태표를 작성하시오.

Tips for Self Study

- 교과서 연습문제 [10] : 중간시험 준비를 위해 이 문제만큼은 꼭!
  [11] : 원가회계에서 배울 제조업의 회계순환과정 맛보기
- Study Guide [객관식문제] : '매출원가'와 '제조원가'의 구분이 편해집니다.
  주관식 [문6] : 상품재고장 실습양식 맘껏 활용해보기

제 7 장

재무보고와 재무회계의 기초이론

제 1 절 | 재무보고의 개관

제 2 절 | 회계원칙과 재무회계의 기초개념

제 3 절 | 재무제표의 기본가정 및 유용한 재무정보의 질적 특성

제 4 절 | 개념체계와 재무회계기준

재무제표는 회계의 종착지이다. 지금까지 재무제표를 산출하기 위해 반드시 거쳐야 하는 회계의 순환과정을 서비스업과 상품매매업의 사례로 구분하여 소개하였다. 분개-전기-시산표-정산표를 거치는 회계의 순환과정은 기술적 측면에 해당한다. 스포츠(야구)에 비유한다면 게임을 치루기 위해 반드시 갖추어야 할 기본기에 해당하는 캐칭, 스로잉, 히팅 등을 배운 셈이다.

제2장에서 재무제표는 정보이용자들에게 제공할 회계정보를 담는 그릇으로 정의한 바 있다. 대표적인 그릇으로 재무상태표와 포괄손익계산서를 소개했다. 제3부는 이러한 그릇에 담을 내용물에 해당되는 각 계정과목에 관한 상세한 설명을 다룬다. 그러나 각 계정과목의 회계처리를 통해 작성되는 재무제표를 이용한 재무보고가 궁극적으로 달성하고자 하는 바가 무엇인가에 대한 이해를 돕는 이론적 소개를 한다. 마지막 절에서는 국제회계기준(IFRS)을 간략히 소개한다.

영국 디자인 컨설팅 회사 탠저린 공동대표로 삼성전자에 스카우트된 이돈태 전무

▶ 名品, 작은 디테일서 승부

"유럽의 디자인이 강하다는 것은 우리도 비슷하게 할 수 있는 90% 때문이 아니라 나머지 10% 때문이다. 승패는 나머지 10%에서 갈린다. 디테일은 몰입을 통해 완성된다. '명품'은 작은 디테일에서 완성도를 높이는 과정에서 만들어진다."

▶ 디자인은 그 자리에서 즉석에서 그려주는 길거리 초상화가 아니다.

"생각이 중요하다. 디자인을 그림 그리기 작업이라고 잘못 알고 있는 사람들이 많다. 영국 디자이너들에겐 소비자들의 욕구(needs)를 분석하고 정의내리는 게 우선이었다. 어떤 발상을 하고, 어떻게 그 생각을 전개시키는가가 중요하지 드로잉은 도구에 불과하다."

▶ 디자이너는 소비자의 요구도 알아야 하지만 경영자도 설득해야 한다.

"디자인에서 가장 나쁜 것이 다수결로 결정하는 것이다. '커피이론'이란 게 있다. 디자이너는 뜨거운 커피가 시장에 먹힌다고 생각해 뜨거운 커피를 개발했다. 하지만 일부 다른 사람은 차가운 커피를 사람들이 더 좋아한다고 주장했다. 결국 양쪽 고객을 다 만족시키기 위해 미지근한 커피를 만들었는데, 실제 시장에서는 모두에게 외면받았다."

▶ 경영은 수치를 요구하고, 디자인은 비전을 제시한다.

"디자인은 제품의 겉모양을 꾸미는 데 그치지 않는다. 디자이너는 소비자들이 미처 깨닫지 못한 욕구를 읽어내고 시장의 흐름을 상품에 반영한다. 그게 기업의 수익으로 연결된다."

▶ 디자인은 과학인가, 예술인가?

"소비자의 욕구와 시장을 예측하기 위해 빅데이터 등을 동원하는 측면에선 과학이기도 하고, 소비자들도 명확하게 설명하지 못하는 열망을 디자이너의 '촉(느낌)'으로 상상하는 예술이기도 하다. 데이터에 근거한 예측보다 미래를 자유롭게 그려 보는 상상력이 더 중요할 수 있다. '기업은 예측하지 못해서 망하는 것이 아니라 상상하지 못해 망한다'는 말도 있다."

조선일보 Why(2015년 1월 31일)의 "디자인 賢者가 된 강원도 촌놈"
[최홍렬 기자의 진심] 기사 중에서 발췌인용

제1절 재무보고의 개관

경영에는 기술적인 지식과 인간적인 통찰력 모두 필요하다.

– Joan Magretta, 『경영이란 무엇인가』의 저자

1.1 재무보고의 정의 및 목적

제2장에서 재무보고(financial reporting)란 "기업에 관한 정보를 조직 외부의 의사결정자들에게 제공하는 것"으로 정의한 바 있다. 재무보고는 기업의 현재 시점의 재무적 건강 상태 및 미래의 전망을 개괄적으로 보여준다. 따라서 기업을 둘러싼 의사결정자들은 재무보고를 토대로 올바른 결정을 내릴 수 있어서 사회적 자원의 최적 배분 실현이 가능하다.

이상의 재무보고의 목적을 한마디로 요약하면 '의사결정에의 유용성'(decision usefulness)이라 할 수 있다. 재무보고의 대상이 되는 정보 중 핵심 정보는 회계정보이다.

이처럼 중요하고 누구나 볼 수 있는 회계정보가 멋대로 작성되어 신뢰성을 상실하거나 흠결이 있으면 어느 누구도 사용하려 하지 않을 것이다. 이런 점에서 회계정보의 산출을 규율하기 위한 최소한의 가이드라인 및 규제가 필요하다. 음식물 재료의 원산지 표시 의무화나 제품 및 서비스의 품질인증제처럼 재무제표를 통해 공시되는 재무정보의 품질에 대한 규제 또한 필요하다. 이런 점에서 재무보고는 회계기준, 회계규제 등의 용어와 함께 다루어지는 것이다. 이와 관련하여서는 제4절에서 보다 자세히 설명한다.

1.2 재무보고와 재무회계

제1장에서 재무회계는 외부정보이용자를 대상으로 한 회계영역으로, 그리고 재무보고는 기업에 관한 정보를 조직 외부의 의사결정자들에게 제공하는 것으로 정의

내렸다. 그렇다면 과연 두 개념은 서로 다른 것인가? 만약 그렇다면 어떠한 차이를 보일까?

재무보고는 "기업 외부의 다양한 이해관계자의 경제적 의사결정을 위해 경영자가 기업실체의 경제적 자원과 의무, 경영성과 등에 관한 재무정보를 제공하는 것"으로 정의된다. 한편 재무회계는 흔히 "재무제표를 중심으로 한 회계정보의 산출 및 공시를 다루는 것"으로 정의된다. 따라서 재무보고가 재무회계보다 넓은 개념이다. 즉, 재무보고에서는 이용자들에게 필요하다고 판단되는 다양한 형태의 정보(가령, 경영자의 서한이나 예측보고서 등)를 제공하는 것을 포함한다.

재무제표에 반영될 계정과목의 회계처리를 다루는 제3부에서는 재무회계라는 용어가 적합하다. 따라서 재무보고라는 용어가 굳이 필요하기 전까지는 재무제표나 재무회계라는 용어를 주로 사용하도록 한다. 그리고 재무정보(financial information)는 화폐로 측정한 정보이므로 회계정보(accounting information)는 재무정보에 속한다. 만약 회계가 비재무정보 일부를 측정 대상으로 삼을 경우 회계정보는 재무정보보다 넓을 수 있지만 같은 개념으로 이해할 수 있다.

길에서 기업을 묻다 … 애널리스트 보고서의 진화

애널리스트의 보고서가 다시 진화하고 있다. '책상머리' 보고서에서 벗어나 기업 최고경영자(CEO)를 직접 만나고, 생산현장을 탐방하는 '발로 뛰는' 보고서를 만드는 것은 기본. 이젠 길거리 사회현상, 사건·사고까지 분석해야 제대로 된 보고서를 쓸 수 있는 시대가 온 것이다.

지난달 다이와증권의 애널리스트인 이창희 전무는 서울 시내에서 흡연자들을 직접 만나 설문조사를 했다. 서울시가 추진 중인 '길거리 흡연금지' 법안이 KT&G 주가에 미칠 영향을 알아보기 위해서이다. 흡연자의 80%는 흡연습관을 바꿀 의사가 없다고 밝혔으며, 일부는 되레 법안이 필요하다고 밝히기도 했다. 그는 이 설문조사를 근거로 "서울시 법안의 영향은 제한적"이라며 KT&G에 대한 '보유(HOLD)' 투자의견을 유지했다.

현직 최장수 애널리스트인 우리투자증권 신성호 리서치본부장(전무)은 예전에는 분석이 깊이 있고, 완성도를 갖추면 A급 보고서로 평가받았다"며 하지만 요즘은 여기에 독창적이고 가치있는 시각을 제공하는 것이 필수요소가 됐다"고 했다. 그는 "그렇다 보니 애널리스트가 과거에는 신경쓰지도 않던 길거리 트렌드까지 연구하는 추세"라고 덧붙였다.

자료 : 중앙경제, 2012년 1월 19일 기사 중에서

제2절 회계원칙과 재무회계의 기초개념

2.1 회계원칙이란 무엇인가?

앞서 회계란 "의사결정자에게 유용한 정보를 제공하는 것"으로 정의했다. 그렇다면 과연 회계정보 제공을 위해 반드시 따라야만 하는 회계처리지침을 의미하는 회계원칙은 존재할까? 만유인력의 법칙과 같은 물리적 법칙과 달리 회계에는 영원불멸의 법칙이나 자연법칙과 같은 것은 존재하지 않지만 회계가 지향하는 '의사결정에의 유용성'에 입각하여 회계원칙이 제정되어 왔다. 따라서 회계는 타 학문분야처럼 자연법칙이 제공하는 기초(가령, 화학에서의 원소 또는 분자)에 의존하기보다는 경험 및 실무와 밀접한 관계를 가지면서 진화한다. 요컨대 회계원칙은 과학분야처럼 발견되는(discovered) 것이 아니라 새로운 문제가 발생하면 이를 해결하기 위한 방안을 모색하는 과정에서 끊임없이 진화하는(evolved) 것이다.

이처럼 기업의 외부 재무보고를 위한 회계실무를 규율하는 회계원칙을 재무회계기준(accounting standard) 또는 줄여서 회계기준이라고 부른다. 이러한 회계기준은 재무보고의 개념체계(conceptual framework)를 토대로 작성된다. 개념체계는 기업의 재무보고 목적을 명확히 하고 이를 달성하는 데 필요한 핵심개념들을 수미일관된 체계로 제시할 목적으로 국제회계기준위원회(IASB)나 미국의 재무회계기준위원회(FASB)가 마련한 것이다.

2.2 재무보고를 위한 개념체계(기초개념)

재무보고의 개념체계는 크게 ① 재무보고의 목적 ② 유용한 재무정보의 질적 특성 ③ 재무제표와 재무제표요소 ④ 재무회계기준(재무제표 요소의 인식, 측정, 표시와 공시) 등 네 가지로 분류할 수 있다. 다음에 소개되는 [그림 7-1]은 이를 잘 요약하고 있다. 개념체계의 핵심 주제는 어떻게 하면 재무제표 이용자들에게 유용한 정보를 제공할 수 있는가이다.

재무보고의 개념체계에 관한 보다 자세한 내용은 한국회계기준원에서 국제회계기준위원회가 제정한 「재무보고를 위한 개념체계」를 준수하여 2019년 공표한 재무보고를 위한 개념체계를 참고할 수 있다. 본 서에서는 회계원리 수준에 적합한 내용만을 간추려 소개한다.

「재무보고를 위한 개념체계」에서는 기업실체의 재무정보를 가장 많이 사용하는 대표적 외부이용자로 투자자와 채권자를 상정하고, 이들을 위한 재무보고의 목적(objective)과 유용성 및 한계를 다음과 같이 구체화하고 있다.

> 현재 및 잠재적 투자자, 대여자 및 기타 채권자가 기업에 자원을 제공하는 것에 대한 의사결정을 할 때 유용한 보고기업의 재무정보를 제공하는 것이 (일반목적)재무보고의 목적이다.

여기에서 왜 '일반목적'이라는 접두사를 붙이게 되었을까? 기업은 대부분의 현재 및 잠재적 투자자, 대여자 및 기타 채권자들에게 개별적으로 정보를 제공하는 것이 아니라, 여러 이해관계자들이 필요로 하는 정보의 공통분모를 재무보고서에 담아 제공하기 때문이다.

그림 7-1 ▮ 재무보고의 개념체계와 회계기준

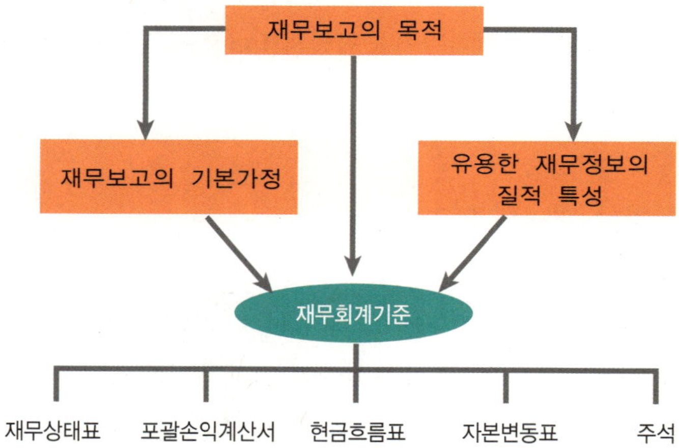

이러한 재무보고의 목적이 달성되기 위해서는 정보이용자들의 경제적 의사결정에 유용한 회계정보가 기업의 회계실무에서 현실적으로 산출되도록 하는 것이 필요하다. 아무렇게나 작성된 부실회계정보가 아니라 기업의 경제적 실상을 잘 나타내는 회계정보가 산출되어야 한다. 이런 관점에서 회계행위의 주체인 기업의 외부보고 목적용 회계정보 산출과정을 적절히 지도 내지 통제(즉, 관리감독)할 일종의 품질관리기준이 필요하게 되는데, 이를 재무회계기준(financial accounting standards)이라 부른다.

한편, 유용한 회계정보의 산출을 지도 내지 통제하기 위한 재무회계기준을 제정할 때는 다음 두 가지 사항을 명확히 염두에 두지 않으면 안 된다.

첫째는 회계정보의 원활한 산출을 제약하는 요소들이 현실 속에 다수 존재하기 때문에 적절한 가정을 도입한 후에 재무회계기준을 제정할 필요가 있다. 왜냐하면 복잡한 기업 현실을 있는 그대로 고려하여 각 기업이 상이한 정보를 각양각색으로 산출하는 것을 허용하기보다는 기본적 가정의 도입을 통하여 회계정보의 산출에 대한 기대를 단순화시키는 것이 오히려 유용한 회계정보 산출에 도움이 되기 때문이다. 이를 위하여 설정한 가정을 재무보고의 기본가정(basic assumption)이라 부른다.

둘째는 '유용한' 회계정보란 구체적으로 어떤 특성을 갖는 회계정보인지를 명확하게 규정한 후 기업에서 산출되는 회계정보들이 이러한 특성을 가지도록 유도할 수 있는 재무회계기준을 제정해야 한다는 점이다. 이처럼 회계정보가 유용한 것이 되기 위해 갖추어야 하는 속성을 재무회계정보의 바람직한 속성 또는 질적 특성(qualitative characteristics)이라 부른다.

재무회계의 기본가정과 재무회계정보의 바람직한 속성은 모두 유용한 정보를 산출하고자 하는 재무회계 목적으로부터 도출되지 않으면 안 된다. 이렇게 하여야만 각 기초개념들이 섬처럼 고립되어 존재하지 않고 서로 체계적인 관련하에 존재할 수 있기 때문이다.

이같은 내용을 종합하여 앞쪽에 제시한 [그림 7-1]이 주는 메시지를 요약하면 다음과 같다. 재무회계의 목적으로부터 재무회계의 기본가정과 재무회계정보의 바람직한 속성을 도출한 다음, 이를 바탕으로 유용한 회계정보의 산출을 지향하기 위한 재무회계기준을 제정하고, 이를 근거로 회계행위의 주체인 기업 등이 재무제표를 비롯한 회계정보를 작성한다면 재무회계 목적을 달성할 수 있을 것이다. 제3절에서는 재무회계의 목적을 제외한 각 개념들을 보다 구체적으로 살펴보기로 한다.

제3절 재무제표의 기본가정 및 유용한 재무정보의 질적 특성

3.1 재무제표의 기본가정

한국채택국제회계기준은 재무제표의 기본가정(underlying assumption)으로 계속기업의 가정을 규정하고 있다.

(1) 계속기업의 가정

재무제표는 일반적으로 기업이 계속 존속하며 예측가능한 미래에 영업을 계속할 것이라는 가정 하에 작성된다. 따라서 기업이 재무제표를 작성할 때, 기업을 청산하거나 거래를 중단하려는 의도나 필요가 없다고 가정한다. 이러한 가정을 계속기업(going concern)의 가정이라고 한다. 기업이 지속적으로 운영될 것으로 가정하기 때문에, 재무상태표의 일부 항목을 역사적원가(취득원가), 또는 사용가치로 장부에 기록할 수 있는 것이다. 그러나 기업이 사업을 청산하거나 거래를 중단하려는 의도가 있거나 그러할 필요가 있다면, 해당 기업의 재무제표는 계속기업의 가정이 아닌 다른 기준에 따라 작성되어야 한다. 예를 들어 청산예정기업은 더 이상 역사적원가나 사용가치가 의미가 없으므로 매각가치를 기준으로 재무제표를 작성해야 한다.

(2) 기간별 보고

오늘날 기업은 장기간에 걸쳐 수명을 유지하는 것이 보통이기 때문에 순이익을 완전히 정확하게 측정하려고 한다면 기업의 청산시점까지 회계정보의 산출 및 제공을 무한정 연기하지 않으면 안 된다. 하지만 정보이용자들은 의사결정을 위하여 가능한 한 자주 경영활동에 관한 회계정보를 얻기를 원한다.

그렇다면 기업의 수명기간을 일정한 간격으로 구분하는 것이 가능하여야 하는데, 과연 기업의 수명기간을 인위적으로 끊는 것이 가능한 일인가? 그렇지 않다. 따라서 기업실체의 존속기간을 일정한 회계기간 단위로 구분하여 재무제표를 작성 보고할 수 있다는 논리가 필요하며, 이를 계속기업의 가정에 따른 기간별 보고(time period)라고 한다.

☑ 중세의 벤처사업(Venture business : 일명, 모험기업)

오늘날 기업의 회계행위에 관한 계속기업의 가정과 기간구분을 통한 손익계산의 개념을 보다 잘 이해하기 위해서는 중세에 일반적이었던 모험기업을 이해할 필요가 있다.

중세의 모험기업은 주로 한 항해(voyage)를 중심으로 이루어진 투기성 사업의 성격을 띠었다. 예컨대, 스페인에서 현지인(가령, 인도인)이 좋아할 물건을 가득 싣고 떠난 배가 현지에서 향료나 금은보화와 교환하여 돌아온 후 이들 물건을 자국에서 처분한 후 벌어들인 이익을 투자자 간에 배분하는 형식으로 기업행위가 이루어졌다. 따라서 사업의 성격도 다분히 투기적(즉, 배가 침몰하면 투하자본을 전액 날리게 됨)이었을 뿐만 아니라, 기업의 수명 역시 항해기간과 일치하여 하나의 항해 후에는 청산하는 것이 일반적이었다.

3.2 유용한 재무정보의 질적 특성

재무회계정보가 정보이용자에게 유용하기 위해서는 어떤 속성을 지니는 것이 바람직할까? 달리 말해서 과연 재무회계정보는 어떤 바람직한 속성들을 가지고 있어야 하는가? 재무회계정보의 바람직한 속성이란 본질적으로 화폐라는 척도로 계량화된 회계정보가 정보이용자들에게 유용한 것이 되기 위해 추가적으로 갖추어야 할 특성을 말한다. 이런 의미에서 [그림 7-2]에서 보여주고 있는 속성들은 2019년 공표된 우리나라의 「재무보고를 위한 개념체계」에서 설명하는 질적 특성(質的 特性, qualitative characteristics)을 알기 쉽게 그림으로 나타낸 것이다.

재무회계정보의 바람직한 속성 중 목적적합성, 표현충실성은 근본적 질적 특성 그리고 비교가능성, 검증가능성, 적시성, 이해가능성을 목적적합성과 충실한 표현을 위한 4가지 보강적 질적 특성이라 부른다.

그림 7-2 ▮ 유용한 재무정보의 질적 특성

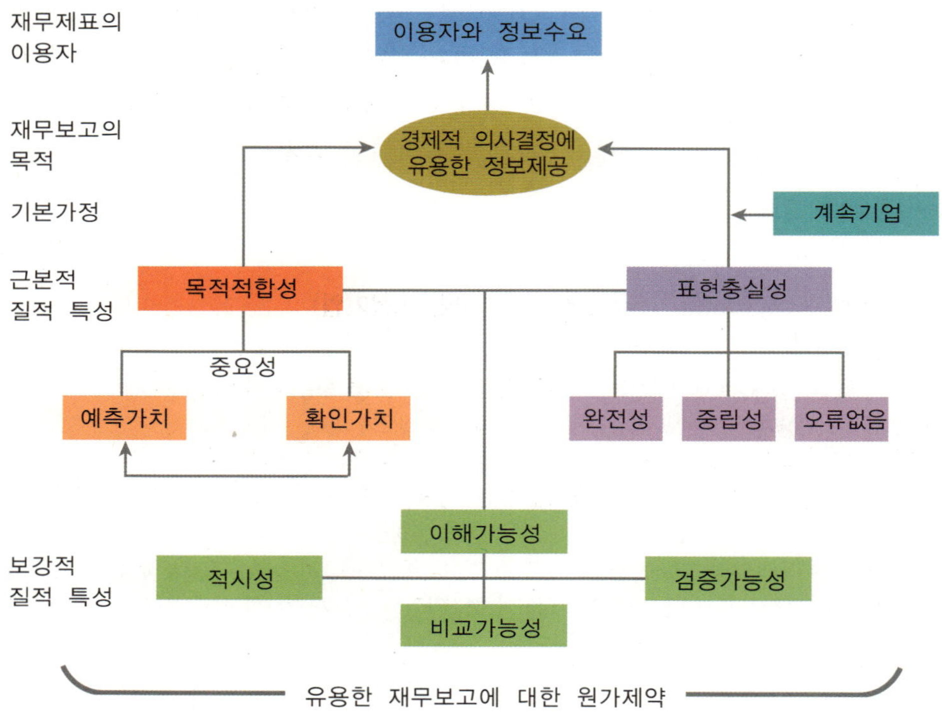

(1) 목적적합성

목적적합성(relevance)이란 정보가 정보이용 목적에 적합한 성질을 갖고 있어야 함을 강조하는 용어로서 의사결정 대상인 비교 대안의 검토에 유용해야 함을 의미한다. 예컨대 주식과 회사채 중 과연 어느 것에 투자할 것인가라는 투자의사결정 목적에는 각각의 투자대안이 갖는 위험 및 수익성에 관한 정보가 관련성을 갖는다. 반면에 영국의 맨유가 우승했다는 정보는 결코 관련성 있는 정보가 되지 못한다. 관련성 있는 정보가 되기 위해서는 이용자의 경제적 의사결정에 영향을 미칠 수 있을 정도의 중요성이 있으며 통상적으로 재무상태와 성과, 그리고 배당과 급여 지급능력, 주가변동, 기업의 의무이행능력과 같이 이용자와 직접적 이해관계가 있는 사안에 대한 예측가치나 확인가치를 지니고 있어야 한다([그림 7-2] 참조).

회계정보의 확인가치(confirmative value)와 주식시장의 반응

주식시장의 분석가 및 투자자들은 투자의사결정을 위해 회계정보를 사용한다. 따라서 회사의 미래 성과에 대한 투자자의 예상에 기초한 주식시장은 기업이 과거에 기대한 목표 영업이익을 실현하지 못할 경우 주가 하락을 경험하게 된다.

2000년 12월 12일에 피자 체인점인 파파존스가 당초 예상보다 적은 가맹점수와 오픈 시점의 지연에 따른 가맹점 매출이 예상을 밑돌게 되고 예상보다 높은 인건비 및 에너지 비용 때문에 기대 이하의 이익을 기록했다고 공표하자 주가가 하루만에 무려 18.4% 하락했다.

이러한 사례는 기업의 경영의사결정이 재무성과에 어떻게 영향을 미치고 내부 및 외부 이용자들이 회계정보를 어떻게 활용하는지를 잘 보여 준다. 요컨대 회계정보는 투자자와 채권자가 내리는 경제적 의사결정은 물론 기업에서 이루어지는 다양한 의사결정에 영향을 미친다.

여기서 말하는 중요성이란 정보이용자의 의사결정에 영향을 줄 수 있는지 여부로 판단할 수 있는데, 이러한 판단기준은 개별 기업별로 다를 수 있다. 즉 해당 정보와 관련된 항목의 성격이나 규모, 또는 이 둘 모두에 근거하여 기업별로 중요한 금액, 중요한 정보가 다를 수 있다는 것이다. 따라서 중요성은 기업 특유한 측면의 목적적합성을 의미하며 기업들에 대한 획일적인 중요성 기준이 존재할 수는 없다.

(2) 표현충실성

표현충실성(faithful presentation)이란 중대한 오류나 편의(bias)가 없고 객관적으로 검증가능하며 표현하고자 하는 바를 충실하게 표현하고 있다고 이용자가 믿을 수 있다는 것을 의미한다. 주관적 편견이 개입된 회계정보는 신뢰하기 어렵고 따라서 유용한 것이 될 수 없다. 요컨대 충실한 표현은 ① 정보가 누락됨으로써 그릇되거나 오해를 유발하여 신뢰성이 상실되고 목적적합성이 떨어지지 않도록 하는 완전성 ② 어느 한편의 이해관계에 치우치지 않는 중립성 ③ 현상의 기술에 오류나 누락이 없다는 것으로 세분할 수 있다([그림 7-2] 참조).

재무보고서는 경제적 현상을 글과 숫자로 나타내는 것이다. 재무정보가 유용하기 위해서는 목적적합한 현상을 표현하는 것뿐만 아니라 나타내고자 하는 현상을 충실하게 표현해야 한다. 결국 충실한 표현을 하기 위해서는 완전하고, 중립적이며, 오류가 없도록 서술해야 한다는 것이다.

여기서 한 가지 유의할 점이 있다. 그것은 이들 속성 간에 상충관계(相衝關係, trade-off)가 존재할 수도 있다는 점이다. 예컨대 기업이 정부보조금으로 유형자산을 취득한 경우 아무런 대가 없이 자산을 취득했다고 해서 그 금액을 '0'으로 보고한다면 원가를 충실히 표현했다는 측면에서 표현충실성의 질적 속성을 충족시켜준다. 그러나 목적적합성 측면에서는 미흡하고 따라서 유용하지는 않을 것이므로 공정가치를 추정해서 취득원가와 보조금에 대한 표시를 해준다면 전체적으로 의사결정에 유용성 있는 재무보고가 될 것이다.

(3) 이해가능성

이해가능성(understandability)이란 이용자가 그 정보를 쉽게 이해할 수 있어야 한다는 것이다. 이때 이용자는 경영 및 경제활동과 회계에 대한 합리적인 지식을 가지고 있으며 관련 정보를 분석하기 위하여 적절한 노력을 기울일 의지가 있는 것으로 가정한다. 그러나 복잡한 내용의 정보이지만 다수 이용자의 경제적 의사결정 목적에 적합한 경우라면 다소 어렵다는 이유만으로 제외해서는 안 되며, 전문가의 도움을 받는 것이 필요할 수 있다.

(4) 비교가능성

비교가능성(comparability)이란 정보이용자들이 항목 간의 유사점과 차이점을 식별하고 이해할 수 있게 하는 질적 특성이다. 재무정보의 비교가능성이 확보되었다는 것은, ① 재무제표의 이용자가 한 기업의 재무상태와 경영성과의 추세를 파악하기 위해 해당 기업의 재무제표를 기간별로 비교할 수 있을 뿐만 아니라(기간별 비교가능성), ② 다른 기업의 상대적인 재무상태와 경영성과 및 재무상태변동을 평가하기 위해 특정시점 또는 기간에 대해서 여러 기업들의 재무제표를 비교할 수 있다는 것(기업간 비교가능성)을 의미한다. 이때 비교가능성은 통일성을 의미하는 것이 아니다. 비슷한 것은 비슷하게 보여야 하고 다른 것은 다르게 보여야 한다는 것이다. 따라서 목적적합성과 표현충실성의 질적 특성이 확보되지 않았는데도 특정 거래나 사건에 대해 동일한 방법으로 계속 회계처리하거나, 목적적합성과 충실한 표현을 가능하게 하는 대체적 방법이 있음에도 기존의 회계정책을 유지하는 것은 적절하지 않을 수 있다.

(5) 적시성

정보의 적시성(timeliness)은 어떤 경제적 사건에 관한 정보가 너무 늦게 제공되어 의사결정에 영향을 미칠 수 있는 능력을 상실하기 전에 그 정보를 의사결정에 이용할 수 있도록 하는 것이다. 적시성 자체가 관련성이 있는 정보를 만드는 것은 아니지만 적시성이 결여된 정보는 유용성이 떨어질 수 있다. 적시성은 매우 바람직하지만 적시성 있는 정보는 목적적합하고 충실하게 표현되었을 때만 유용하다. 따라서 목적적합하고 충실하게 표현된 정보는 적시에 보고되지 않았더라도 여전히 유용할 수 있기 때문에 목적적합성과 충실한 표현만큼 중요하지 않을 수 있다.

(6) 검증가능성

검증가능성(verifiability)은 합리적인 판단력이 있고 독립적인 서로 다른 관찰자가 어떤 서술이 충실한 표현이라는 데 완전히 일치하지는 못하더라도 의견이 일치할 수 있다는 것을 의미한다. 예를 들면 목적적합한 재무정보를 제공하는 데 매우 중요한 미래전망치(예 : 예상현금흐름, 내용연수 및 잔존가치)는 직접 검증할 수 없지만 가능한 금액의 범위 및 관련된 확률을 제시함으로써 검증가능성을 충족시켜 줄 수 있다.

제4절 개념체계와 재무회계기준

기초개념 속에는 회계기준이 포함된다. 기업은 재무회계기준을 준수하면서 회계정보를 산출한다. 따라서 재무회계기준의 성격과 주요 내용이 무엇이며, 오늘날 누가 무슨 필요에서 제정하는가 하는 점을 살펴보기로 한다.

4.1 재무회계기준의 성격

재무보고의 목적이 달성되기 위해서는 정보이용자들의 경제적 의사결정에 유용한 회계정보가 기업의 회계실무에서 현실적으로 산출되도록 하는 것이 필요하다. 아무렇게나 작성된 부실회계정보가 아니라 기업의 경제적 실상을 잘 나타내는 회계정보가 산출되어야 한다. 이런 관점에서 회계행위의 주체인 기업이 외부보고 목적의 회계정보 산출과정을 적절히 지도 내지 통제(즉, 관리감독)할 일종의 품질관리기준이 필요하다. 이를 재무회계기준(financial accounting standards)이라 부른다. 현재 우리나라의 경우 재무회계기준은 비상장기업을 비롯한 일반기업들이 따라야 할 「일반기업회계기준」과 상장기업과 코스닥등록 기업이 따라야 할 「한국채택국제회계기준(K-IFRS)」 그리고 중소기업을 위한 「중소기업회계기준」으로 삼원화되어 있다.

4.2 재무회계기준의 주요 내용과 회계적 과제 : 재무제표의 요소, 인식 및 측정

재무회계기준은 재무보고의 목적을 지향점으로 하는 '개념체계' 라는 뿌리로부터 유도되는 결과물이다. 이 점에서 재무회계기준이라고 할 때에는 "의사결정자에게 유용한 정보를 제공하기 위하여 준수해야 하는 회계처리지침 또는 회계정보 산출과정의 품질관리기준"이라는 의미로, 앞에서 설명한 개념체계에 기초하여 유도된 것으로 이해하면 될 것이다.

재무회계기준의 주요 내용은 재무상태, 경영성과, 현금흐름 및 자본변동에 관한 정보를 담아내기 위한 그릇에 해당하는 재무제표에 실제로 담겨질 내용물(what)에 해당하는 재무제표의 요소와 정의, 그리고 언제(when) 그 요소를 재무제표에 반영할 것인가를 결정하기 위한 인식과 관련된 내용 그리고 그 요소를 얼마(how)의 화폐금액으로 측정해서 나타내야 할지에 해당하는 측정과 관련된 내용들로 구성되어 있다. 쉽게 말하면 다음 [그림 7-3]과 같이 자산 · 부채 · 자본 · 수익 · 비용에 속하는 개별항목별로 요소와 정의, 인식, 측정에 대한 내용으로 재무회계기준이 구성되어 있다고 보면 된다.

그림 7-3 ▮ 재무회계기준의 내용

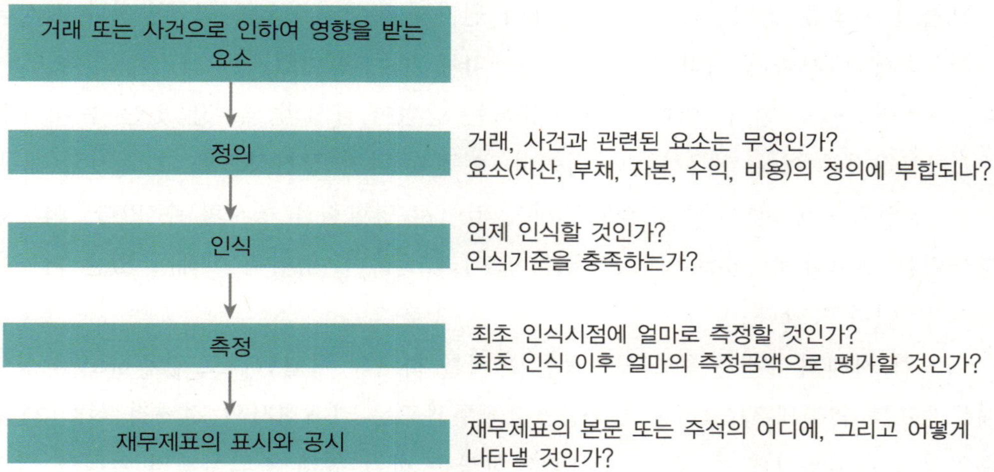

우리나라는 많은 나라들이 국제회계기준위원회(IASB)가 제정한 국제회계기준을 채택하는 추세에 맞추어 이를 번역하여 「한국채택국제회계기준(이하 K-IFRS)」을 제정하였으며 2011년부터 상장 및 코스닥등록회사 전체에 대하여 국제회계기준을 의무적용하고 있다.

회계기준의 국제적 정합성을 높이기 위한 목적으로 채택된 K-IFRS는 국내법규에 의해 작성된 재무제표를 국제자본시장에서 그대로 사용할 수 있게 되어 글로벌 기업들의 부담이 대폭 줄어드는 장점을 갖는다.

(1) 연결재무제표 : K-IFRS의 주재무제표

모든 회사는 각자 자신을 하나의 독립된 경제실체로 가정하고 개별적으로 재무제표를 작성 · 공시하는데 이를 개별재무제표라고 한다.

그러나 K-IFRS에서는 기본적으로 연결재무제표가 주재무제표이다. 여기서 연결재무제표(consolidated financial statements)란 특정 기업이 지배하고 있는 기업들로 구성된 기업집단 전체의 재무제표를 말하는데, 개별재무제표와 대비되는 개념이다.

그렇다면 왜 연결재무제표가 주재무제표가 되었을까? 그 대답은 국제회계기준의 핵심이 공정가치와 더불어 경제적 실질에 관한 정보 제공을 지향하고 있기 때문이다.

오늘날 기업은 영업활동 수행과정에서 원자재를 안정적으로 공급받거나 시장의 경쟁심화에 대처하기 위하여 원자재 공급업체 또는 판매업체를 자기의 영향력 아래에 둘 필요를 느낀다. 이때 흔히 사용하는 방법이 타사의 의결권 있는 주식(보통주)을 일정지분 이상 취득하는 방법이다. 이렇게 하면 장기적으로 그 회사의(재무, 투자, 영업활동에 관한) 주요 의사결정에 있어서 영향력을 행사할 수 있다. 이처럼 영향력을 행사할 수 있는 기업을 지배기업이라고 하며, 영향력 아래에 있는 기업을 종속기업이라고 한다.

이처럼 지배회사와 종속회사를 묶은 전체를 하나의 기업단위로 간주하고 작성한 재무제표를 연결재무제표라고 한다. 연결재무제표는 지배회사의 경제적 실질(가령, 수익성이나 재무상태 등)을 올바로 파악하도록 하기 위해 기업실체의 가정을 법인격 위주에서 경제적 실질로 확장한 것이다. 이는 마치 이건희 회장이 에버랜드의 최대주주이고 에버랜드가 삼성생명을 지배한다고 가정할 경우 에버랜드의 수익성이나 자산가치를 올바로 평가하려면 에버랜드의 개별재무제표만으로는 불충분하고 삼성생명에 대한 에버랜드의 지분이 갖는 효과를 포함한 총체적 분석이 이루어질 때 비로소 가능한 것과 마찬가지이다.

이제 K-IFRS하에서는 종속회사가 있는 지배회사의 경우 연결재무제표가 이해관계자에게 공시해야 하는 주된 재무제표가 되었으며 연결재무상태표, 연결포괄손익계산서, 연결현금흐름표 등을 기본재무제표로 작성해야 한다.

(2) 연결재무제표 작성사례

회계원리 수준에서 연결재무제표에 대한 이해를 돕는 간단한 예제를 소개한다. 실제 연결재무제표 작성은 중급회계나 고급회계에서 다룬다. 따라서 여기에서는 작성의 기본원리와 재무보고의 모습이 어떠한지를 이해하는 것으로 충분하다.

예제 7-1 연결재무제표 작성

F사(father로 이해)는 20×1년 초에 S사(son으로 이해)의 발행주식의 100%를 ₩30에 취득하였다. 주식 취득시점 F사와 S사의 20×1년 1월 1일 재무상태표는 다음과 같고 S사의 자산·부채의 장부금액과 공정가치는 일치하였다. 이를 토대로 F사의 연결재무상태표를 작성하시오.

재무상태표

F사 20×1. 1. 1

차변	금액	대변	금액
자산	250	부채	180
투자주식(S사)	30	자본(F사)	100
	280		280

재무상태표

S사 20×1. 1. 1

차변	금액	대변	금액
자산	120	부채	90
		자본(S사)	30
	120		120

풀이 연결재무제표를 이해하려면 지배회사가 종속회사의 주식을 소유함으로써 종속회사를 지배한다는 사실만 기억하면 된다. 지배기업과 종속기업은 각자 법적으로 독립된 기업이다. 지배회사는 종속회사 주식의 소유를 통하여 종속회사의 자산과 부채를 간접적으로 소유할 뿐이며, 연결재무제표는 지배기업과 종속기업이 하나의 경제적 실체이자 회계실체로 합쳐보이게(일명, 합체되도록) 하기 위한 보고서이다. 즉, 지배기업과 종속기업의 자산·부채를 실제로 합치는 것이 아니라 연결재무제표상에서 합쳐진 결과만을 보여주는 것이다.

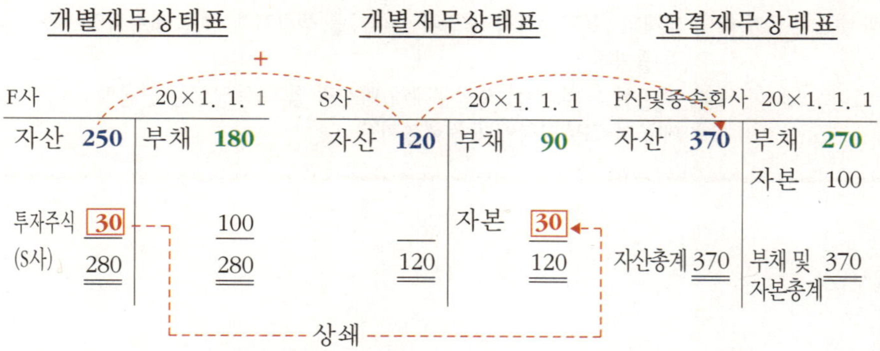

윤리이슈 회계의 빛과 그림자

회계 수치조작 : 수익의 이연과 비용의 조기인식

자동차 부품 제조업체인 마크사의 회계담당자인 애니는 회사 이익이 10억원을 초과할 경우 3백만원의 성과급 보너스를, 그리고 30억원까지는 상한선인 5백만원까지를 이익에 비례하여 받을 수 있다. 12월 결산 시점에 즈음한 11월 중순경 애니는 부하직원 루시에게 접근하여 만약 이번에 35억원의 이익이 예상되는 결산이 그대로 마무리되면 지자체가 제공하는 종업원 기술훈련 지원보조금(비과세) 혜택을 더이상 받지 못하게 되는데 이런 불상사를 피하기 위해 (또한 내년도 실적이 매우 어려울 것으로 예상되므로) 이번 결산에 가급적 수익은 뒤로 미루고 비용은 많이 계상할 것을 지시했다. 비록 마음이 내키지 않았지만 내년도 승진을 염려해 루시는 이 지시를 받아들이기로 했다.

〈물음〉 당신이 『정의란 무엇인가』의 저자 마이클 샌델이라면 루시에게 어떤 조언을 해주었을까?

〈저자코멘트〉 제5장에 소개한 아파트 부녀회 사례(사례연구 : 정당한 사회를 지향하는 수익과 비용의 인식)의 본문을 참고하기 바란다.

Tips for Self Study

- 교과서 연습문제 [2] : 회계의 '형이상학적' 개념과 'why'를 생각하게 하는 재무회계 · 중급회계의 출발점
- Study Guide 진위형, 객관식 : '회계학' 시험문제에 빠지지 않고 등장하는 단골메뉴, "나도 이제부터 CPA시험에 도전해볼까?"

연|습|문|제

[1] 아래 괄호에 알맞은 단어나 영어로 된 용어(英 :   )를 기재하시오.

(1) 재무회계 목적이 달성되기 위해서는 기업의 경제적 실상을 잘 나타내는 회계정보가 산출되어야 한다. 이런 관점에서 회계행위의 주체인 기업의 외부보고 목적을 위한 회계정보 산출과정을 적절히 지도 내지 통제(즉, 관리감독)할 일종의 품질관리기준이 필요하게 되는데, 이를 (재   英 : f   accounting s   )이라 부른다.

(2) 회계는 (기   )가 소유하거나 부담하는 자산과 부채, 그리고 이들에 발생한 변동에 관한 정보를, 이해하기 쉽도록 일목요연하게 (요   )하되, 가능한 한 (객   )으로 측정하며, 자주 제공하여야 한다.

(3) (화   측정 英 : m   measurement)의 가정이란 기업실체가 소유하는 모든 자원과 부채를 화폐라는 단일의 공통척도로 측정할 수 있다는 가정이다.

(4) (계   英 : going c   )의 가정이란 기업실체가 그 목적과 의무를 이행하기에 충분할 정도로 장기간 존속한다는 가정이다.

(5) 기업이 보유 부담하는 자산과 부채는 현재시점의 시가(時價)로 평가할 수도 있고, 과거 취득시점의 (취   )로 평가할 수도 있다. K-IFRS에서는 원칙적으로 자산과 부채를 시가의 일종인 (공   )로 평가하도록 하고 있다.

(6) (기   보고)란 계속기업의 영속적 수명을 인위적으로 보다 짧은 회계기간 단위로 구분할 수 있다는 의미이다.

(7) 재무회계정보의 바람직한 속성이란 본질적으로 화폐라는 척도로 계량화된 회계정보가 정보이용자들에게 유용한 것이 되기 위해 추가적으로 갖추어야 할 (질   )을 말한다.

(8) 유용한 회계정보가 되기 위해서는 기본적으로 (목   )을 가져야 하며, 중대한 오류나 편의가 없고, 충실하게 표현할 수 있어야 한다는 (표   )이 있어야 한다.

(9) 우리나라는 많은 나라들이 국제회계기준위원회(IASB)가 제정한 (국   英 : I   )을 채택하는 추세에 맞추어 이를 전면 수용하기로 하였다. 이는 회계기준의 국제적 정합성을 높이기 위한 목적으로 채택되었고, 국내법규에 의해 작성된 재무제표를 국제자본시장에서 그대로 사용할 수 있게 되어 글로벌 기업들의 부담이 대폭 줄어드는 장점이 있다.

(10) IFRS 체계하에서는 근본적으로 투자자 등 정보이용자에게 기업의 경제적 실질을 반영하는 정보를 제공하는 (원   英 : p   -based)중심의 회

계기준을 강조하고 기업이 스스로 판단하여 재무제표에 담아야 할 재무정보를 공시하도록 하고 있다.

[2] 진위형 문제 : 다음 문장이 옳으면 T, 틀리면 F로 표시하시오.

(1) 경제적 의사결정에 유용한 정보제공은 유용한 회계정보의 근본적 질적 특성과 4가지 보강적 질적 특성과 모두 관련된다.

(2) 적시성이란 목적적합성을 희생하면서 정보를 적시에 제공하는 것을 말한다.

(3) 회계처리 및 보고의 표현충실성을 위해서는 회계담당자 혹은 경영자의 주관이나 편견이 개입되지 않고 어느 이해관계자 집단에도 치우치지 않도록 중립성과 완전성이 유지되도록 해야 한다.

(4) 재무보고의 목적이 달라지면 이에 따라 회계의 일반원칙이나 회계기준도 달라질 수 있다.

(5) 의사결정자가 의사결정목적에 적합한 어떤 정보를 이용하여 의사결정을 하였을 경우의 결과와 그러한 정보를 이용하지 않고 의사결정을 하였을 경우의 결과가 서로 크게 차이가 나지 않을 때 관련 회계정보는 비교가능성이 없다고 할 수 있다.

(6) 검증가능성의 개념은 회계처리에 관한 기준 및 추정을 기간별 비교가 가능하도록 매기 계속하여 적용하고 정당한 사유없이 이를 변경해서는 안 된다는 원칙이다.

(7) 중립성이란 회계처리과정에서 두 개 이상의 선택가능한 방법이 있는 경우 기업이 속한 경제환경의 변화에 따른 미래의 불확실성과 위험을 충분히 고려하여 보수적으로 회계처리하는 태도를 의미한다.

[3] 다음의 설명 중 타당하지 않은 부분을 지적하고 바로 잡으시오.

(1) 정확한 재무제표를 작성하거나, 진실한 당기순이익을 구하는 것이 현실적으로 어렵기 때문에, 의사결정에 목적적합성을 높여주어야 한다는 관점에서 회계의 의미를 찾으려는 시도에서 재무보고의 개념체계를 구축하게 되었다.

(2) 회계정보가 의사결정에 유용하게 사용되기 위하여 갖추어야 할 질적 특성 중 목적적합성과 표현충실성 간에는 서로 상충관계가 존재할 수 있으며, 이 경우 보다 상위의 개념인 의사결정에의 유용성을 토대로 판단한다.

(3) 재무보고의 역할과 의의로서 수탁책임의 이행에 관한 정보제공은 의사결정의 유용성을 제고하기 위한 재무보고 목적에 포함되지 않는다.

(4) 회계기준제정기구는 의사결정에 유용성을 제공한다는 재무보고의 목적을 위해서는 그러한 의사결정을 하는 사람이 누구인지? 그리고 어떤 의사결정에 재무보고 정보가 필요한지, 또 어떤 성격과 특성을 지녀야 할지 등에 관한 개념체계가 필요

하며, 이를 토대로 회계기준이 유도되어야 한다는 연역적 접근방법을 채택하고 있다.

(5) 현재 및 잠재적 투자자, 대여자 및 기타 채권자가 기업에 자원을 제공하는 것에 대한 의사결정을 할 때 유용한 보고기업의 재무정보를 제공하는 것을 재무보고의 목적으로 설정하고 의사결정에 목적적합한 회계정보를 제공하여야 한다는 것이 재무보고를 위한 개념체계의 근간이다.

[4] 다음의 설명 중 타당하지 않은 부분을 지적하고 바로 잡으시오.

(1) 재무정보가 유용하기 위해서는 목적적합해야 하고 나타내고자 하는 바를 충실하게 표현해야 한다는 점에서 이 두 가지의 질적 특성을 근본적 질적 특성이라고 한다.

(2) 회계정보의 확인가치란 회계처리과정에서 두 개 이상의 선택가능한 방법이 있는 경우 기업이 속한 경제환경의 변화에 따른 미래의 불확실성과 위험을 충분히 고려하여 보수적으로 회계처리하는 태도를 의미한다.

(3) 재무보고는 정확한 서술보다는 상당 부분 추정, 판단 및 모형에 근거하며, '개념체계'는 그 추정, 판단 및 모형의 기초가 되는 개념을 정한다.

(4) 재무회계기준의 바람직한 속성으로는 재무정보를 생산해내는 과정에서 준거해야 할 품질관리 기준적 성격, 보편타당한 성격, 사회 · 경제적 제도변화에 따라 유연하게 대처할 수 있는 탄력성을 갖출 필요가 있다.

(5) 재무제표의 기본가정으로 계속기업의 가정을 규정하고 있기 때문에 기간별로 구분하여 재무상태와 경영성과에 관한 정보를 산출할 필요는 없으며, 발생기준을 채택하는 경우 수익과 비용 및 자산의 인식에 있어 기간귀속을 결정하는 큰 의미는 없다.

[5] 재무보고의 개념체계

(1) 재무회계의 기초개념인 ① 재무보고의 목적 ② 유용한 재무정보의 질적 특성 ③ 재무제표와 재무제표요소 ④ 재무회계기준(재무제표요소의 인식, 측정, 표시와 공시) 등이 어떻게 서로 연결되는가를 설명하시오.

(2) 유용한 회계정보가 갖추어야 할 근본적 질적 특성 2가지와 중요성을 설명하시오.

(3) 원가 대신에 처분가치에 기초하여 자산을 평가한다는 것은 곧 어떤 기본가정에 위배되는 것인가?

(4) 재무회계기준은 왜(why) 제정하여야 하는가? 재무회계기준을 제정하지 않으면 어떤 부작용이 발생할까?

[6] 재무보고와 발생기준에 의한 포괄손익계산서

(주)삼일컨설팅이 작성한 현금기준 포괄손익계산서를 발생기준에 의하여 재작성하는 경우 계상될 당기순이익은 얼마인가?

(1) 현금기준 포괄손익계산서(3월 1일 ~ 3월 31일)

기술용역료 관련 현금수입 총액	₩820,000
급료 및 관리비 현금지출 총액	320,000
당기순이익	500,000

(2) 월말과 월초의 선수수익 · 미수수익 및 미지급비용 · 선급비용내역

	3월 1일 현재	3월 31일 현재
미수수익(기술용역료)	₩43,000	₩38,000
선수수익(기술자문료)	56,000	25,000
미지급비용(일반관리비)	14,000	21,000
선급비용(급료)	26,000	18,000

[7] 인터넷을 이용한 회계탐험

감사보고서에서 전형적으로 언급되는 일반적으로 인정된 회계원칙(GAAP) 관련 문구는 무엇인가? 제2장에서 소개한 금융감독원의 dart 시스템에 접속하여 (주)까사미아의 감사보고서를 살펴보고 그 문장을 찾아보시오.

티핑포인트란?

사회의 큰 변화는 갑자기 발생하는 것이 아니라 점진적으로 나타나다가 어느 시점을 기점으로 급격히 확산되는 경향이 있다. 제품의 확산도 마찬가지다. 티핑포인트(tipping point)는 이러한 커다란 변혁의 변곡점, 변화의 시작점을 말한다. 월스트리트저널이 선정한 세계적 경영대가의 한 사람인 말콤 글래드웰은 동일한 제목의 저서에서 최근 금융위기와 관련하여 다음과 같이 주장한다. "티핑포인트 이론을 적용해 본다면 현재 경제위기에 이르도록 한 티핑포인트는 리먼브러더스의 파산이었다. 금융시스템을 더 이상 신뢰할 수 없다는 신호를 전 세계로 내보냈다. 이때부터 금융시스템이 붕괴됐다. 역으로 생각하면, 금융시스템을 재건하기 위해서는 금융시스템이 믿을 만하다는 신호를 보낼 수 있는 티핑포인트가 필요하다."

이런 개념의 연장에서 티핑포인트 리더십은 어떤 급소와 핵심을 찾아내 폭발적 확산을 도모하는 리더십을 지칭한다.

Principle of Accounting

제 3 부

회계정보의 산출 및 활용

제 8 장 | 당좌자산과 금융자산
제 9 장 | 비유동자산
제10장 | 부채
제11장 | 자본
제12장 | 현금흐름표 및 재무제표분석

This world
is but a **canvas** to our

imagination.

이 세상은 우리의 상상을 표현하는
캔버스일 뿐입니다.

헨리 데이비드 소로(1817~1862)

■ 미국의 철학자 · 시인 · 수필가로 대표작으로는 『월든』이 있다.

(이미도, 『똑똑한 식스팩』 중에서)

제 8 장

당좌자산과 금융자산

제 1 절 | 현금및현금성자산

제 2 절 | 매출채권

제 3 절 | 기타유동자산

제 4 절 | 금융자산의 이해와 당기손익금융자산의 회계처리

[부록 A] 기타포괄손익금융자산과 공정가치평가

본 장에서는 재무상태표의 대표적인 유동자산에 해당하는 당좌자산에 대해 설명한다. 손안에 있는(cash on hand : 일명, 수중의) 현금 및 이와 다를 바 없는 자산도 있다. 이러한 현금및현금성자산은 물론, 각종 단기금융상품과 단기투자목적으로 보유하고 있는 주식, 사채 등의 유가증권, 그리고 매출채권 등을 포함한다. 장기투자목적의 금융자산은 비유동자산의 일부인 투자자산에 위치하지만 당좌자산의 일종인 단기금융자산을 설명하는 본 장에서 먼저 개괄적인 소개를 한다. 보다 자세한 설명은 본 장의 부록에서 다루기로 하고 본문에서는 당좌자산에 속하는 당기손익금융자산의 회계처리를 소개한다.

기술적 진보를 이용한 자료수집 및 계정과목 분석

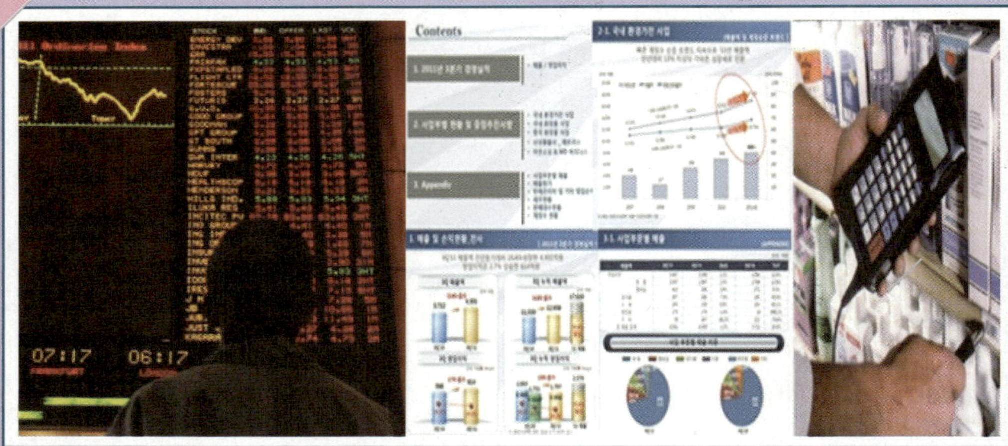

제3부에서는 제8장의 금융자산을 비롯하여 자산 · 부채 · 자본의 다양한 계정과목에 대한 이해와 재무제표를 읽고 해석할 수 있는 회계지식을 학습하게 될 것이다.

*　　　*　　　*　　　*

앞서 제1부에서는 회계의 역할에 대해 그리고 제2부에서는 재무제표 작성을 위한 회계순환과정과 재무회계의 기초개념을 설명하였다.

제2부의 핵심인 복식부기는 처음에는 어렵게 느껴지지만 막상 터득하고 나면 매우 과학적이고 매력적인 원리라는 것을 깨달았을 것이다. 물론 결산정리 사항을 반영한 재무제표를 작성하기 위해 많은 시행착오와 인내를 요하기도 했지만 이러한 과정을 거쳐 작성된 재무제표가 다양한 정보이용자들을 위한 정보의 나침반 역할을 한다는 점에서 나름 보람을 느꼈을 것이다.

*　　　*　　　*　　　*

한편 위의 왼쪽 그림이 시사하는 것처럼 회계정보는 주식시장에서 거래되는 수많은 주식들의 가치평가(즉, 주가)에 중요한 역할을 한다. 주가는 기업가치가 어떻게 바뀔 것인가를 예의주시하는 개인투자자 및 기관투자가는 물론, 이들에게 정보를 제공하는 투자분석가나 신용평가사 등의 판단에 좌우된다. 이때 특정 기업의 실상을 올바로 파악하려면 보다 구체적인 정보가 필요하다. 이는 마치 스포츠에서 어느 팀이 승리할 것인가를 예측하려면 특정 팀이 보유한 선수들의 역량에서 각종 전략 및 전술 수행 능력(가령 야구의 경우, 투수력, 타력, 보내기 번트 성공률 등)을 평가해야 하듯이 기업의 경우 재무상태(자산, 부채 및 자본)와 이익창출 능력(즉, 수익과 비용)에 대한 상세한 분석이 필요하며, 제12장 현금흐름표 및 재무제표분석에서 종합적으로 다룬다.

제1절 현금및현금성자산

"만일 당신이 배를 만들고 싶다면, 사람들을 불러 모아 목재를 가져오게 하고 일을 지시하고 일감을 나눠주는 등의 일을 하지 말아라! 대신 그들에게 저 넓고 끝없는 바다에 대한 동경심을 키워줘라"

– '어린왕자' 중에서, 생텍쥐페리

기업 경영상 수시로 필요한 현금지출을 위해 적정수준의 현금지급 능력을 확보할 필요가 있다. 이는 곧 기업의 안정성을 확보하기 위한 '유동성관리'가 중요함을 시사한다. 제1절에서는 대표적인 유동자산인 당좌자산의 첫 번째 계정에 해당하는 현금및현금성자산을 설명한다.

그림 8-1 ▮ 유동자산

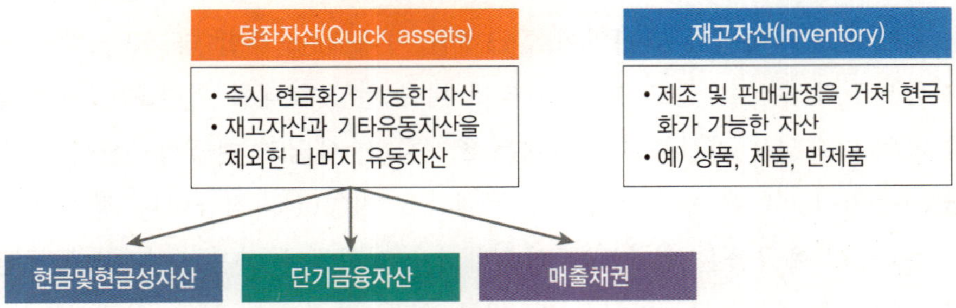

1.1 현금의 중요성

일반적으로 기업의 재무상태표에 기재되는 현금은 금액이 상대적으로 작아서 별로 중요하지 않은 자산이라고 오해할 우려가 있지만 실은 매우 중요한 자산이다.

현금의 중요성은 지불수단이라는 현금의 기능과 관련이 있다. 기업은 상품을 매입하거나 광고선전 등을 하는 경우에 그 대가로 현금을 지급해야 한다. 때로는 어음을 발행함으로써 현금의 지급을 뒤로 미루는 경우도 있지만 어음의 만기일이 도래하면 현금으로 지급해주어야 한다. 만일 이때 현금부족으로 어음을 막지 못하면 부도가 나고 자칫 경영권을 포기해야 하는 상황에 이르게 된다. 지불수단으로서의 현금은 기업의 부도상황이라는 최악의 사태를 막을 수 있는 중요한 수단이라는 점에서 '기업의 혈액(blood)'과도 같다고 흔히 비유된다.

본 절에서 알아야 할 내용은 ① 현금및현금성자산의 정의 ② 현금의 내부통제 ③ 소액현금제도 ④ 현금과부족 등이다.

1.2 현금및현금성자산의 정의

회계에서 현금(cash)은 지폐나 동전 등의 통화는 물론 타인발행수표와 같이 통화 대신으로 사용할 수 있는 증권(통화대용증권)도 아울러 포함한다.

타인발행수표란 은행이 발행한 자기앞수표나 거래처가 발행한 당좌수표를 말한다. 이러한 현금은 보관 중 분실가능성이 높다는 것과 그 자체로는 전혀 이익을 창출하지 못한다는 단점을 가지고 있다. 이에 기업에서는 당장 쓸 일이 없는 여유현금을 당분간 은행에 예금하거나 만기일이 곧(3개월 이내로) 도래할 타 회사 발행의 사채에 투자함으로써 수익을 얻고 있다. 따라서 비록 현금 형태를 취하고 있지는 않지만 현금과 거의 다름없는 자산들이 기업에는 존재한다. 예금과 현금성자산이 그것이다.

예금(cash in bank)은 당좌예금과 보통예금을 지칭(정기적금이나 정기예금은 제외됨)하는데, 이 예금들은 언제든지 인출하여 영업활동에 사용할 수 있다. 현금성자산(cash equivalents, 현금등가물)이란 비록 취득 당시에는 현금 형태가 아니지만 바로 그 취득시점에서 조만간 현금화될 예정인 자산을 말한다. 대개 큰 거래비용 없이 현금으로 전환이 용이하고 이자율변동에 따른 가치하락 위험도 크지 않은 금융상품으로서 취득 당시 만기일(또는 상환일)이 3개월 이내인 것을 현금에 준하는 자산이라는 뜻에서 현금성자산이라고 한다.

이상의 현금, 예금, 현금성자산은 비록 각기 다른 형태를 취하고는 있지만 경제적 관점에서 보면 모두 현금과 유사한 것으로 볼 수 있기 때문에 회계에서는 재무상태표 작성 시 이들 금액을 모두 합하여 현금및현금성자산이라는 단일계정으로 간결하게 기재하도록 하고 있다.

1.3 현금의 내부통제

특히 현금은 영업활동 중에서 유입 · 유출이 빈번하며 도난이나 유용의 위험이 높은 자산이다. 따라서 현금에 관련된 내부통제의 절차들을 살펴보는 것이 중요하다. 여기서 내부통제(internal control)란 기업 내에서 발생할 수 있는 모든 유형의 부정이나 오류를 사전에 예방하거나 혹은 발생 즉시 탐지하기 위하여 경영자가 회사 내부에서 채택하고 있는 모든 관리통제시스템을 포괄하는 개념이다. 특히 현금에 대한 내부통제는 현금의 유용, 부정이나 오류발생을 방지하고, 안전한 보관, 수입과 지출에 관한 정확한 회계기록의 유지, 적정한 현금수준을 유지하기 위한 수단을 말한다. 현금에 대한 내부통제의 기본요소에는 다음과 같은 통제절차가 포함된다.

- 현금과 관련된 업무의 분장
- 대금지급 시 증빙서류를 통한 그 정당성과 적법성의 확인
- 기업이 수취하는 모든 현금은 당일 내 은행에 입금
- 모든 지출은 수표를 발행하여 지급하되 소액의 일상적인 지출을 관리하기 위한 소액현금제도 운영
- 당좌예금에 대하여 정기적인 은행계정조정표 작성

1.4 소액현금제도

소액현금제도(petty cash system)란 일상업무를 수행하는 과정에서 빈번하게 발생하는 소액의 경비지급에 대해 당좌수표를 발행하지 않고, 당좌예금에서 일정액을 미리 인출하여 두었다가 즉시 현금으로 지급할 수 있게 하고, 지출내역을 파악할 수 있도록 해주는 현금지출업무 관리제도이다. 운용방법에 따라 정액기금전도제도와 부정액기금전도제도로 나뉜다.

■ 정액기금전도제도

사전에 당좌예금에서 일정액을 인출하여 소액현금으로 설정해 두었다가 경비로 지출된 금액만큼을 주기적으로 당좌예금에서 인출하여 보충해주는 방법이다. 보충

을 승인할 때는 지출영수증을 개별적으로 검토하고 동액을 지출내역에 따라 영업비용 등의 적절한 항목으로 동시에 회계처리하도록 승인함으로써 통제시스템이 작동하는 것이다. 소액현금기금의 보충을 승인하는 것은 곧 지출내역을 회계장부상에 기록하는 것을 승인하는 것이며, 이에 따라 분개장에 기록하게 된다.

예제 8-1 정액기금전도제도

(주)매직클린은 ₩300,000을 소액현금기금으로 설정하기 위해 수표를 발행하여 거래은행에서 현금을 인출하였다고 하자. 이때의 분개는 다음과 같다.

(차) 소액현금	300,000	(대) 당좌예금	300,000

(주)매직클린은 4월 1달 동안 총 ₩280,000을 소액현금기금에서 지출하였으며, 월말 시점에서 소액현금기금을 보충하려고 한다. 현금출납담당자가 보관하고 있는 지출영수증과 현금잔액은 다음과 같았다.

사무용품비	110,000	통 신 비	55,000
교 통 비	115,000	현금잔액	20,000

여기에서 보듯이 현금잔액(₩20,000)과 영수증금액의 합계(₩280,000)는 소액현금기금의 설정금액(₩300,000)과 같다. 이때 거래은행에 수표를 발행하여 소액현금기금의 사용액을 재충당하였다면 분개는 다음과 같다.

(차) 사무용품비	110,000	(대) 당 좌 예 금	280,000
통 신 비	55,000		
교 통 비	115,000		

소액현금기금이 보충되면 다시 소액현금기금의 잔액은 최초설정액 ₩300,000이 된다.

■ 부정액기금전도제도

소액현금이 소진되려고 할 때마다 수시로 필요한 금액을 보충해주는 방법이다.

1.5 현금계정의 조정 : 현금과부족

금고에 보관 중인 현금의 실제잔액은 장부잔액(=현금계정 차변잔액)과 항상 일치하는가? 현금거래는 매우 빈번하게 일어나는 관계로 자칫 기록의 누락이나 중복이 발생하기도 하며 때로는 도난이나 분실이 발생하기도 하기 때문에 실제잔액이 장부잔액과 일치하지 않는 경우도 있다.

양자 간에 차이가 있음이 발견되면 그 원인을 조사하는 동안 임시로 현금과부족 계정에 차액을 기록함으로써 일단 현금의 실제잔액에 장부잔액을 일치시킨다.

추후에 차이의 원인을 밝혀 현금과부족이라는 임시계정을 제거하여야 하며, 원인이 끝내 밝혀지지 않으면 결산일에 잡손실 또는 잡이익으로 처리한다.

예제 8-2 현금과부족 : 실제현금이 부족한 경우

아래 일련의 거래를 분개하시오.

(1) 현금의 실제잔액이 현금계정 잔액보다 ₩300,000 부족하다.

(2) 이 중 ₩200,000은 이자비용 지급한 것을 기록하지 않았기 때문인 것으로 밝혀졌다.

(3) 결산일까지 ₩100,000의 현금부족액은 원인이 밝혀지지 않았다.

풀이

(1)	(차) 현금과부족	300,000	(대) 현 금	300,000*
(2)	(차) 이 자 비 용	200,000	(대) 현금과부족	200,000
(3)	(차) 잡 손 실	100,000	(대) 현금과부족	100,000

* 현금부족액을 현금계정에서 차감하여 실제잔액에 장부잔액을 일치시킴.

1.6 당좌예금의 회계처리

(1) 당좌예금의 특징과 분개

현금은 도난이나 분실의 위험이 높고 그 자체로는 수익성이 없는 자산이다. 따라서 기업은 당장 필요하지 않은 현금의 경우 은행에 예금의 형태로 보관한다. 기업이 가장 많이 이용하는 예금은 당좌예금(checking account)이며, 이자가 전혀 없는 예금이다. 그럼에도 불구하고 기업이 당좌예금을 선호하는 이유는 다음과 같다.

첫째, 언제든지 인출이 가능하다. 따라서 금고에 있는 현금과 전혀 차이가 없다. 대신 은행은 이 예금액을 이용한 대출활동이 불가능한 만큼 당좌예금에 대하여는 이자를 지급하지 않는다.

둘째, 현금 필요시 은행에 찾아가서 현금을 인출하는 번거로움 없이 예금자는 자기 사무실에서 간단히 수표(당좌수표라 함)를 발행하여 거래상대방에게 지불할 수 있다. 거래상대방 역시 이 수표를 받아 자기의 거래은행에 예금하는 것으로서 현금 수수업무를 간단히 처리할 수 있다. 나머지 일은 은행이 모두 대신해주기 때문이다.

당좌예금 계좌에 예금을 하면 당좌예금계정 차변에 기록하고 당좌수표를 발행하여 거래상대방에게 지급할 때 대변에 기록한다. 실제로 은행의 당좌예금 계좌에서 인출되는 시점은 거래상대방이 그 수표를 은행에 제시하는 시점이겠지만, 기업은 편의상 당좌수표 발행시점에서 바로 차감을 한다. 조만간 은행에서 인출될 것이기 때문이다.

원칙적으로 당좌수표는 당좌예금 잔액의 범위 내에서만 발행되어야 하며, 잔액이 없는데도 수표를 발행하면 은행은 수표대금의 지급을 거절하게 되고 그 수표는 부도수표(dishonored check)가 된다. 부도수표에 대비하기 위한 목적으로 당좌차월이라는 제도가 시행되고 있는데, 이에 관해서는 다음에서 살펴보기로 한다.

☑ 1억원의 현금지급에 따른 불편 : 당좌수표의 빛나는 효과

상품매입대금 1억원을 당좌수표 아닌 현금으로 지급한다면 어떤 불편이 있을까?

1억원을 만원짜리 현금으로 세려면 10,000장을 세어야 한다. 람세스라는 소설책은 한 권에 대략 500페이지, 장수로 250장이다. 따라서 10,000장이란 이 소설책 40권을 낱낱이 세는 분량이다. 이것을 돈 건네주는 사람이 한 번 세고, 돈 받는 사람이 또 한 번 세고 한다면 한나절은 족히 지나갈 것이다. 중간에 누가 말이라도 걸거나 전화라도 걸려오는 날이면 낭패다. 이 한심한 작업을 처음부터 다시 해야 할지도 모르기 때문이다.

반면 당좌수표로 지급한다면 금액과 발행일을 적고 도장 한 번 찍으면 끝이다. 순식간에 끝난다. 더욱이 금액기록 시 오류가 발생해도 즉각 체크된다. 지급해야 할 금액이 10억원이라 하더라도 전혀 문제가 없다. 당좌예금 및 당좌수표 제도는 현대사회의 정말 빛나는 제도이다.

예제 8-3 당좌예금의 분개

다음 일련의 거래를 분개하고, 당좌예금 잔액을 계산하시오.

(1) 은행과 당좌거래약정을 맺고 현금 ₩600,000을 예금하다.

(2) 상품 ₩200,000을 매출하고 대금은 거래처 발행의 당좌수표로 받다.

(3) 위 당좌수표를 은행에 당좌예금하다.

(4) 상품 ₩500,000을 매입하고 대금은 수표를 발행하여 지급하다.

| 풀이 |

	차변	금액	대변	금액
(1)	(차) 당 좌 예 금	600,000	(대) 현 금	600,000
(2)	(차) 현 금*	200,000	(대) 매 출	200,000

*은행에 예금하기 전이므로 아직은 당좌예금으로 분개할 수 없음.

	차변	금액	대변	금액
(3)	(차) 당 좌 예 금	200,000	(대) 현 금	200,000
(4)	(차) 매 입	500,000	(대) 당 좌 예 금	500,000

이에 따라 당좌예금 잔액은 ₩300,000(=₩800,000 − ₩500,000)

수표발행액은 언제 자기 계좌에서 차감되는가?

국적이 다른 네 사람의 노(老) 기업가가 있었다. 프랑스인, 이탈리아인, 유태인, 스코틀랜드인이었으며, 이들은 절친하게 지냈다.

어느 날 모임에서 프랑스인 기업가가 한 가지 제안을 했다.

"우리들 중 누군가가 먼저 저 세상으로 가면 나머지 친구들이 관 속에 100달러씩 넣어주기로 함세. 저승까지 갈 노자가 필요할 테니까."

며칠 안 지나서 이 제안을 했던 프랑스인이 정말 저 세상으로 떠났다.

이탈리아인 친구는 눈물을 흘리며 빳빳한 새돈 100달러를 관속에 넣었다. 유태인은 수표용지를 꺼내 100달러를 쓰고 관속에 넣었다. 이를 지켜보던 스코틀랜드인은 수표용지에 무려 300달러나 쓰고 관속에 넣었다. 그리고는 다른 사람의 현금 100달러와 수표 100달러를 꺼내어 자기 지갑 속에 넣었다. 여러분이라면 어떻게 하겠는가?

(2) 당좌차월의 분개

당좌차월제도란 예금잔액의 범위를 초과하여 수표를 발행하더라도 일정 한도까지는 은행이 이를 부도처리하지 않고 수표대금을 지급해주는 제도를 말한다. 당좌차월제도를 이용하면 일시적 자금부족상태를 무사히 넘길 수 있다는 장점이 있는데, 이를 이용하려면 사전에 은행과 당좌차월계약을 맺고 예금잔액 없이 수표를 발행할 수 있는 한도를 약정하여야 한다.

당좌차월이 발생하면 당좌차월계정(當座借越計定, bank overdraft account)이라는 부채계정을 설정하여 대변에 기록한다. 당좌차월액은 단기차입금 성격의 부채이기 때문이다.

당좌차월액에 대하여 기업은 상환일까지의 기간에 해당하는 이자를 지불해야 한다. 그러나 기업은 대개 상환 당일에는 이자비용이 정확히 얼마인지를 알지 못하는 관계로 이자비용에 대한 분개를 뒤로 미룬다. 은행들은 보통 기업별로 지난 1개월간의 당좌예금 거래내역을 보여주는 은행계산서(bank statement)라는 보고서를 작성하여 기업에 우송해준다. 은행계산서에는 당좌차월액에 대하여 은행이 얼마의 이자비용을 기업의 당좌예금 계좌에서 차감했는지가 기록되어 있다. 따라서 기업은 이 은행계산서를 받는 시점에서 이자비용을 분개하면 된다.

(3) 당좌예금의 결산정리 : 은행계정조정표

기업이 기록하고 있는 당좌예금계정 잔액은 2억원인데 은행에서 보내온 은행계산서에는 기업의 계좌 잔액이 10억원으로 기록되어 있는 경우도 있다. 기업으로서는 무척 신나는 일일 것이다. 그러나 결코 기뻐할 이유는 없다. 은행이 이런 일에 오류를 범할 리는 거의 없기 때문이다.

기업의 장부상에 기록하고 있는 금액과 은행이 기록하고 있는 금액에 이처럼 차이가 나기도 하는 이유는 대부분 양측의 기록시점이 서로 다르기 때문이다.

예컨대 기업은 수표 발행 시에 즉시 당좌예금계정 대변에 기록하지만 은행은 수표가 제시되는 시점까지 계좌 잔액을 차감하지 않는다. 또한 은행은 당좌차월액에 대한 이자를 이자계산 시점에서 기업의 계좌 잔액에서 직접 차감하지만 기업은 통보받는 시점까지 차감하지 않는다.

이러한 불일치는 시간경과에 따라 자연스럽게 정리되지만 기말 재무상태표 작성 시점에서 만일 양자 간에 차이가 있다면 은행계정조정표를 작성하여 기말의 정확한 예금잔액을 파악한 후 이 금액으로 기록해야 한다는 것이다.

기업은 은행계산서상의 예금거래 내역과 자신의 당좌예금계정 기록내용을 대조하면서 불일치의 원인을 찾고 이에 기초하여 은행계정조정표(bank reconciliation statement)를 작성한다.

예제 8-4 당좌예금의 결산정리

12월 31일 현재 (주)매직클린의 당좌예금계정 잔액은 ₩300,000인데, 은행에서 보내온 은행계산서에는 (주)매직클린의 당좌예금 잔액이 ₩800,000인 것으로 기록되어 있었다. 불일치의 원인은 다음과 같았다.

① (주)매직클린이 12월 28일에 발행한 ₩600,000의 당좌수표가 은행에서 아직 인출되지 않았다.

② (주)매직클린이 12월 중에 이용했던 당좌차월액에 대하여 ₩100,000의 이자가 발생하였는데, 은행에서는 이를 (주)매직클린 계좌에서 차감하였으나 (주)매직클린은 아직 차감 기록하지 않았다.

| 물음 |

(1) 은행계정조정표를 작성하시오.

(2) (주)매직클린이 기말 재무상태표에 현금및현금성자산 과목에 포함시켜 보고해야 할 정확한 예금액과 결산정리분개를 하시오.

| 풀이 |

(1) 은행계정조정표

기업의 당좌예금계정		은행의 당좌예금계좌	
잔액	₩300,000	잔액	₩800,000
차감 : 이자비용	(100,000)	차감 : 미인출수표	(600,000)
기업의 정확한 잔액	₩200,000	은행의 정확한 잔액	₩200,000

(2) 당좌예금 잔액 : ₩200,000, 결산정리 분개*

(차) 이 자 비 용 100,000 (대) 당 좌 예 금 100,000

* 미인출수표에 대하여는 기업이 분개를 할 필요가 없다.

제2절 매출채권

매출채권(賣出債權)은 상품을 매출하면서 대금을 미래에 받기로 합의함에 따라 나타나는 권리로서 구두 약속에 의한 외상매출금(account receivables : A/R)과 어음을 받고 약속하는 받을어음(note receivables : N/R)으로 구성된다.

매출채권 = 외상매출금 A/R + 받을어음 N/R

매출채권은 특별히 중요한 계정인데, 첫째는 이들이 투자활동이나 재무활동과 같은 주변적 활동이 아닌 기업 본연의 중심적 활동, 즉 영업활동에서 나타나는 채권과 채무이기 때문이고, 둘째는 이들이 가까운 미래에 유입되거나 유출될 현금의 크기를 말해주는 것이기 때문이다. 기업의 미래 현금흐름에 관심을 갖는 정보이용자들에게는 본연의 중심적 활동으로부터 발생하는 현금흐름의 크기가 얼마나 될 것인가 하는 점이 매우 중요한 회계정보가 된다.

삼성전자의 '매출채권'에 대한 주석(일부)

현장탐구

- 매출채권은 정상적인 영업과정에서 판매된 상품 및 제공된 용역과 관련하여 고객으로부터 수취할 금액입니다.
- 매출채권의 회수가 1년 이내인 경우 유동자산으로 분류하고, 그렇지 않은 경우 비유동자산으로 분류합니다.
- 매출채권은 공정가치로 인식하며 손실충당금을 차감한 금액으로 측정하고 있습니다.
- 비유동자산으로 분류된 장기성매출채권은 유효이자율을 사용하여 현재가치로 평가하고 있습니다.

2.1 외상매출금

상품을 외상으로 매출하면 외상매출금계정 차변에 분개하고 현금으로 회수하면 외상매출금계정 대변에 분개한다. 그러므로 특정 시점의 외상매출금계정 차변 잔액은 그 시점에 존재하는 외상매출금 잔액을 나타낸다.

만일 매출한 상품에 하자가 있으면 판매대금의 일부를 에누리해주기도 하고, 그 하자가 중대한 경우에는 반품을 받아주기도 한다. 외상매출을 한 후에 에누리를 해주거나 반품을 받으면 외상매출금계정 대변에 분개하여 외상매출금을 감소시키는 한편, 같은 금액을 매출에누리와 환입계정 차변에 분개한다. 매출액에서 매출에누리와 환입계정 차변 합계액을 차감한 것을 순매출액(net sales)이라 하는데, 포괄손익계산서에는 이 순매출액을 기록하여야 한다.

2.2 받을어음

(1) 받을어음의 의미

상품을 매출할 때 현실에서는 단지 구두약속에 의한 외상매출보다 어음을 받고 매출하는 경우가 훨씬 더 많다. 상품 판매자가 구매자에게 어음을 요구하는 주된 이유는 채권을 법적으로 보장받기 위해서이다. 어음은 구두약속에 비해 법정에서 더 신뢰성 있는 증거가 된다. 이 점을 제외하고는 외상매출이나 어음매출이나 다를 바가 없다. 경제적 관점에서 보면 모두 상품대금을 외상으로 하는 것이기 때문이다.

상품을 매출하고 약속어음을 받으면 받을어음계정 차변에 기록하며, 만기일에 이를 현금으로 회수하면 받을어음계정 대변에 기록하여 채권을 제거한다.

어음에는 어음수취인, 만기일, 어음발행인(채무자)의 거래은행, 만기금액 등이 기재되어 있다. 일반적으로 어음의 만기일이 되면 어음수취기업은 받을어음을 자기의 거래은행에 당좌예금하는데, 그 이유는 은행이 이 어음에 기재된 어음발행인의 거래은행에 요구하여 대금을 회수한 후 어음수취기업의 당좌예금 계좌에 입금시켜 주기 때문이다.

그림 8-2 ▌ 약속어음 견본

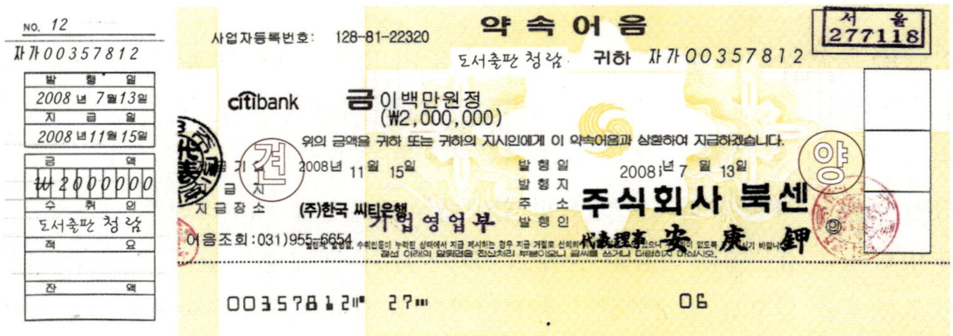
NO. 12
자가00357812
발행일 2008년 7월13일
지급일 2008년11월15일
금액 ₩2000000
수취인 도서출판 청람
적요
잔액

사업자등록번호: 128-81-22320
약 속 어 음
서울 277118
도서출판 청람 귀하 자가00357812
citibank
금 이백만원정 (₩2,000,000)
위의 금액을 귀하 또는 귀하의 지시인에게 이 약속어음과 상환하여 지급하겠습니다.
지급기일 2008년 11월 15일
지급지
지급장소 (주)한국 씨티은행 기업영업부
발행일 2008년 7월 13일
발행지
주소
발행인 주식회사 북센
代表理事 安庚鉀
어음조회 : 031)955-6654
00357812 27 06

☑ 금융상식 : 어음과 수표

어음은 신용수단, 수표는 지급수단
지급거절 시 어음은 적색 거래처로, 수표는 형사처벌 받아

① 어음은 신용수단(일정한 기일에 지급 약속)으로 만기일이 있으며 지급제시기간은 어음에 기재되어 있는 지급기일과 그로부터 2일이다. 어음이 지급거절된 경우(부도) 발행인은 은행 부도처분에 의해 은행과 거래정지 처분되고 적색 거래처로 관리되어 불이익을 당하나 형사처벌은 없다.

② 수표는 지급수단(현금 고액거래 시의 불편과 위험회피수단)이다. 수표가 지급거절될 경우 거래정지 처분에 따른 불이익과 부정수표 단속법에 의해 형사처벌도 받게 된다. 약속어음과 당좌수표는 발행금액에 제한이 없으나 가계수표는 장당 발행한도가 정해져 있다. 자기앞수표는 사고수표(도난 · 분실 등)가 아닌 한 지급이 보장된다.

(2) 받을어음의 할인과 양도

기업은 자금사정이 좋지 않은 경우에는 어음의 만기일까지 기다리지 않고, 만기일 전에 받을어음을 금융기관에 양도하거나 담보로 제공하고 만기가액에서 이자비용(할인료)을 차감한 금액을 현금으로 찾아쓰게 된다. 회계에서는 이를 다음과 같이 양도와 담보차입으로 구분하여 처리한다.

① 받을어음(매출채권)의 양도

매출채권이나 받을어음에 대한 권리의무가 양도인과 분리되어 실질적으로 이전되는 때에는 매각거래로 간주한다. 이 경우 양도한 부분을 받을어음이나 매출채권에서 차감하고, 양도한 부분의 장부가액과 양도가액과의 차이를 매출채권처분손실(할인료)로 인식한다. 만약 매출채권의 소유에 따른 위험과 보상의 실질적 이전을 수반하지 않는다면 '담보차입거래' 로 처리한다.

② 받을어음(매출채권)의 담보차입

양도거래 이외에는 받을어음을 담보로 제공하고 자금을 조달하는 차입거래로 간주하고, 담보로 제공된 부분을 단기차입금으로 기록한다.

실질적 이전요건이란?

여러분이 아끼던 태블릿을 친구에게 ₩150,000을 받고 팔았다고 가정해보자. 이 경우에 권리와 의무의 실질적 이전요건을 적용해보도록 하자.

① 양도인(판 사람)은 양도자산에 대한 권리를 행사할 수 없다 : 태블릿에 담겨있는 데이터를 지우든 말든 친구의 선택에 달려 있다.
② 양수인(산 사람)은 양도한 자산을 자유롭게 처분할 수 있는 권리를 가진다 : 친구가 설령 태블릿을 다른 친구에게 팔더라도 어쩔 수 없다.
③ 양도인은 채권 양도 후에 실질적 통제권을 행사할 수 없다 : 친구가 태블릿을 어떻게 사용하든 더 이상 간섭할 수 없다.

(3) 매출채권처분손실 또는 이자비용(할인료)의 계산

① 무이자부어음

액면가액을 만기에 받게 되므로 만기 이전에 양도하거나 할인하는 경우 양도나 할인한 시점부터 만기까지 기간 동안의 이자비용(금융기관의 할인료 또는 매출채권처분손실액)을 차감하여 현금을 수취하게 된다.

② 이자부어음

어음상에 이자율이 표시되어 있는 이자부어음의 경우에는 만기 결제시점에 어음의 액면가에 추가하여 만기까지의 기간 동안의 이자를 받을 수 있다. 따라서 이자부어음을 만기 이전에 할인하거나 양도하더라도 할인 또는 양도한 시점까지의 이자수익은 양도자의 몫이므로 이를 수익으로 인식해야 한다. 그리고 그 이자수익에 해당되는 금액만큼 매출채권(받을어음)의 가액이 증가될 것이다. 따라서 양도나 할인한 시점에 어음의 장부금액(증가된)과 양수자나 금융기관이 실제 지급하는 금액과의 차이가 바로 할인료(이자비용) 또는 매출채권처분손실이 된다.

그렇다면 금융기관 또는 매출채권의 양수자는 얼마의 현금을 지급하고 매출채권을 인수할까? 은행의 입장에서는 어음을 할인한 시점에 현금으로 대출해주고, 어음의 만기가액(어음의 액면가에 어음기간 동안의 이자가 가산된)을 어음발행자로부터 상환받는 것이다. 따라서 할인한 시점부터 만기까지의 기간동안 은행의 할인율을 만기가액에 적용한 이자비용을 만기가액에서 차감하여 현금을 내주게 될 것이다. 다음 예제를 통하여 이를 연습해보도록 하자.

예제 8-5 무이자부어음의 할인(매각거래와 차입거래)

(주)현대오토는 매출채권의 결제대금으로 받은 90일 만기 액면가 ₩100,000인 무이자부어음을 발행일로부터 30일이 지난 후에 은행으로부터 연이자율 15% 조건으로 할인하고 할인료를 제외한 잔액을 현금으로 받았다.

▌풀이 ▌

이자부어음이든 무이자부어음이든 채권에 대한 권리가 실질적으로 이전된 것이라면 매출채권을 감소시켜주고(무이자부어음일 경우), 다음과 같이 계산하여 어음을 할인하고 받은 현금(₩97,500)과 수취채권의 액면가액(₩100,000)의 차액을 매출채권처분손실(이자비용)로 처리해주면 된다.

매출채권처분손실 또는 이자비용(할인료) : $100{,}000 \times 15\% \times \frac{60}{360} = 2{,}500$

	매각거래로 보는 경우	차입거래로 보는 경우
무이자부어음	(차) 현 금 97,500 (대) 매출채권 100,000 매출채권처분손실 2,500	(차) 현 금 97,500 (대) 단기차입금 100,000 이자비용 2,500

예제 8-6 이자부어음의 할인(매각거래와 차입거래)

(주)현대오토는 매출채권의 결제대금으로 받은 90일 만기 액면가 ₩100,000인 이자부어음(액면표시이자율 연 12%)을 발행일로부터 30일이 지난 후에 은행으로부터 15%의 할인율을 적용하여 할인하고 할인료를 제외한 잔액을 현금으로 받았다.

| 풀이 |

이자부어음이므로 소지하고 있던 기간 동안(30일간)의 이자가 붙어 증가된 어음의 장부금액(₩101,000)에서 어음을 할인하고 수취한 금액(₩100,425)의 차액을 매출채권처분손실(이자비용)로 계상해야 한다. 이자부어음의 회계처리를 단계별로 살펴보자.

〈1단계〉

할인한 시점에 어음은 얼마의 가치가 있을까? 어음액면가액(₩100,000) + 보유하고 있던 30일간의 이자(₩1,000 = ₩100,000 × 12% × $\frac{30}{360}$) = ₩101,000

〈2단계〉

은행의 입장에서 생각해보면 쉽다. 즉, 어음을 할인한 시점에 일정액을 대출해주고, 어음의 만기가액을 상환받는 것이므로 은행의 할인율을 만기가액에 적용한 이자비용 단큼을 만기가액에서 차감하여 대출한다. 따라서 어음을 할인하고 수취한 금액은 어음의 만기가액(90일) ₩103,000(액면가액 ₩100,000 + 이자 ₩3,000)에서 60일간의 할인료(₩103,000 × 15% × $\frac{60}{360}$)인 ₩2,575을 차감한 금액인 ₩100,425(₩103,000 − ₩2,575)이다.

	매각거래로 보는 경우				차입거래로 보는 경우			
이자부어음	(차) 현 금	100,425	(대) 매출채권	100,000	(차) 현 금	100,425	(대) 단기차입금	100,000
	매출채권처분손실	575	이자수익	1,000	이자비용	575	이자수익	1,000

2.3 매출채권에 대한 손상

(1) 손상의 의미

손상에 대한 회계처리는 외상매출금과 받을어음에 동일하게 적용되므로 여기에서는 외상매출금과 받을어음을 통칭하는 매출채권에 대한 회계처리로 설명하기로 한다. 기말잔액시산표상의 매출채권계정 잔액은 기업이 회수할 수 있는 금액을 나타내지만 현실적으로는 이 중 일부만 회수되고 일부는 회수되지 못하는 것이 일반적이다. 일부 떼이는 돈이 있기 때문이다.

이런 사실을 무시하고 매출채권을 아무런 수정없이 그대로 재무상태표에 기록하면 이는 자산을 과대표시하는 결과가 된다. 또한 당기의 외상매출활동에 따라 필연적으로 발생할 비용(=일부 떼일 돈)을 당기의 포괄손익계산서에 기록하지도 않게 되어 당기순이익을 과대표시하는 결과도 된다. 결과적으로 재무상태표와 포괄손익계산서 모두를 잘못 작성하게 되어 정보이용자들에게 잘못된 회계정보를 제공하게 된다. 이런 관점에서 매출채권에 대한 기말 결산정리분개가 필요한 것이다.

매출채권 가운데 거래처의 부도나 파산 등으로 회수불능이 될 것으로 예상되는 경우, 그러한 금액을 기대신용손실(expected credit loss)이라고 한다. 이 금액은 재무상태표상 손실충당금으로 인식되며, 손실충당금은 매출채권의 차감계정으로 표시된다. 이러한 손실충당금의 당기 증가액은 포괄손익계산서상 손상차손(당기비용)으로 보고한다. 매출채권을 비롯한 미수금, 대여금 등의 수취채권에 대한 손상 회계처리도 동일하다. 간단한 사례를 통해 학습해보도록 하자.

☑ 대손상각비와 대손충당금은?

이제 더이상 '대손상각비'와 '대손충당금'이라는 용어는 사용하지 않게 된답니다. 왜냐하면 K-IFRS 1109호 금융자산이 2019년부터 적용되었기 때문에 대손상각비는 '손상차손'으로, 대손충당금은 '손실충당금'으로 개명하게 된 것입니다.

(주)매직클린의 20×2년 12월 31일 매출채권의 잔액은 ₩300,000이었다. 거래처 중 한 곳이 재무구조조정의 가능성이 높은 상태가 되어 ₩13,000은 회수될 가능성이 아주 낮은 것으로 예상되어 손실충당금을 설정하는 방법으로 손상차손을 인식하기로 하였다면 다음과 같이 회계처리한다.

(차) 손상차손	**13,000**	(대) 손실충당금	**13,000**

이 경우 재무상태표에서는 다음과 같이 표시될 것이다.

매출채권	300,000	
(손실충당금)	△13,000	287,000

위와 같이 충당금설정법에 의해 회계처리하는 경우에는 실제로 손상이 확정된 경우 매출채권을 완전히 제거해주어야 한다. 만일 위에서 손상차손을 인식한 매출채권이 20×3년 1월 31일 손상이 확정되었다면 다음과 같이 회계처리한다.

(차) 손실충당금	**13,000**	(대) 매출채권	**13,000**

가능성은 희박하지만 손상처리한 매출채권의 불확실성이 완전히 해결되거나 현금으로 회수한 경우에는 다음과 같이 회계처리한다.

■ 회수 불확실성이 해결된 경우

(차) 매출채권	**13,000**	(대) 손실충당금	**13,000**

■ 정상적으로 매출채권을 현금으로 회수한 경우

(차) 현 금	**13,000**	(대) 매출채권	**13,000**

☑ 손상가능성을 고려하면 어음은 손때 묻고 구겨진 것이 더 좋다?

상품을 매출하고 대금을 어음으로 받을 때는 빳빳한 새 어음을 달라고 하는 것이 좋은가, 아니면 손때 묻고 구겨진 어음을 달라고 하는 것이 좋은가?

어음도 처음 발행될 때는 빳빳한 새 어음일 것이다. 그후 여러 사람의 손을 거치면서 배서양도가 이루어지면 어음 뒷면에 양도자들의 이름이 기재된다. 이 어음이 부도날 경우를 생각하면 대신 갚아줄 사람이 있는, 손때 묻은 어음일수록 더 좋다는 것이 현실적이다.

어음이 부도가 나면 어음소지인은 배서인, 발행인 등에게 상환청구권(소구권, with recourse)을 갖는다.

한편, 위 충당금설정법에서는 기말 현재 손실충당금계정 잔액을 ₩'0' 으로 가정하여 회계처리한 것이다. 만일 손실충당금계정의 대변에 예컨대 ₩10,000의 잔액이 남아 있다면 결산정리분개는 어떻게 해야 할까?

기말에 회수가 불확실할 것으로 인식한 금액이 ₩30,000인데 손실충당금계정 대변에 ₩10,000의 잔액이 남아 있으면 다음과 같이 분개하여 그 차액인 ₩20,000을 손실충당금계정 대변에 추가하면 된다.

(차) 손상차손	**20,000**	(대) 손실충당금	**20,000**

반면에 손실충당금계정 대변에 ₩70,000의 잔액이 남아 있는 상태에서 기말에 매출채권의 회수가능성을 검토한 결과 손실충당금으로 인식할 금액이 ₩30,000이라면 이 금액과 일치되도록 아래와 같이 조정해주어야 한다.

(차) 손실충당금	**40,000**	(대) 손실충당금환입	**40,000**

위 분개에서 손실충당금환입이란 전기 말에 설정했던 손실충당금이 과다한 관계로 이제 손실충당금계정에서 꺼낸다는 의미를 갖는 것이며, 포괄손익계산서의 기타수익 항목으로 보고한다.

윤리이슈 **회계의 빛과 그림자**

손상 및 손실충당금과 이익의 왜곡

장비 제조업체의 회계부장인 김철수는 회사의 은행 대출약정에 유동비율(=유동자산/유동부채)이 최소 1.25 이상 되어야 한다는 걸 알고 있다. 최근 회사는 대규모 거래처 두 곳이 도산하게 될 가능성이 높아 외상매출금 중 약 10%만이 회수될 것으로 예상하고 있다. 그 결과, 현재 설정된 손실충당금은 지나치게 적고 매출채권계정 또한 과대계상되어 있는 상황이다.

현재 예상은 유동자산 125억원 그리고 유동부채는 100억원으로 간신히 약정비율인 1.25를 맞추고 있다. 그러나 도산한 두 기업의 채권회수 가능성을 제대로 감안할 경우 줄어들 유동비율 수치를 염려한 김철수 부장은 조영호 대리에게 어차피 손상은 내년도에 확정될(즉, 떼일지 아니면 운좋게 회수될지 알게 될) 것인 바 이번 결산기에 손실충당금 잔액은 그대로 놔두어도 무방할 것이며 이사회 역시 이러한 판단에 동의할 것이라고 말했다.

실제 내년도 승진을 염려한 조 대리는 마지 못해 부장의 지시를 따르기로 했다.

〈물음 1〉 이사회가 동의할 것으로 생각한 이유는 무엇인가?
〈물음 2〉 이러한 회계처리가 과연 타당한가?
〈물음 3〉 이러한 회계처리 결과 작성된 재무제표가 적정하지 않은 것으로 감사의견이 표명된다면 누가 책임져야 하는가?

제3절 기타유동자산

아래에서는 지금까지 설명한 현금및현금성자산, 매출채권 이외의 기타 채권에 대하여 살펴본다. 이들은 금액이 비교적 작기 때문에 중요성이 떨어지는 항목이기는 하지만 기업의 일상적 영업활동에서 빈번히 발생하고 소멸하는 것이므로 잘 알아둘 필요가 있다.

한편, 아래에 나오는 채권들에 대하여도 회수가능성을 검토하여 손실충당금 및 손상차손을 인식할 필요가 있다.

(1) 대여금

기업이 여유자금을 다른 기업이나 거래처에 대여할 수 있으며 이 경우에는 자산계정인 대여금(貸與金)계정 차변에 기록한다. 이러한 대여는 구두약속에 따라 이루어지는 경우도 있고 차용증서나 어음을 주고받으며 이루어지는 경우도 있는데, 어느 경우든 그 경제적 실질이 현금의 대여이므로 모두 대여금계정에 기록한다.

대여기간이 재무상태표를 작성하는 날로부터 1년 이내인 것은 단기대여금으로 기록하고, 1년 이상인 것은 장기대여금(투자자산)으로 표시한다.

(2) 선급금

상품의 매매 시에 선금 또는 계약금이 오가는 경우가 많다. 상품의 수요가 공급보다 많을 때는 이런 현상이 흔히 발생한다. 상품을 매입하기로 계약하고 대금 일부를 미리 건네면 선급금(先給金)계정 차변에 기록한다. 선급금은 상품이나 용역을 공급받을 권리를 나타내는 자산계정이며, 후에 상품이나 용역을 공급받는 시점에서 매입대금과 상계한다.

(3) 미수금

상품과 같은 재고자산 이외의 비품, 건물, 토지 등과 같은 유형자산을 외상으로 매각할 때 발생하는 채권은 자산계정인 미수금(未收金)계정 차변에 기록한다. 한 가지 유의해야 할 점은 구두약속에 의한 외상거래뿐만 아니라 어음을 주고받는 경우에도 이를 미수금계정에 기록한다는 점이다.

(4) 가지급금

현금의 지출이나 수입은 있었지만 계정과목이나 금액을 확정할 수 없는 경우가 있는데, 이때는 이들을 일단 가지급금이라는 임시계정에 기록해 두었다가 후에 계정과목이나 금액이 확정되는 시점에서 해당 계정으로 옮긴다. 현금의 지출이 있을 때는 자산계정인 가지급금(假支給金)계정의 차변에 기록한 다음 외부보고용 재무상태표를 작성할 때는 정확한 계정과목과 금액을 찾아내어 표시하여야 한다.

(5) 가불금

기업은 종업원의 요구에 따라 급여 일부를 미리 선불하는 경우가 있는데 이를 임시적 자산계정인 가불금(假拂金)계정으로 처리하였다가 재무상태표에는 선급비용(또는 단기대여금)으로 기재한다.

제4절 금융자산의 이해와 당기손익금융자산의 회계처리

4.1 금융자산의 정의 및 금융자산의 분류

금융자산(financial asset)이란 앞서 소개한 현금및현금성자산, 수취채권, 대여금과 같은 당좌자산은 물론, 단기투자목적으로 보유하고 있는 각종 유가증권(보통주나 우선주 등의 지분상품과 국·공채나 회사채 등의 채무상품), 금융기관이 취급하는 금융상품(양도성 정기예금증서, 펀드, 기타 정형화된 금융상품)을 말한다.

기업은 상품 또는 제품 판매라는 본연의 영업활동과정에서 창출된 여유자금을 활용하여 유가증권에 투자하기도 한다. 경영의 3대 기능 중 하나인 투자활동(investing)의 결과로 보유하게 되는 금융상품은 보유의도와 기간에 따라 1년 이내의 경우 유동자산(즉, 당좌자산 중 단기금융상품 계정)으로 1년 이상의 경우 비유동자산(투자자산 중 장기금융상품)으로 구분된다. 또한 보유하는 증권의 유형이 주식 형태이면 지분증권으로 회사채나 국채와 같은 채권 형태이면 채무증권으로 분류된다([그림 8-3] 참조).

그림 8-3 ▮ 당좌자산과 투자자산으로서의 금융자산

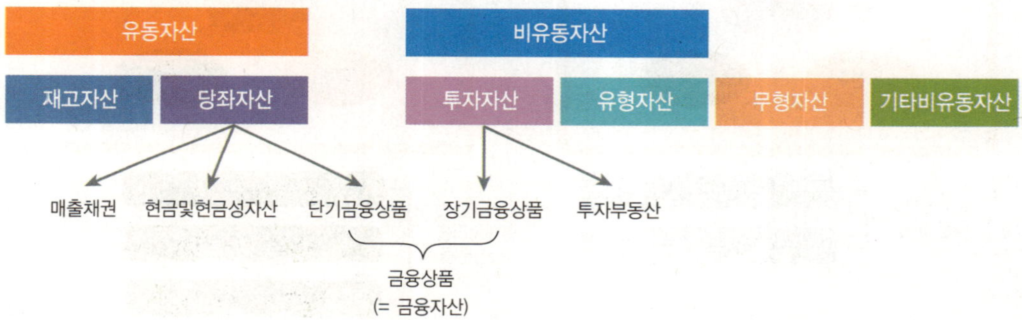

4.2 금융자산의 회계처리를 위한 분류

금융자산은 다른 회사의 주식과 채권 등의 유가증권과 금융기관이 취급하는 투자상품을 의미하는데 재무제표상 분류 및 회계처리를 목적으로 3가지로 분류된다([그림 8-4] 하단 참조). 이 경우 동일한 회사의 주식이나 채권이라고 하더라도 분류된 범주별로 구분하여 회계처리한다는 점에 유의할 필요가 있다. 다음에는 3가지로 분류되는 금융자산을 요약 · 소개하며 본 장에서는 유동자산에 속하는 당기손익금융자산의 회계처리를 다루고 나머지 기타포괄손익금융자산 회계처리는 본 장의 부록에서, 상각후원가금융자산의 회계처리는 제10장 부채에서 다룬다.

① 당기손익-공정가치측정금융자산 : 유동자산에 속함(당좌자산)

기말에 공정가치로 평가하여 공정가치변동분을 당기손익에 반영하는 금융자산

그림 8-4 ▮ 금융자산의 분류

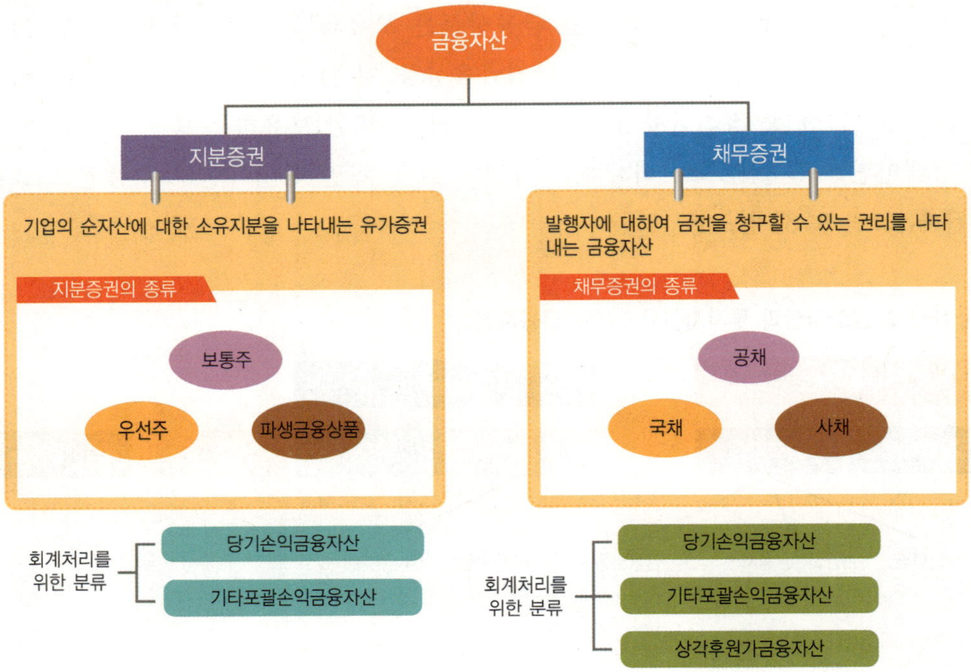

(이하 당기손익금융자산)

- 당기손익인식지정금융자산 : 최초 취득시점에 공정가치변동분을 당기손익으로 인식하는 조건을 충족하여 당기손익인식항목으로 지정한 유가증권으로 회사채, 국 · 공채와 같은 채무상품과 주식 등의 지분상품이 해당된다.
- 단기매매금융자산 : 금융기관이 단기적 시세차익을 얻기 위하여 취득한 유가증권과 파생상품 및 금융기관이 취급하는 투자상품을 말한다. 따라서 금융업을 제외한 서비스업, 상품매매업, 제조업의 경우에는 이러한 항목으로 분류되는 경우는 드물다.

② 상각후원가측정금융자산 : 비유동자산에 속함(투자자산)

만기가 고정되고 계약상 현금흐름이 원금과 이자만으로 구성된 회사채, 국 · 공채와 같은 금융상품으로 만기까지 보유할 적극적인 의도와 능력이 있는 경우의 금융자산을 말한다(이하 상각후원가금융자산). 주식과 같은 지분상품은 만기가 없기 때둔에 상각후원가금융자산으로 분류할 수 없으며, 상각후원가금융자산은 기말에 공정가치로 평가하지 않는다는 점을 유의해야 한다.

③ 기타포괄손익-공정가치측정금융자산 : 비유동자산에 속함(투자자산)

기업에서 현금이 필요할 경우 또는 원하는 수준의 투자수익을 달성했다고 판단하여 언제든지 처분하여 현금화할 수 있도록 매도가능항목으로 지정한 채무상품과 지분상품을 말한다(이하 기타포괄손익금융자산). 여기에는 위의 2가지 분류에 포함되지 않는 금융상품이 전부 여기에 해당한다고 보면 이해하기 쉽다. 단, 기타포괄손익금융자산은 기말에 공정가치로 평가하고 평가손익은 기타포괄손익으로 보고한다.

4.3 당기손익금융자산의 취득, 평가, 처분 및 배당금수익

당기손익금융자산을 취득하기 위해 대부분 은행이나 증권회사를 이용한다. 그러므로 당기손익금융자산의 취득에는 증권 자체의 순수구입대금 외에 증권회사에 대한 중개수수료를 추가로 지불하여야 한다. 이때 순수구입대금 외에 추가적으로 발생하는 매입부대비용은 당기 비용으로 처리한다.

한편 유가증권에 투자하는 기업들은 한 종류의 주식만을 구입하였다가 주가가 현저히 떨어지는 경우의 위험을 회피하기 위해서 여러 종류의 주식을 섞어서 구입한다. 이처럼 위험회피 목적에서 여러 종류의 주식으로 구성된 유가증권군(群)을 포트폴리오(portfolio)라고 부른다.

만일 당기손익금융자산의 보유 중에 기말시점을 맞이할 경우 재무상태표에 당기손익인식금융자산을 취득원가와 기말 공정가치 중 기말 공정가치로 기록해야 한다. 여기서 공정가치란 "합리적인 판단력과 거래의사가 있는 독립된 당사자 간에 거래될 수 있는 교환가격"을 말한다. 증권거래소나 코스닥시장에서 거래되고 있는 시장성있는 유가증권의 경우에는 시장가격이 곧 공정가치가 된다.

당기손익금융자산을 공정가치로 평가할 경우 기말의 공정가치가 취득원가보다 상승한 경우에는 상승액을 당기손익금융자산계정 차변에 가산하고, 동액을 당기손익금융자산평가이익계정 대변에 기록한다. 반면에 공정가치가 하락한 경우에는 하락액을 당기손익금융자산계정 대변에 기록하고, 동액을 당기손익금융자산평가손실로 기록한다.

예제 8-7 당기손익금융자산의 공정가치평가

20×1년 중 취득하여 20×1년 12월 31일 현재 보유 중인 당기손익금융자산에 관한 자료는 다음과 같다. 결산정리분개를 하시오.

	취득원가	20x1년말 공정가치
A주식	₩200,000	₩270,000
B주식	₩250,000	₩210,000

❙ 풀이 ❙

20×1년말

(차) 당기손익금융자산(A주식)	70,000	(대) 당기손익금융자산평가이익	70,000
(차) 당기손익금융자산평가손실	40,000	(대) 당기손익금융자산(B주식)	40,000

당기손익금융자산은 취득목적이 단기간 내의 매매차익에 있기 때문에 기업은 이의 처분을 통하여 투자이익을 얻게 된다. 이때 당기손익금융자산의 처분대가가 장부가액보다 크면 처분이익이, 반대로 작으면 처분손실이 발생한다. 처분손익은 앞서의 평가손익과 마찬가지로 포괄손익계산서에 기타수익(비용) 또는 영업외수익(비용으로 기록한다.

한편 당기손익금융자산의 발행회사로부터 배당금을 받는 경우도 있다. 따라서 비록 짧은 보유기간 중에도 발행회사의 결산일이 중간에 포함되어 있다면 실제 배당금지급일에 더 이상 당해 주식을 보유하고 있지 않더라도 현금배당을 받을 수 있다. 현금배당을 받았을 때는 배당금수익계정 대변에 기록하며 포괄손익계산서에 기타수익 또는 영업외수익으로 보고한다.

예제 8-8 당기손익금융자산의 처분

20×2년 2월 5일에 보유 중인 당기손익금융자산으로부터 배당금 ₩40,000을 현금으로 수취하였다. 이후 이 금융자산을 모두 처분하고 현금 ₩590,000을 받았는데 당기손익금융자산의 직전년도말 장부가액은 ₩520,000이었다. 적절한 회계처리를 하시오.

풀이

(차) 현 금	40,000	(대) 배당금수익	40,000
(차) 현 금	590,000	(대) 당기손익금융자산	520,000
		당기손익금융자산처분이익 (영업외수익 또는 기타수익)	70,000

부록 A 기타포괄손익금융자산과 공정가치평가

기타포괄손익-공정가치측정금융자산(이하 기타포괄손익금융자산)을 취득하면 취득원가를 기타포괄손익금융자산계정 차변에 기록한다. 여기서 취득원가라 함은 제공한 대가의 시장가격에 매입부대비용을 가산한 금액을 말한다.

기타포괄손익금융자산의 주된 회계이슈는 기말에 보유한 주식이나 채권을 기말의 공정가치로 기록하는 것이다. 과거의 취득원가보다는 결산일의 공정가치가 기업의 미래 현금흐름에 관심이 있는 외부정보이용자들에게 보다 더 유용한 정보라고 보기 때문이다. 이때 기말 공정가치가 장부금액보다 상승한 경우에는 상승액을 **기타포괄손익금융자산계정** 차변과 **기타포괄손익금융자산평가이익계정** 대변에 기록하고, 하락한 경우에는 하락액을 기타포괄손익금융자산계정 대변과 **기타포괄손익금융자산평가손실계정** 차변에 기록한다.

■ 상승한 경우

(차) 기타포괄손익금융자산 ××× (대) 기타포괄손익금융자산평가이익* ×××

■ 하락한 경우

(차) 기타포괄손익금융자산평가손실* ××× (대) 기타포괄손익금융자산 ×××

* 포괄손익계산서의 기타포괄손익으로 표시하고, 재무상태표의 기타자본구성요소 중의 기타포괄손익누계액에 반영한다. 이 과정을 보여주기 위해 다음의 [예제 A-1]에서는 마감분개를 추가하였다.

주식보유와 이익관리 : 경영자의 선호

20% 미만의 타사 발행 보통주식을 취득하는 경우(일명, 'passive 투자') 대부분의 경영진은 가능하면 이런 주식을 당기손익금융자산 대신에 기타포괄손익금융자산으로 처리하기를 희망한다. 왜냐하면 당기손익금융자산의 경우 주가변동에 따른 미실현 보유이익 또는 손실을 당기순이익에 직접 반영해야 하는 반면에 기타포괄손익금융자산으로 처리하는 경우 기타포괄손익으로 처리하기 때문에 당기순이익의 변동성을 줄이는 효과를 갖기 때문이다.

그러나 부지런한 분석가라면 재무상태표의 주석사항을 검토함으로써 이러한 경영자의 행동을 꿰뚫어 볼 수 있을 것이다.

여기서 반드시 유의해야 할 점은 당기손익금융자산으로 분류된 주식이나 채권의 평가손익은 당기 손익항목으로서 바로 포괄손익계산서의 당기순손익을 구성한다. 그러나 기타포괄손익금융자산으로 분류된 주식이나 채권의 평가손익은 당기순손익 다음 단계의 기타포괄손익구분에 표시되어 총포괄손익을 구성하고, 재무상태표의 자본에 누적적으로 기록한다는 점이다. 바로 이점에서 '손익계산서'의 명칭도 '포괄손익계산서'로 부르게 된 것이다.

여기서 '누적적으로 기록한다'는 말의 의미는 전년도 말에 ₩1,000의 평가이익을 기록한 바 있는데 이번 기말에 주식가격이 또 상승하여 ₩2,000의 평가이익이 발생할 경우 누적하여 재무상태표 자본부분에 '기타포괄손익누계액' ₩3,000으로 기록해야 한다는 것이다. 만일 기타포괄손익금융자산평가손실이 발생하면 이를 상계하고 나머지 잔액만을 '기타포괄손익누계액'으로 표시하여야 한다.

예제 A-1 기타포괄손익금융자산의 취득, 결산정리, 배당금수익

다음 일련의 거래를 금융자산보유자인 (주)도시어부의 입장에서 분개하시오.

(1) 20×1년 5월 1일 (주)도시어부는 장기투자이익을 목적으로 (주)현대오토의 보통주를 ₩300,000(발행주식의 10%)에 취득하고 거래수수료 ₩10,000과 함께 모두 수표를 발행하여 지급하고, 기타포괄손익금융자산으로 회계처리하였다.

(2) 20×1년 12월 31일 현재 (주)현대오토 주식의 공정가치는 ₩370,000이다.

(3) 20×2년 4월 5일에 (주)현대오토는 총 ₩400,000의 현금배당을 지급하기로 결의하였으며, (주)도시어부는 이 중 자신의 지분율(10%)에 해당되는 배당금을 받았다.

(4) 20×2년 12월 31일 현재 (주)현대오토 주식의 공정가치는 ₩280,000이다.

풀이

(1) 취득시점

(차) 기타포괄손익금융자산	310,000	(대) 당 좌 예 금	310,000

(2) 20×1년말 결산정리분개 : 공정가치 변동 반영

(차) 기타포괄손익금융자산	60,000	(대) 기타포괄손익금융자산평가이익 (기타포괄손익)	60,000

(마감분개)

(차) 기타포괄손익금융자산평가이익 (기타포괄손익)	60,000	(대) 기타포괄손익누계액 (재무상태표 자본)	60,000

(3) 20×2년 현금배당 수취시점

(차) 현 금	40,000	(대) 배당금수익	40,000

(4) 20×2년말 결산정리분개 : 공정가치 변동 반영

(차) 기타포괄손익금융자산평가손실 (기타포괄손익)	90,000*	(대) 기타포괄손익금융자산	90,000

(마감분개)

(차) 기타포괄손익누계액 (재무상태표 자본)	90,000	(대) 기타포괄손익금융자산평가손실 (기타포괄손익)	90,000

* 20×2년도 하락폭은 ₩90,000이며 이는 당기의 기타포괄손익에 반영된다. 이후 마감분개를 통하여 자본의 기타포괄손익누계액에 반영되어 계정잔액은 ₩30,000으로 표시된다.

기타포괄손익금융자산평가손익과 당기손익금융자산평가손익의 처리를 이처럼 다르게 규정한 이유는 평가손익의 실현시기가 양자 간에 현저히 다르기 때문이다. 즉 단기간 후에 처분될 당기손익금융자산은 평가손익이 가까운 미래에 실현될 것이 기대되는 반면 기타포괄손익금융자산은 그렇지 않기 때문이다.

한편 기타포괄손익금융자산을 보유하고 있는 중에 주식의 발행회사로부터 현금배당을 받는 경우에는 그 시점에서 배당금수익으로, 채권의 발행회사로부터 이자를 수취하는 경우에는 이자수익으로 당기의 영업외수익 또는 기타수익으로 보고한다.

기타포괄손익금융자산의 회계처리 요약

① 취득시점 : 취득원가로 기타포괄손익금융자산계정 차변에
② 결산시점 : 공정가치 변동에 따른 평가손익은 기타포괄손익금융자산평가손익(기타포괄손익항목)
③ 배당 또는 이자수익 수취시점 : 배당금수익, 이자수익(기타수익 또는 영업외수익)

Tips for Self Study

- 교과서 연습문제 [7] : 손상차손 및 손실충당금 관련 회계처리에 익숙해지기
  [8] : 회계원리에서 넘어야 할 산 '기타포괄손익금융자산'의 회계처리에 대한 맛보기 문제는 부록 참조.
- Study Guide [문5], [문6] : 회계실무의 현장감을 은행계정조정표와 매출채권에 대한 손상(및 손실충당금) 회계처리에서 경험하기!

연|습|문|제

[1] 아래 괄호에 알맞은 단어나 영어로 된 용어(英 :   )를 기재하시오.

(1) 당기손익금융자산의 취득에는 증권 자체의 순수구입대금 외에 증권회사에 대한 중개수수료를 추가로 지불하여야 한다. 이때 순수구입대금 외에 추가적으로 발생하는 모든 비용은 (당　　　)으로 처리한다.

(2) 당기손익금융자산평가손익은 당기순손익을 구성하지만, 기타포괄손익금융자산평가손익은 당기순손익 다음 단계의 (기　　　손익)에 표시되어 총포괄손익을 구성하는 점이 다르다.

(3) 회계에서 (　　)으로 간주하는 것은 통화와 통화대용증권이다. 통화란 한국은행이 발행한 지폐와 동전을 말하며, 통화대용증권이란 은행이 발행한 자기앞수표, 타인이 발행한 당좌수표, 지급기일이 도래한 채권의 이자증서, 우편환증서 등과 같이 통화의 대용으로 사용될 수 있는 증서를 말한다.

(4) 재무상태표 작성 시에는 현금계정, 예금계정, 현금성자산계정의 금액을 모두 합하여 (현　　　　　　　　)이라는 단일계정으로 간결하게 기재한다.

(5) 금고에 보관 중인 현금의 실제잔액이 장부잔액보다 적을 경우 그 원인을 조사하는 동안 임시로 (현금　　　)계정에 차액을 기록함으로써 일단 현금의 실제잔액에 장부잔액을 일치시킨다. 추후에 차이의 원인을 밝혀 임시계정인 이 계정을 제거하여야 하며, 원인이 끝내 밝혀지지 않으면 결산일에 (잡　　)로 처리한다.

(6) 언제든지 인출이 가능하며, 현금 필요시 은행에 찾아가서 현금을 인출하는 일 없이 예금자는 간단히 수표를 발행하여 거래 상대방에게 지불할 수 있는 예금을 (당　　　)이라 한다.

(7) 예금 잔액의 범위를 초과하여 수표를 발행하더라도 일정 한도까지는 은행이 이를 부도처리하지 않고 수표대금을 지급해 주는 제도를 (당　　　)제도라 한다.

(8) 기업은 은행계산서상의 예금거래 내역과 자신의 당좌예금계정 기록내용을 대조하면서 불일치의 원인을 찾고 이에 기초하여 (은　　　조정표)를 작성한다.

[2] 현금의 정의

20×2년 12월 31일 현재 (주)정&브라더스의 금고 속에는 통화를 비롯한 유가증권이 보관되어 있다. 재무상태표에서 현금및현금성자산으로 보고해야 할 금액은 얼마인가?

• 지　　　폐	₩200,000	• 동　　전	₩10,000
• 타인발행 당좌수표	400,000	• 우편환증서	90,000
• 은행발행 자기앞수표	200,000	• 타인발행 약속어음	100,000

[3] 현금거래의 분개와 전기

다음 거래를 분개하고, 현금계정에 전기한 후 7월 5일의 현금계정 잔액을 계산하시오(7월 1일의 현금 기초잔액은 ₩200,000이다).

(1) 7월 2일 : 상품을 ₩500,000에 매출하고, 대금은 거래처 발행의 당좌수표로 받다.

(2) 7월 3일 : 보관 중인 외환은행 발행의 자기앞수표와 거래처 발행의 당좌수표를 합하여 ₩600,000의 외상매입금을 갚다.

(3) 7월 4일 : 외상매출금이 있던 거래처로부터 ₩400,000의 우편환증서가 우송되어 오다.

(4) 7월 5일 : 위 우편환증서를 거래은행에 당좌예금하다.

[4] 당좌예금 거래의 분개와 전기

다음 일련의 거래를 분개하고, 당좌예금계정에 전기하시오(7월 1일의 당좌예금 기초잔액은 ₩600,000이며, 당좌차월계정은 사용하지 않는다).

(1) 7월 9일 : 현금 ₩100,000을 당좌예금하다.

(2) 7월 15일 : 단기매매차익을 얻을 목적으로, 그리고 적극적이고 빈번히 매매할 의도에서 타사 주식 ₩900,000을 취득하고, 당좌수표를 발행하여 지급하다. 은행과는 한도액 ₩1,000,000의 당좌차월약정이 맺어져 있다.

(3) 7월 20일 : 상품을 매출하고 대금 ₩500,000을 국민은행 발행 자기앞수표로 받아 즉시 당좌예금하다.

[5] 당좌예금의 결산정리 : 은행계정조정표

12월 31일 현재 (주)매직클린의 당좌예금계정 잔액은 ₩600,000인데, 은행에서 보내온 은행계산서에는 (주)매직클린의 당좌예금 잔액이 ₩850,000인 것으로 기록되어 있었다. 불일치의 원인은 다음과 같았다.

- (주)매직클린이 12월 24일에 발행한 ₩300,000의 당좌수표가 은행에서 아직 인출되지 않았다.
- (주)매직클린이 12월중에 이용했던 당좌차월액에 대하여 ₩50,000의 이자가 발생하였는 바, 은행에서는 이를 회사의 계좌에서 차감하였으나 회사는 이 금액을 아직 차감기록하지 않았다.

(1) 은행계정조정표를 작성하시오.

(2) (주)매직클린이 기말 재무상태표에 '현금과예금' 과목으로 보고해야 할 정확한 금액은 얼마인가?

(3) (주)매직클린이 12월 31일에 해야 할 결산정리분개를 하시오.

[6] 매출채권에 대한 손상(대손상각)의 회계처리

다음 교보문고의 20×1년 회계자료를 토대로 손상(대손상각) 관련 물음에 답하시오.

- 기초 매출채권잔액 ₩600,000
- 기초 상품(도서)재고액 ₩400,000
- 당기 상품(도서)매입액 ₩1,800,000
- 매출채권 현금회수액 ₩1,700,000
- 기말 상품(도서)재고액 ₩300,000
- 기초 손실충당금잔액 ₩30,000 (당기중 ₩24,000의 손상이 발생하였다)

(1) 당기중 실제 발생된 ₩24,000의 손상에 대한 회계처리를 하시오.

(2) 교보문고는 도서의 취득원가에 30%의 이익을 가산하여 외상으로 판매한 다음 신용기간이 경과한 후 현금으로 회수하고 있다. 위 자료를 토대로 매출채권 기말잔액을 산출하시오.

(3) 교보문고는 기말 매출채권 잔액에 대해 손상 발생 여부를 추정한 결과 2%의 손상을 인식하는 것이 적절하다고 판단한 경우 손상차손을 인식하기 위한 회계처리를 하시오

(4) 위의 (3)의 경우 기초 손실충당금잔액이 ₩30,000이 아닌 ₩80,000이라고 할 경우 적절한 회계처리를 하시오.

[7] 당기손익금융자산(주식)의 회계처리

회사는 아래와 같은 주식거래에 대하여 당기손익금융자산으로 회계처리한다. 해당 일자별로 분개하시오.

(1) 20×1년 6월 7일 : A사주식 ₩140,000에 현금 취득

(2) 20×1년 9월 8일 : A사주식을 현금 ₩170,000에 처분한 다음, B사주식을 ₩160,000에 현금 취득

(3) 20×1년 12월 31일 : B사주식에 대해 공정가액 ₩220,000으로 시가평가

(4) 20×2년 2월 8일 : B사주식을 현금 ₩200,000에 처분

(5) 20×2년 4월 9일 : B사로부터 현금배당 ₩10,000 수취

[8] 금융자산의 회계처리와 재무제표 작성

(주)미래투자의 5월말 재무상태표를 토대로 다음의 6월중 주식 관련 거래를 반영하여 6월 30일의 재무상태표와 6월의 포괄손익계산서를 작성하시오.

재무상태표

(주)미래투자 5월 31일 현재

자 산		부채 및 자본	
현금	₩1,040,000	자본금	₩4,000,000
당기손익금융자산	2,000,000	이익잉여금	500,000
(LG화학주식 10주)		기타포괄손익누계액	800,000
기타포괄손익금융자산	2,800,000	**당기순이익**	**540,000**
(삼성전기주식 20주)			
총합계	₩5,840,000	총합계	₩5,840,000

(1) 배당금 ₩40,000을 현금으로 수취
(2) LG화학 주식의 결산일 현재 공정가치 : ₩180,000/주
(3) 삼성전기 주식의 결산일 현재 공정가치 : ₩110,000/주

[9] 기사읽기와 팀프로젝트

다음은 2011년 11월 9일 매일경제신문에 게재된 '올림푸스 1조 2,450억원 손실 은폐' 라는 기사의 일부이다.

일본 올림푸스의 회계조작 사건은 2000년 일본에 **'시가평가제도'**가 도입된 이래 시작됐으며 은폐한 손실 규모는 830억엔(약 1조 2,450억원)인 것으로 밝혀졌다. 올림푸스는 2000년 이후 분식회계를 유지하기 위해 도바시(飛ばし)를 활용해 왔다. '날려버리다' 는 뜻의 일본 금융계 은어인 '도바시' 는 평가손이 발생한 증권을 "결산기가 다른 관계회사에 본래 가치보다 높은 가격으로 매도해 모기업은 손실을 면하는" 회계조작 방법이다. 해당 증권을 떠안은 기업은 결산기가 다가오면 또다시 다른 결산기인 관계사로 이를 옮기는 등 돌려막기식으로 부실 유가증권을 처리한다.

---

(1) 금융자산에 적용되는 '시가평가제도'에 의한 회계처리를 설명해보시오.
(2) '결산기가 다른 관계회사에 본래 가치보다 높은 가격으로 매도해 모기업은 손실을 면하는' 분식회계가 발생하지 않도록 하려면 어떻게 해야 할 것인지, 회계기준제정기구, 감독기관, 감사인의 입장에서 설명해보시오.

제 9 장

비유동자산

제 1 절 | 유형자산(원가모형)
제 2 절 | 자산재평가모형과 손상
제 3 절 | 무형자산
제 4 절 | 기타비유동자산

앞에서는 재무상태표에서 유동자산으로 분류되는 유가증권, 현금및현금성자산, 단기금융상품, 단기대여금 등의 금융자산에 대해 살펴보았다.
본 장에서는 장기에 걸쳐 사용하거나 또는 장기간 후에 현금으로 전환할 목적으로 보유하는 비유동자산들을 소개한다. 이에는 유형자산, 무형자산, 투자자산, 기타비유동자산이 있다. 특히 유형자산에 대해서는 재평가모형과 원가모형의 회계처리를 기업이 선택할 수 있기 때문에 이들의 회계처리를 이해하는 것이 중요하다.

▶ **최근 제약업계에선 지적재산권 보호 논란이 한창입니다. 신약 개발을 위해 수십억 달러를 쏟아 붓는 제약업계의 특성상 리스크를 어떻게 관리하시나요?(인터뷰 질문)**

"저는 지적재산권의 보호가 곧 혁신(革新)의 원천이라고 생각합니다. 우리가 끊임없이 투자하고, 과학자들을 고용하고 새로운 약의 개발에 몰두할 수 있는 것은 지적재산권을 보호할 수 있을 때에만 가능합니다. 이러한 발명은 위험하고, 또 매우 비싼 값을 치릅니다. 수년간 수천만 달러를 들여 연구해도 하나의 약이 환자들의 손에 도달하기까지 확률은 아주 낮습니다."

세계 최대 제약회사인 미국 화이자의 제프 킨들러 회장
조선일보 Weekly BIZ의 커버스토리(2008년 10월 18일) 인터뷰 기사 중 일부

재무상태표(일부 : 비유동자산)

(주)녹십자 (단위 : 억원)

과목	제50기	제49기
	2018년 12월말	2017년 12월말
Ⅰ. 유동자산	**8,934**	**9,265**
Ⅱ. 비유동자산	**8,299**	**7,770**
(1) 매출채권및기타채권	218	87
(2) 기타금융자산	558	403
(3) 관계기업투자	718	627
(4) 유형자산*	5,596	5,520
(5) 무형자산*	1,008	879
(6) 투자부동산	81	83
(7) 기타비유동자산	53	61
(8) 이연법인세자산	64	109
자산총계	**1조 7,234억**	**1조 7,035억**

*유형자산과 무형자산은 아래의 내용연수에 따라 정액법으로 감가상각하고 있습니다.

유형자산	추정내용연수	무형자산	추정내용연수
건물	43~50년	개발비	5~10년
구축물	21~25년	산업재산권	10년
기계장치	5~12년	기타의 무형자산	5~20년
기타의 유형자산	3~11년		

제1절 유형자산(원가모형)

"리더십은 매니지먼트와 다릅니다. 매니지먼트가 현재의 문제에 관해 반응하는 것이라면, 리더십은 미래를 준비하는 것입니다.

–HP 前CEO 칼리 피오리나

일반적으로 비유동자산 가운데 가장 비중이 큰 유형자산은 최초 취득한 시점에서는 취득원가로 기록하고 기계장치나 건물과 같은 감가상각대상자산인 경우에는 매기 감가상각 회계처리를 한다. 그리고 유형자산을 취득한 이후에는 해당 자산의 가치가 변동하더라도 이를 거래로 보지 않기 때문에 아무런 회계처리를 하지 않는다. 예를 들면 10년 전에 1억원에 구입한 토지가 인근 지역의 재개발로 인하여 무려 10배나 상승하여 현 시가가 10억원이 된다고 하더라도 기업외부의 상대방과 거래하지 않고서는 재무상태표상에 10억원으로 표시할 방법이 없는 것이다. 제1절에서는 이러한 원가모형에 의한 접근방법에 의해 유형자산의 회계처리를 설명한다.

한편, 유형자산이 기업의 재무상태에서 차지하는 비중이 크고 원가와 시가와의 괴리가 심각할 경우 원가로 표시된 상태를 그대로 놔두게 될 경우에는 기업의 재무상태를 제대로 보여주지 못한다. 따라서 비록 외부의 상대방과 거래는 하지 않았다고 하더라도 시가로 재평가하는 모형에 의한 유형자산의 회계처리가 필요하다. 제2절에서는 이러한 재평가모형에 의한 회계처리를 설명한다. 왜냐하면 「한국채택국제회계기준」에서는 유형자산에 대해 원가모형이나 재평가모형 중 하나의 회계정책을 유형자산의 종류별로 기업이 선택하여 적용하도록 하고 있기 때문이다.

1.1 유형자산의 의의와 종류

자산은 보유기간의 장 · 단에 따라 장기 및 단기자산으로 구분된다. 또한 물리적 형체의 존재 여부에 따라 유형자산과 무형자산으로 구분되기도 한다. 현행 회계기준에서는 유형자산, 무형자산 및 장기의 성격을 가진 금융자산을 포함하여 '비유동자산' 이라고 한다.

비유동자산(非流動資産)이란?

기업의 장기성 자산이 토지, 건물, 비품 정도에 불과했던 아주 오랜 옛날을 생각해보자. 그때는 이들을 고정자산(fixed assets)이라고 부르는 것이 조금도 어색하지 않았을 것이다. 왜냐하면 이들은 특정 장소에 꼼짝않고 붙박이처럼 존재하는 자산이었기 때문이다.

그러나 오늘날의 경제활동은 옛날과 아주 많이 달라졌고, 따라서 기업의 장기성 자산에는 이들 말고도 투자주식이나 특허권 같은 것도 생겨났다. 이에 영어 표현은 오늘날 유동자산이 아니라는 관점에서 non-current assets(비유동자산) 또는 long-term assets(장기성 자산)으로 바뀌었다.

유형자산이란 기업활동(재화의 생산, 용역의 제공, 타인에 대한 임대 또는 자체사용)에 사용할 목적으로 보유하는 물리적 형체가 있는 자산으로서 1년을 초과하여 사용할 것으로 예상되는 자산을 말한다. 유형자산은 일반적으로 기업이 보유하는 자산 중 비중이 클 뿐만 아니라 중요하다.

유형자산의 종류는 본 장 첫 페이지의 표에서 보는 것처럼 다양한데 토지, 건물, 구축물, 기계장치, 차량운반구, 선박, 항공기, 집기, 사무용비품, 건설중인 자산 등이 포함된다. 이들의 특징을 간략히 언급하면 다음과 같다.

① 토지(land)는 현재의 영업활동에 사용되고 있는 토지를 말하며, 영업용 건물이 들어서 있는 대지, 그리고 농산물 생산 · 판매회사의 농경지 등을 지칭한다. 투자목적으로 보유하고 있는 토지는 토지계정에 기재하지 않고 투자자산 중의 투자부동산계정으로 기재한다. 토지는 다른 유형자산과 달리 감가상각 대상이 되지 않는 것이 특징이다.

② 건물 : 건물, 냉 · 난방, 전기, 통신 및 기타의 건물부속설비 등이다.

③ 구축물(land improvements) : 건물과는 별개로 마련된 구조물(즉, 토목공사물)로서 교량, 주차장, 정원설비 및 도로포장공사 또는 공작물 등이다.

④ 기계장치 : 기계장치, 운송설비(컨베이어, 기중기 등)와 기타의 부속설비 등이다.

⑤ 건설중인 자산 : 유형자산의 건설을 위한 재료비, 노무비 및 경비로 하되, 건설을 위하여 지출한 도급금액 등을 포함한다. 건설중인 자산 역시 토지와 함께 감가상각의 대상이 되지 않는데, 그 이유는 아직 영업활동에 사용되고 있지 않기 때문이다.

⑥ 기타자산 : 위에 속하지 않는 차량운반구, 선박, 비품, 공기구 등 유형자산이다.

유형자산에 대한 회계처리는 크게 ① 취득원가의 결정, ② 감가상각회계의 두 가지로 요약된다. 다른 자산에 비해 취득원가가 클 뿐만 아니라 취득과정 또한 유형자산마다 다양하다. 따라서 각각의 특징을 고려한 취득원가 결정이 중요한 회계문제가 된다. 또한 장기간에 걸쳐 영업활동에 사용되는 동안 어떻게 비용(감가상각비)으로 인식할 것인가 하는 것도 중요한 회계이슈이다.

1.2 유형자산의 취득

유형자산의 취득은 유가증권이나 재고자산의 취득에 비해 취득기간이 상대적으로 길고 부대비용이 많이 소요된다. 뿐만 아니라 기업에서 유형자산을 취득하는 방법은 매우 다양하다. 기업 외부에서 매입할 수도 있고 기업 내부에서 자가제작 또는 건설할 수도 있으며, 현물출자, 증여, 교환 등의 방법으로도 취득가능하다. 먼저 가장 전형적인 매입에 의한 취득의 경우를 살펴본다.

유형자산의 취득원가 역시 다른 자산의 취득원가와 마찬가지로 순수구입대금에 부대비용을 합쳐서 산정한다. 다만, 다른 자산들에 비하여 유형자산은 본래 의도한 사용목적에 적합한 상태에 이르기까지 발생하는 부대비용이 커서 상대적으로 중요성을 갖는다. 예컨대 기계구입의 경우 재무상태표에 기재되는 기계의 취득원가에는 순수구입가격 외에도 설치장소 준비를 위한 지출, 외부 운송 및 취급비, 설치비, 설계와 관련하여 전문가에게 지급하는 수수료, 취득세, 등록세 등 유형자산의 취득과 직접 관련된 제세공과금 등 모든 부대비용이 포함된다.

> 유형자산의 취득원가 = 순수구입대금 +부대비용*
>
> * 부대비용이란 본래 의도한 사용목적에 적합한 상태에 이르기까지 발생하는 모든 비용을 의미

예제 9-1 매입에 의한 유형자산의 취득

(주)매직클린은 공장 확장에 필요한 기계장치를 (주)현대오토로부터 구입하였다. 다음은 이와 관련하여 발생한 금액들이다.

순수한 기계구입대금	₩700,000		
공장까지의 운임	30,000		
공장내 설치비	20,000		
시운전비	50,000	합 계	₩800,000

(주)현대오토로부터의 기계구입대금은 외상이었으며, 연말까지 지급하기로 하였으며 운임, 설치비, 시운전비는 모두 수표를 발행하여 지급하였다. (주)매직클린의 기계취득 거래를 분개하시오.

| 풀이 |

(차) 기 계 장 치	800,000*	(대) 미 지 급 금	700,000
		당 좌 예 금	100,000

* 운임, 설치비, 시운전비는 모두 부대비용에 해당된다.

부동산에 관심이 많으시다구요?

건물을 짓기 위하여 토지를 취득한 경우 기존의 토지 위에 있던 구건물의 철거, 구획정리 등에 소요된 비용은 토지의 의도된 사용목적(건물신축을 위한 부지 정리)을 달성하기 위하여 비용이 소요된 것이므로 토지의 취득원가에 포함시킨다. 그리고 울타리공사, 주차장공사, 도로포장공사 등은 내용연수가 있고, 사용에 의해 그 가치가 감소되는 감가상각자산에 해당되어 구축물계정에 계상한다. 만일 사용하던 건물을 철거하고 신축하는 경우 구건물의 철거비용은 신축건물에 대해 경제적 효익을 추가로 제공하지 못하므로 당기 비용으로 처리한다. 그렇다면 언제 부동산을 취득한 것으로 간주할까? 소유권이전과 잔금청산일이 토지의 실제 사용일보다 늦을 경우 토지의 취득일은 매수인이 사실상 그 토지를 사용할 수 있는 날에 취득한 것으로 간주하여 분개한다.

잠깐만, 생각해봅시다

건물을 매입하거나 건설하기 위해서는 많은 자금이 소요된다. 일부는 자기자본으로 충당하기도 하지만 금융기관에서 자금을 빌리는 경우도 많다. 이러한 경우 타인자본에 대한 금융비용을 취득원가에 산입해야 할까?

(자본화대상) 자산의 취득을 위한 자금에 차입금이 포함된다면 이러한 차입금에 대한 금융비용은 취득에

소요되는 비용으로 볼 수 있으므로 해당 자산의 취득원가에 산입한다. 이때 자본화대상자산이란 제조, 매입, 건설 또는 개발이 개시된 날로부터 의도된 용도로 사용하거나 판매할 수 있는 상태가 될 때까지 1년 이상의 기간이 소요되는 재고자산과 유형자산, 무형자산 및 투자자산을 말한다.

1.3 취득 후의 지출 : 자본적 지출과 수익적 지출

유형자산을 취득하여 사용하는 중에도 그 자산과 관련된 여러 가지 지출이 발생한다. 이러한 지출 중에는 당기 영업활동에 관련된 정상적인 수선비 또는 유지비의 성질이 있는 것도 있고 자산의 원래 기능 또는 성질에 중대한 변화를 초래하는 것도 있다. 이때 발생하는 회계적 문제는 이 유형자산에 대한 추가적 지출을 비용으로 볼 것인가 아니면 자산(=투자)으로 볼 것인가 하는 점이다.

유형자산의 취득 또는 완성 후의 지출이 가장 최근에 평가된 성능 수준을 초과하여 미래경제적 효익을 증가시키는 경우에는 자본적 지출로 처리한다. 예를 들어, 새로운 생산공정의 채택이나 기계부품의 성능 개선을 통하여 생산력 증대, 내용연수 연장, 상당한 원가절감이나 품질향상을 가져오는 경우에는 관련된 지출이 미래경제적 효익을 증가시키므로 자본적 지출로 처리한다. 이러한 지출은 일반적으로 금액이 크다. 자본적 지출은 일단 해당 자산의 취득원가에 가산한 후, 지출의 효과가 나타날 미래기간에 걸쳐 감가상각을 통하여 조금씩 비용으로 배분하는 것이 타당하다.

반면에, 유형자산의 수선 유지를 위한 지출은 해당 자산으로부터 당초 예상되었던 성능 수준을 회복하거나 유지하기 위한 것이므로 일반적으로 발생한 기간의 비용(수선유지비)으로 인식한다. 예를 들어, 공장설비에 대한 유지 보수나 수리를 위한 지출은 당초 예상되었던 성능 수준을 향상시키기보다는 유지하기 위한 지출이다. 이러한 지출을 수익적 지출이라 하는데, 그 지출의 효과가 당기의 수익을 창출하는 데만 영향을 미치고 미래기간에는 효익을 제공하지 않기 때문에 수익 · 비용 대응의 원칙에 따라 수익이 창출되는 당기의 비용으로 인식한다. 일반적으로 수익적 지출은 금액이 작은 것이 특징이다.

자본적 지출과 수익적 지출을 어떻게 구분할까요?

■ 자본적 지출(capital expenditure)이란?
1. 효과가 장기간에 걸쳐 발생하는 지출
2. 생산력 증대, 내용연수 연장, 상당한 원가절감이나 품질향상을 가져오는 지출
3. 해당 자산의 취득원가에 가산한 후 미래기간에 걸쳐 조금씩 비용화(감가상각절차를 통함)

■ 수익적 지출(revenue expenditure)이란?
1. 효과가 단기간에 종료되는 지출
2. 금액이 작거나 자산의 원상회복 · 능률유지를 위한 지출
3. 전액 당기 비용으로 처리

특정 지출을 수익적 지출로 처리하느냐 또는 자본적 지출로 처리하느냐에 따라 포괄손익계산서상의 당기순이익은 물론, 재무상태표상의 자산 총액이 달라지게 된다. 즉, 수익적 지출로 처리하여야 할 것을 자본적 지출로 처리하게 되면 그 사업연도의 이익이 과대계상될 뿐만 아니라 유형자산이 과대 계상되며, 이와 반대로 자본적 지출로 처리하여야 할 것을 수익적 지출로 처리하게 되면 비용이 과대계상되고 유형자산이 과소평가되는 결과를 초래한다.

자본화를 통한 수십억달러의 비용 분식(월드컴 사례)

당기 비용으로 처리해야 할 것을 자산의 일부로서 회계처리하여 비용인식을 미룰 경우 재무제표에 미치는 영향은 매우 크다. 지금은 MCI로 불리는 월드컴(Worldcom)사는 이러한 회계부정을 통해 실제 손실을 대규모 이익으로 반전시킨 바 있다.

2001년과 2002년에 걸쳐 판매 및 관리비로 처리해야 할 비용을 자본화함으로써 38억달러의 분식을 저지른 바 있는데 월드컴을 인수한 MCI의 웹사이트에서는 이러한 회계스캔들에 대한 자세한 내용을 소개하고 있다. 자신의 과거 잘못을 공개함으로써 미래 유사한 잘못을 다시는 저지르지 않겠다는 MCI의 의지를 엿볼 수 있다.

예제 9-2 취득 후의 지출 : 자본적 지출

(주)매직클린은 20×1년 1월 1일에 기계장치를 ₩800,000에 구입하였다. 당초 10년을 목표로 사용하던 중 5년째 되는 해에 현금 ₩200,000을 들여 대대적인 수선을 행한 결과, 내용연수를 2년 더 연장할 수 있게 되었다. 수선비 지출을 적절하게 회계처리하시오.

풀이

(차) 기 계 장 치*	200,000	(대) 현 금	200,000

* 내용연수 연장을 가져 온 자본적 지출이므로 취득원가에 가산하여 자산으로 계상

1.4 유형자산의 결산정리 : 감가상각

(1) 감가상각의 의의

만일 영업활동에 사용할 목적으로 원가 10억원의 건물을 취득한 후 이의 수명을 30년으로 예상하는 한편 30년 뒤에는 낡은 건물을 처분하여 1억원을 회수할 것으로 추정한다면, 결국 기업이 부담하는 건물 사용비용은 얼마인가? 또한 기업은 이 비용을 언제 포괄손익계산서에 기록하여야 하는가?

위 예에서 30년간에 걸친 건물의 사용비용은 9억원이다. 이처럼 취득원가에서 예상사용기간(내용연수, useful life) 후의 예상처분가액(잔존가액, residual value)을 차감한 금액을 회계에서는 감가상각대상금액이라고 하는데, 이는 30년이라는 전체 수명기간 동안의 비용으로 보아야 한다. 따라서 이 금액을 매 회계기간별로 배분하는 회계처리인 감가상각(減價償却, depreciation)이 필요하게 된다. 그래야만 회계기간별 수익 · 비용의 대응이 적절히 이루어지기 때문이다. 결국 감가상각이란 유형자산의 취득원가에서 잔존가액을 차감한 감가상각대상금액을 매 기간별로 배분함으로써 적절한 수익 · 비용의 대응을 이루고자 하는 회계처리임을 알 수 있다.

회계에서는 감가를 세 가지 용어로 구분하여 사용한다. 건물이나 기계와 같은 유형자산에 대하여는 감가상각(depreciation)으로, 유전이나 광산과 같은 소모성 자산에 대하여는 감모상각(depletion)으로, 그리고 무형자산에 대하여는 상각(amortization)으로 표현한다.

☑ 동일 산업에서의 상이한 내용연수

1972년에 설립된 싱가포르 항공은 보잉 747-400을 주기종으로 삼고 있는데 이들 기종의 평균 연식은 6년으로 타 항공사 항공기의 평균연령 12년에 비해 매우 낮다.

이처럼 낮은 평균연식의 항공기를 보유하고 있는 효과는 이중적이다. 먼저 감가상각비가 타사에 비해 매우 높아 당기순이익을 줄인다. 반면에 중고 기종을 처분함으로써 적지 않은 이익(고정자산처분이익)을 실현할 수 있다는 점이다.

이 경우 내용연수의 추정과 자산처분 시점을 경영진이 적절히 선택함으로써 당기순이익을 어느 정도 조정할 수 있게 한다. 가령, 싱가포르항공의 2001년 연차보고서상 항공기 처분이익은 전체 이익의 14.2%에 달하는 165백만달러에 달했다. 2000년에는 7.8%로 85백만달러에 달했는데 만약 항공기 처분이익이 없었다면 2001년도의 이익은 전년에 비해 1.7% 정도 줄었을 것이다.

만약 이익이 저조하다고 판단될 경우 보다 많은 항공기를 처분하면 최종 이익은 적당한 수준으로 늘릴 수 있다. 이처럼 단기간에 공격적으로 감가상각을 통하여 이익을 낮춘 다음에 미래의 이익을 높이는 행위를 'cookie jar'라고 부른다. 여기서 쿠키란 판매를 통해 대규모 이득을 가져올 항공기 처분을 지칭한다. 어쨌든 승객들은 비교적 새 비행기를 타게 되니 그리 나쁜 일만은 아니지 않은가?

(2) 감가상각의 요소와 결산정리분개

특정 기간에 감가상각비로 분개할 금액을 계산하기 위해서는 기본적으로 ① 감가상각대상금액, ② 내용연수, ③ 감가상각방법 등 세 요소가 확정되어야 한다. 정액법, 정률법 등의 감가상각방법에 따라 감가상각비가 계산되면 다음과 같은 결산정리분개를 한다.

감가상각비의 결산정리분개

(차) 감가상각비	×××	(대) 감가상각누계액	×××

감가상각누계액계정은 금액이 대변에 기록되는 재무상태표계정이며, 내용연수 말까지 매년도 감가상각비가 이 계정에 계속 누적되어 나간다. 감가상각누계액을 재무상태표에 기재할 때는 해당 유형자산의 취득원가에서 차감하는 형식으로 기재한다. 이때 취득원가에서 감가상각누계액을 차감한 것을 장부금액이라고 한다.

감가상각비에 대한 오해의 종결

감가상각비라는 용어에서 감가(減價)라는 말 때문에 흔히 감가상각비를 '가치감소분'이라고 오해하는 경우가 많다. 특히 회계원리를 처음 공부하는 학생들에게서 이런 오해가 많이 일어난다.

그러나 감가상각의 본질은 '원가배분'이지 결코 '실제가치 감소분에 대한 기록'이 아니다. 회계보고서에 기록되는 매년도 감가상각비는 자산가치의 실제 감소분과는 전혀 상관이 없다. 심지어 건물의 실제가치가 매년 오르는 상황에도 여전히 기업의 포괄손익계산서에는 감가상각비라는 비용이 매년 기록됨을 떠올리면 쉽게 이해할 수 있을 것이다.

예제 9-3 유형자산의 결산정리 : 감가상각

20×1년 1월 2일에 원가 ₩1,000,000의 건물을 취득하였다. 이 건물의 제1년도 감가상각비는 ₩250,000으로 계산되었다고 가정하고, 제1년도 말의 감가상각비를 기록하기 위한 결산정리분개를 한 다음, 재무상태표에 표시하시오.

풀이

분개 : (차) 감가상각비 250,000 (대) 건물감가상각누계액 250,000

재무상태표 표시 :

재무상태표 (20×1. 12. 31)

건 물	₩1,000,000		
감가상각누계액	(250,000)	750,000	

잠깐만, 생각해봅시다

포스코와 신세계백화점의 다음 자료를 바탕으로 "왜 포스코의 판매비와관리비(=판관비) 중 감가상각비가 신세계백화점의 경우보다 더 적을까?" 생각해봅시다.

(2013. 12. 31)

	포스코	신세계
총 자 산	54조 2,422억	5조 3,797억
총 매 출 액	20조 5,435억	1조 5,437억
판관비 중 감가상각비	250억	1,310억

제조설비에 대한 감가상각비는 제품원가로 처리한 후 제품판매시점에서 매출원가라는 계정으로 전환된다. 포스코의 유형자산 대부분은 제조설비이기 때문에 판관비 부분은 상대적으로 적게 나타난다.

반면 신세계백화점의 유형자산은 대부분이 판매 및 물류 관련 설비들이기 때문에 포스코에 비해 판관비에 속한 감가상각비가 크게 마련이다.

인터넷 탐험 2018년도 포스코의 제조원가에 속하는 감가상각비가 얼마인지를 추정해보시오(재무제표에 대한 주석의 '유형자산' 및 '무형자산' 변동내역을 참조할 것).

(3) 감가상각 방법

감가상각대상금액을 내용연수 동안에 배분하는 방법에는 구체적으로 어떤 방법들이 있는가? 가장 대표적인 방법으로는 정액법, 정률법 그리고 생산량비례법이 꼽힌다.

① 정액법

정액법(定額法)은 자산의 내용연수 동안 일정한 금액을 상각하는 방법이다. 따라서 매기의 감가상각비는 감가상각대상금액을 내용연수로 나누어 계산한다. 이를 식으로 표시하면 (1)과 같다.

■ 정액법에 따른 감가상각비 $= \dfrac{\text{취득원가} - \text{잔존가액}}{\text{내용연수}}$ …… (1)

그림 9-1 ▮ 정액법에 의한 감가상각

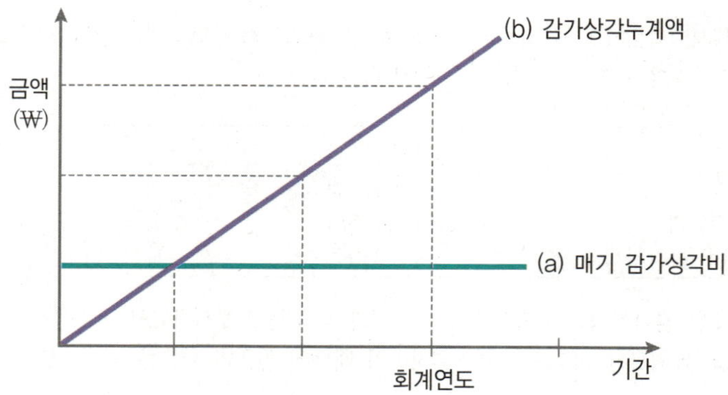

참고로 정액법의 영어 표현은 SLD(Straight Line Depreciation)인데 이처럼 직선법이라고 부르는 이유는 [그림 9-1]에서와 같이 매기 감가상각비(그림의 a)뿐만 아니라 감가상각누계액(그림의 b) 또한 항상 직선 형태로 표시되기 때문이다.

② 가속상각법

내용연수 동안에 걸쳐 항상 일정한 금액으로 원가배분을 하는 정액법과는 달리 내용연수 초기에는 보다 많은 감가상각비를 인식하고 후기로 갈수록 점점 더 적은 감가상각비를 인식하는 방법을 **가속상각법**(accelerated depreciation method)이라고 한다. 초기에 많은 금액을 상각한다는 관점에서 이런 명칭이 붙었다. 가속상각 방법에는 정률법, 연수합계법 등이 있는데 이 중 정률법이 가장 대표적이다.

정률법(定率法, fixed rate method)은 사전에 일정한 상각률을 계산한 다음 이 상각률을 매기 초의 장부금액(= 취득원가 − 감가상각누계액)에 곱하여 매기 감가상각비를 계산하는 방법이다.

■ 정률법에 따른 감가상각비=기초장부금액(= 취득원가 − 감가상각누계액)×정률

유형자산 취득 후 감가상각을 계속해 나가면 매기 초의 장부금액은 줄어들 수밖에 없는데, 이 금액에 일정한 상각률을 곱하기 때문에 매기의 감가상각비는 내용연수 후반으로 갈수록 점차 감소하게 된다.

정률법에 따라 감가상각비를 계산하기 위해서는 일정한 상각률(정률)을 구하는 것이 관건인데, 이는 (2)와 같이 계산된다.

$$\text{정률} = 1 - \sqrt[n]{\frac{\text{잔존가액}}{\text{취득원가}}} \qquad \cdots\cdots (2)$$

단, n : 내용연수

정률법은 상각률(정률)에 잔존가액이 고려되어 있으므로 감가상각비 계산 시에는 잔존가액을 고려하지 않는다. 한편 정률법을 사용하면 유형자산을 취득하느라 현금지출이 많았던 초기에 감가상각비를 많이 계상함으로써 순이익을 줄이고 결과적으로 법인세현금지출을 줄일 수 있다는 장점이 있다.

예제 9-4 감가상각비 계산 : 정액법과 정률법

20×1년 1월 1일에 (주)매직클린은 기계장치를 ₩800,000에 취득하였다. 추정잔존가액은 ₩80,000, 추정내용연수는 5년이다.

물음

(1) 정액법으로 매년도 감가상각비를 계산하시오.

(2) 정률법으로 매년도 감가상각비를 계산하시오(정률은 아래 참조).

$$정률 = 1 - \sqrt[5]{\frac{80,000}{800,000}} = 0.369$$

정확한 정률은 0.369지만, 여기서는 정률법의 계산과정을 파악하는 것이 목적이므로 계산의 편의상 0.4로 한다.

풀이

(1) 정액법에 의한 매년도 감가상각비 $= \frac{감가상각대상금액}{내용연수}$

$$= \frac{(₩800,000 - ₩80,000)}{5년} = ₩144,000$$

(2) 정률법에 의한 매년도 감가상각비 = 기초장부금액 × 정률

연도	기초장부금액 (1)	정률 (2)	감가상각비 (3)=(1)×(2)	상각누계액 (4)	기말장부금액* (5)=취득원가-(4)
20×1	₩800,000	0.4	₩320,000	₩320,000	₩480,000
20×2	480,000	0.4	192,000	512,000	288,000
20×3	288,000	0.4	115,200	627,200	172,800
20×4	172,800	0.4	69,120	696,320	103,680
20×5	103,680	0.4	23,680**	720,000	80,000
합 계			₩720,000		

* 또는 (1)−(3)으로 계산된다.

** 본래 금액은 ₩41,472(=0.4×₩103,680)이지만 5년간의 상각누계액 합계액이 감가상각대상금액인 ₩720,000과 일치되도록 하기 위하여 조정한 것임.

연수합계법(年數合計法, sum of years digits method)은 내용연수의 합계를 분모로 하고 내용연수를 역순으로 표시한 수를 분자로 삼아 매년도 상각률을 간편하게 계산한 후 이를 정액법에서처럼 감가상각대상액에 곱함으로써 정률법을 채택한 것에 버

금가는 효과를 얻을 수 있는 방법이다. 예컨대 내용연수가 3년일 경우 향후 3개년의 매년도 상각률은 각각 $\frac{3}{6}$, $\frac{2}{6}$, $\frac{1}{6}$로 간단히 계산된다(여기서 분모 6은 내용연수가 3년이므로 1+2+3=6).

③ 생산량비례법(일명, 사용시간 또는 작업시간비례법)

앞에서 본 방법들이 단순히 시간경과에 따라 감가상각을 하는 방법이었던 반면, 생산량비례법은 산출물개념에 해당하는 생산량 또는 투입물개념에 해당하는 사용시간(기계시간 등)에 비례해서 감가상각을 하는 방법이다. 주로 제조업이나 서비스업에서 사용된다.

생산량비례법은 유형자산의 사용정도에 따라 비용을 인식하고자 할 때 적합한 방법이다.[1] 예컨대 제조설비나 복사기 같은 경우 생산량 내지 복사매수가 많을 때는 적을 때에 비하여 더 많이 소모된다. 이 점을 고려하여 생산량이나 사용시간을 기준으로 매기의 감가상각비를 다르게 계산하는 것을 생산량비례법이라 한다.

생산량비례법으로 감가상각비를 계산할 때는 다음 두 단계를 거친다. 첫째, 감가상각대상금액을 추정총생산량(또는 사용시간)으로 나누어 단위당 감가상각비를 계산한다. 둘째, 위에서 구한 단위당 감가상각비에 매기의 실제 생산량(또는 사용시간)을 곱하여 매기 감가상각비를 계산한다.

예제 9-5 감가상각비 계산 : 생산량비례법

20×1년 1월 1일에 (주)현대오토는 제품제조에 필요한 기계장치를 ₩800,000에 취득하였다. 이 기계의 잔존가치는 ₩80,000, 내용연수는 10년, 내용연수 동안에 생산할 수 있는 제품수량은 10,000단위로 추정되었다. (주)현대오토가 당기 중에 2,000단위의 제품을 생산하였다면 당기 감가상각비는 얼마인가?

풀이

단위당 감가상각비 : (₩800,000 − ₩80,000) ÷ 10,000단위 = ₩72/단위
당기 감가상각비 : ₩72 × 2,000단위 = ₩144,000

1) 생산량비례법은 정액법과 함께 균등상각법이라고 불린다. 왜냐하면 정액법에서는 매 시간당 동일한(즉, 균등한) 금액이, 그리고 생산량비례법에서는 매 단위당 동일한 금액이 감가상각비로 계산되기 때문이다.

앞에서 살펴본 감가상각 방법들을 다시 정리하면 [표 9-1]과 같다.

[표 9-1] 감가상각방법의 비교

	매기 감가상각비	계산기준
정액법	감가상각대상금액÷내용연수	경과시간
정률법	기초 장부금액×정률	
연수합계법	감가상각대상금액×연도별 지수	
생산량비례법	단위당 감가상각비*×당기생산량(또는 사용시간)	사용정도

* 단위당 감가상각비=감가상각대상금액÷추정총생산량

(4) 감가상각 방법의 선택

앞에서 보았듯이 어떤 감가상각 방법을 선택하느냐에 따라 매년도 감가상각비가 달라지며, 감가상각비가 달라지면 당기순이익도 달라지게 된다. 따라서 유형자산이 큰 비중을 차지하는 기업에서 감가상각방법의 선택은 곧 당기순이익에 중대한 영향을 미친다는 것을 알 수 있다.

유형자산의 감가상각 방법은 해당 자산으로부터 예상되는 미래경제적 효익의 소비 행태에 따라 선택하고, 소비형태가 변하지 않는 한 매 회계기간에 일관성 있게 적용한다. 이 경우에도 유형자산의 감가상각방법이 적절한지 여부를 매 회계연도말에 재검토하여야 한다. 영업환경이 바뀌거나 자산의 가동방법이 변경되어 해당 유형자산의 미래경제적 효익의 소비행태가 변동된다면 변동된 소비행태를 반영하기 위하여 감가상각방법을 변경해야 한다. 단, 새로 취득한 유형자산에 대한 감가상각방법은 동종의 기존 유형자산에 대한 감가상각방법과 일치시켜야 한다.

1.5 유형자산의 처분

유형자산을 처분하면 유형자산 관련계정을 모두 제거하고 장부금액과 처분가액 간에 차이가 있으면 이 차액을 유형자산처분손익으로 처리한다.

한편 회계기간 중간에 유형자산을 처분하는 경우에는 기초부터 처분일까지의 감가상각비를 계산하여 비용으로 기재하는 한편, 동액을 전기말의 감가상각누계액에 가산하여 처분시점의 장부금액을 다시 구한 다음에 처분손익을 계산하여야 한다.

예제 9-6 유형자산의 처분

(주)매직클린이 20×1년에 취득한 건물의 취득원가는 ₩800,000, 20×5년 12월 31일의 감가상각누계액은 ₩500,000이었다. 이 건물을 이듬해인 20×6년 9월 1일에 현금 ₩290,000을 받고 처분하였다. 20×6년의 8개월간 감가상각비는 ₩60,000으로 계산되었다. 이를 토대로 처분시점(20×6년 9월 1일)의 회계처리를 하시오.

| 풀이 |

장부금액 : 취득원가 − 감가상각누계액 = ₩800,000 − ₩560,000 = ₩240,000

유형자산처분이익 : 처분가액 − 장부금액 = ₩290,000 − ₩240,000 = ₩50,000

(1) 8개월간 감가상각비 분개

(차)	감가상각비	60,000	(대) 건물감가상각누계액	60,000

(2) 처분 분개

(차)	현 금	290,000	(대) 건 물	800,000
	건물감가상각누계액	560,000	유형자산처분이익	50,000

윤리이슈 회계의 빛과 그림자

감가상각방법 변경 및 이익유연화

미국의 대형 백화점인 메이시(Macey)는 2011년 이익실적이 최대에 달할 것으로 예상한다. 향후 2년 동안 이런 수준으로 이익이 지속될 것으로 예상하지만 2014년부터는 경제침체로 인해 상당한 수준의 이익감소가 예상된다. 관리담당상무 Brown은 이익 하락을 염려하여 회계부장 Taylor에게 이익을 종전 수준으로 지속시키기 위한 방안을 강구하도록 지시했다. 그는 이번 회계연도의 이익을 줄여 미래 경기 침체기에도 비슷한 수준의 이익이 실현되도록 한다면 주주들에게도 이익이 될 것이라고 말하면서 은근히 회계부장을 압박했다.

이러한 지시를 따르는 것이 비윤리적이라고 생각한 회계부장 Taylor는 별로 내키지 않았지만 감가상각을 현행 정액법에서 연수합계법으로 변경하기로 결정했다. 또한 증권시장의 부정적 반응을 예상하여 이러한 감가상각방법의 변경 사실을 재무제표 주석(notes)에 포함시키지 않았다.

〈저자코멘트〉 이익유연화 또는 이익평준화(income smoothing)로 불리는 이러한 유형의 회계분식은 적지 않은 기업들이 비윤리적이 아니라고 판단하여 많이 실행하기도 한다. 이는 외부 투자가들이 지나치게 이익수치가 변하는 것에 곱지 않은 눈길을 보내기 때문이다. 갑자기 이익이 증가하면 내년 이후에도 높은 이익을 기대하는 것이 부담스럽고, 반대로 이익이 하락할 경우 질책 및 비난을 받을 것을 두려워 하기 때문에(법이나 규정에서 허용하는 범위 내에서의) 이익평준화를 오히려 긍정적인 것으로 회계실무에서는 받아들이는 측면이 있지만, 회계투명성이라는 관점에서는 재고해볼 여지가 있다.

제2절 자산재평가모형과 손상

지금까지는 원가모형에 근거한 유형자산의 회계처리를 설명하였다. 이제부터는 유형자산에 대해 '대박' 에 해당하는 재평가, 그리고 '쪽박' 에 비유할 수 있는 손상에 대한 회계처리를 공부하기로 한다. 재평가와 손상은 유형자산의 장부금액에 직접 영향을 미친다는 점에서는 동일하지만, 보수적인 회계의 속성상 '쪽박' 난 경우에는 반드시 재무제표에 반영해야 하지만 '대박' 난 경우에는 시치미를 떼고 조용히 있어도 된다는 점이다. 즉, 앞에서 설명한 원가모형에 의한 회계처리 결과를 그대로 유지해도 되고 기업이 스스로 재평가모형을 선택한 경우 '대박' 난 사실을 재무제표에 반영하여 공시할 수 있다는 점에서 차이가 난다.

2.1 유형자산 재평가의 의의

일반적으로 기업이 보유한 자산 중에서 유형자산이 차지하는 비중은 큰 편이다. 따라서 유형자산을 어떻게 평가하여 재무상태표에 표시하느냐 하는 것은 회계상으로 매우 중요하다. 왜냐하면 기업의 영업활동을 위한 인프라로서 장기간 투자되어 있는 유형자산이 경제적 환경의 변화로 가치가 변동되는 경우 이를 그대로 놔둔채 아무리 다른 자산(예를 들면, 금융자산 등)을 시가로 평가하더라도 기업의 재무상태를 제대로 보여주지 못하기 때문이다. 따라서 기업 외부의 상대방과 거래가 발생하지 않았다고 하더라도 기업 스스로가 시가로 재평가하는 회계처리를 해서 재무상태를 적절하게 보여줄 필요가 있다.

「한국채택국제회계기준」에서는 유형자산에 대해 원가모형이나 재평가모형 중 하나의 회계정책을 유형자산의 분류별로 기업이 선택하여 적용하도록 하고 있다. 따라서 유형자산을 최초 취득한 이후에 공정가치를 신뢰성 있게 측정할 수 있는 경우에는 재평가금액으로 재무상태표에 표시할 수 있게 되었다.

2.2 동일한 분류별 재평가

유형자산을 선별하여 시가로 재평가함으로써 기업에게 유리하게 하거나 재무상태를 왜곡시킬 수 있기 때문에 최소한 다음과 같이 분류된 항목별로 일괄적으로 재평가를 실시하여야 한다.

1) 토지　2) 토지와 건물　3) 기계장치　4) 선박　5) 항공기　6) 차량운반구　7) 집기
8) 사무용비품

삼성전자의 재평가 사례

현장탐구

당사는 2009년 1월 1일을 재평가기준일로 하여 유형자산(토지)에 대하여 독립적인 평가인(삼정 KPMG Advisory) 참여하에 재평가를 실시하여 세후재평가차액 2조 9,767억원이 발생하였으며, 동 금액을 전기이월이익잉여금으로 계상하고 있습니다. 재평가된 유형자산이 원가모형으로 평가되었을 경우 장부금액은 3조 3,988억원입니다.

☑ 소재지 또는 개별 품목별로 상승률이 다른 경우에는 어떻게 하나요?

(주)매직클린은 판교와 횡성에 각각 공장부지를 소유하고 있다. 판교지역은 지난해에 비해 지가가 50% 상승했으나, 횡성은 오히려 하락했다고 한다. 이 경우 판교 부지만 재평가할 수 없으며, '토지'로 분류된 유형자산과목에 대해서는 일괄적으로 재평가해야 한다.

2.3 공정가치의 측정과 재평가 빈도

일반적으로 토지와 건물의 공정가치는 공인된 감정평가인의 감정에 의하고, 부동산 시장상황이나 인근 지역의 토지나 유사한 규모나 위치에 있는 건물의 거래가격 등을 고려하여 결정한다. 그리고 설비장치와 기계장치는 각 자산의 사용정도와 중고거래 가격 등을 고려한 감정에 의한 시장가격을 공정가치로 본다.

재평가의 빈도는 재평가되는 유형자산의 공정가치 변동에 따라 달라진다. 즉 재평가된 자산의 공정가치가 장부금액과 중요하게 차이가 난다면 그때 재평가해야 하며, 그렇지 않다면 재평가하지 않고 회계연도를 넘길 수 있다. 예를 들면, 선박의 국제적인 초과수요가 발생하여 선박 건조가격이 상승하게 되면 선박에 대해서는 매년 재평가해야 할 가능성이 있지만 그렇지 않을 경우에는 재평가를 하지 않을 수도 있다.

2.4 재평가의 회계처리

감가상각대상이 아닌 토지와 같은 유형자산에 대한 재평가는 장부금액을 공정가치에 맞추어 조정하고, 그 차액을 자산재평가이익으로 처리하여, 포괄손익계산서에 기타포괄손익으로 인식한 다음, 마감분개를 통하여 재무상태표의 자본항목인 포괄손익누계액에 재평가잉여금으로 반영한다.

예제 9-7 토지의 재평가

(주)현대오토가 4년 전 취득하여 보유하고 있는 토지의 취득원가는 ₩100,000이나 현재 시점의 공정가치는 ₩150,000이라고 한다. 적절한 재평가 회계처리를 하시오.

| 풀이 |

(차) 토　　지　50,000　(대) 재평가이익(기타포괄손익)　50,000

(마감분개*)

(차) 재평가이익(기타포괄손익)　50,000　(대) 재평가잉여금(기타포괄손익누계액) 50,000

*포괄손익계산서에 기타포괄손익으로 나타낸 다음, 재무상태표의 자본항목인 기타포괄손익누계액으로 반영하는 과정을 보여주기 위해 마감분개를 추가한 것이다.

감가상각대상인 기계장치, 건물 등과 같은 유형자산에 대한 재평가의 회계처리는 감가상각누계액이 있기 때문에 이를 고려하여야 한다. 다음 [예제 9-8]에서는 감가상각누계액을 감소시켜 결과적으로 장부금액이 재평가금액이 되도록 하는 방법을 보여주고 있다. 이 경우 자산재평가이익은 포괄손익계산서에 기타포괄손익으로 표시한 다음 마감분개를 통하여 재무상태표의 자본항목인 기타포괄손익누계액에 재평가잉여금으로 반영한다.

예제 9-8 감가상각대상 자산의 재평가(1)

(주)현대오토가 4년 전 취득하여 보유하고 있는 건물의 취득원가는 ₩100,000, 감가상각누계액은 ₩40,000이나, 현재 시점의 공정가치는 ₩150,000이라고 한다. 재평가금액이 장부금액이 되도록 기존의 취득원가와 감가상각누계액을 조정하는 방법에 의하여 회계처리하시오.

| 풀이 |

현재 장부금액 ₩60,000(=취득원가 100,000−감가상각누계액 40,000)을 재평가금액 ₩150,000으로 증가시키기 위해서는 장부금액이 ₩90,000만큼 증가되어야 한다. 이를 위해 감가상각누계액 ₩40,000을 차감하고(결과적으로 장부금액이 ₩40,000만큼 증가), 부족한 금액 ₩50,000으로 건물가액을 증가시켜 다음과 같이 회계처리한다.

(차)	건　　물	50,000	(대) 재평가이익	90,000
	감가상각누계액	40,000	(기타포괄손익)	

(마감분개)

(차)	재평가이익	90,000	(대) 재평가잉여금	90,000
	(기타포괄손익)		(기타포괄손익누계액)	

2.5 손 상

기업이 영업활동을 위하여 보유하는 유형자산이 원래의 의도대로 경제적 효익을 창출하여 최소한 장부금액 이상으로 기여하고 있다면 회계상 문제는 발생하지 않는다. 그러나 급변하는 경제환경하에서 기업이 의도하지 않은 상황이 발생하여 보유하고 있는 자산의 가치감소가 발생하는 경우가 있다. 예를 들면 기업이 물류창고

증설을 위해 보유하고 있던 토지 인근에 혐오시설이 들어서게 되어 땅값이 급격히 떨어지거나, 스크린 골프장을 개업한 뒤 얼마 지나지 않아 업그레이드된 첨단장비가 보급되면서 기존의 구형설비로는 고객 확보가 어렵게 되는 경우가 발생할 수 있다. 즉, 유형자산에 '쪽박'이 난 경우에는 이를 '손상차손'이란 손실로 처리해야 한다.

이와 같이 유형자산에 '손상'이 발생되었는지 여부를 매 회계연도말에 자산손상 징후를 검토하도록 규정하고 있다. 만약 자산손상 징후가 있다면 해당 자산의 회수가능액을 추정하고 장부금액과 비교하여 회수가능액이 장부금액에 미달하면 '손상차손'을 당기손익으로 인식하여 포괄손익계산서에 반영한다. 이 경우 회수가능액은 공정가치에서 매각에 필요한 비용을 차감한 금액(순공정가치)과 사용가치 중 큰 금액으로 하고 있다. 다음 [예제 9-9]를 통하여 손상의 회계처리를 알아보도록 하자.

예제 9-9 손상차손의 인식

(주)현대오토가 4년 전 취득하여 보유하고 있는 토지의 취득원가는 ₩100,000이나 인근에 혐오시설이 들어서면서 땅값이 급격히 하락하여 현재 순공정가치 또는 사용가치는 ₩60,000이라고 한다. 손상차손을 인식하기 위한 적절한 회계처리를 하시오.

풀이

(차) 손상차손(당기손익)	40,000	(대) 토 지 (또는 손상차손누계액*)	40,000

* 재무상태표에는 토지가액에서 손상차손누계액을 차감하는 형식으로 표시한다.

제3절 무형자산

3.1 무형자산의 의의와 종류

앞서 자산은 물리적 실체의 유무에 따라 유형자산과 무형자산으로 구분된다고 지적한 바 있다. 여기에서는 최근 들어 정보화시대의 기술집약산업에서 그 중요성이 크게 높아지고 있는 무형자산을 설명하기로 한다.

무형자산(intangible asset)은 물리적 실체가 없는 자산으로 장기간에 걸쳐 기업의 통제하에 기업의 영업활동에 효익을 제공하는 자산이다. 무형자산의 특징은 다음과 같이 요약할 수 있다.

첫째, 물리적 형체가 없는 무형의(intangible) 자산이다. 특허권이나 저작권 등은 건물 등의 유형자산과 달리 형체를 갖지 않는다.

둘째, 미래 효익이 1년 이상에 걸쳐 장기적(long-term)으로 이루어질 것으로 기대되는 자산이다. 특허권이나 저작권 등은 장기간에 걸쳐 수익창출에 공헌함을 쉽게 예상할 수 있다.

무형자산의 특징 요약

① 물리적 형체가 없다.
② 장기에 걸쳐 기업에 효익을 제공한다.
③ 미래효익에 불확실성이 높다.

셋째, 정상적인 영업활동에 이용되는 과정에서 다른 자산에 비해 상대적으로 미래 효익에 대한 높은 불확실성이 존재한다. 가령 의료 관련 특허권의 경우 경쟁사의 신약개발로 인하여 당초 예상했던 미래 효익이 일시에 소멸될 수 있음을 쉽게 예상할 수 있다.

무형자산은 기업의 생산, 판매, 연구개발 등 제반 영업활동에 유용할(예컨대, 판매증가나 원가절감에 기여할) 것으로 기대되기 때문에 취득된다. 이때는 등록비 등 취득부대비용을 포함한 모든 지출액을 무형자산(가령, 특허권)의 취득원가에 포함시킨다(후반부의 [예제 9-11] 참조). 장기대여금 등이 비록 물리적 실체가 없고 장기간에 걸쳐 보유되는 것이면서도 무형자산으로 분류되지 않는 이유는 특정 시점에 직접 현금으로 전환될 권리를 나타내는 것이지 다른 용도를 위하여 이용되는 것이 아니기 때문이다.

무형자산은 개별적으로 식별가능한가에 따라 크게 영업권과 일반적 무형자산으로 구분된다. 다른 자산과 함께 일괄적으로 취득되는 영업권은 대표적인 '개별적으로 식별불가능한' 무형자산이다. 한편, 개별적으로 식별가능한 일반적 무형자산에는 산업재산권(특허권, 실용신안권, 디자인권, 상표권 등), 프랜차이즈, 라이센스, 저작권, 광업권, 어업권, 개발비 등이 포함된다. 개별적으로 식별가능한 무형자산도 외부에서 취득(가령, 외부에서 특허권을 구입)하는 경우와 내부에서 창출하는 경우로 구분될 수 있다. 내부에서 창출되는 대표적인 무형자산의 예로는 개발비를 들 수 있는데 이에 관해서는 뒤에서 자세히 설명한다.

무형자산을 그 종류와 분리판매가능성에 따라 요약하면 [표 9-2]와 같다.

[표 9-2] 무형자산의 종류와 정의

종 류	정 의	분리판매가능성*
산업재산권 (industrial property right)	일정기간 독점적 · 배타적으로 이용할 수 있는 권리 (특허권, 실용신안권, 디자인권, 상표권, 상호권 등)	○
프랜차이즈	특정 상품이나 용역 등을 일정한 지리적 관할권 내에서 독점적으로 사용할 수 있는 권리	○
라이센스	특정 기술이나 지식을 일정기간 이용할 수 있는 권리	○
저 작 권 (copyright)	특정한 저작물(영화, 음반, 서적 등)을 독점적 · 배타적으로 사용할 수 있는 권리	○
컴퓨터 소프트웨어	자산인식조건을 충족하는 소프트웨어를 구입하여 사용하는 경우 동 구입비용	○
광 업 권	일정한 광구에서 등록한 광물 및 동 광상 중에 부존하는 다른 광물을 채굴하여 취득할 수 있는 권리	○
어 업 권	일정한 수면에서 독점적 · 배타적으로 어업을 경영할 수 있는 권리	○
임차권리금	전세권이나 보증금 이외에 초과수익력의 대가로 지급한 금액	○
개 발 비	제조비법, 공식, 모델, 디자인 및 시작품 등의 개발과 관련하여 발생한 비용으로서 개별적으로 식별가능하고 미래경제적 효익을 확실히 기대할 수 있으며 사용하거나 판매하려는 의도를 갖는 등의 요건을 충족하는 지출	○
영 업 권	합병 · 영업양수 및 전세권취득 등의 경우에 인수 대상의 가치를 초과하여 대가를 지불한 경우의 그 초과액	×

* 여기서 분리판매가능성이란 제3자에의 판매가능성뿐만 아니라 계약당사자(가령, 프랜차이저)에의 반환가능성도 포함하는 개념이다.

[표 9-2]의 정의에서 알 수 있듯이 영업권은 기업과 분리하여 독립적으로 식별될 수 있는 성질의 것이 아니기 때문에 기업에서 분리하여 판매되는 경우란 있을 수 없다. 영업권은 그 중요성을 감안하여 다음 항에서 별도로 설명한다.

한편, [표 9-2]에 예시된 특허권 등의 산업재산권을 비롯한 일반적 무형자산들은 경제적 가치를 지닌 것임을 분명히 알 수 있고, 기업으로부터 분리해서 독립적으로 외부에 판매될 수 있는 자산임을 쉽게 이해할 수 있다.

여기서 한 가지 유념해야 할 것은 재무상태표에 기재되는 특허권 가액은 당해 특허의 실제 경제적 가치와는 전혀 다른 금액이라는 사실이다. 상표권 역시 마찬가지이다. 그 이유는 재무상태표에 기재되는 가액은 취득할 당시 상대방에게 지급한 대가인 취득원가이며, 또한 시간의 경과에 따라 상각되고 남은 잔액인 반면, 실제 경제적 가치는 시장에서 고객들의 상품선호도 등에 따라 훨씬 더 높게 형성될 수도 있기 때문이다.

참고로 최초 회사설립을 준비하는 과정에서 발생한 창업비(가령, 발기인 보수, 인허가비용, 설립등기비, 주식발행비 등)는 더이상 무형자산으로 분류되지 않는다. 개업비, 새로운 사업개시비용, 교육훈련비, 광고 및 판촉비 등도 당기의 비용으로 인식된다.

지금까지의 설명에서 알 수 있듯이 특정 지출이 무형자산으로 인식되기 위해서는 반드시 다음 세 가지 조건을 충족해야 한다. ① 미래경제적 효익의 제공가능성 ② 식별가능성 ③ 자원에 대한 통제가능성이 그것이다. 이 중 세 번째 조건에 해당하는 '통제가능성'이란 해당 자산으로부터 미래 경제적 효익을 확보할 수 있고 제3자의 접근을 제한할 수 있는 경우를 말한다. 가령, 유능한 인재를 확보하기 위해 상당한 지출을 행한 경우 비록 이들 종업원이 미래 경제적 효익을 제공할 가능성이 높더라도 실제로 기업이 이들을 통제하기는 어렵기 때문에 무형자산으로 인식하지 않는다.

프로젝트의 연구개발단계에서 발생하는 비용(연구개발비)을 회계에서는 연구단계의 연구비와 개발단계의 개발비로 구분하는데, 이 중 연구비(research expense)는 발생한 기간의 비용으로 인식한다. 그 이유는 아직 연구단계에서는 미래경제적 효익을 창출할 무형자산이 존재한다는 것을 입증할 수 없기 때문이다. 연구단계에 비해 개발단계는 훨씬 더 진전된 상태이기 때문에 미래경제적 효익을 창출할 가능성이 높다(다음 박스 참조). 따라서 무형자산으로서의 인식조건을 동시에 충족하는 개발단계의 지출은 개발비라는 명목으로 무형자산으로 처리하고 그 외의 지출은 경상개발비라는 과목의 비용으로 인식한다.

> **개발단계에 속하는 활동의 일반적인 예**
> ① 생산 전 또는 사용 전의 시작품과 모형을 설계, 제작 및 시험하는 활동
> ② 새로운 기술과 관련된 공구, 금형, 주형 등을 설계하는 활동
> ③ 상업적 생산목적이 아닌 소규모의 시험공장을 설계, 건설 및 가동하는 활동
> ④ 새롭거나 개선된 재료, 장치, 제품, 공정, 시스템 및 용역 등에 대하여 최종적으로 선정된 안을 설계, 제작 및 시험하는 활동

3.2 영업권

영업권(goodwill)은 대가를 지급하고(즉, 유상으로) 다른 회사를 합병하거나 다른 회사의 영업 일부를 양수할 때 또는 전세권을 취득할 때, 그 취득대상물의 가치를 초과하여 지급한 금액을 말한다. 기업이 취득대상물의 가치를 초과하는 대가를 지불하면서까지 기꺼이 구입하려는 이유는 여러 가지가 있지만 최소한 이들 인수대상이 지니고 있는 무형적인 가치를 인정하기 때문이다.

이처럼 상대방이 가지고 있는 무형의 경제적 가치를 취득하기 위하여 지불한 금액을 회계에서는 영업권이라고 한다. 영업권은 상대방에게 지급한 매수대가 및 매수관련비용의 합계를 의미하는 매수원가에서 매수회사 순자산의 공정가치를 차감하여 구한다([예제 9-10] 참조).

일상적인 거래에서 흔히 이야기되는 권리금이 영업권에 해당한다. 가령, 위치(즉, 장소나 목)가 좋다거나 단골고객을 많이 확보했다는 등의 이유로 가게(식당이나 카페 등)를 사고 팔 때 별도로 계산하는 권리금은 이들 가게가 다른 가게의 평균적인 수익창출 능력을 초과할 것이라는 기대에서 형성된 것이다.

위에서 언급한 바와 같은 영업권 형성요인들을 종합할 때 영업권은 당해 기업과 분리하여 독립적으로 식별 또는 거래될 수가 없다. 따라서 영업권은 무형자산에 포함되면서도 개별적으로 식별가능한(identifiable) 다른 무형자산과 분리되어 다루어진다.

두형의 경제적 가치로서의 상표권이나 영업권은 대가를 지급하면서 유상으로 취득할 수도 있지만, 이와는 달리 기업이 스스로 창출할 수도 있다. 그러나 여기서 유념할 점은 회계처리의 대상이 되는 영업권이나 상표권은 오직 대가를 지급하고 취득한 경우에 한정되며, 자기 스스로 재무상태표에 자산으로 나타낼 수는 없다. 그리고 영업권은 다른 무형자산과는 달리 상각하지 않고 매 회계연도말 손상 징후를 검토하여 손상사건이 발생한 경우 '손상차손'을 당기손익으로 인식하여야 한다.

다음 예제를 통하여 다른 기업을 사들이는 경우 발생되는 영업권의 회계처리를 살펴보도록 하자.

예제 9-10 영업권

(주)매직클린은 (주)영구클린을 합병함에 있어서 영구클린의 자산과 부채를 조사하여 합병일 현재의 공정가액을 다음과 같이 평가하였으며, 영구클린도 이에 합의하였다.

• 자산의 공정가액 : ₩6,000,000 • 부채의 공정가액 : ₩4,000,000

결과적으로 영구클린의 순자산 공정가액은 ₩2,000,000이나 매직클린은 영구클린의 영업권을 ₩1,000,000으로 평가하고 인수대가 ₩3,000,000을 수표로 지급하였다. 영구클린을 인수하는 매직클린의 입장에서 적절한 회계처리를 하시오.

풀이

합병회사(매직클린)는 피합병회사(영구클린)의 장부가액 대신에 공정가액(fair value)으로 평가한 다음 인수가격을 협상한다. 위의 금액은 이러한 평가에 따른 공정가액임을 기억하기 바란다.

(차)	자 산*	6,000,000	(대) 부 채*	4,000,000
	영 업 권	1,000,000	당 좌 예 금	3,000,000

* 실제 분개는 인수되는 자산과 부채의 구체적인 계정별(현금, 매입채무 등)로 해야 하지만, 여기서는 편의상 일괄하여 분개하였다.

3.3 무형자산의 상각과 재평가

무형자산도 유형자산과 마찬가지로 원가모형을 적용하거나 무형자산의 분류별로 공정가치로 재평가할 수 있다.

무형자산 역시 영업활동에 사용됨에 따라 가치의 감소가 이루어진다. 따라서 무형자산의 취득원가 역시 합리적인 기간에 걸쳐 정액법, 정률법, 연수합계법, 생산량비례법 등 합리적인 방법에 따라 상각하여 비용처리해야 한다. 다만, 유형자산과 달리 무형자산의 잔존가치는 영(零, zero)으로 하여 취득원가 전액을 상각하는 것을 원칙으로 한다.[2] 유형자산과 달리 무형자산의 미래경제적 효익의 불확실성이 높아서 잔존가치를 인정하지 않기 때문이다.

이렇게 계산된 무형자산의 상각액은 매 회계연도의 비용으로 포괄손익계산서에 기재하는 한편, 재무상태표에도 이 금액만큼을 직접 차감한 금액으로(즉, 직접법으로) 무형자산을 기재하는 것이 일반적이다. 단, 직접법에 따라 무형자산을 미상각잔액으로만 기재하는 경우에는 주석란에 각 무형자산의 상각누계액을 공시한다. 이 경우 상각누계액계정을 사용하여 간접법으로 표시하는 것도 허용된다.

무형자산의 상각은 해당 자산 뒤에 상각비(amortization expense)라는 단어만을 덧붙여서 사용하기 때문에 유형자산의 감가상각비(depreciation expense)와 구별된다.

> **무형자산의 상각방법**
> - 상각기간(내용연수) : 사용가능한 시점부터 합리적인 기간(20년 이내의 범위에서) 동안 상각
> - 상각방법 : 정액법, 정률법, 연수합계법, 생산량비례법 등 합리적인 방법
> - 잔존가치 : 영(zero)
> - 재무상태표 : 일반적으로 상각액을 직접 차감한 잔액으로 기재(직접법)

2) 무형자산에 대하여 잔존가치를 '0'으로 하지 않는 경우도 있다. 예컨대 특허권을 법정 내용연수보다 짧은 기간만 사용하다가 타인에게 매각하기로 한 약정이 있는 경우에는 예상매각액을 잔존가치로 삼는 것이 인정된다. 그러나 대부분의 경우에는 잔존가치를 '0'으로 간주하여 상각한다.

예제 9-11 특허권의 취득 및 상각 분개

(주)현대오토는 신상품 개발을 위해 투입한 ₩500,000의 연구개발활동이 결실을 맺어 20×1년 1월 3일에 개발비로 인식한 다음 특허를 취득하였다. 특허등록에 소요된 부대비용은 ₩80,000이었다. (주)현대오토의 경우 개발비는 5년, 특허권은 4년에 걸쳐 정액법으로 상각하기로 하고, 첫해 말에 ₩120,000을 상각하기로 하였다.

취득시점의 분개와 제1년도말의 개발비와 특허권 상각분개(직접법)를 하시오.

풀이

20×1. 1. 3(취득) :

(차)	개 발 비	500,000	(대) 현 금	580,000
	특 허 권	80,000		

20×1. 12. 31(결산) :

(차)	무형자산상각비	120,000	(대) 개 발 비	100,000
			특 허 권	20,000

*특허권 취득을 위해 직접 사용된 금액만을 특허권의 취득원가로 계상한다.

제4절 기타비유동자산

기타비유동자산이란 비유동자산 중 투자자산, 유형자산, 무형자산으로 분류할 수 없는 항목으로 임차보증금, 장기매출채권, 장기미수금 등이 이에 해당한다.

기업이 건물이나 창고 등을 장기간 임차하는 경우에도 일반적으로 보증금을 내는데, 임차료 미지급액이 없는 상태라면 이 보증금 역시 계약만료시점에서 되돌려받을 권리가 있다. 이를 임차보증금이라 하며 투자자산으로 분류한다.

장기매출채권이란 일반적 상거래에서 발생한 매출채권 중 만기가 재무상태표일로부터 1년 이후에 도래하는 것이며, 장기미수금이란 유형자산의 매각 등 일반상거래 이외의 거래에서 발생하는 채권으로서 만기가 재무상태표일로부터 1년 이후에 도래하는 것을 말한다.

연|습|문|제

[1] 아래 괄호에 알맞은 단어나 영어로 된 용어(英 :   )를 기재하시오.

(1) 유형자산이란 기업활동(재화의 생산, 용역의 제공, 타인에 대한 임대 또는 자체 사용)에 사용(use)할 목적으로 보유하는 물리적 형체가 있는 자산으로서, (□년)을 초과하여 사용할 것으로 예상되는 자산을 말한다.

(2) 유형자산의 사용 중에 당초 목적대로 기능이 발휘되도록 하기 위하여 추가적인 지출을 하는 경우가 있다. 지출의 효과가 단기간에 종료하는 것이라면 이러한 지출을 (수□□지출 英 : revenue e□□□□□□□□□□)이라 하는데, 당해 지출을 전액 당기 비용항목인 (□□유지비)계정으로 처리한다. 반면에 지출의 효과가 장기간에 걸쳐 발생하는 것이라면 이러한 지출을 (자□□지출 英 : capital expenditure)이라 하는데 그 지출을 일단 당해 자산의 취득원가에 가산한 후, 지출의 효과가 나타날 미래기간에 걸쳐 감가상각을 통하여 조금씩 비용으로 처리한다.

(3) 유형자산의 취득원가에서 잔존가액을 차감한 감가상각대상금액을 내용연수 동안에 원가배분하는 과정을 (감□□□ 英 : d□□□□□□□□□□□)회계라 한다.

(4) 내용연수 초기에는 보다 많은 감가상각비를 인식하고 후기로 갈수록 점점 더 적은 감가상각비를 인식하는 방법을 (□□상각법)이라고 한다. 이에는 정률법, 연수합계법 등이 있다.

(5) 유형자산의 감가상각비를 계산함에 있어서 정액법, 정률법 등은 경과시간을 기준으로 하는 방법인 데 반해, 생산량비례법은 유형자산의 (□□정도)를 기준으로 하는 방법이다.

(6) 「한국채택국제회계기준」에서는 유형자산에 대해 원가모형이나 (재□□모형) 중 하나의 회계정책을 유형자산의 분류별로 선택하여 적용하도록 하고 있다. 따라서 유형자산을 최초 취득한 이후에 (공□□□)를 신뢰성 있게 측정할 수 있는 경우에는 재평가금액으로 재무상태표에 표시할 수 있다.

(7) 감가상각대상이 아닌 토지와 같은 유형자산에 대한 재평가는 장부금액을 공정가치에 맞추어 조정하고, 그 차액을 (자□□□□□□)으로 처리하고, 포괄손익계산서에 (□□□□손익)으로 인식한 다음, 이를 재무상태표 자본항목인 (기타포괄□□□□□)의 재평가잉여금에 반영한다.

(8) 유형자산 손상 징후가 있다면 해당 자산의 회수가능액을 추정하여 장부금액과 비교하여 회수가능액이 장부금액에 미달하면 (□□차손)을 당기손익으로 인식하여 포괄손익계산서에 반영한다.

(9) (□□자산)은 물리적 실체가 없는 자산으로 장기간에 걸쳐 기업의 영업활동에 효익을 제공하는 자산이다.

(10) (영□□ 英 : g□□□will)은 대가를 지급하고 다른 회사를 합병하거나 다른 회사의 영업을 양수할 때 취득대상물의 공정가치를 초과하여 지급한 금액으로 기재된다.

[2] 유형자산의 취득 후 지출 : 자본적 지출과 수익적 지출

(주)매직클린에서는 신기계를 구입하는 한편, 기존의 구기계를 재배치하였다. 이 과정에서 다음의 지출이 발생하였으며, 업무공정의 생산효율을 크게 향상시켰다면 자본화 대상금액은 얼마인가?

신기계 구입비	₩40,000,000	구기계 재배치작업비	₩20,000,000
신기계 설치비	30,000,000	신기계 설치홍보비	15,000,000

[3] 유형자산의 처분

다음의 자료를 이용하여 (주)블루클린이 보유한 기계장치를 현금을 받고 처분하였을 때의 분개를 하시오. 단, 감가상각은 정액법으로 했다고 가정한다.

취득원가	₩50,000,000(20×1. 1. 1 구입)
추정잔존가액	5,000,000
추정내용연수	9년
처분가액	₩35,000,000(20×5. 12. 31 처분)

[4] 유형자산의 감가상각 : 정액법과 정률법

(주)꽃샘유통은 20×1년 초에 원가 ₩4,000,000의 비품을 취득하였다. 이 비품의 내용연수를 10년, 잔존가액을 취득원가의 10%로 할 경우 (1) 정액법과 (2) 정률법(단, 정률은 20%라고 가정)하에서 첫 3개년의 감가상각비를 나타내는 표를 작성하시오.

[5] 연수합계법(단위 : 천원)

(주)마켓컬리는 20×2년 1월 1일에 비품 ₩62,000을 구입하였다. 이 비품의 내용연수는 5년, 잔존가액은 ₩2,000이다. 연수합계법으로 20×3년도와 20×4년도의 감가상각비를 각각 계산하시오.

[6] 유형자산의 감가상각과 처분 : 생산량비례법

(주)현대오토는 20×1년초에 원가 ₩3,000,000의 비품(복사기)을 구입하였다. 이 복사기의 내용연수는 3년, 잔존가액은 취득원가의 10%로 추정되었다. (주)현대오토는 이 복사기를 이용해 총 100,000매의 복사를 할 수 있을 것으로 추정하고, 복사수량에 비례하여 감가상각을 하기로 하였다. 1차년도와 2차년도의 실제 복사수량은 각각 20,000매, 30,000매이다.

(1) 2차년도말의 감가상각누계액을 계산하시오.

(2) 3차년도초 이 복사기를 현금 ₩1,300,000에 처분한 경우의 회계처리를 하시오.

(3) 3차년도 10월 1일까지 30,000매를 더 복사한 뒤에 이 복사기를 현금 ₩1,300,000에 처분한 경우의 회계처리를 하시오.

[7] 무형자산의 종류

(주)영구클린의 20×1년말 총계정원장에는 다음과 같은 계정잔액이 기록되어 있었다. 재무상태표에 (주)영구클린이 무형자산으로 보고해야 하는 금액은 얼마인가?

- 창업비 ₩3,000,000 • 상표권 ₩5,000,000
- 광고회사에 지급한 선금 ₩4,000,000 • 임차보증금 ₩40,000,000
- 타사 합병 시 순자산의 공정가치를 초과하여 지급한 금액 ₩12,000,000

Tips for Self Study

- 교과서 연습문제 [6] : 감가상각과 처분의 2종세트에 도전하기!
- Study Guide 주관식 [문2] : 나름 합리적인 월단위(월할) 계산방식 맛보기

제 10 장

부 채

제 1 절 | 부채의 의의

제 2 절 | 매입채무와 기타채무

제 3 절 | 금융부채

제 4 절 | 기타금융부채와 충당부채

[부록 A] 사채발행과 회계처리

[부록 B] 사채투자와 상각후원가금융자산의 회계처리

본 장에서는 부채 전반을 다룬다. 부채는 크게 유동부채와 비유동부채로 나뉜다. 비유동부채는 일반적으로 유동부채에 비하여 금액이 크기 때문에 중요할 뿐만 아니라 많은 이자비용을 발생시켜 경영상 중대한 압박을 가할 수도 있다는 관점에서 투자자나 채권자들을 비롯한 이해관계자들에게 매우 중요한 정보가 된다.

비유동부채에는 사채, 장기차입금, 장기매입채무 등의 금융부채와 충당부채 등이 있다. 본 장에서는 이들을 포함한 부채 전반에 관하여 살펴본다. 그리고 사채 투자자의 입장에서 상각후원가금융자산의 회계처리를 학습한다.

▶ 킨들러 회장님은 최근 금융 위기를 어떤 리더십으로 돌파하고 계십니까?
"경기 불황까지 겹친 상황이죠. 이럴 때 저는 기본을 중시합니다."

▶ "기본을 중시한다"는 것은 구체적으로 어떤 말씀이신지요?
"가장 중요한 것은 어려운 때일수록 기업의 '존재의 의미'를 되새기는 겁니다. 기업은 뭔가 어려운 때일수록 '우리가 왜 존재하는지, 도대체 우리가 세상을 위해 뭘 하고 있는지' 끊임없이 되새겨야 합니다. 그게 없으면 생존이 불가능하죠. 예를 들어 우리의 경우엔 윤리경영을 통해 '더 건강한 세계를 만든다'는게 존재의 이유죠. 존재 이유가 분명해야 조직원들 사이에 위기를 돌파해야겠다는 강한 모멘텀(momentum)이 생깁니다."

▶ '기본'에 대해 좀 더 구체적으로 말씀해주실 수 있는지요?
"항상 시장의 목소리에 귀를 열어 놓아야 합니다. 어려울 때든 좋을 때든 소비자들의 목소리만큼 확실한 지표가 없어요. 리더는 어려운 때일수록 최대한 소비자들과 가깝게 있는 사람들의 이야기를 듣고, 또 들어야 합니다. 여기에 해답이 있어요."

▶ 틈만 나면 듣는다는 것을 좀 더 실감나게 말씀해주실 수 있나요?
"나는 매일 10개의 1센트 동전을 왼쪽 바지 주머니에 넣고 집을 나섭니다. 한 명의 직원과 대화하고 그의 고민이나 이야기를 충분히 들어주었다는 생각이 들면 왼쪽 주머니에 있던 동전 하나를 오른쪽 주머니로 옮깁니다. 매일 하루를 보낸 후 왼쪽에 있는 10개의 동전이 모두 오른쪽 주머니로 옮겨가면 스스로 자신에게 '100점'이라는 점수를 줍니다. 바쁜 일정을 소화하면서도 매일 나에게 이런 숙제를 내는 이유는 CEO로서 무엇보다 가장 중요한 게 직원들과의 대화라고 생각하기 때문입니다."

Weekly Biz 2008년 10월 18일자 [Cover Story] "듣고 또 들어라 위기가 뚫린다."
제프 킨들러 美 화이자 회장의 인터뷰 기사 일부 발췌(부분 재구성)

제1절 부채의 의의

"기업에 있어서 차입금은 우리 몸의 열과 같다.
과다한 차입금은 만병의 근원이다."

– 신격호(롯데그룹 회장)

1.1 부채의 정의 및 인식

부채(liabilities)란 과거사건에 의하여 발생하였으며 경제적 효익이 내재된 자원이 기업으로부터 유출됨으로써 이행될 것으로 기대되는 현재의무를 말한다. 그리고 이러한 부채를 재무상태표에 인식하기 위해서는 ① 현재의무의 이행에 따라 경제적 효익이 내재된 자원의 유출가능성이 높고 ② 결제될 금액을 신뢰성 있게 측정할 수 있어야 한다.

부채는 상환기간, 성격 및 금액의 불확실성 정도에 따라 유동부채와 비유동부채, 금융부채와 비금융부채, 확정부채와 충당부채 등으로 분류할 수 있다.

1.2 부채의 분류

영업주기는 영업활동을 위한 자산의 취득시점부터 그 자산이 현금이나 현금성자산으로 실현되는 시점까지 소요되는 기간이다. 재무상태표에서 정상영업주기 내에 결제기일이 도래하는 부채를 구분하여 보여줌으로써 유용한 정보를 제공할 수 있다. 만약 정상영업주기가 명확하게 식별되지 않는다면 그 주기는 12개월인 것으로 가정한다.

(1) 유동부채와 비유동부채

유동부채란 보고기간(재무상태표일) 후부터 1년 이내에 결제되거나, 정상영업순환주기 내에 결제될 것으로 예상되는 부채를 말한다. 부채를 속성상 금융부채와 비금융부채로 분류하든 확정부채와 충당부채로 분류하든 재무상태표에서는 이를 유동성-비유동성으로 구분하여 표시할 수 있다. 따라서 동일한 금융부채라고 하더라도 유동부채로 공시되는 항목이 있는 반면 비유동부채로 공시되는 항목도 있다.

비유동부채란 보고기간(재무상태표일) 후부터 1년 이후에 결제될 것으로 예상되는 부채 또는 유동부채가 아닌 경우를 말한다.

(2) 금융부채와 비금융부채

금융부채란 ① 부채의 정의를 충족하는 계약상 의무로서 ② 현금 또는 자기지분상품 등의 금융자산으로 결제되는 부채를 말한다. 따라서 현금으로 결제되는 대부분의 부채인 매입채무, 미지급금, 차입금, 사채 등을 의미하는 것으로 이해하면 된다.

금융부채 중에는 공정가치로 평가하여 공정가치변동분을 당기손익에 반영하는 당기손익-공정가치측정금융부채와 상각후원가측정금융부채가 포함된다. 그러나 우리가 회계원리 수준에서 공부할 대부분의 금융부채는 당기손익-공정가치측정금융부채에 해당되지 않는 매입채무, 외상매입금, 지급어음, 미지급금, 차입금, 사채, 예수금, 미지급법인세 등이다. 특히 금융부채 중에서도 상각후원가측정금융부채인 사채에 대한 회계처리는 중요하므로 별도로 제3절에서 공부하기로 한다.

비금융부채란 금융부채가 아닌 부채를 말한다. 즉 현금 이외의 수단으로 결제하는 부채를 말한다. 비금융부채의 예로는 재화나 용역을 제공해주어야 할 의무인 선수금, 선수수익 등을 들 수 있다.

(3) 확정부채와 충당부채

확정부채란 재무상태표일 현재 부채의 존재가 확실하며 지급할 금액도 확정되어 있는 부채를 말한다. 매입채무, 미지급금, 차입금, 사채, 예수금, 미지급법인세 등 대부분의 금융부채가 확정부채에 속한다.

충당부채란 재무상태표일 현재 부채의 존재가 불확실하거나 지출의 시기 또는 금액이 불확실한 부채를 말한다. 제품보증충당부채, 반품충당부채, 복구충당부채 등이 있으며, 여기에 대해서는 제4절에서 배우기로 한다.

제2절 매입채무와 기타채무

2.1 매입채무

매입채무(買入債務)는 상품을 매입하면서 미래에 현금을 지급하기로 함에 따라 나타나는 의무로서, 구두 약속에 의한 외상매입금과 어음을 발행해주고 약속하는 지급어음으로 구성된다.

매입채무 = 외상매입금 + 지급어음

매출채권과 매입채무는 매우 중요한 계정이다. 그 이유는 두 가지로 요약된다. 첫째는 이들이 투자활동이나 재무활동과 같은 주변적 활동이 아닌 기업 본연의 주된 활동, 즉 영업활동에서 나타나는 채권과 채무이기 때문이고, 둘째는 이들이 가까운 미래에 유입되거나 유출될 현금의 크기를 말해 주기 때문이다. 기업의 미래 현금흐름에 관심을 갖는 정보이용자들에게는 본연의 주된 활동으로부터 발생하는 현금흐름의 크기가 얼마나 될 것인지가 매우 중요한 회계정보이다.

상품의 외상매입은 매출채권과 반대로 처리한다. 상품을 외상으로 매입하면 매입채무계정 대변에 분개하고, 이를 현금으로 회수하면 이 계정 차변에 분개한다. 특정 시점의 매입채무계정 대변 잔액은 그 시점에 존재하는 매입채무 잔액을 나타낸다.

상품 매입 시 판매자가 구매자에게 어음을 요구하는 주된 이유는 채권을 법적으로 보장받기 위해서이다. 어음은 구두약속에 비해 법정에서의 증거능력이 더 크다. 따라서 약속어음을 발행하는 경우 지급어음계정 대변에 기록하며, 만기일에 이를 현금으로 지급하면 지급어음계정 차변에 기록하여 채무를 제거한다.

예제 10-1 받을어음과 지급어음의 발생 및 소멸

다음 일련의 거래를 실지재고조사법으로 분개하시오.

(1) 상품 ₩100,000을 매출하고 대금은 약속어음으로 받다.

(2) 만기일이 되어 위 어음이 결제되어 거래은행에 당좌예금하다.

(3) 상품 ₩200,000을 매입하고 대금은 약속어음을 발행하여 지급하다.

(4) 만기일에 위 (3)의 대금이 당좌예금 계좌에서 차감되었음을 은행으로부터 통지받다.

풀이

(1)	(차) 받을어음	100,000	(대) 매　　출	100,000
(2)	(차) 당좌예금	100,000	(대) 받을어음	100,000
(3)	(차) 매　　입	200,000	(대) 지급어음	200,000
(4)	(차) 지급어음	200,000	(대) 당좌예금	200,000

2.2 기타의 채무

아래에서는 매입채무 이외의 채무에 대하여 살펴본다. 이들 중에는 통상 현금으로 상환하여야 할 금융부채와 재화나 용역을 제공해주어야 할 의무인 비금융부채가 포함된다. 다음 절에서 설명할 사채나 차입금을 제외하고는 금액이 비교적 적지만 기업의 일상적 영업활동에서 빈번히 발생하고 소멸하는 것이므로 잘 알아둘 필요가 있다.

(1) 차입금

기업의 현금유입은 불규칙하게 발생하는 것이 일반적이므로 여유자금의 대여나 부족자금의 차입이 일어나게 마련이다. 타인으로부터 현금을 차입한 경우에는 부채계정인 차입금(借入金)계정에 기록한다. 이러한 차입은 구두약속에 따라 이루어지는 경우도 있고 차용증서나 어음을 주고받으며 이루어지는 경우도 있는데, 어느 경우든 그 경제적 실질이 현금의 차입이므로 모두 차입금계정에 기록한다.

차입기간이 재무상태표를 작성하는 날로부터 1년 이내인 것은 단기차입금, 1년 이상인 것은 장기차입금(비유동부채)으로 기록하지만 모두 금융부채에 속한다.

과다 차입금은 만병의 근원

수많은 기업이 도산했던 외환위기 때 "사업이 실패해도 누구에게도 피해가 가지 않는 범위 내에서 돈을 빌린다"는 신격호 회장의 지론에 따라 당시 자본금 대비 부채비율이 80%를 밑돌던 롯데는 도약의 기회로 삼을 수 있었다.

롯데쇼핑이 19일 발간한 '롯데쇼핑 30년사'에 신 회장의 기업가정신이 언급돼 눈길을 끌고 있다. 이어 따르면 신 회장은 "기업은 예술이다"는 지론을 갖고 있다. 하나의 제품이 제대로 평가받아 압도적으로 시장을 지배할 만큼 성장하지 않으면 결코 다른 것을 넘보지 않는다는 생각이다.

그는 안정적인 경영을 중시했지만, 일단 결심이 서면 새로운 도전 앞에서 망설이지 않았다고 한다. 1970년대 호텔롯데를 건립한 이후 외환위기 때 오히려 점포수를 늘렸다. 수차례 좌절에도 불구하고 제2롯데월드, 롯데월드 도쿄 등을 포기하지 않은 것도 도전정신에서 비롯됐다는 것이다.

자료 : 매일경제, 2009년 1월 20일 기사 중(사람들) 일부 인용

(2) 선수금

상품의 매매 시에 선금 또는 계약금이 오가는 경우가 많다. 상품의 수요가 공급보다 많을 때는 이런 현상이 흔히 발생한다. 상품을 매출하기로 계약하고 대금 일부를 미리 건네받으면 선수금(先手金)에 기록한다. 선수금은 미래 상품을 공급하여야 할 의무를 나타내는 부채계정이며, 상품을 공급하는 시점에서 판매대금과 상계한다. 백화점 등이 발행하는 상품권은 추후 상품공급을 전제로 대금을 미리 받는 것이기 때문에 백화점은 상품권 판매액을 선수금으로 기록하거나 부채항목인 상품권계정을 사용하기도 한다.

(3) 미지급금

비품, 건물, 토지 등과 같은 자산, 즉 상품 이외의 자산을 외상으로 구입할 때 발생하는 채무는 부채계정인 미지급금(未支給金)계정 대변에 기록한다. 여기에서 구두약속에 의한 외상거래뿐만 아니라 어음을 주고받는 경우에도 이를 미지급금계정에 기록한다.

(4) 가수금

현금의 지출이나 수입은 있었지만 계정과목이나 금액을 명쾌히 확정할 수 없는

애매한 경우가 있는데, 이때는 이들을 일단 가지급금 및 가수금이라는 임시계정에 기록해 두었다가 후에 계정과목이나 금액이 확정되는 시점에서 해당 계정으로 옮긴다. 이때 현금수입이 있을 때는 부채계정인 가수금(假受金)계정의 대변에 기록한다. 가수금계정은 거래 내용을 분명하게 나타내지 못하기 때문에 외부보고용 재무상태표를 작성할 때는 정확한 계정과목과 금액을 찾아내어 표시하여야 한다.

(5) 예수금

기업은 종업원이 급여에서 부담해야 할 근로소득세, 건강보험료 등을 맡아 두었다가 일괄하여 세무서, 국민건강보험공단 등 관련기관에 직접 납부한다. 이처럼 상품매매 이외의 거래에서 일시적으로 타인을 위해 맡아 둔 금액은 부채계정인 예수금(豫受金)계정 대변에 기록하였다가 후에 관련기관에 납부하는 시점에서 제거한다. 예수금의 종류가 많을 때는 근로소득세예수금, 건강보험료예수금 등으로 구분하여 별도의 하위 계정에 기록하거나 별도의 기입장에 기록하기도 한다.

(6) 임대보증금

기업이 보유한 건물 등을 빌려주고 목돈을 받은 다음 약정한 기간이 경과하면 빌려준 자산을 회수하면서 돌려주는 돈을 말한다. 기업은 약정한 기간 동안 수취한 목돈에 대한 투자수익을 얻을 수 있지만, 되돌려주는 것을 전제로 하기 때문에 부채로 처리한다. 이때 목돈을 지급하고 건물 등을 빌린 상대방은 이를 임차보증금이라는 자산항목으로 처리한다.

예를 들면, 사무실을 빌리는 사람(즉, 임차인)이 보증금 1,000만원에 월세 100만원을 지불하기로 계약했다면 1,000만원의 보증금은 임차인에게는 자산(임차보증금)이 되며, 사무실을 소유하고 보증금을 수취한 상대방(즉, 임대인)은 부채(임대보증금)로 처리한다. 이때 사무실을 빌려쓴 사람이 지불하는 월세는 '임차료비용'으로, 사무실 소유자가 받는 월세는 '임대료수익'으로 포괄손익계산서의 비용과 수익항목으로 각각 표시한다.

제3절 금융부채

3.1 사채의 의의

자금을 조달하고, 채권자에게 원금과 이자를 지급하기로 하는 사채계약은 부채의 정의를 충족하는 계약상 의무로서 현금으로 결제되므로 전형적인 금융부채이다. 사채의 회계처리와 관련하여서는 사채에 적용되는 유효이자율법에 의한 회계처리가 중요성을 갖는다.

통상 상품의 매입자금이 부족한 경우에는 단기자금을 빌리더라도 무방하다. 왜냐하면 상품은 단기간 내에 현금으로 전환되는 자산이라서 상환자금 마련이 어렵지 않기 때문이다.

그러나 비유동자산 매입자금을 단기자금으로 조달하는 것은 위험하다. 비유동자산은 단기간 내에는 현금화되는 자산이 아니기 때문이다. 이때는 상환기일이 1년 이후에 도래하는 장기자금을 조달하여 비유동자산을 매입해야 한다.

주식회사가 장기부채를 조달하기 위하여 흔히 사용하는 방법은 장기차입금으로 금융기관으로부터 빌리는 방법과 사채를 발행하는 방법이다. 차입기간이 1년 이상이고 상환일이 재무제표 작성일로부터 1년 이후에 도래하는 장기차입금(長期借入金)은 돈을 빌려주는 상대방이 거액의 장기성 자금을 가지고 있는 경우에 한하여 이용이 가능하다. 따라서 기업의 관점에서 보면 조달원천이 은행 등 소수의 금융기관이나 계열회사 등으로 한정되는 단점이 있다.

사채(社債, bond)는 주식회사가 회사의 채무임을 표시하는 증서를 발행해주고 증권시장의 일반 투자자들로부터 거액의 장기자금을 직접 조달하는 방법이다.

☑ 명동 사채시장은 어떤 시장일까요?

회사채란 용어를 줄인 社債(사채, corporation bond)는 개인적 빚이라는 의미의 私債(private debt)와는 확연히 구분되는 개념이다. "명동 사채시장이 얼어붙어 중소기업들의 자금난이 심각하다"라고 할 때의 사채시장은 일반적으로 개인적으로 자금이 융통되는 私債시장을 지칭한다.

사채의 장점은 기업이 빌리기를 원하는 자금이 거액이더라도 이를 많은 수의 작은 금액단위(한 계좌당 ₩10,000 이상의 동일금액)들로 쪼개어 사채권을 발행할 수 있어서 그만큼 쉽게 자금조달을 할 수 있다는 점이다. 따라서 소액 투자자들을 대상으로 기업이 원하는 거액의 자금을 직접 조달할 수 있다. 한편 사채에 투자하는 사채권자들 역시 언제든지 원하기만 하면 보유 중인 사채를 증권시장에서 자유롭게 매각하여 현금화할 수 있다는 장점을 누린다.

사채는 발행회사의 입장에서는 부채이지만, 사채를 매입한 상대방의 입장에서는 금융자산(당기손익인식금융자산, 기타포괄손익금융자산, 상각후원가금융자산)이 된다. 본 절에서는 발행회사의 입장에서 사채를 설명하기로 한다.

그림 10-1 ▮ 자금의 수요와 공급에 따른 구분

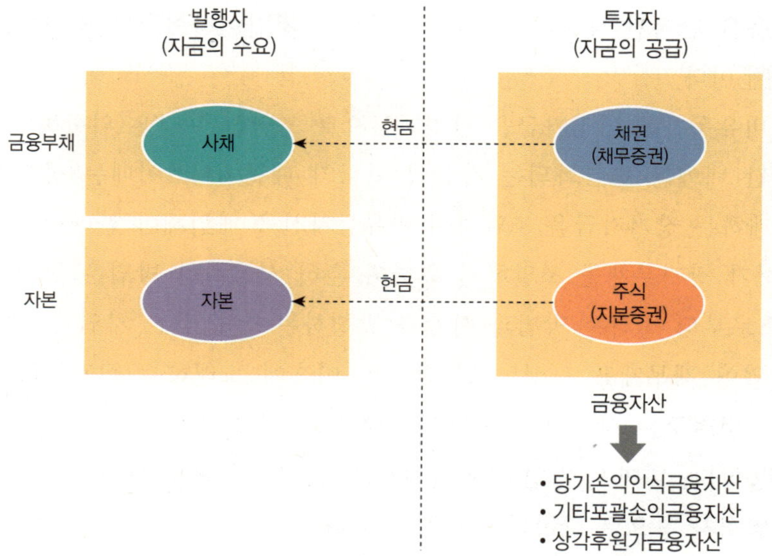

☑ 사채(社債)는 주식회사만 발행할 수 있는가?

증권시장을 통해 발행되는 사채는 유가증권으로서 이는 불특정 다수의 투자자들이 구입하게 된다. 만일 사채를 발행한 회사가 중간에 도산하면 투자자들이 큰 피해를 본다. 이에 상법(商法)에서는 투자자들을 보호하기 위하여 비교적 도산가능성이 작고 안정성이 높은 회사들만 社債를 발행할 수 있도록 제한하고 있다. 일반적으로 이런 회사는 주식회사이며, 따라서 주식회사 이외의 소규모 합명회사, 합자회사, 유한회사 등은 사채를 발행할 수 없도록 되어 있다.

3.2 사채발행에 따른 현금흐름

주식회사가 사채를 발행하여 현금을 조달하는 행위는 곧 장기로 현금을 빌리는 것과 경제적 실질이 동일하다. 따라서 장기차입금과 동일하게 기업은 사채에 대하여도 원금과 이자를 현금으로 상환해야 한다.

사채발행에 따른 현금흐름을 살펴보기 위하여 먼저 사채에 기재되는 사항을 살펴볼 필요가 있다.

사채에 기재되는 사항(例)

발행회사명 : (주)매직클린	발행일 : 20×1년 1월 1일
액 면 가 액 : ₩100,000	만기일 : 20×3년 12월 31일
이자지급일 : 연 1회, 매년 12월 31일	이자율 : 연 10%

여기서 유심히 보아야 할 사항은 다음 두 가지이다.

첫째는 만기일에 상환하기로 약속하는 금액인 액면가액(額面價額, par value)이다. 액면가액이란 용어는 말 그대로 해석하면 사채의 표면에 기재된 금액이라는 뜻인데, 경제적으로는 만기일에 상환할 금액이라는 뜻이 포함되어 있다. 기업은 바로 이 액면가액을 만기일에 사채권자들에게 상환한다.

둘째는 이자지급에 관한 약속인 이자지급일과 이자율이다. 사채는 장기부채이므로, 사채발행회사는 만기 이전의 중간중간에 사채권자들의 현금수요를 충족시켜줄 필요가 있다. 이를 위하여 사채발행회사는 언제 얼마의 이자를 지급한다는 약속을 하게 되며, 이를 위한 것이 이자지급일과 이자율에 관한 기재사항이다. 사채발행회사는 순이익 발생 여부에 상관없이 이 고정이자를 꼬박꼬박 지급함으로써 약속을 이행해야 한다.

사채에 적혀 있는 이자율을 액면이자율(額面利子率, stated interest rate : 일명, 표시이자율)이라 하며, 액면이자율에 의해 다음과 같이 채권자에게 지급해야 할 현금이자가 결정된다.

■ 이자지급일에 지급할 현금이자 = 액면가액 × 액면이자율

이제 사채발행으로 인하여 현재와 미래 기간에 어떤 현금흐름이 발생하는지를 살펴보자. 기업이 앞의 기재사항에 따라 사채를 발행하고 현금 ₩100,000을 조달하는 경우의 현금흐름은 [그림 10-2]와 같다.

그림 10-2 ▮ 사채발행 시의 현금유입(+)과 현금유출(-)

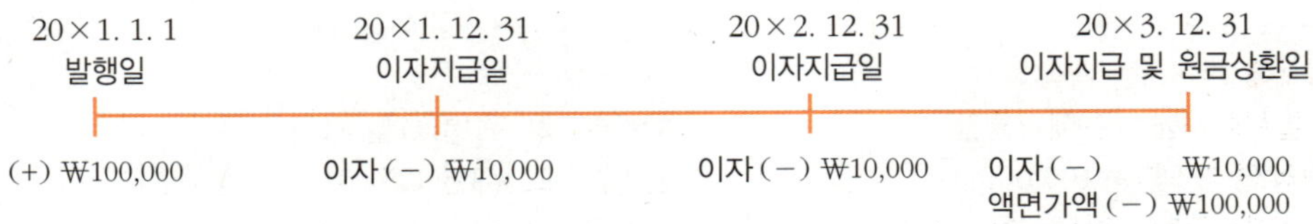

(주)매직클린은 20×1년 1월 1일에 현금 ₩100,000을 차입하는 대가로 앞으로 매년 12월 31일(이자지급일)에 현금이자 ₩10,000을 지출하는 한편, 만기일인 20×3년 12월 31일에는 제3차년도분 현금이자 외에 별도로 액면가액 ₩100,000을 상환하여야 한다.

사채에 관하여 이와같은 현금흐름을 회계처리하기 위해서는 ① 사채발행의 분개 ② 사채의 결산정리분개 ③ 사채상환의 분개 등으로 나누어 학습할 필요가 있다.

3.3 사채의 발행

사채의 발행에는 액면발행, 할인발행, 할증발행의 세 가지 형태가 있다. 여기서는 실무에서 가장 보편적으로 이루어지고 있는 할인발행의 경우만을 중점적으로 설명한다.

일반적으로 기업들은 액면이자율을 발행 당시의 자본시장이자율 수준에 맞춰 결정하지 않고, 대신 자신의 미래 현금사정을 고려하여 임의로 결정하는 경향이 있다. 예컨대 미래 현금사정이 양호하지 못할 것이라고 예상될 경우 기업은 액면이자율을 낮추어 이자지출로 인한 자금압박을 피하려고 한다. 이로 인하여 액면이자율

은 일반 투자자들이 받기를 원하는 수준의 이자율과 일치하지 않는 때가 많다. 자본시장에서 자금의 수요와 공급에 의해 결정되는 균형이자율을 액면이자율과 구분하여 시장이자율(市場利子率, market interest rate)이라 한다.

그렇다면 액면이자율과 시장이자율이 서로 다르면 어떤 현상이 일어날까?

일반 투자자들은 보다 많은 이자를 받을 수 있는 곳에 돈을 빌려주고자 한다. 만일 액면이자율이 연 10%인데 시장이자율은 연 15%라면 당연히 투자자들은 이 사채를 구입하지 않으려고 할 것이다.

따라서 액면이자율을 시장이자율보다 낮게 책정한 회사들은 사채의 실제 발행가액을 액면가액보다 낮게 해줌으로써 일반 투자자들을 유인하고자 한다. 이처럼 액면이자율이 시장이자율보다 낮아서 부득이 액면가액보다 낮은 금액만을 받고 사채를 발행하는 것을 사채의 할인발행(割引發行)이라 한다. 이러한 경우 사채발행기업은 발행시점에는 액면가액보다 낮은 금액으로 자금을 조달하지만, 만기시점에는 액면가액으로 투자자에게 갚아야 한다. 이 액면가액과 발행가액의 차이는 결국 채권발행자가 부담해야 하는 이자비용(투자자 입장에서는 이자수익)이다. 결과적으로 발행회사는 채권자들이 시장이자율과 동등한 수준의 이자수익을 얻을 수 있게 해줌으로써 현금조달을 성공적으로 하게 된다.

> **사채의 할인발행이란?**
> 액면이자율이 시장이자율보다 낮을 때 채권자들이 시장이자율만큼의 이자를 얻을 수 있도록 사채를 액면가액보다 낮은 가액으로 할인하여 발행하는 것.
> 기업은 결국 시장이자율로 자금을 차입하고 이자비용을 부담하게 되므로 이를 기초로 회계처리

그림 10-3 ▮ 사채발행 : 액면발행, 할인발행, 할증발행

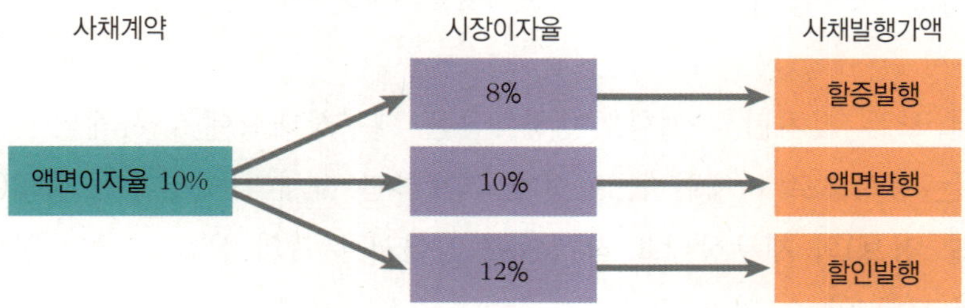

요약컨대 할인발행은 액면이자율과 시장이자율 간의 차이를 제거하여 사채권자들로 하여금 시장이자율만큼의 투자수익을 얻게 하기 위한 조치이며, 이때 발행회사는 결국 시장이자율로 자금을 차입하는 셈이 된다는 사실을 분명히 알 수 있다 ([그림 10-3] 참조).

한편 사채를 발행할 때는 사채를 살 사람들을 모으기 위한 광고비나 사채권의 인쇄비, 그리고 사채발행에 따르는 복잡한 업무를 증권회사에 대행시키는 데 드는 수수료도 지불해야 한다. 이처럼 사채발행과 관련하여 직접적으로 발생하는 비용을 사채발행비(社債發行費)라 한다. 사채발행으로 조달한 현금 중에서 사채발행비를 지불하고 난 후의 순액, 즉 기업이 실제로 이용할 수 있는 순액을 사채의 발행가액(發行價額)이라고 하며, 사채의 액면가액에서 발행가액을 뺀 금액을 사채할인발행차금(社債割引發行差金)이라고 한다.

■ 사채할인발행차금 = 액면가액 − 발행가액

사채를 발행하면 발행가액(실제로 이용할 수 있는 순액)을 현금계정 차변에, 액면가액을 사채계정 대변에, 그리고 양자의 차액은 사채할인발행차금계정 차변에 각각 분개한다. 예컨대 액면가액이 ₩100,000인 사채를 발행하여 현금 ₩80,000을 조달하고, 이 중 사채발행비로 ₩1,000을 지불하여 기업이 실제로 이용가능한 순액이 ₩79,000이었다면 다음과 같이 분개한다.

사채할인발행의 분개

(차) 현 금	79,000	(대) 사 채	100,000*
사채할인발행차금	21,000		

* 사채계정은 항상 액면가액으로 기록한다는 사실을 기억할 것.

아래에서 보는 것처럼 사채할인발행차금은 재무상태표에서 사채의 액면가액에서 차감하는 형식으로 기재한다. 이렇게 기재하면 사채의 액면가액 정보(미래시점의 부채규모 정보)와 재무상태표 작성일에 있어서 부채의 실질적 금액 정보를 외부 이용자들이 모두 알 수 있게 된다.

재무상태표(일부)

(주)매직클린 20×1. 12. 31 현재

	비유동부채		
	사 채	100,000	
	사채할인발행차금	(21,000)	79,000

예제 10-2 사채의 할인발행

(주)매직클린은 20×1년 1월 1일에 액면가액 ₩300,000, 만기 3년, 액면이자율 10%, 이자지급일이 매년 12월 31일인 사채를 시장이자율(15%)을 반영하여 할인발행한 후 현금 ₩265,746을 조달하였다. 사채발행을 분개하시오.

풀이

(차) 현 금	265,746	(대) 사 채	300,000
사채할인발행차금	34,254		

* 시장이자율이 15%일 때 사채권자들이 지불하고자 하는 금액은 ₩265,746보다 크지 않기 때문에 (주)매직클린은 이 금액을 받게 된다. 왜 이 금액보다 크지 않은지 그 이유는 본 장의 [부록 A]에 설명되어 있다. 그러나 독자들은 지금은 그저 "이 금액인가 보다" 하고 지나쳐도 괜찮다. 본 장을 모두 공부한 후에 궁금해지면 그때 [부록 A]를 읽어도 된다.

3.4 사채의 결산정리 : 사채할인발행차금의 상각

먼저, 사채의 결산정리가 필요한 이유를 살펴보자. [예제 10-2]에서 사채발행일의 부채는 ₩265,746이지만 만기 시 부채는 ₩300,000이 된다. 만기일에는 액면가액을 상환하여야 하기 때문이다. 따라서 두 금액 간의 차이인 ₩34,254을 사채기간 동안에 걸쳐 배분하여 점차 부채를 증가시켜 나가는 회계처리가 필요하다.

한편, 사채할인발행차금의 성격을 자세히 살펴보자. 사채와 관련한 이자는 액면이자율에 의하여 사채권자에게 이자지급일에 지급한다. 그런데, 액면이자율이 낮기 때문에 부득이 발행 시에 시장이자율과의 차이만큼 사채를 할인발행한 것이다. 즉, 사채할인발행차금은 사채와 관련한 이자비용의 일부를 만기에 원금에 가산하여 지급하는 것임을 알 수 있다. 따라서 사채의 만기까지의 기간 동안에 추가적으로 이자비용으로 인식하여야 한다.

사채할인발행차금

① 사채의 액면가액과 발행가액과의 차이
② 사채의 차감 항목
③ 사채기간 동안에 적절한 방법(유효이자율법)에 의하여 이자비용으로 인식하기 위한 결산정리분개가 필요

그렇다면 어떤 방법으로 이 과정을 수행하여야 하는가? 결론을 먼저 말하면 이 과정은 사채할인발행차금 ₩34,254을 유효이자율법으로 상각하는 과정을 통하여 수행된다([표 10-1] 참조).

유효이자율법 따라잡기

[예제 10-2]에서 시장이자율이 15%인 경우 3년 만기 · 액면 ₩300,000(액면이자율 10%)인 사채를 ₩34,254만큼 할인하여 ₩265,746에 발행했다면 매기간 이자를 5%만큼 덜 부담하는 대가로 ₩265,746만큼 빌려쓰고 ₩34,254의 이자차액을 가산하여 만기에 ₩300,000을 상환하게 된다. 따라서 ₩34,254의 이자차액을 만기상환시점에 일시에 부담하지 않고 이를 각 회계기간에 안분하여 실질적으로 부담하여야 할 이자비용이 15%가 되도록 계산하는 방법이 유효이자율법이다.

유효이자율(effective interest rate)이란 기업이 사채발행으로 현재시점에서 이용할 수 있게 된 순액, 즉 발행가액 ₩265,746과 미래 현금지급액(현금이자와 액면가액)의 현재가치를 일치시켜 주는 이자율을 말한다. 그렇다면 유효이자율은 실질적으로 어떤 의미를 갖고 있을까? 현재 자금시장에서 차입하거나 대출해줄 때 적용되는 실제이자율을 의미한다. 따라서 유효이자율법의 기본논리는 자금의 수요와 공급에 의해 시장이자율이 결정된다면 시장참가자(사채발행자와 투자자)들이 이 시장이자율을 받아들일 수밖에 없지 않겠느냐? 즉, 위험이 동일하다면 시장이자율에 의해 계산된 이자비용과 이자수익이 재무제표상에 나타날 수 있도록 사채할인발행차금을 회계처리하라는 것으로 이해할 수 있다.

이자율 개념 정리

- 액면이자율 : 사채권에 기재된 이자율(=10%)
- 유효이자율 : 사채의 발행가액(₩265,746)과 미래 현금지급액(현금이자와 액면가액의 합계인 ₩390,000)의 현재가치가 동일하도록 하는 이자율(=15%) 또는 시장이자율*

* 사채발행비가 없을 경우에는 시장이자율이 바로 유효이자율이다. 사채발행비가 존재하는 경우에는 유효이자율과 시장이자율이 근소하게 차이가 날 수 있다.

이하에서 사채할인발행차금의 상각과정을 살펴보자.

첫째, 포괄손익계산서에는 기초의 부채금액에 유효이자율을 곱한 금액을 사채의 이자비용으로 기재해야 한다. 여기에서 기초의 부채금액이란 액면가액에서 기초의 할인발행차금을 차감한 금액이며, 이를 기초 장부금액이라 한다.

■ 사채이자비용 = 사채의 기초 장부금액 × 유효이자율

이것을 다음과 같이 이해해도 된다. 즉, [예제 10-2]의 사채발행은 현금 ₩265,746을 시장이자율인 연 15%로 차입한 거래와 경제적 실질이 동일하다. 따라서, 20×1년의 포괄손익계산서에 기재해야 할 이자비용은 다음과 같이 계산된다. 유효이자율에 따라 계산된 이 금액은 뒤에 사채할인발행차금 상각액의 계산 시 사용된다.

- 포괄손익계산서에 기재할 이자비용(유효이자율 적용)
  = (₩265,746 : ₩300,000 − ₩34,254) × 15% = ₩39,862

둘째, 발행회사는 사채권자와의 약속에 따라 현금이자를 다음과 같이 계산하여 지출한다.

■ 현금이자 = 액면가액 × 액면이자율

[예제 10-2]에서 20×1년 12월 31일에 지출해야 할 현금이자는 다음과 같다. 이 금액은 사채권자에게 현금으로 지급될 것이며, 이자지급일에 다음과 같이 분개한다.

- 현금이자 = ₩300,000 × 10% = ₩30,000

(차) 이 자 비 용	30,000	(대) 현　　　금	30,000

셋째, 이를 요약하면 사채발행회사가 실질적으로 부담해야 하는 20×1년도 이자비용은 ₩39,862인데도 불구하고 기업에서는 ₩30,000만을 이자비용으로 기록하고 있다. 따라서 차액 ₩9,862을 추가하기 위한 결산정리분개가 필요하다. 이는 다음과 같이 사채할인발행차금의 상각을 통해 이루어진다.

■ **사채할인발행차금 상각액 = 사채이자비용 − 현금이자**

[예제 10-2]에 대한 20×1년도 사채할인발행차금 상각액과 결산정리분개는 다음과 같다.

사채할인발행차금 상각액 = 사채이자비용 − 현금이자 = ₩39,862 − ₩30,000 = ₩9,862

사채할인발행차금 상각을 위한 결산정리분개

(차) 이 자 비 용	9,862	(대) 사채할인발행차금	9,862

앞에서 살펴본 현금이자 지급과 사채할인발행차금 상각을 동시에 분개하면 다음과 같다.

(차) 이 자 비 용	39,862	(대) 현　　　금	30,000
		사채할인발행차금	9,862

사채할인발행차금의 상각을 위한 결산정리분개로 말미암아 이자비용은 ₩39,862으로 적절히 조정되는 한편, 사채할인발행차금계정 차변잔액은 이제 ₩24,392(= ₩34,254 − ₩9,862)으로 감소하며, 이에 따라 사채의 기말장부금액은 ₩275,608으로 증가한다.

재무상태표(일부)

(20×1. 12. 31)

	비유동부채		
	사　　　채	300,000	
	사채할인발행차금	(24,392)	275,608

위의 과정을 매 결산일마다 반복할 경우 만기 시에는 사채할인발행차금계정은 모두 상각되어(즉, 잔액이 ₩0이 되어) 소멸하며 사채의 장부금액은 액면가액인 ₩300,000과 일치하게 된다([표 10-1] 참조).

[표 10-1] 사채할인발행차금의 상각스케줄(유효이자율 15% > 액면이자율 10%)

	(A) 기초부채	(B) 이자비용 (15%)	(C) 현금이자 (10%)	(D) 상각액 B－C	(E) 할인차금 (₩34,254)	(F) 기말부채
20×1	₩265,746	₩39,862	₩30,000	₩9,862	₩24,392	₩275,608
20×2	275,608	41,341	30,000	11,341	13,051	286,949
20×3	286,949	43,051*	30,000	13,051	0	300,000
합 계		₩124,254	₩90,000	₩34,254		

* 마지막 연도에는 사채할인발행차금계정 잔액이 ₩0이 되도록 조정한 결과 3차 연도말의 장부금액은 액면가액인 ₩300,000이 된다.

예제 10-3 사채의 결산정리 : 사채할인발행차금의 상각

[예제 10-2]의 사채에 대하여 제2차년도 말인 20×2년 12월 31일에 다음과 같이 사채할인발행차금 상각액을 계산하였다.

① 손익계산서 이자비용 : (₩300,000－₩24,392)×15% = ₩41,341
② 현금이자 : ₩300,000×10% = ₩30,000
③ 사채할인발행차금 상각액 : ₩11,341

이에 따라 20×2년 12월 31일에 현금이자 ₩30,000을 사채권자들에게 지급하는 분개와 사채할인발행차금 ₩11,341을 상각하는 분개를 하고, 사채를 재무상태표에 표시하시오.

| 풀이 |

(1) 현금이자

(차) 이 자 비 용	30,000	(대) 현 금	30,000

할인차금 상각

(차) 이 자 비 용	11,341	(대) 사채할인발행차금	11,341

(2)

재무상태표(일부)

(20×2. 12. 31)

	사 채	300,000	
	사채할인발행차금	(13,051)*	286,949

* 기초의 사채할인발행차금은 ₩24,392이었으나 위의 결산정리분개로 인하여 기말에는 ₩11,341이 감소된 ₩13,051으로 기록됨.

지금까지 설명한 사채할인발행차금 상각스케줄을 표로 요약하면 앞의 [표 10-1]과 같으며, 사채발행 기간 동안 사채의 장부금액과 사채이자비용을 보면 [그림 10-4]와 같다. 여기서 시간 경과에 따라 사채의 장부금액이 커지고, 아울러 이자비용도 늘어남을 알 수 있다.

그림 10-4 ▮ 사채의 장부금액과 사채이자비용 증가

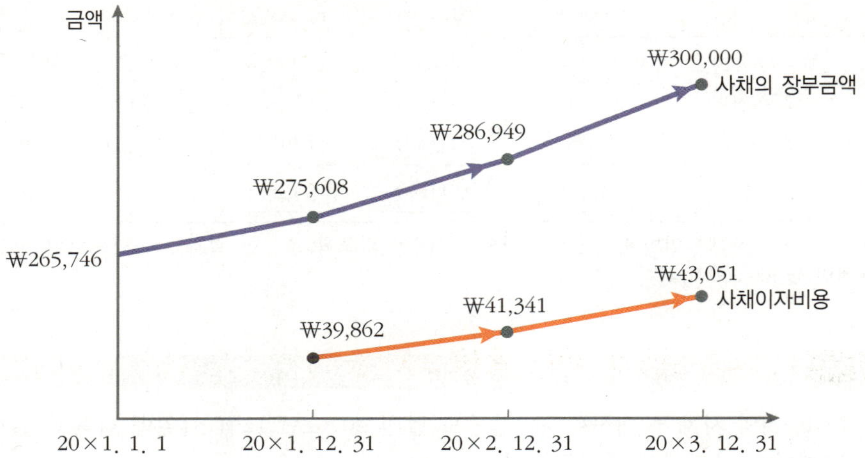

3.5 사채의 상환

주식회사는 사채를 발행한 이후에 회사의 현금사정에 따라 만기 이전에 액면가액이 아닌 다른 금액으로 사채를 상환할 수도 있고(조기상환), 만기일까지 기다렸다가 액면가액으로 상환할 수도 있다(만기상환).

사채가 증권시장에서 거래되고 있는 경우에는 회사는 자기가 발행했던 사채(자기사채)를 다시 구입하는 방식을 통하여 사채를 조기에 상환할 수 있다. 자금사정이 넉넉한 경우에는 이처럼 조기상환을 함으로써 불필요한 이자발생을 막을 수 있다.

사채를 조기상환하는 경우에는 사채관련 계정을 모두 제거한다. 즉 액면가액이 기록되어 있는 사채계정은 물론, 그 시점의 사채할인발행차금계정도 제거한다. 아울러 상환가격과 그 시점의 사채의 장부금액을 비교하여 사채상환손익도 기록한다. 사채상환손익은 재무활동과 관련된 **당기손익** 항목이다.

그러나 사채를 만기상환하는 경우에는 그동안 사채할인발행차금계정이 전액 상각되어 더 이상 존재하지 않기 때문에 액면가액과 장부금액이 일치하게 되는데, 액면가액은 곧 만기 시의 상환가액이므로 사채상환손익이 발생하지 않는다. 그러므로 이때는 사채계정만 제거하면 된다.

예제 10-4 사채의 상환

[예제 10-2]의 사채에 대하여 아래 각 상환거래를 분개하시오.

(1) 제3차년도 초인 20×3년 1월 1일에 증권시장에서 거래되고 있는 자기사채를 현금 ₩280,000에 매입하여 상환하였다. 이 날의 사채장부금액은 ₩286,949이었다. 따라서 ₩6,949의 사채상환이익이 발생하였다.

사채의 장부금액 : ₩300,000 − ₩13,051([예제 10-3] 참조) = ₩286,949

(2) 위 사채를 만기일에 액면가액인 ₩300,000으로 현금상환하였다(제3차년도분 현금이자의 지급과 함께 사채할인발행차금의 상각을 이미 완료했다고 가정함).

풀이

(1) 조기상환 분개

(차) 사 채	300,000	(대)	현 금	280,000
			사채할인발행차금	13,051
			사 채 상 환 이 익	6,949

(2) 만기상환 분개

(차) 사 채	300,000	(대)	현 금	300,000

한편, 앞서 유형자산의 처분을 공부할 때 만일 기초시점이 아닌 회계연도중에 유형자산을 처분하면 먼저 그 날까지의 감가상각비를 분개한 후에 처분거래를 분개해야 함을 살펴본 바 있다. 이 점은 사채를 조기상환하는 경우에도 마찬가지로 적용된다. 즉, 상환하는 날까지의 사채할인발행차금 상각액을 먼저 분개하여 사채의 장부금액을 조정한 후에 조기상환거래를 분개하여야 한다.

제4절 기타금융부채와 충당부채

4.1 장기차입금

은행 등 금융기관으로부터 장기간 현금을 차입한 것을 장기차입금(長期借入金)이라 한다. 장기차입금을 조달한 경우에는 이를 장기차입금계정 대변에 기록하고 상환 시에는 차변에 기록하여 제거한다.

장기차입금을 조달한 후 시간이 경과하면 지급기일이 결산일로부터 1년 이내로 다가오게 된다. 이때는 비유동부채에서 제거하고 대신 유동부채로 재분류해야 하는데 이를 유동성장기부채(流動性長期負債)라고 한다.

예제 10-5 장기차입금의 조달과 재분류

다음 일련의 거래를 분개하시오.

(1) 은행으로부터 장기차입금 ₩500,000을 빌려 당좌예금하다.

(2) 결산일 현재 위 장기차입금의 만기가 3개월 후로 다가와서 유동성 장기부채로 재분류하다.

풀이

(1)	(차) 당 좌 예 금	500,000	(대) 장 기 차 입 금	500,000
(2)	(차) 장기차입금	500,000	(대) 유동성장기부채	500,000

4.2 장기매입채무

장기매입채무는 1년 이후에 지급기한이 도래하는 매입채무와 지급어음을 말한다. 상환기간이 장기인 만큼 채권채무를 분명히 해두기 위하여 현실에서는 거의 쌍방이 어음을 주고받는다. 장기지급어음의 회계처리는 앞서 살펴본 사채의 경우와 완전히 동일하기 때문에 설명을 생략한다. 장기어음에는 액면가액, 이자지급일, 액면이자율, 만기일 등 사채의 기재사항과 동일한 사항들이 기재되기 때문이다.

다만 한 가지 다른 점은 사채에서는 사채할인발행차금계정을 사용하는 반면, 장기지급어음에서는 아래와 같이 현재가치할인차금(現在價値割引差金)계정을 사용하여 부채의 실제금액을 나타낸다는 점이다.

재무상태표(일부 예시)

(20×2. 12. 31)

	장기매입채무	300,000	
	현재가치할인차금	(50,000)	250,000

4.3 퇴직급여와 확정급여채무

퇴직급여란 종업원이 퇴직할 때 또는 퇴직하고 나서도 회사가 종업원의 근무용역에 대한 대가로서 제공하는 것을 말한다. 퇴직급여는 일시에 목돈으로 지급하거나 연금으로 지급하더라도 임직원의 노동력 제공에 대한 대가에 해당하는 것이므로 노동력을 제공한 기간의 비용으로 인식하고, 장래 퇴직시점에 지급할 의무를 현재가치로 평가하여 확정급여채무로 계상한다. 보다 자세한 내용은 「스터디가이드」를 참조하기 바라며 구체적인 회계처리는 중급회계에서 다룬다.

☑ 퇴직금에 대해서 알아보자구요!

우리나라에서는 임직원이 퇴사할 경우 일시에 목돈을 지급하는 퇴직일시금제도를 많이 운용하고 있다. 퇴직금은 근로기준법이나 회사의 내부규정에 따라 지급하는데 '평균급여×근속연수'가 기본적인 계산구조가 된다. 근로기준법에서는 계속근로연수 1년에 대해 30일분 이상의 평균임금을 퇴직하는 근로자에게 지급하도록 규정하고 있다. 여기에서 평균임금은 각종 수당과 상여금을 포함한 금액을 말하며, 연월차수당이나 휴가보상금도 포함된다.

그런데 이 규정은 단지 퇴직금의 하한선을 규정한 것이기 때문에 회사의 사내규정으로 이보다 불리한 조건을 규정한다고 하더라도 이는 효력이 없으며, 실제 퇴직할 때에는 근로기준법에 의하여 산출된 퇴직금을 지급받을 수 있다. 물론 이보다 더 좋은 혜택 가령, 퇴직후에도 의료비, 연금, 경조금 등을 지원해주는 회사도 있기 때문에 입사할 경우에는 현재 연봉도 중요하지만 복지나 퇴직금제도도 살펴볼 필요가 있다. 현재 대부분의 기업에서는 퇴직일시금 제도를 보완하여 퇴직연금제도를 도입 · 운영하고 있다.

4.4 충당부채

재무상태표에 계상될 부채는 채권자(상대방), 상환시기, 금액 등이 확정된 금융부채 이외에도 추가로 부채로 인식해야 할 항목이 있다는 점에서 우리가 알고 있는 빚보다 그 범위가 넓다. 즉, 상환시기나 금액이 미확정된 상태라고 하더라고 일정 요건을 충족시킨다면 부채로 계상하라는 의미이며, 이러한 경우에 계상될 부채를 충당부채라고 한다.

충당부채란 ① 과거사건이나 거래의 결과에 의한 현재의무로서 ② 지출의 시기 또는 금액이 불확실하지만 그 의무를 이행하기 위하여 자원이 유출될 가능성이 높고(probable, 발생확률이 50%를 초과) ③ 금액을 신뢰성 있게 추정할 수 있는 의무를 말한다.

이러한 3가지 요건을 충족시킬 수 있는 충당부채로서 대표적 항목들은 ① 판매 후 품질보증 등과 관련된 부채(제품보증충당부채) ② 판매촉진을 위하여 시행하는 환불정책과 관련된 부채(반품충당부채) ③ 원자력발전소, 해상구조물, 쓰레기매립장, 저유설비 등의 경제적 사용이 종료된 후에 환경보전을 위하여 원상을 회복시키는데 관련된 부채(복구충당부채) 등이 있다. 예제를 통해 충당부채의 요건과 의미를 살펴보도록 하자.

충당부채를 재무상태표에 부채로 인식하기 위해서는 신뢰성 있는 추정이 필요하며, 충당부채로 인식하는 금액은 이행하기 위하여 소요되는 지출에 대한 최선의 추정치이어야 한다. 예를 들어, 현금유출이 발생가능한 상황이 다수일 때 각 경우의 현금유출 추정액에 각각의 발생확률을 곱한 금액을 합계한 금액으로 충당부채를 인식한다(다음 [예제 10-6] 참조).

충당부채에 대한 보다 자세한 회계처리는 중급회계에서 소개한다.

예제 10-6 자원의 유출가능성과 확신유형의 충당부채

(주)현대오토는 판매 후 1년 이내에는 제품에 대해 불량이 발생하거나 문제가 있는 경우에는 수리나 교환해주는 품질보증 정책을 취하고 있다. 이 경우 수리에는 2천만원이 소요되며, 교환하는 경우에는 1억원이 소요된다고 한다. 과거의 경험상 판매 후 향후 1년 안에 수리요청이 들어올 확률은 20%, 교환요청은 5%이며, 아무런 문제가 없는 경우는 75% 정도 될 것으로 추정하고 있다.

이 경우 (주)현대오토가 충당부채로 인식해야 할 금액은 얼마인가?

▌풀이▐

품질보증정책하에 판매가 이루어졌으므로 수리나 교환해주어야 할 의무가 현재 존재하므로, ① 과거사건이나 거래의 결과에 의한 현재의무가 충족되며 ② 의무를 이행하기 위하여 자원이 유출될 가능성이 높고 ③ 9백만원(=20%×2천만원+5%×1억원)으로 신뢰성있게 추정할 수 있기 때문에 (주)현대오토는 이를 충당부채로 계상한다.

토양, 수질, 대기, 방사능 오염 등을 유발할 가능성이 있는 시설물, 예를 들면 원자력발전소, 해상구조물, 쓰레기매립장, 저유설비 등의 유형자산에 대해서는 경제적 사용이 종료된 후에 환경보전을 위해서 반드시 원상을 회복시켜야 한다. 이러한 복구비용은 유형자산의 취득원가에 포함하고 동시에 이 금액만큼은 취득시점에 당장 지출되는 것은 아니고 내용연수가 경과된 미래의 복구시점에서 지출될 것이므로 이를 충당부채로 계상해야 한다. 즉, 원상회복이 요구되는 유형자산의 취득으로 인하여 복구해야 할 의무가 존재하므로 ① 과거사건이나 거래의 결과에 의한 현재의무가 충족되며 ② 의무를 이행하기 위하여 자원이 유출될 가능성이 높기 때문에 ③ 해당 금액을 신뢰성있게 추정하여 이를 충당부채로 계상해야 한다.

예제 10-7 복구충당부채

20×1년 1월 1일에 취득한 해양구조물과 관련된 다음 자료를 토대로 취득시점의 회계처리와 복구충당부채의 인식에 관한 회계처리를 하시오.

- 해양구조물의 취득원가 : ₩400,000
- 유효이자율 : 8.5%
- 감가상각방법 : 정액법(내용연수 10년, 잔존가액 ₩10,000)
- 복구비용의 현재가치 : 해당 유형자산을 복구하는 시점에서 발생될 복구비용을 추정하고, 이를 현재가치로 할인한 금액은 ₩194,879

| 풀이 |

(1) 취득시점의 회계처리(20×1년 1월 1일) : 복구하는 시점에서 발생될 복구비용을 현재가치로 할인한 금액을 산출한 다음 이를 취득원가에 반영하고, 복구충당부채를 인식

(차) 구 축 물	594,879	(대) 미지급금(또는 현금)	400,000
		복구충당부채	194,879

(2) 결산시점의 회계처리(20×1년 12월 31일) : 감가상각비를 인식하고 현재가치로 표시된 복구충당부채에 대해서는 시간의 경과(기초에서부터 기말까지 1년)로 현재가치가 커질 것이므로 이를 유효이자율법에 의해 이자비용으로 계상하고 복구충당부채에 가산한다.

(차) 감가상각비*	58,488	(대) 감가상각누계액	58,488
이자비용**	16,565	복구충당부채	16,565

* 감가상각비의 산출 : (594,879 − 10,000)/10년 = ₩58,488

** 이자비용의 산출 : 194,879 × 8.5% = ₩16,565. 기초복구충당부채 ₩194,879에 유효이자율 8.5%를 적용하여 산출하고, 이를 복구충당부채에 가산한다.

Tips for Self Study

- 교과서 연습문제 [2] : 헷갈리기 쉬운 부채 계정과목에 익숙해지기
- Study Guide [문8] : 동전의 양면과도 같은 사채발행자와 사채투자자의 회계처리

부록 A 사채발행과 회계처리

기업이 액면가액 ₩300,000, 만기 3년, 액면이자율 10%, 이자지급일이 매년 12월 31일인 사채를 시장이자율이 14%인 상황에서 발행할 경우 사채권자들은 ₩272,148 이상의 금액을 지불하려고 하지 않게 된다고 하였다. 그 이유를 화폐의 시간적 가치(time value of money)라는 개념을 이용해서 살펴본다. 독자들이 알고 있는 '은행이자율 개념' 을 이용하는 것이라고 생각하면 된다.

만일 오늘 ₩0.8772을 이자율 14%로 은행에 1년간 예금하면 1년 뒤의 원리금 합계액은 ₩1.0이 된다. 즉, ₩0.8772×1.14=₩1.0이 된다. 이것은 오늘의 ₩0.8772과 1년 뒤에 받는 ₩1이 동일한 가치를 갖는다는 것을 뜻하며, 이 개념을 이용해서 사채의 현재가치를 계산한다.

[표 A-1] 사채의 현가계산

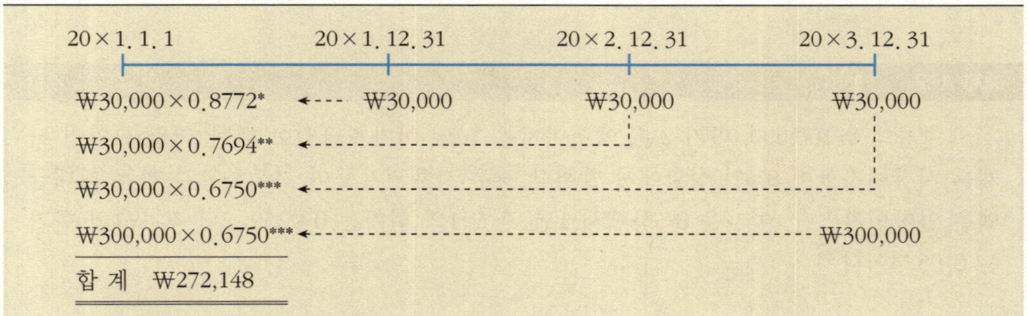

표현을 약간씩 달리 해나가면서 현재가치 이자요소를 이해해보자.

* 1년 뒤 받을 ₩1은 현재시점의 ₩0.8772에 해당한다는 의미이다. 즉, ₩0.8772을 이자율 14%로 1년간 예금하면 1년 뒤의 원리금 합계액이 ₩1이 된다. 따라서 ₩0.8772×1.14 = ₩1.0

** 2년 뒤 받을 ₩1의 현가는 이자율이 14%일 때 ₩0.7694라는 의미이다.

*** 3년 뒤 받을 ₩1의 현가는 ₩0.6750이라는 의미이다.

사채권자들이 이 사채에 투자하면 향후 3년에 걸쳐 매년도 말에 현금이자 ₩30,000(액면가액의 10%)을 받고 제3년도 말에는 액면가액 ₩300,000을 받는다. 시장이자율이 14%일 경우 사채권자들은 20×1년 1월 1일 시점에서 향후 받게 될 현금의 현재시점의 가치(=현가)를 앞의 [표 A-1]과 같이 ₩272,148으로 생각한다.

한편 사채권자들이 사채를 구입하려면 사채구입대금을 현재시점에서 지불해야 한다. 따라서 사채구입대금은 그 자체가 바로 현재시점의 가치, 즉 현가가 된다. 그러므로 사채권자들은 ₩272,148을 사채구입대금으로 지불할 수 있는 최대금액이라고 생각하는 것이며, 따라서 기업이 사채발행대가로 받을 수 있는 최대금액이 된다.

예제 A-1 **사채의 현가계산(할인발행)**

액면가액 ₩100,000, 만기 2년, 액면이자율 10%, 이자지급일이 매년 12월 31일인 사채를 시장이자율이 14%인 상황에서 발행할 경우 사채권자들이 지불하고자 하는 최대금액은 얼마인가?

▌풀이▐

매년말 현금이자가 ₩10,000이므로 다음과 같이 계산한다.

사채권자들이 지불하고자 하는 최대금액은 ₩93,406

= [₩10,000 × 0.8772 + ₩10,000 × 0.7694] + ₩100,000 × 0.7694

= ₩93,406

예제 A-2 **사채의 현가계산(할증발행)**

액면가액 ₩100,000, 만기 2년, 액면이자율 10%, 이자지급일이 매년 12월 31일인 사채를 시장이자율이 8%인 상황에서 발행할 경우 사채권자들이 지불하고자 하는 최대금액은 얼마인가? 단, 이자율 8%하에서 1년 후 ₩1의 현가는 0.9259, 2년 후 ₩1의 현가는 0.8573이다.

▌풀이▐

매년말 현금이자가 ₩10,000이므로 다음과 같이 계산한다.

사채권자들이 지불하고자 하는 최대금액은 ₩93,406

= (₩10,000 × 0.9259 + ₩10,000 × 0.8573) + ₩100,000 × 0.8573

= ₩103,562

* 이 경우에는 액면가액보다도 더 높은 금액을 받고 사채를 발행하게 된다. 그 이유는 사채발행회사가 지급하는 액면이자율 10%가 시장에서 받을 수 있는 시장이자율 8%보다 높기 때문이다. 이런 경우를 할증발행이라고 한다. 반면 [예제 A-1]에서는 액면이자율보다 시장이자율이 높았기 때문에 할인발행된 것이다.

부록 B 사채투자와 상각후원가금융자산의 회계처리

[B-1] 상각후원가금융자산의 의미

상각후원가금융자산은 만기가 확정된 회사채와 같은 채무증권이나 금융기관이 판매하는 투자상품으로서 상환금액이 확정되었거나 확정가능한 채무증권을 만기까지 보유할 적극적인 의도와 능력이 있는 경우를 말한다. 상각후원가금융자산은 금융상품의 계약당사자가 되는 때에 재무상태표에 인식하며, 최초 인식 시 공정가치로 측정한다. 한편 상각후원가금융자산의 취득에 직접 관련된 거래원가(거래수수료, 증권거래소의 부과금 및 세금 등)는 최초 인식하는 공정가치에 가산한다. 당기비용으로 처리하는 당기손익금융자산과 달리 취득원가에 가산한다는 점에 유의해야 한다.

[B-2] 상각후원가금융자산의 회계처리

다소 낯선 상각후원가란 개념을 이해하려면 상각(amortization)이란 용어를 이해할 필요가 있다. 상각개념은 사채의 회계처리에서 자세히 다루었듯이 '조금씩 줄인다'는 뜻으로 이해했을 것이다. 일단 여기서는 취득한 회사채와 같은 채권의 만기액면가액과 취득원가의 차이를 조정하는 것으로 이해하면 된다.

채권의 경우 약속한 이자율과 시장이자율이 다를 경우 만기액면가액과 취득원가는 차이가 난다. 즉, 시장이자율보다 액면이자율이 낮게 책정된 채권이라면 할인해서 팔 수밖에 없어 취득원가는 만기액면가액보다 적은데 그 차이가 곧 할인액이다.

할인액은 상환기간 동안 모자라는 이자를 보충하기 위한 것이기 때문에 이자지급액과 더불어 점점 줄어들어 만기에는 제로(0)가 된다. 이로써 만기에 채권의 장부금액은 액면금액으로 바뀌는 것이다.

이런 원리에서 상각후원가금융자산 관련 회계처리는 취득원가와 만기액면가액

간의 차이를 상환기간에 걸쳐 유효이자율법에 의하여 상각하고 상각액은 이자수익과 취득원가에 가감하는 식으로 이루어진다. 이처럼 상각을 통해 취득원가를 조정한 후의 장부가액을 상각후원가라고 말한다.

상각후원가금융자산은 만기까지 보유할 자산이므로 공정가치로 평가하지 않는다. 이런 점에서 앞서 설명한 당기손익금융자산과 차이가 난다. 다음 예제를 통하여 사채의 이자수익과 상각후원가에 대한 회계처리를 살펴보도록 하자.

예제 B-1 이자수익과 상각후원가

시장이자율이 12%인 경우 3년 만기, 액면 ₩10,000,000(액면이자율 10%)인 사채에 투자해야 할까?

| 풀이 |

시장이자율이 12%인데 액면이자율이 10%라고 한다면 어느 누구도 이 사채에 투자하지 않으려고 할 것이다. 사채투자자는 12%의 시장이자율을 기대하고 있기 때문에 사채의 액면가 ₩10,000,000에서 3년간 2%에 해당하는 이자차이를 차감하여 할인해 준다면 비로소 구입하게 될 것이다.

예제 B-2 이자수익과 상각후원가

시장이자율이 8%인 경우 3년 만기, 액면 ₩10,000,000(액면이자율 10%)인 사채에 투자해야 할까?

| 풀이 |

시장이자율이 8%인데 액면이자율이 10%라고 한다면, 돈을 가진 사람이라면 누구라도 이 사채에 적극 투자하려고 할 것이다. 수요와 공급의 경제원리를 생각해본다면 수요자가 많기 때문에 가격을 올리거나 프리미엄이 붙어 사채의 가격이 상승할 것이다. 발행회사는 8%의 시장이자율을 초과한 2%만큼을 3년에 걸쳐 추가로 지급하므로 이를 사채의 액면가 ₩10,000,000에 얹어서 투자자에게 발행하려고 할 것이다. 따라서 투자자는 사채의 액면가보다 더 많은 돈을 지불해야만 이 사채를 구입할 수 있을 것이다.

이와 같이 사채의 액면이자율과 시장이자율 간에 차이가 있을 때 할인발행, 할증발행된 사채를 구입하는 투자자의 회계처리는 유효이자율법을 이용한 사채발행자의 회계처리와 사실상 동전 앞뒤의 관계처럼 상호연계되어 있다.

예를 들면 시장이자율이 12%인 경우 3년 만기, 액면 ₩10,000,000(액면이자율 10%)인 사채를 ₩480,000 할인하여 ₩9,520,000에 취득하였다면, 매기간 이자를 2%만큼 덜 받는 대신 ₩9,520,000만큼 투자하고, ₩480,000의 이자차액을 가산하여 만기에 ₩10,000,000을 상환받게 된다. 이 경우 ₩480,000의 이자차액을 만기상환 시점에 일시에 수익으로 인식하지 않고, 이를 각 회계기간에 안분하여 인식하기 위한 회계처리가 필요하다. 현행 「한국채택국제회계기준」에서는 이를 유효이자율법에 의해 계산한다. 그리고 이렇게 계산하여 조정된 투자사채의 가액을 상각후원가라고 한다. 다음 예제를 통해 상각후원가를 연습해보도록 하자.

예제 B-3 사채의 이자수익과 상각후원가

시장이자율이 12%인 경우 3년 만기, 액면 ₩10,000,000(액면이자율 10%)인 사채를 ₩9,520,000에 취득하였다(₩9,520,000이 어떻게 계산되는지는 본문의 내용을 살펴보기 바란다). 이 경우 시장이자율이 12%인데 10%밖에 이자를 안주는데 누가 돈을 투자하겠는가? 따라서 ₩9,520,000을 투자하고 만기에 ₩10,000,000을 받는다면 이자를 적게 받는 것을 보상받을 수 있다. 즉 ₩480,000만큼을 10%의 액면이자에 추가하여 보상받는다면 결국은 12%의 실질이자수익을 달성하는 결과를 가져올 것이다.

▌물음 1▐

그렇다면 ₩480,000의 차액을 매기간의 이자수익에 어떻게 얹어주어야 실질이자수익률 12%의 효과가 달성될 수 있을까?

▌풀이▐

유효이자율법의 논리는 매회계연도에 계상될 이자수익이 매회계기말에 실제 투자한 돈(채권의 장부금액)에 유효이자율 또는 시장이자율 만큼 계상되도록 하는 것이다. 즉, 다음 표와 같이 이자수익을 계산하고, 이를 포괄손익계산서에 보고한다.

투자사채의 장부금액 (투자한 금액)	총이자수익 (유효이자율에 의한)	현금이자수취액 (액면이자율에 의한)	이자수익 추가인식
₩9,520,000	₩1,142,400 (=9,520,000×12%)	₩1,000,000 (=10,000,000×10%)	₩142,400

❙물음 2❙

이자수익 추가인식액 ₩142,400을 실제로 현금으로 수취했을까? 수취하지 못했다면 언제 수취하게 될까?

❙풀이❙

투자사채의 만기시점에 투자원금 ₩9,520,000에 가산하여 한꺼번에 받는다.

❙물음 3❙

그렇다면 채권, 즉 투자사채의 최초 취득금액 ₩9,520,000에 만기에 추가로 받아야 할 ₩142,400이 가산되어 투자한 채권의 가치가 그만큼 상승되었다고 볼 수 있을까?

❙풀이❙

그렇다. ₩142,400의 이자수익을 사채의 만기시점에 받을 권리가 생겼기 때문에 그만큼 기존의 투자사채의 가치는 상승되었다고 볼 수 있다. 따라서 제1차년도말 재무상태표상의 투자사채의 장부금액, 즉 상각후원가는 ₩9,662,400이 된다. 그리고 이를 회계처리하면 다음과 같다.

- 사채취득시점

(차)	상각후원가금융자산	9,520,000	(대) 현　　금	9,520,000

- 제1차년도말 현금이자수취와 유효이자율법에 의한 이자수익을 추가로 인식하기 위한 분개

(차)	현　　금	1,000,000	(대) 이자수익	1,000,000
(차)	상각후원가금융자산	142,400	(대) 이자수익	142,400

연 | 습 | 문 | 제

[1] 부채의 이해

아래 괄호에 알맞은 단어나 영어로 된 용어(英 :)를 기재하시오.

(1) (____부채)란 보고기간 후부터 1년 이내에 결제되거나, 정상영업순환주기내에 결제될 것으로 예상되는 부채를 말한다. 반면, (____부채)란 보고기간 후부터 1년 이후에 결제될 것으로 예상되는 부채를 말한다.

(2) (____부채)란 ① 부채의 정의를 충족하는 계약상 의무로서 ② 현금 또는 자기지분상품 등의 금융자산으로 결제되는 부채를 말한다. 반면, (____부채)는 현금 이외의 수단으로 결제하는 부채를 말하고 여기에는 재화나 용역을 제공해 주어야 할 의무인 선수금, 선수수익 등이 있다.

(3) (확____)란 재무상태표일 현재 부채의 존재가 확실하며 지급할 금액도 확정되어 있는 부채를 말한다. (____채무), 미지급금, 차입금, 사채, 예수금, 미지급법인세 등 대부분의 금융부채가 확정부채에 속한다.

(4) (충____)란 재무상태표일 현재 부채의 존재가 불확실하거나 지출의 시기 또는 금액이 불확실한 부채를 말한다. 제품보증충당부채, 퇴직급여충당부채 등이 이에 속한다.

(5) 상품의 매입 시에 인식하는 채무를 (____채무)라 하는데, 구두약속에 의한 채무는 (외____)계정에, 어음을 발행해주고 약속한 채무는 (지____)계정에 기록한다.

(6) 상품 이외의 자산의 매입 시에 나타나는 채무는 (미____)계정에 기록한다.

(7) 상품을 매출하기로 하고 대금 중 일부를 미리 받았으면 (선____)계정 대변에 기록한다.

(8) 사채의 할인발행은 액면이자율이 시장이자율보다 낮아서 사채를 액면가액보다 낮은 금액으로 발행하는 것을 말한다. 한편 기업은 사채발행으로 조달한 현금 중에서 (사____)를 지불하고 난 후의 금액을 실제로 이용할 수 있게 되는데, 이 금액을 사채의 (발____)이라 한다. 액면가액과 발행가액과의 차액은 (사채할____차금)계정의 차변에 기록하며, 재무상태표에는 대변의 사채 액면가액에서 차감하는 형식으로 기재한다.

(9) 유효이자율이란 사채의 (발____)과 미래 현금지급액의 (____가치)를 일치시켜주는 이자율을 말한다.

(10) 기업이 은행 등으로부터 거액의 장기자금을 조달한 경우 이 부채는 (____차입금)계정 대변에 기록한다. 한편 시간이 경과하여 이 부채의 지급시기

가 결산일로부터 1년 이내로 다가오면 (유 장기부채)계정으로 재분류하여야 한다.

(11) 기업이 상품의 매입대금을 장기간에 걸쳐 갚기로 한 경우의 부채는 (매입채무)계정 대변에 기록한다.

(12) (상 금융자산)은 만기가 확정된 회사채와 같은 채무증권이나 금융기관이 판매하는 투자상품으로서 만기까지 보유할 적극적인 의도의 능력이 있는 경우에 분류된다.

[2] 단기차입금, 선수금, 미지급금, 가수금, 예수금

다음 거래를 분개하시오.

(1) 현금 ₩200,000을 차입하여 3개월 후에 갚기로 하다.

(2) 만기 4개월의 어음을 발행해주고 현금 ₩600,000을 차입하다.

(3) 단기차입금 중 ₩300,000을 이자 ₩7,000과 함께 현금으로 지급하다.

(4) 상품 ₩300,000을 매출하기로 계약하고 계약금 ₩50,000을 당좌수표로 받다.

(5) 위 상품을 인도하고 잔액 ₩250,000은 거래처 발행의 당좌수표로 받다.

(6) 토지 ₩300,000을 매입하고 대금은 외상으로 하다.

(7) 차량 ₩200,000을 취득하고 대금은 3개월 만기의 어음으로 지급하다.

(8) 위 토지의 외상매입대금을 현금으로 지급하다.

(9) 거래처로부터 ₩600,000의 당좌예금 입금이 있었으나 현재로서는 내역을 알 수 없다.

(10) 위 입금액은 외상매출금 회수액인 것으로 밝혀졌다.

(11) 급여 지급일에 총급여 ₩900,000 중에서 예수금 ₩120,000(근로소득세 ₩70,000, 의료보험료 ₩50,000)을 차감한 잔액 ₩780,000을 현금으로 지급하다.

(12) 위 예수금 ₩120,000을 각각 세무서와 의료보험공단에 현금 납부하다.

[3] 사채의 기말 결산정리분개 : 할인발행

20×1년 1월 1일에 액면가액이 ₩600,000, 만기 5년, 액면이자율 10%인 사채를 ₩499,450에 할인발행하였으며 이 당시의 유효이자율은 15%라고 한다.

(1) 20×1년 12월 31일에 현금이자를 지급하는 거래를 분개하시오.

(2) 20×1년 12월 31일에 상각하여야 할 사채할인발행차금을 계산하시오.

(3) 20×1년 12월 31일에 사채에 대한 기말 결산정리분개를 하시오.

(4) 20×2년 12월 31일의 재무상태표에 위 사채를 표시하시오.

[4] 사채의 조기상환

20×1년 1월 1일에 액면가액 ₩500,000, 만기 5년, 액면이자율 10%, 이자지급일이 매년 12월 31일인 사채를 발행하고 사채발행비를 지급한 후 현금 ₩401,765을 조달하였다. 따라서 이 거래의 유효이자율은 16%로 계산되었다.

(1) 20×1년 1월 1일의 사채발행을 분개하시오.

(2) 20×1년 12월 31일의 현금이자를 지급하는 거래를 분개하시오.

(3) 20×1년 12월 31일의 결산정리분개(사채할인발행차금 상각분개)를 하시오.

(4) 20×2년 1월 1일에 회사가 이 사채를 현금 ₩400,000에 전부 매입상환하였다. 이 날에 필요한 두 개의 분개를 하시오.

[5] 사채의 발행과 구입

(주)매직클린은 20×1년 1월 1일에 액면가액 ₩300,000, 만기 3년, 액면이자율 10%, 이자지급일이 매년 12월 31일인 사채를 발행하고 현금 ₩265,746을 조달하였으며, 이 거래의 유효이자율은 15%로 계산되었다. (주)현대오토는 이 사채를 (주)매직클린이 발행한 가액에 취득한 다음 상각후원가금융자산으로 분류하여 회계처리하고 있다. 다음 표를 완성하고, 아울러 (주)매직클린과 (주)현대오토의 입장에서 사채와 관련한 모든 거래를 회계처리하시오.

	장부금액	사채이자비용	현금지급이자	상각액
20×1년				
20×2년				
20×3년				

[6] 유효이자율법에 의한 사채할증발행차금 상각

(주)매직클린은 20×1년 1월 1일에 3년 만기, 액면 ₩10,000,000(액면이자율 10%)인 사채를 발행하였으며, 이때 시장이자율은 8%라고 한다.

(1) 시장이자율이 8%인데 10%의 높은 이자를 주는데 돈을 빌려주지 않을 사람이 어디 있겠는가? 따라서 이 사채의 투자자들은 만기에는 ₩10,000,000만 받아도

좋으니 처음 꾸어줄 때 ₩10,000,000+(   )의 프리미엄을 붙여 빌려주려고 할 것이다. 회사는 (   ) 만큼을 더 받는 대가로 시장이자율 8%보다 더 높은 10%의 이자를 지불하므로 처음에 많이 받은 돈을 매 연도말에 이자비용으로 되돌려주게 되므로 결국은 시장이자율 8%의 이자비용을 부담하는 결과를 가져올 것이다.

(2) 사채를 발행하면서 액면금액을 초과해서 수취한 금액, 즉 실지로 차입한 금액 (   )에는 액면이자율을 초과해서 지급해야 할 현금이자 상당액이 포함되어 있다. 1차년도 말에는 실제 차입한 금액에 유효이자율 8%에 해당하는 이자비용을 초과하여 현금으로 이자비용 (   )를 지급했기 때문에 (   )만큼은 사채할증발행차금이 줄어들면서 사채의 장부금액은 (   )이 될 것이다.

[7] 충당부채의 이해와 팀프로젝트

다음 각각의 사례들이 충당부채에 해당되는지 여부와 회계처리 방법에 대해 설명하시오.

(1) (주)현대오토는 판매 후 3년간 품질을 보증하는 조건으로 내비게이션을 판매한다. 따라서 판매 후 3년간 발생하는 제품의 결함에 대해 무상수리 또는 교환해 주고 있으며, 20×1년중 판매한 제품에 대한 보증수리비 또는 교환에 소요되는 비용으로 ₩130,000이 발생할 것으로 신뢰성 있게 추정하고 있다.

(2) (주)매직클린은 공기정화기를 판매하고 있으며, 제품에 대해 만족하지 못하는 고객에게는 환불해주는 정책을 펴고 있으며, 이는 광고선전과 회사의 홈페이지를 통해 널리 공지되어 있는 상태이다. 이러한 환불정책의 시행으로 회사는 20×1년중 판매한 제품에 대한 환불비용으로 향후 ₩320,000이 발생할 것으로 신뢰성 있게 추정하고 있다.

(3) (주)블루유통은 해외수출입업무가 주된 영업활동이며, 환율변동에 의해 영업성과가 좌우된다. 기말 현재 $400,000를 보유하고 있으나 선물환거래나 환율변동보험 등에 가입되어 있지 않아 향후 달러환율의 하락 시 영업손실이 예상된다.

(4) (주)마켓컬리가 판매한 건강식품의 효능에 대하여 소비자들로부터 소송이 진행되고 있으나 변호를 맡고 있는 법무법인측은 회사가 법적 의무를 지지 않을 가능성이 매우 높다는 의견을 제시하고 있다.

제 11 장

자 본

제 1 절 | 주식회사 자본의 특징

제 2 절 | 자본의 의의와 구성

제 3 절 | 자본금과 주식발행초과금

제 4 절 | 이익잉여금

제 5 절 | 자본변동표

비유동부채와 자본은 기업이 장기간에 걸쳐 이용 가능한 자금의 중요 원천이 된다.

개인기업이든 법인기업이든 경제적 관점에서 보면 자본(資本, capital)은 크게 두 부분으로 나뉜다. 하나는 기업 운영을 위하여 출자자 내지 주주들이 출자한 납입자본(納入資本, paid-in capital) 부분이고, 다른 하나는 이 납입자본으로 영업활동을 전개하여 얻은 순이익 중 배당금을 제외한 이익잉여금(利益剩餘金, retained earnings, 또는 유보이익) 부분이다.

자본을 재무상태표에 표시하는 방법은 기업형태(개인기업, 합명회사, 합자회사, 유한회사, 주식회사 등)에 따라 조금씩 차이가 난다. 본 장에서는 이들 중 가장 대표적 형태인 주식회사를 대상으로 하여 자본의 구성요소와 표시방법을 살펴본다.

▶ MQ, FQ 어떻게 높일 수 있을까요?

우리가 어떤 사람의 똑똑함을 알아볼 때 IQ(Intelligence Quotient, 지능지수)를 측정한다. 여기에 최근에는 EQ(Emotional Quotient, 감성지수)가 삶의 성공 및 성취를 이루는 중요한 요소로 IQ보다 더 큰 주목을 받았다. 그런데 이제는 MQ 혹은 FQ(Money or Financial Quotient, 금융지수)를 높이는 훈련을 해야 한다는 주장이 힘을 얻고 있다.

MQ는 논리적이고 감성적인 요소로서 개인의 부에 영향을 미친다. 개인의 부는 개인 자산관리 및 투자에 대한 지식만으로 얻어지는 것이 아니다.

~ 중략 ~

MQ는 개인의 경제적 행복을 위한 지적인 측면뿐만 아니라 감성적인 측면까지 나타낸다. 즉 재무 지식뿐만 아니라 돈에 대한 태도와 행동에 영향을 미치는 심리적 역동성에 대한 이해를 포함하는 개념이다(The New Retirement, p.168). 따라서 어려서부터 금융지수를 높이는 훈련을 해야 하고 그 훈련은 연령에 상관없이 누구나 할 필요가 있다.

『내 삶에 기초한 재무설계』, 전기보 지음(2008, 한스미디어), p.95에서 인용

▶ 리더십을 어떻게 정의할 수 있을까요?

"리더십은 여러 가지 제약조건 속에서 선택을 하고, 필요한 변화를 이끌어가는 것이죠. 위험과 비난을 모두 안고 가야 합니다. 어려운 일이 닥치면 선택하지 않고, 그저 미루려는 사람도 있습니다."

▶ 리더십은 타고 나는 것인가요, 만들어지는 것인가요?

"만들어지는 것이 맞다고 봅니다. 나는 원래 겁이 많고, 부모님을 기쁘게 하는 것이 목표인 겁 많고 소심한 여학생이었습니다. 하지만 강한 의지를 갖고 일을 하다 보니 리더십이 길러졌습니다. 나는 항상 내가 지금 하고 있는 일이 최고의 직업(best job)이라고 생각했어요, 긍정적으로 생각하니 기회가 찾아오더군요.

조선일보 Weekly BIZ의 커버스토리 2006년 11월 25일"눈물 많은 얼음여왕"
HP 前CEO 칼리 피오리나와의 독점인터뷰 기사 중에서

제1절 주식회사 자본의 특징

약간의 차이는 있지만 어떤 형태의 부는 보편적으로 선한 것으로 여겨진다. 건강, 사랑과 강한 유대감으로 결합된 가족, 서로에 대한 존중과 같은 것이 그렇다.

– 앨빈 토플러

일반적으로 기업의 자본이 되기 위해서는 장기 거액의 자금이라야 한다. 그러나 주식회사제도는 다음과 같은 특징으로 말미암아 단기 소액의 자금으로도 기업자본화할 수 있다.

첫째는 소액으로 분할된 주식제도이다. 주식회사의 자본은 소액의 주식(₩100 이상의 균일한 금액)으로 분할되어 있다. 이로써 소액의 자금을 지닌 일반 투자대중들로부터도 광범위하게 거액의 자본을 모으는 것이 가능하다.

둘째는 주식의 자유양도 제도이다. 주주들은 언제든지 증권시장에서 자유로이 주식을 매각함으로써 출자액을 용이하게 회수할 수 있다. 이로써 자금이 장기간 기업에 묶이는 것을 회피할 수 있기 때문에 단기자금을 가진 사람들로부터도 자본을 모으는 것이 가능하다.

셋째는 주주의 유한책임 제도이다. 주주들은 출자액까지만 채권자들에게 책임을 진다. 즉, 기업 운영이 잘 안 되어 거액의 빚을 진 경우라도 주주들은 출자액만 포기하면 될 뿐, 개인재산까지 동원하여 채권자들에게 빚을 갚을 의무는 없다.

이러한 특징을 갖는 주식회사제도는 결국 위험을 싫어하는 자본가들에게 유한책임이라는 매력과 함께 단기 소액자금도 기업자본화할 수 있는 길을 제공함으로써 대량생산체제를 뒷받침할 대규모 산업자본 형성에 기여하게 되었다.

☑ 우리나라의 주식회사는 몇 개나 될까?

기업의 규모가 어느 정도 이상인 주식회사의 수는 2018년 8월말 현재 외부감사를 받아야 하는 자산총액 120억원 이상인 주식회사로 범위를 좁혀본다면 28,600여 개 정도이며, 이 중에서 경제신문의 주식시세표에 등장하는 주권상장법인 및 코스닥상장법인은 2,200여 개 정도가 된다.

주식(株式, stock)과 사채(社債, bond)의 차이는?

주식과 사채는 둘 다 주식회사만이 발행할 수 있고, 장기자금 조달수단으로 활용되며, 또한 자본시장을 통해 발행되는 유가증권이라는 점에서 공통점을 지닌다. 그러나 몇 가지 점에서 차이가 있는데, 회계와 관련된 것만을 정리하면 다음과 같다.

1. 사채는 부채로 분류되는 반면, 주식은 자본으로 분류된다.
2. 사채에 대해서는 이자를 지급하는 반면, 주식에 대하여는 배당금을 지급한다.
3. 사채에 대한 이자는 포괄손익계산서의 비용 항목인 반면, 주식에 대한 배당금은 이익잉여금 처분 항목이다.
4. 사채의 할인발행은 자유로운 반면, 주식의 할인발행은 특별한 사유가 인정되어 법원이 허가하는 때만 가능하다.

제2절 자본의 의의와 구성

2.1 자본의 의의

기업의 자산은 채권자들로부터 빌린 돈과 자기 돈을 합친 돈으로 구입된다. 이런 관점에서 보면 자산총액은 채권자지분(부채)과 주주지분(자본)의 합계라고 볼 수 있다. 따라서 자본이란 기업의 자산에서 채권자지분을 차감하고 남은 잔여지분(殘餘持分, residual equity), 즉 주주지분을 말한다고 볼 수 있다.

- 자산 = 채권자지분(부채) + 주주지분(자본)
- 자산 − 채권자지분(부채) = 주주지분(자본)

자본을 이처럼 잔여지분이라고 규정하는 이유는 자산이나 부채는 그 자체로서 독립적으로 측정될 수 있는 성질의 것인 반면, 자본은 그 자체로서 독립적으로 측정될 수 있는 성질의 것이 아니기 때문이다.

☑ '묻지마 투자' 식의 유상증자에의 참여는 위험!

유상증자는 기업이 기존 주주들을 대상으로 새 주식을 발행해 자금을 조달하는 것을 말한다. 투자자와 기업을 직접 연결하는 일종의 '통로' 역할을 한다.

그러나 이러한 유상증자가 잘못 악용되어 증자 시장이 혼탁해지면 투자자의 신뢰 상실로 이어질 수 있다. 특히 2006년 전반기에 유명연예인들이 수십억원대의 유상증자에 참여할 것이라고 매스컴을 떠들썩하게 했던 코스닥의 한 기업의 사례가 대표적이다. 코스닥 기업의 실상을 파악하지 않은 채 '묻지마 투자' 식으로 유명 연예인 9명이 각자 3억씩 유상증자에 참가한다는 소문만을 믿고 엔터테인트먼트 회사인 팬텀의 증자에 참여했던 투자자들은 실제로 팬텀이 고작 459만원만을 조달하여 증자에 실패한 후 이어진 무려 25% 가량의 주가 하락으로 큰 손실을 입었다.

또 다른 예로는 자금난을 겪던 중견 휴대전화업체가 기존의 주주를 대상으로 증자에 나서 자금을 조달한 후에 부도를 맞는 경우도 있었다. 이제 투자자들은 기업 실상을 파악하는 회계의 눈을 가져야 할 때이다.

다음으로 발생원천의 관점에서 자본을 살펴보면 다음과 같다. 자본은 주주들이 직접 출자한 납입자본(納入資本, paid-in capital)과 이 납입자본을 운용하여 벌은 순이익 중 그동안 배당으로 사외에 유출된 금액을 제외한 이익잉여금(利益剩餘金, retained earnings), 그리고 이 두 가지 요소에 속하지 않는 기타자본구성요소를 합한 것이다. 즉, 발생원천의 관점에서 보면 자본은 출자액과 순이익 이외에 기업과 주주와의 거래에서 발생된 손익, 기타포괄손익누계액에 해당하는 자산재평가잉여금, 기타포괄손익금융자산평가손익 등의 요소로 구성되어 있다. 이익잉여금은 설립 이후 기업이 벌어들인 순이익에서 그동안의 배당지출액을 차감한 것으로 사내에 유보되어 있는 순이익이므로 주주총회를 통하여 처분된다.

자본 = 납입자본 + 이익잉여금 + 기타자본구성요소
= [주식발행자본금 + 주식발행초과금] +
[이익준비금 + 기타법정적립금 + 임의적립금 + 미처분이익잉여금] +
[자본조정 + 기타포괄손익누계액]

자본을 납입자본과 이익잉여금, 기타자본구성요소의 셋으로 구분하는 것은 무척 중요한 구분이다. 기업은 경영활동을 통하여 벌은 이익잉여금으로만 배당을 하여야 하며, 납입자본으로 배당을 해서는 안 된다. 납입자본으로 배당을 하는 것은 진정한 의미의 배당이 아니고, 주주들에게 납입자본을 환급하는 것이 되기 때문이다. 이러한 납입자본의 환급은 곧 자본의 잠식상태를 초래해 기업의 존립 자체를 위태롭게 한다. 자본을 납입자본 부분과 이익잉여금 부분으로 분명하게 구분하면 이익잉여금이 있는 경우에만 주주들에게 배당이 가능하다.

이 구분을 해 두지 않으면 이익잉여금이 얼마나 남아 있는지를 알지 못해서 이익잉여금을 초과하여 배당하는 잘못을 범할 우려가 있다. 또한 기업과 주주와의 거래에서 발생된 손익 가령, 주주가 보유한 자기회사 주식을 실제 가격보다 비싸게 사주거나, 아니면 회사가 보유한 자기회사 주식을 비싸게 파는 경우 발생된 이익도 일반 금융상품처분이익처럼 취급해서는 안 된다. 따라서 자본을 납입자본과 이익잉여금 그리고 기타자본구성요소로 구분하는 것은 결국 과거 및 당기의 순이익으로만 배당을 하게 함으로써 회사의 납입자본을 충실히 유지하기 위함이다.

납입자본과 이익잉여금의 구분목적은?
순이익(과거 및 당기의)으로만 배당을 함으로써 주식회사의 납입자본을 충실하게 유지하기 위함

2.2 자본의 구성

자본은 [그림 11-1]과 같이 크게 세 가지로 그리고 총 9개의 항목으로 구분할 수 있다.

이 가운데 본 서에서는 주식회사의 자본을 이해하는 데 꼭 필요한 부분만을 설명하도록 한다. 구체적으로는 자본금, 주식발행초과금, 이익잉여금 그리고 제4절의 이익잉여금 처분에 따른 재무상태표 작성 부분이 가장 핵심이므로 이 부분을 잘 익혀 두기 바란다.

그림 11-1 ▮ 재무상태표 자본의 구성항목

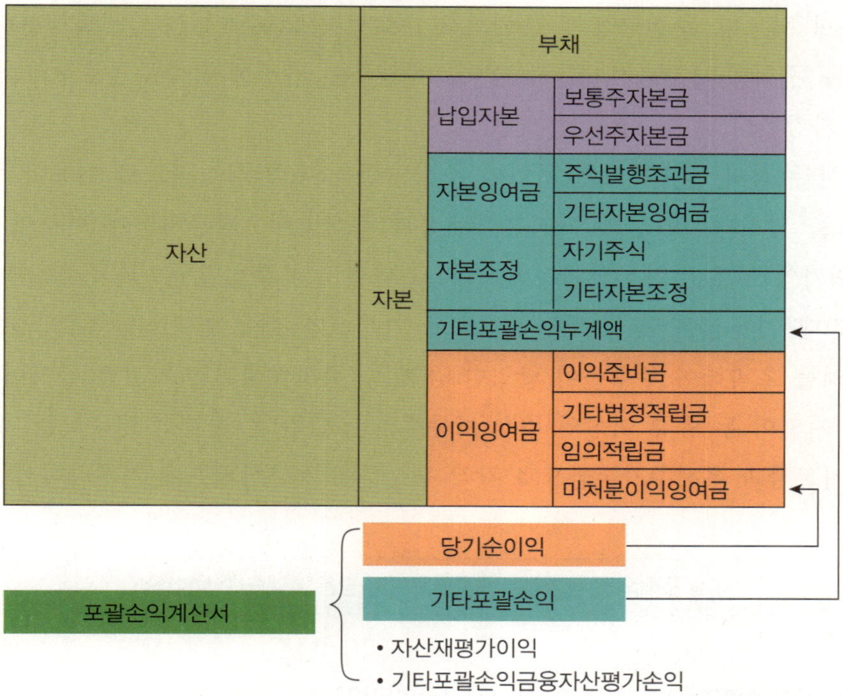

제3절 자본금과 주식발행초과금

주식회사는 장기간에 걸쳐 경영활동에 사용할 자금을 조달하기 위한 하나의 방법으로 주식을 발행한다. 주식을 발행하는 경우는 회사를 설립할 때 및 설립 후 필요에 따라 증자를 할 때이다. 상법에서는 주식회사의 정관에 정해진 수권자본의 범위 내에서 이사회의 의결로 주식을 발행할 수 있도록 규정하고 있다. 회사를 설립할 때는 수권주식수의 1/4 이상의 주식을 발행하여야 한다.

사채를 발행할 때와 마찬가지로 주식을 발행할 때도 역시 주식을 살 사람들을 모으기 위한 광고비, 주권인쇄비, 증권회사 수수료 등의 주식발행비가 발생한다. 주식발행비는 주식의 발행가액(發行價額)을 계산하는 과정에서 주주들로부터 받은 금액에서 차감한다.

따라서 주식의 발행가액은 기업이 주식발행을 통해 실질적으로 이용할 수 있게 된 금액을 말하며, 이 금액은 자본금계정과 주식발행초과금계정에 나누어 기록한다. 액면가액 부분은 자본금계정에, 그리고 나머지는 주식발행초과금계정에 분개한다. 그런데 자본금은 항상 액면가액으로 기록되기 때문에 주식발행초과금은 결국 액면가액을 초과하여 주주들이 납입한 금액 중 주식발행비를 차감한 금액이 된다.

만일 기업이 두 종류 이상의 주식(보통주와 우선주)을 발행한 경우에는 자본금을 보통주자본금과 우선주자본금으로 각각 구분하여 재무상태표에 기재하여야 한다.

■ 주식의 발행가액 = 주주들로부터 받은 금액 − 주식발행비

☑ 수권자본(授權資本, authorized capital)이란?

수권자본을 말 그대로 해석하면 '권한을 부여받은 자본'이라는 뜻인데, 누가 누구로부터 무슨 권한을 부여받았다는 뜻일까? 결론은 이사회가 주주들로부터 신주발행 의사결정 권한을 부여받았다는 뜻이다.

신주발행(유상증자) 의사결정은 회사의 자금 상황에 따라 신속히 내려져야 한다. 이런 이유로 상법에서는 덩치가 큰 주주총회 대신 간단히 이사회의 의결만으로도 신주를 발행할 수 있도록 규정하고 있다. 그런데 새로 발행되는 신주는 경영권 보호 차원, 기존주주의 권익보호 차원에서 기존주주들의 지분비율에 따라 우선적으로 배정되어야 하며, 이때 기존주주들은 신주납입금을 위한 자금마련 부담을 받게 된다. 따라서 이사회가 무한정 신주발행 의사결정을 내리지 못하도록 주주 측에서는 일정 한도를 설정하고 이 범위 내에서만 신주발행 의사결정을 내리도록 제한하고 있다. 바로 이 최대한도의 자본이 수권자본이며, 이를 주식수로 표현한 것이 수권주식수이다. 수권자본 금액은 주주총회 결의사항으로서 회사의 정관에 기재된다. 기업의 규모나 사업기회가 확대됨에 따라 주주들은 주주총회에서 수권자본의 금액을 상향조정하는 의사결정을 하기도 한다.

예외적인 경우이기는 하지만 주식의 발행가액이 액면가액보다 작을 경우에는 그 미달하는 금액을 주식할인발행차금계정 차변에 분개한다. 단, 주식발행초과금계정에 잔액이 있는 경우에는 이와 우선적으로 상계하고 부족액만을 주식할인발행차금

계정 차변에 분개한다. 주식발행초과금은 납입자본에 속하는 반면에, 주식할인발행차금은 기타자본구성요소로서 자본조정 항목이다.

예제 11-1 주식발행자본금과 주식발행초과금

(주)도시어부는 보통주 100주(주당 액면가액 ₩5,000)를 주당 ₩7,000에 발행하여 발기인들로부터 현금 ₩700,000을 조달하고 설립되었다. 이 중 주식발행비로 현금 ₩10,000을 지불한 경우 적절한 분개를 하시오.

❚ 풀이 ❚

(차) 현 금	690,000	(대) 자 본 금*	500,000
		주식발행초과금**	190,000

* 자본금계정은 액면가액 ₩500,000으로 분개
** 액면가액 초과부분 중 주식발행비를 차감한 금액

일반적으로 과거 기간의 경영성과가 양호하여 출자액 외에 이익잉여금이 많이 누적되어 있는 기업은 신주발행 시(유상증자 시) 액면가액 이상으로 할증발행하는 것이 보통이다. 이익잉여금 누적액이 적거나 심지어 출자액까지 일부 까먹은 기업과 비교해볼 때 일반 투자자들이 서로 구입하려고 할 것이기 때문이다. 주식발행초과금은 결국 주주들이 회사에 투자한 금액이란 점에서 주식발행자본금과 마찬가지로 납입자본을 구성한다. 경제적 관점에서 보면 자본금이든 주식발행초과금이든 모두 주주들의 주머니에서 출자된 것이라는 점에서 전혀 다를 바가 없다. 그럼에도 불구하고 이처럼 양자를 구분해서 재무상태표에 기재하도록 한 이유는 무엇인가?

그 이유는 채권자를 보호하고자 하는 상법의 취지 때문이다. 채권자들의 권리가 안전하게 보호되기 위해서는 기업이 언제든지 일정수준 이상의 실물자산을 보유하고 있을 것이 요구된다. 상법은 이 일정 수준에 해당되는 금액을 바로 액면가액 수준이라고 보고, 액면가액을 명시적으로 구분하여 자본금으로 기재하도록 하고 있다. 이런 취지를 감안하여 납입자본 중 액면가액에 해당되는 금액을 자본금으로 특별히 분리하여 기재하도록 하고 있다.

워크아웃과 출자전환

IMF 경제위기 이후 워크아웃(기업재무구조 개선작업), 출자전환이라는 말이 많은 사람들의 입에 많이 오르내린 시절이 있었는데 금융위기가 도래한 2008년도 말부터 또 다시 매스컴에 등장하기 시작하였다.

워크아웃(work-out)이란 회생가능성이 있는 기업인데도 현재의 부채규모가 너무 커 이자비용에 허덕이면서 순이익을 잘 내지 못하는 기업에 대해 채권금융단이 자발적으로 일정기간 동안 채권행사를 유예하고 추가로 신규자금 지원, 출자전환 등을 해주어 궁극적으로 살아날 수 있도록 해보자는 제도이다. 기업이 지금 도산하여 채권자들이 큰 손실을 입는 것에 비하면 지원을 통해 회생하도록 한 다음에 기존 대출금을 회수하는 것이 낫다는 차원에서 이루어지는 플랜이다.

출자전환(出資轉換)이란 기업에 대한 채권금융단의 대출금을 당해 기업에 대한 자본으로 전환하는 것을 말한다. 이렇게 하면 종전의 채권금융단은 주주집단으로 자격이 바뀌게 되며, 이제 기업은 부채에 대한 고정적 이자지급 부담이 줄어들게 된다. 일반적으로 워크아웃 플랜을 짤 때 출자전환이 포함되는 경우가 많다.

제4절 이익잉여금

이익잉여금(利益剩餘金, retained earning)은 경영활동 과정에서 획득한 순이익으로 구성된다. 물론 순이익 중 일부는 그때그때 배당금으로 사외에 유출되기 때문에 설립 이후에 벌어들인 순이익 중 배당금으로 유출된 부분을 제외한 나머지가 사내에 남아 이익잉여금을 구성한다. 그런데 기업이 무상증자, 즉 주주들에게 무상으로 주식을 발행하여 자본금을 늘리는 경우도 있다. 이때에는 이익잉여금 중 일부를 자본금계정으로 대체하게 된다. 따라서 이익잉여금이란 과거 및 당해 연도의 경영활동을 통해 획득한 순이익 중에서 배당을 통해 사외로 유출되거나 자본금으로 대체되지 않고 남아 있는 것을 말하며, 이러한 의미에서 유보되어 있는 이익(유보이익, retained earnings)이라고 이해할 수 있다.

이익잉여금은 크게 법정적립금, 임의적립금, 미처분이익잉여금의 세 가지로 구분된다.

미처분이익잉여금이 있으면 이를 배당금의 지급 등 여러 가지 용도로 처분할 수 있다. 이를 이익잉여금의 처분이라고 하는데, 이를 위해서는 회계연도말에 처분가능한 이익잉여금의 합계액이 얼마인가를 측정한 다음, 이 금액을 어떠한 목적에 얼마씩 처분할 것인가를 결정하여야 한다. 회계연도말 현재 처분가능한 이익잉여금의 합계액을 미처분이익잉여금이라고 하며, 이것은 전기에서 당기로 이월된 전기이월 미처분이익잉여금과 당기순이익으로 구성된다.

여기에서 이익잉여금에 대한 '처분'의 의미는 현금배당으로 인한 현금의 유출을 억제하기 위하여 특정 잉여금항목으로 설정하는 것을 말한다. 즉, 이익잉여금을 처분하여 적립 또는 적립금을 설정하게 되면 상대적으로 현금배당으로 처분할 수 있는 이익잉여금이 줄어들게 되어 기업의 현금유출을 억제할 수 있는 효과를 가져오지만 별도의 자금을 적립한다는 의미는 아니다. 결국 '적립'의 의미는 이익잉여금 총액은 변동하지 않고 이익잉여금의 세부항목 간에 상호증감시키는 거래로 이해할 수 있다.

■ 미처분이익잉여금 = 전기이월 미처분이익잉여금 + 당기순이익

이하에서는 먼저, 미처분이익잉여금을 배당금과 이익준비금 등 두 가지 목적으로 처분하는 간단한 예를 통해 이익잉여금 처분절차를 설명한 다음, 보다 다양한 이익잉여금의 처분형태와 회계처리에 대해서 알아보기로 한다.

4.1 이익잉여금처분절차

기업이 당기순이익을 보고하였거나 또는 당기에는 순이익을 보고하지 못하였더라도 과거 기간에 누적시켜 온 이익잉여금이 있는 경우에는 주주들에게 배당금을 지급할 수 있다. 주주들은 주식의 매매차익뿐만 아니라 바로 이 배당금을 얻을 목적으로 기업에 출자를 하고 위험을 부담해 온 것이다.

그런데 기업에는 때때로 불황이 닥쳐오며, 불황은 거의 예외없이 모든 기업의 경영을 위태롭게 만들고 있다. 이에 오늘날 각국은 당기순이익을 전액 배당으로 사외

에 유출하지 말고 일부를 사내에 비축해 둠으로써 불황시를 대비하도록 강제하고 있다. 우리나라도 상법규정을 통하여 자본금의 $\frac{1}{2}$에 달할 때까지 매결산기에 금전에 의한 배당액(=현금배당액)의 $\frac{1}{10}$이상에 해당되는 금액을 이익준비금(利益準備金)이라는 이름으로 사내에 유보시키도록 하고 있다.

한편 미처분이익잉여금 중 이익준비금과 배당금을 제외한 나머지는 차기로 이월한다. 당기말의 미처분이익잉여금을 이익준비금, 배당금, 차기이월 미처분이익잉여금 등으로 분할하는 것을 이익잉여금의 처분이라고 한다. 이를 단계적으로 간략히 스케치하면 다음과 같다.

첫째(결산일), 손익계정에서 계산된 순이익을 미처분이익잉여금계정으로 대체한다. 미처분이익잉여금계정에는 전기이월액(전기이월 미처분이익잉여금)이 적혀 있을 터이므로 아래 분개로 인하여 미처분이익잉여금계정에는 처분가능한 이익잉여금이 모두 집계된다.

(차) 손　　익	×××	(대) 미처분이익잉여금	×××

둘째(이사회 승인일), 이사회는 잠정적으로 미처분이익잉여금의 처분안을 의결하고 이를 바탕으로 이익잉여금처분계산서(利益剩餘金處分計算書)를 작성한다. 이 보고서는 잠정적인 것이기 때문에 '안(案)'이라는 꼬리말이 붙는다.

예컨대, 전기에서 이월된 미처분이익잉여금이 ₩20,000이고 포괄손익계산서에서 계산된 당기순이익이 ₩130,000이며, 이사회에서 ₩100,000은 현금배당하고 ₩10,000은 이익준비금으로 적립하기로 의결한 경우 이익잉여금처분계산서(안)은 다음과 같이 작성된다.

셋째(주주총회 최종 승인일), 이사회는 이익잉여금처분계산서(안)을 주주총회에 제출하고 최종 승인을 받는다. 주주총회에서 최종 승인을 받고 나면 '안(案)'이라는 글자가 떨어진다.

이익잉여금의 처분은 전적으로 주주들의 의사에 따라 이루어져야 하는 사항이다. 따라서 이익잉여금의 처분은 주주총회일에 확정되는데, 우리나라의 12월말 결산법인들은 대개 2월말에서 3월 중순경에 걸쳐 주주총회를 열고 있다. 주주총회일은 이익잉여금처분계산서에 처분확정일(處分確定日)로 기재된다.

이익잉여금의 처분

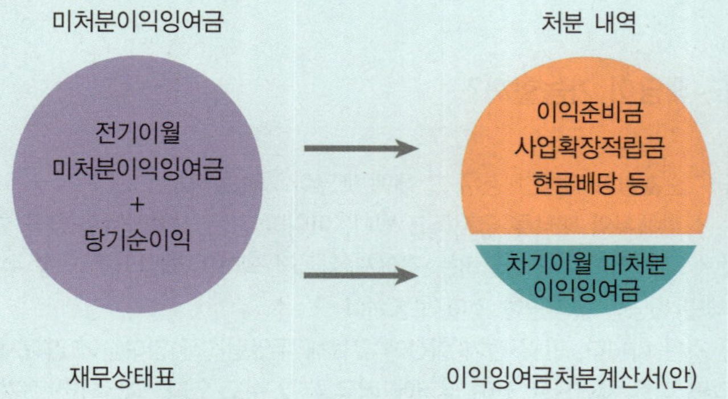

이익잉여금처분계산서(안) (20×1. 1. 1~12. 31)

1. 미처분이익잉여금		
1) 전기이월 미처분이익잉여금	₩20,000	
2) 당기순이익	130,000	₩150,000
2. 이익잉여금의 처분		
1) 이익준비금	₩10,000	
2) 배당금 : 현금배당	100,000	(110,000)
3. 차기이월 미처분이익잉여금		**₩40,000**

그리고 처분확정일에 이익잉여금의 처분과 관련된 분개를 행하게 된다. 예컨대 위의 이익잉여금처분계산서(안)이 주주총회에서 원안대로 확정되었을 경우 회계처리는 다음과 같다.

(차) 미처분이익잉여금	110,000	(대) 미지급배당금	100,000
		이익준비금	10,000

넷째(배당지급일), 주주총회에서 확정된 바에 따라 배당금을 현금으로 지급하면 다음과 같이 분개한다.

(차) 미지급배당금	100,000	(대) 현 금	100,000

당기순손실인데도 배당이 가능할까?

만약 특정 연도에 당기순손실이 발생한 경우 그 해에 배당이 가능할까?

상법은 이익이 없는 상황에서의 배당을 금지하고 있다. 이익이 없는 상황에서 배당을 한다면 그것은 결국 주주들이 출자했던 자본금을 다시 환급하는 것이지 실질적 의미의 배당이라고 볼 수 없기 때문이다. 그러므로 적자를 내면 배당이 불가능한 것이 보통이다.

그러나 반드시 그런 것은 아니다. 만일 전기 이전에 유보해 두었던 이익잉여금이 많아서 당기의 적자를 메꾸고 남을 정도라면 이를 재원으로 하여 당기에 배당을 할 수도 있다. 왜냐하면 전기 이전의 이익잉여금이란 과거의 순이익을 비축해 둔 것이기 때문이다. 이것도 결국은 순이익 중에서 배당을 지급하는 것이며, 따라서 상법에 위배되지 않는다.

만일 거액의 당기순손실이 발생하면 미처분이익잉여금' 이 음수(−)가 될 수 있다. 이 음수(−)의 금액을 미처리결손금이라 하며, 이때는 이익잉여금처분계산서 대신에 결손금처리계산서(缺損金處理計算書)를 작성하여야 한다.

예제를 통해 이익잉여금처분과 재무상태표의 연계관계를 보다 상세히 살펴보기로 하자.

예제 11-2 이익잉여금의 처분과 재무상태표 : 1차년도말

(주)현대오토의 20×1년 당기순이익은 손익계정에서 ₩300,000으로 계산되었고, 당기순이익 반영 전의 기말 재무상태표는 다음과 같았다(당기순이익이 아직 반영되지 않았기 때문에 그 금액만큼 대변합계액이 부족한 것임).

재무상태표

(주)현대오토 (20×1. 12. 31)

차변	금액	대변	금액
현 금	₩400,000	매 입 채 무	₩400,000
상 품	300,000	자 본 금	500,000
건 물	700,000	주식발행초과금	200,000

* 차변합계액은 ₩1,400,000, 대변합계액은 ₩1,100,000

물음

(1) 당기순이익 ₩300,000을 포괄손익계정에서 미처분이익잉여금계정으로 대체하는 회계처리를 하시오.

(2) 20×1년도말 재무상태표를 완성하시오.

(3) 20×2년 2월 25일 주주총회에서 당기순이익 ₩300,000을 다음과 같이 처분하기로 최종 승인하였다. 이익잉여금처분과 관련된 회계처리를 하시오.

〈이익준비금 ₩30,000, 현금배당 ₩200,000, 차기이월 ₩70,000〉

풀이

(1) 처분전이익잉여금계정으로의 대체 분개

(차) 손 익 300,000 (대) 미처분이익잉여금 300,000

(2) 20×1년도말 재무상태표의 작성

재무상태표

(주)현대오토 (20×1. 12. 31)

현 금	₩400,000	매 입 채 무	₩400,000
상 품	300,000	자 본 금	500,000
건 물	700,000	주식발행초과금	200,000
		미처분이익잉여금	300,000
		(당기순이익 ₩300,000)	
자산합계	₩1,400,000	부채 및 자본합계	₩1,400,000

* 여기서 보듯이 당기순이익(미처분이익잉여금 속에)이 기록되어야 대차합계액이 일치한다.

(3) 이익잉여금의 처분 분개

(차) 미처분이익잉여금 230,000 (대) 미지급배당금 200,000
이 익 준 비 금 30,000

* 이제 미처분이익잉여금계정의 대변 잔액 ₩70,000은 차기로 이월됨.

이익준비금이 자본금의 $\frac{1}{2}$에 달하면 더 이상 적립할 필요는 없다. 다만 기업이 증자를 실시하여 자본금 규모가 커지면 그때 다시 적립을 시작해야 한다. 이익준비금은 후에 기업이 결손을 보게 될 때 이를 메꾸거나 무상증자 용도로만 사용하여야 한다.

이제 20×2년 2월 25일의 주주총회에서 이익잉여금처분이 확정된 이후 20×2년말 재무상태표는 어떻게 달라져야 할지 다음 [예제 11-3]을 통해 살펴보자.

예제 11-3 이익잉여금의 처분과 재무상태표 : 2차년도말

(주)현대오토의 20×2년도 당기순이익은 손익계정에서 ₩500,000으로 계산되었다.

| 물음 |

(1) 당기순이익 ₩500,000을 미처분이익잉여금계정으로 대체하는 회계처리를 하시오.

(2) 20×2년도말 재무상태표의 자본 부분을 표시하시오.

| 풀이 |

(1) 미처분이익잉여금계정으로의 대체 분개

(차) 손　　익　500,000　　(대) 미처분이익잉여금　500,000

(2) 20×2년도말 재무상태표의 자본 부분

납입자본		
자 본 금		₩500,000
주식발행초과금		200,000
이익잉여금		
이익준비금*	₩30,000	
미처분이익잉여금	570,000	600,000
(당기순이익 ₩500,000)		
자본합계		**₩1,300,000**

* 20×2년도말 재무상태표에는 전년도 처분결과가 이듬해 말 재무상태표에 반영되어 이익준비금계정이 ₩30,000으로 나타난다.

그림 11-2 | 재무제표의 연계

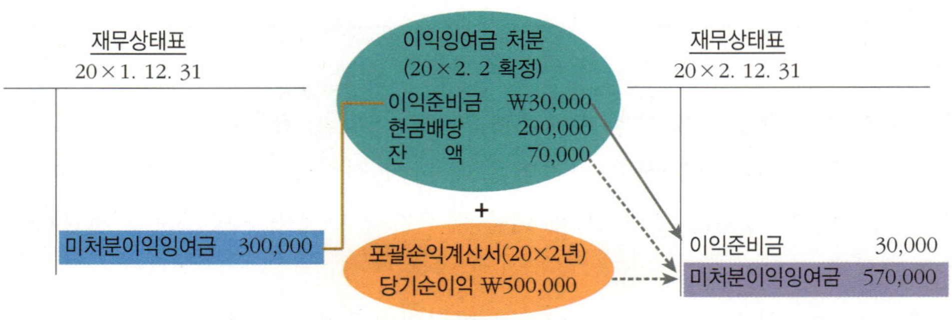

20×2년말 미처분이익잉여금
=20×1년말 미처분이익잉여금－이익잉여금처분＋20×2년 당기순이익
=₩300,000－(₩30,000+₩200,000)+₩500,000=₩570,000

4.2 이익잉여금의 처분 항목

앞에서는 이익잉여금의 처분 항목으로 현금배당과 이익준비금만을 살펴보았다. 상법 규정에 의한 이익준비금은 배당금으로 현금의 유출을 제한하는 역할을 함으로써 회사의 재무적 기반을 튼튼히 해준다.

법규에 의하지 않고 기업이 채권자들과의 계약에 의해 또는 자발적 의사에 의해 배당지출을 제한하는 항목이 있는데, 이를 임의적립금이라 한다.

임의적립금(任意積立金, voluntary reserves)은 예컨대 사업확장이나 장기부채의 상환 등에 필요한 자금 마련을 위하여 배당을 제한할 필요가 있다고 판단될 때 설정하는 적립금을 말한다. 적립금이라고 해서 은행에 예치하는 것이 아니라 적립금이라는 명칭으로 이익잉여금을 구분해줌으로써 배당금으로 처분될 금액을 축소시켜 주는 역할을 하게 된다. 임의적립금에는 사업확장을 위한 사업확장적립금, 부채상환을 위한 감채적립금, 매기 균등한 배당지급을 위한 배당평균적립금, 만일의 결손을 대비한 결손보전적립금 등이 있다. 이때 과거에 설정해 두었던 임의적립금은 필요하다고 판단될 경우 주주총회의 의결을 거쳐 당기의 배당가능액으로 활용(재분류)할 수 있으며 다음과 같이 회계처리한다.

(차) 배당평균적립금* (또는 임의적립금)	×××	(대) 미처분이익잉여금	×××

* 전년도에 이익잉여금 중 일부를 떼내어 배당금으로 사용할 수 있도록 한 것이다.

☑ 엔젤이란 무엇이고, 어떤 좋은 점이 있을까요?

영어인 엔젤(Angel)은 우리나라 말로 천사라는 뜻입니다. 투자 이야기에 무슨 천사냐는 의문이 들 수 있습니다만, 엔젤이란 말이 사용된 이유는 이 말이 탄생한 배경을 이해하면 쉽게 알 수 있습니다. 1900년대 초반 미국에서는 문화 공연 중심지인 뉴욕의 브로드웨이를 중심으로 많은 뮤지컬이 공연됐습니다. 하지만 작품성이 우수한 뮤지컬임에도 불구하고 자금이 부족해 공연이 안 되는 경우도 흔했습니다. 반면 우수한 작품이지만 돈이 없어 무산될 위기에 처한 뮤지컬 공연에 후원자들이 나타나서 공연을 성공적으로 마치는 경우도 많았다고 합니다. 그래서 엔젤이란 말은 이들 뮤지컬의 후원자들을 통칭해서 천사라고 칭송한 것에서 유래했다고 합니다.

그 후 엔젤은 자금부족을 겪고 있는 창업 초기 기업에 투자하고 경영자문도 하면서 성공적으로 성장시킨 후 투자이익을 회수하는 개인투자자들을 지칭하는 말이 되었습니다. 만약 그 회사가 잘못되어 파산하면 갖고 있는 주식은 휴지조각이 되고 한 푼도 못 건질 수 있지만, 반대로 투자한 기업이 성공해 기업가치가 올라가면 수십 배 이상의 이득을 얻을 수도 있습니다. 그래서 위험은 높지만 높은 수익을 기대할 수 있는 투자라고 할 수 있습니다.

* * * *

벤처기업들이 성장하는 과정을 보면 창업 초기에 많은 어려움을 겪습니다. 이는 기술력을 가진 기업이 소위 "죽음의 계곡(Death Valley)"이라는 터널을 통과하는 데 애로를 많이 겪기 때문입니다. 죽음의 계곡이라는 말은 기술개발은 전문인력들이 원활하게 이루어내지만, 개발된 기술을 사업화하는 과정에서 자금을 조달하는 데 어려움이 많아 창업 초기 벤처기업들이 그 사업화하는 단계까지 가지 못하고 도산하는 현상을 말합니다. 엔젤은 바로 이런 창업 초기단계의 벤처기업들에 필요한 자금을 공급해 줍니다. 특히 잠재적으로 기술력은 높지만 자본과 경영 여건이 취약한 초기 기업, 그리고 연구개발 단계 또는 기업 설립초기 단계에 있는 벤처기업에 주로 투자합니다.

창업 초기의 벤처기업은 담보가 거의 없고 당장 이익이 나지 않을 가능성이 매우 커 대출을 꺼리기 때문입니다. 엔젤은 바로 이러한 죽음의 계곡을 넘고 있는 창업 초기의 벤처기업에 투자합니다. 이들 기업에 대해 엔젤이 나서지 않으면 창업 초기 벤처기업의 우수한 기술들이 세상에 빛을 보기가 대단히 어려울 것입니다. 구글, 페이스북 등 지금은 너무나도 잘 알려진 미국의 기업들도 모두 초기에는 엔젤 자금을 유치했던 회사들입니다. 천사의 도움이 없었다면 지금의 구글도, 페이스북도 존재하지 못했을 것입니다.

자료 : 조선일보 2012년 1월 20일 박용린 연구위원의 기사 중에서

제5절 자본변동표

5.1 자본변동표의 의의와 유용성

앞에서 자본이란 잔여지분, 즉 주주들의 몫이라고 하였다. 기업의 주인인 주주들은 자신들의 몫이 기초에 비하여 기말에 얼마나 변동하였는지에 대해 관심을 가지게 된다.

자본변동표(statement of changes in equity)는 자본의 크기와 그 변동에 관한 정보를 제공하는 재무보고서로서 자본을 구성하고 있는 자본금, 기타자본구성요소, 이익

잉여금(또는 결손금)의 변동에 대한 포괄적인 정보를 제공하는 기본재무제표의 하나이다.

자본변동표는 재무제표 간의 연계성을 제고시키며 재무제표의 이해가능성을 높인다. 재무상태표에 표시되어 있는 자본의 기초잔액과 기말잔액을 모두 제시함으로써 재무상태표와 연결할 수 있다. 아울러 자본변동표는 포괄손익계산서를 거치지 않고 재무상태표의 자본에 직접 가감되는 항목(예컨대 연차배당, 자기주식의 취득과 처분 등)에 대한 정보를 제공함으로써 포괄손익계산서로는 전부 나타낼 수 없는 포괄적인 경영성과에 대한 정보를 직접 또는 간접적으로 제공하게 된다.

5.2 자본변동표의 기본구조

자본변동표에는 자본금, 자본잉여금, 기타자본구성요소, 기타포괄손익누계액, 이익잉여금(또는 결손금)의 각 항목별로 기초잔액, 변동사항, 기말잔액을 표시한다. 실제 (주)아모레퍼시픽의 자본변동표를 예시하면 [표 11-1]과 같다.

[표 11-1] 자본변동표

자본변동표

(주)아모레퍼시픽 (단위 : 억원)

	자 본						
	자본금	주식발행 초과금	자본 잉여금	기타자본 구성요소	기타포괄 손익누계액	이익 잉여금	자본 합계
2018.1.1(기초자본)	345	7,127	7	−13	18	32,782	40,265
회계정책변경의 효과	−	−	−	−	−	9	9
당기순이익	−	−	−	−	−	2,746	2,746
순확정급여부채 재측정요소	−	−	−	−	−	214	214
기타포괄손익금융자산평가손익	−	−	−	−	15	−	15
기타포괄손익금융자산처분손익	−	−	−	−	−31	31	−
연차배당	−	−	−	−	−	−883	−883
2018.12.31(기말자본)	**345**	**7,127**	**7**	**−13**	**1**	**34,901**	**42,368**

윤리이슈 **회계의 빛과 그림자**

Pump and Dump를 이용한 주식사기

주식회사로 기업을 설립하는 이유는 유한책임, 주식거래를 이용한 소유권 이전, 전문경영자, 계속기업 등의 장점을 갖기 때문이다. 때로는 투자자들로부터 자금조달 목적으로 상장을 시도하기도 한다. 일부 못된 기업가들은 이러한 상장제도를 악용하여 투자자를 울리기도 한다. 즉, 껍데기 회사를 설립한 후 상장시키거나(즉 public shell company, 상장유령사) 헐값에 매입한 기존 회사의 주식을 허위정보 공시 등을 통해 주가를 폭등시킨 후 자신들이 보유한 주식을 고가에 처분한 후 주식시장을 떠나는 소위 펌프앤덤프(pump and dump) 방식이 그것이다.

증권가에 잘 알려진 Pump and Dump는 최근 금융시장 불안 심리에 편승해 기승을 부리고 있다. 스팸 발송자들은 해당 주식이 현재 저평가되어 있거나 곧 폭등할 것이라는 허위정보를 유포해 선의의 투자자들을 유혹한다. 일단 스팸 공격이 성공할 경우 공격자들(promoter)은 보유 주식의 주가를 인위적으로 끌어올릴 수 있다. 이후 스팸 발송을 중단하면 해당 주식에 대한 관심이 감소되어 주가가 급락하게 되고 선의의(실제로 허위정보에 놀아난) 피해자만 쪽박을 차게 된다.

이러한 방식의 주식사기로 인해 2DoTrade Inc사는 미국 FBI의 조사 후 쇠고랑을 찼으며, 최근 우리나라의 경우 시만텍사는 '시만텍 인텔리전스 리포트' 8월호를 통해 Pump and Dump형 증권사기 스팸메일이 기승을 부리는 것에 주의를 당부한 바 있다.

Tips for Self Study

- 교과서 연습문제 [6] : 자본과 관련된 다양한 용어와 친해지기
- Study Guide 주관식 [문2] : 이익잉여금과 재무상태표의 연계관계를 이해하면 자본을 마스터 했다고 할 수 있지요!

연|습|문|제

[1] 자본의 이해

아래 괄호에 알맞은 단어나 영어로 된 용어(英 :   )를 기재하시오.

(1) 장기 거액의 자금만이 기업의 자본이 될 수 있는 것은 아니다. ([   ]회사)는 단기 소액의 자금도 기업의 자본으로 활용할 수 있는 회사제도이다.

(2) 주식회사의 특징 세 가지는 ([   ])제도, 주식의 ([   ]양도)제도, 주주의 ([   ]책임)제도이다.

(3) 자본은 기업의 자산에서 채권자지분을 차감하고 남은 ([   ]지분 英 : [r   ] equity)이다. 또한 자본은 발생원천에 따라 주주들이 직접 출자한 ([   ]자본 英 : paid-in [c   ])과 이의 운용을 통해서 얻은 ([이   ] 英 : retained [e   ])의 둘로 구성된다고 말할 수 있다.

(4) 주식회사의 자본은 일반적으로 ([   ]자본금), ([   ]잉여금), ([기   ]) 등 세 가지로 구분할 수 있다.

(5) 주식회사의 자본금은 발행주식수에 1주당 ([   ]가액)을 곱한 금액으로 기재하며, 납입자본 중 액면가액을 초과하는 부분 중 주식발행비를 차감한 잔액은 자본잉여금의 하나인 (주식발행[   ])으로 기재한다.

(6) 이익잉여금은 ([   ]적립금), ([   ]적립금), 미처분이익잉여금의 세 가지로 구분된다.

(7) 이익잉여금처분계산서에는 전기이월 미처분이익잉여금과 당기순이익이 기록되는데, 이 둘을 합하여 ([   ]이익잉여금)이라고 부른다. 만일 이 둘을 합한 금액이 음수인 경우에는 이익잉여금처분계산서 대신 ([결   ]처리계산서)를 작성하여야 한다.

(8) ([   ]적립금)이란 예컨대 사업확장이나 장기부채의 상환 등의 자금 마련을 위하여 배당을 제한할 필요가 있다고 판단될 때 기업이 자발적으로 설정하는 적립금을 말하며, 과거에 설정해 두었던 이 적립금은 주주총회의 의결을 거쳐 당기의 배당가능액으로 활용(재분류)할 수도 있다.

[2] 주식발행의 분개(I)

20×1년 5월 1일에 (주)블루는 보통주 300주(주당 액면가액 ₩5,000)를 주당 ₩6,000에 발행하여 발기인들로부터 현금 ₩1,800,000을 조달하여 설립하고, 이 중 주식발행비로 현금 ₩40,000을 지불하였다. 이를 분개하시오.

[3] 주식발행의 분개(Ⅱ)

다음 (주)도시어부에 발생한 일련의 자본거래를 분개하시오.

(1) 20×1년 1월 1일 보통주 500주(주당 액면가액 ₩1,000)를 주당 ₩1,200씩에 발행하여 발기인들로부터 현금 ₩600,000을 납입받고 설립한 다음, 주식발행비로 ₩30,000을 지급하였다.

(2) 20×2년 8월 1일 이사회의 유상증자 결의에 따라 보통주 100주를 주당 ₩1,400씩에 할증발행하고 현금 ₩140,000을 조달하였으며, 신주발행비로 ₩10,000을 지급하였다.

(3) 20×3년 9월 1일 지난해 자본금이 일부 잠식될 정도로 거액의 손실을 보아 현재 심각한 자금난에 처해 있다. 이에 자금을 조달할 목적으로 법원의 인가를 얻어 주식을 할인발행하였는데, 발행주식수는 200주, 주당 발행가액은 ₩800이며, 주식발행비로 현금 ₩15,000을 지급하였다.

[4] 이익잉여금의 처분과 재무상태표

(주)매직클린의 20×1년도 당기순이익은 포괄손익계정에서 ₩800,000으로 계산되었고, 당기순이익 반영 전의 기말 재무상태표는 다음과 같았다.

재무상태표

(주)매직클린 20×1. 12. 31

현 금	₩400,000	매입채무	₩1,200,000
상 품	1,200,000	자 본 금	1,000,000
건 물	2,000,000	주식발행초과금	300,000
		이익준비금	200,000
		미처분이익잉여금	100,000

* 차변합계액은 ₩3,600,000, 대변합계액은 ₩2,800,000이며 그 차액은 당기순이익 ₩800,000이다.

(1) 당기순이익을 대체하기 위한 분개를 하시오.

(2) 20×1년도말 자본 부분을 완성하여 대차합계가 일치하는 재무상태표를 작성하시오.

(3) 주주총회에서 20×2년 3월 2일에 미처분이익잉여금 ₩900,000을 다음과 같이 처분하기로 최종 승인하였다. 이익잉여금처분과 관련하여 필요한 회계처리를 하시오.

• 이익준비금 ₩50,000	• 사업확장적립금 ₩80,000
• 현 금 배 당 500,000	• 배당평균적립금 120,000
• 잔액은 차기로 이월	

(4) 20×2년도 ₩300,000으로 계산된 당기순이익을 미처분이익잉여금으로 대체하는 분개를 하고, 20×2년도말 재무상태표의 자본부분을 표시하시오.

(5) 주주총회에서 20×3년 3월에 미처분이익잉여금 ₩450,000이 너무 적어 충분한 배당을 하기 어렵다고 보고 전기에 설정했던 배당평균적립금 가운데 ₩100,000을 이입하여 당기 배당에 사용하도록 결정한 경우, 배당평균적립금의 이입에 따른 분개를 하시오.

[5] 사례연습과 팀프로젝트 – STX팬오션

다음은 STX팬오션의 사업보고서에 공시된 자본금 관련 내용의 일부이다. 이를 토대로 물음에 답하시오(장래 주식투자와 기업분석의 현장감을 느껴볼 수 있도록 가까운 증권회사 창구를 방문하여 '투자상담사' 에게 질문하여 알아보도록 하자).

가. 증자현황

주식발행 일자	발행형태	발행한 주식의 종류	수량(주)	주당 액면가액 (④)	주당 발행가액 (⑤)
2005.5.20	주식분할(①)	보통주	1,515,482,050	–	–
2005.7.14	유상증자(②) : 일반공모(③)	보통주	200,000,000	₩100	₩552
2007.9.21	유상증자(일반공모)	보통주	343,096,410	₩100	₩1,720

나. 주식의 총수

당사가 2009년 12월 31일 현재, ⑥**발행할 주식의 총수**는 보통주 300,000,000주이다. 현재까지 발행한 주식은 모두 보통주이고 발행한 주식의 총수는 2,435,612,260주이다. 현재까지 감소한 주식의 총수는 총 2,229,754,414주이며 214,143,900주의 ⑦**감자** 162,889,900주의 ⑧**주식소각** 1,852,720,614주의 ⑨**액면병합**으로 인한 감소가 있었다. 2009년 12월 31일 현재 1,127,526주의 ⑩**자기주식**을 제외한 총 ⑪**유통주식수**는 204,730,320주이다.

(1) 주식분할의 의미는 무엇인가?

(2) 유상증자와 무상증자는 어떤 차이가 있나?

(3) 일반공모란 어떤 의미인가? 그리고 왜 일반공모를 하는가?

(4) (주)STX팬오션의 주당 액면가는 얼마인가? 액면금액이 작다면 왜 작게 한 것일까?

(5) 주당 발행가액이 액면가보다 몇 배나 높은가? 그리고 그 이유는 무엇인가?

(6) '발행할 주식의 총수'의 상법상 용어는 무엇인가?

(7) '감자'란 무엇인가? 그리고 기업은 어떤 상황에서 감자를 하는가?

(8) '주식의 소각'이란 무엇인가? 그리고 기업은 어떤 상황에서 주식의 소각을 하는가?

(9) '주식의 액면병합'이란 무엇인가? 그리고 왜 액면병합을 하는가?

(10) '자기주식'이란 무엇인가? 그리고 기업이 자기주식을 취득하는 이유는 무엇인가? 이 경우 기업이 임의대로 자기주식을 취득할 수 있나?

(11) '유통주식수'란 무엇인가?

승부욕 과다 · 분노의 표출 · 파괴적인 말 · 잘난 척하기… "인간관계 망치고 리더십 무너진다"

마셜 골드스미스는 리더들의 나쁜 버릇 스무 가지를 소개했다. 제일 우선적으로 지적한 리더의 심각한 문제점은 '과도한 승부욕(winning too much)'이다. 승리에 대한 집착은 일 잘하고 성취욕이 강한 사람들의 공통된 특성이다. 동시에 그들이 주위 사람들에게 욕을 먹는 가장 큰 이유이기도 하다. 예컨대 지나치게 논쟁적인 태도나 남을 비난하는 태도, 정보를 독점하려는 태도, 파벌을 만드는 태도 등은 남을 이기려고 하는 승부욕 때문에 나타난다. 그는 "현명한 리더는 지는 것을 마다하지 않으며 상대방을 승리자로 만들어준다"고 했다. '지는 게 이기는 것'이란 얘기와 상통한다.

똑똑한 사람들의 악습(惡習)으로 빼놓을 수 없는 것이 '잘난 척하기'다. 사람은 남들의 인정을 받고, 최소한 남들과 비슷한 수준이라는 것을 알리기 위해 무의식적으로 잘난 척을 한다. "남이 당신 앞에서 잘난 척을 할 때 그 사람이 바보같이 느껴지듯, 남들도 당신이 잘난 척을 할 때 똑같이 느낍니다. 똑똑한 사람은 매력적이지만, 똑똑한 티를 내는 사람은 전혀 매력이 없어요."

'1회 컨설팅 25만불의 사나이' 골드스미스 박사
– 조선일보 Weekly BIZ의 커버스토리(2011년 2월 12일) 인터뷰 기사 중 일부 –

제 **12** 장

현금흐름표 및 재무제표분석

제 1 절 | 현금흐름표와 현금흐름분석
제 2 절 | 회계정보의 활용과 재무제표분석
제 3 절 | 재무제표분석기법
제 4 절 | 재무비율분석
제 5 절 | 재무비율의 종합

오늘날과 같은 글로벌 사회에서 투자자들은 수익성 높은 사업기회를 찾아 끊임없이 돌아다니고 있다. 이러한 투자자들이 특정 사업에 관한 위험 및 수익성을 예측하는 데 주로 이용하는 정보는 회계정보와 현금흐름 정보이며 이들 정보는 주로 현금흐름표를 포함한 재무제표에 담겨 있다. 따라서 재무제표에 담겨진 정보를 기업가치평가에 어떻게 활용할 수 있는지, 더 나아가 주식가격은 기본적으로 어떻게 결정되고, 이 과정에서 회계수치가 주식가격 결정에 어떤 역할하고 있는지 살펴본다.

이를 위해 본 장에서는 제2장에서 간략히 소개한 현금흐름표가 왜 중요한지와 재무제표에 담긴 정보를 어떻게 활용하여 기업의 경영활동 성과와 재무상태를 평가하는지 설명한다. 이를 통해 재무제표상에 나타난 수치들이 상호 간에 어떠한 관련을 맺고 있는가를 재무비율 중심으로 설명함으로써 기업의 경영상태를 올바르게 파악할 수 있는 안목을 갖도록 한다.

"우량주 사고 푹 자라" 코스톨라니

그는 주식투자를 산책에 비유한다. 주인이 개를 데리고 산책할 때 개는 주인과 나란히 가지 않는다. 개는 주인을 앞지르거나 뒤처지기도 하고 때로는 옆길로 빠지기도 한다. 하지만 개는 언제나 주인에게 돌아온다. 여기서 주인은 경제를, 개는 주식시장을 뜻한다.… 장기적으로 보면 경제와 증시는 같은 방향으로 간다는 얘기다. 다음은 그가 남긴 유명한 농담 하나. "국제적인 우량주에 해당하는 주식을 몇 종목 산 다음 약국에 가서 수면제를 사먹고 몇 년 동안 푹 자라."

"성장주 투자" 피셔

피셔는 '성장주 투자'를 강조한다. 현재 전 세계 MBA과정에서 교과서로 쓰이고 있는 그의 저서 「위대한 기업에 투자하라」에서 밝힌 투자 대상 기업을 찾는 핵심은 기업의 지속적 성장을 위해 "향후 몇 년간 매출액이 크게 늘 수 있는 잠재력을 가진 제품과 서비스를 가지고 있느냐"이다.

또 향후 성장이 정체됐을 때 회사 매출을 유지시킬 수 있는 신제품과 신기술을 보유했는지도 기업 선택의 주요 기준이다. "영업조직과 경영진의 구성, 원가분석과 회계관리능력 역시 투자 대상 발굴을 위한 중요한 지표. 이 중 기업의 자금 조달방법은 반드시 확인해야 할 요소"로 분류하고 있다.

"인덱스 펀드의 창시자" 보글

"반짝이는 게 모두 금은 아니다. 증시 호황의 과실은 개인보다 매니저가 더 챙긴다. 증시 개평꾼들의 몫을 최소화하라." 그는 현명한 투자란 상식에 건전한 판단을 더한 것이라고 말한다. 또 유명 펀드의 이면에 어둠이 많다고 지적한다. 그가 인덱스 펀드를 만들게 된 계기도 시장을 이기지 못할 바엔 투자비용만은 최소화하자는 동기에서 나왔다. 그 같은 '투자비용 절감의 원칙'에 맞는 상품은 단연 수수료가 싼 인덱스펀드로 상장지수펀드(ETF)가 대표적이다.

동아일보 2012년 1월 26일 [Money&Life] 기사 중에서

제1절 현금흐름표와 현금흐름분석

진정한 천재성이란 불확실하고 위험스러우며 상호모순되는
정보들을 평가해내는 능력에 있다.

– Winston Churchill

1.1 현금흐름분석의 필요성

우리는 주위에서 가끔 흑자도산이라는 말을 듣는다. 흑자도산(黑字倒産)이란 장부상 흑자인데도 불구하고 기업이 도산하는 경우를 말한다. 흑자란 영업활동의 결과 당기순손실이 아닌 당기순이익을 기록하였다는 것을 의미한다. 그런데도 어떻게 도산하는 일이 일어날 수 있을까?

부도는 회사가 대금을 약속 날짜에 갚지 못할 때 발생한다. 부도가 나는 이유는 갚을 현금이 부족하기 때문이다. 즉, 흑자도산은 당기순이익이 났음에도 불구하고 현금이 부족하여 부도가 나는 것을 말한다. 이것은 흔히 자금 사정이라고 표현되는 기업의 현금흐름이 기업의 경영성과를 나타내는 순이익 흐름과 반드시 일치하는 것은 아니라는 것을 보여준다.

기업의 현금흐름과 회계상의 순이익흐름이 일치하지 않는 대표적인 예를 들어보자. 기업에서 상품을 현금으로 판매하든 외상으로 판매하든 수익인식기준에 따라 '매출'이라는 수익을 인식한다. 그러나 현금판매와 달리 외상판매 시 현금의 유입은 없다. 따라서 회계상 수익을 인식하였지만 현금의 유입은 없다.

또 다른 예를 들어보자. 기업에서 광고활동을 수행하였으나 이에 대한 대가를 지불하지 않았다고 하더라도 '광고선전비'라는 비용을 인식한다. 그러나 이에 대한 현금의 유출은 없다. 따라서 회계상 비용을 인식하였지만 현금의 유출은 없다.

이와 같이 기업의 순이익흐름과 현금흐름은 반드시 일치하는 것은 아니며 포괄손익계산서와 현금흐름표를 통해 그 차이를 해소할 수 있다. 이때 회계정보이용자들은 '기업의 혈액(blood)'과 같은 현금흐름에 대한 정보를 기본재무제표의 하나인 [표 12-1]과 같은 형태의 현금흐름표에서 얻을 수 있다. 그러나 손익계산서의 당기순이익으로부터 현금지출과 수입을 수반하지 않는 수익 · 비용을 가감하는 간접법으로 현금흐름표를 작성하는 방법에 대해서는 중급회계 교과서를 참조하기 바란다.

[표 12-1] 현금흐름표(간접법)

현금흐름표

제22기 2013년 12월 31일 현재
제21기 2012년 12월 31일 현재

(주)까사미아 (단위 : 백만원)

과 목	금 액	
	제22(당)기	제21(전)기
Ⅰ. 영업활동현금흐름	**13,235**	**14,066**
(1) 당기순이익	9,700	10,132
(2) 현금의 유출이 없는 비용등의 가산	6,063	6,703
(3) 현금의 유입이 없는 수익등의 차감	(189)	(151)
(4) 영업활동으로 인한 자산부채의 변동	(2,340)	(2,617)
Ⅱ. 투자활동현금흐름	**(15,568)**	**(5,699)**
(1) 투자활동으로 인한 현금유입액	6,258	9,229
단기금융상품의 감소	1,873	3,750
보증금의 감소	2,249	4,908
유 · 무형자산의 처분 등	2,136	571
(2) 투자활동으로 인한 현금유출액	(21,826)	(14,928)
단기금융상품의 증가	8,152	2,254
유 · 무형자산의 취득	9,649	2,315
건설중인 자산의 취득 등	4,025	10,359
Ⅲ. 재무활동현금흐름	**598**	**(5,719)**
(1) 재무활동으로 인한 현금유입액	23,827	18,384
단기차입금의 증가	23,712	18,354
임대보증금의 증가	115	30
(2) 재무활동으로 인한 현금유출액	(23,228)	(24,102)
단기차입금 및 부채의 상환	22,163	22,928
임대보증금의 반환	225	347
배당금의 지급	840	827
Ⅳ. 기타현금의 감소	-	1,240
Ⅴ. 현금의 증가(감소)(Ⅰ+Ⅱ+Ⅲ+Ⅳ)	**(1,734)**	**1,408**
Ⅵ. 기초의 현금	8,891	7,483
Ⅶ. 기말의 현금	**7,157**	**8,891**

1.2 현금흐름의 구분과 영업활동현금흐름의 중요성

투자자, 채권자 및 기타 이해관계자가 기업을 평가하는 데 도움이 되는 정보를 제공하기 위해서는 기업의 어떤 활동에서 현금흐름이 발생하였는지를 아는 것이 중요하다. 기업은 영업활동, 투자활동 및 재무활동을 연속적으로 수행하면서 현금을 창출하거나 사용한다. 여기에서 영업활동은 주로 제품 및 서비스를 생산 · 판매하는 활동이고, 투자활동은 영업활동을 하기 위해 필요한 자산에 투자하는 활동이다. 재무활동은 영업을 위해 영업활동과 투자활동에 필요한 자본을 조달하는 활동으로서 이에는 차입, 유상증자, 배당금지급 등이 포함된다.

기업의 세 가지 활동(영업활동, 투자활동, 재무활동) 가운데 가장 중요한 활동은 영업활동이라 할 수 있다. 왜냐하면 영업활동을 통해서 기업의 이익과 현금흐름이 직접적으로 창출되기 때문이다. 물론 유형자산의 처분과 같은 투자활동에 의해서도 이익이 창출될 수 있다. 그러나 이를 기업의 본원적 활동이라 할 수는 없다.

회계정보이용자들이 영업활동으로 인한 현금흐름을 중요하게 생각하는 이유는 무엇일까? 투자자나 채권자 등은 위험은 낮고 수익성이 높은 기업, 즉 좋은 기업에 투자를 하고자 할 것이다. 현금흐름 관점에서 볼 때 좋은 기업은 기업 본연의 목적을 달성하기 위한 핵심 영업활동에서 충분한 현금을 창출하는 기업일 것이다. 영업활동에서 충분한 현금흐름을 창출하면 그 현금을 바탕으로 미래의 수익성을 좌우할 생산설비 투자가 이루어질 수 있으며, 또한 자금제공자들에게 자금의 대가를 제공할 수 있게 된다.

☑ 영업활동현금흐름은 어떻게 산출되나요?

현금흐름분석에서 가장 중요한 점은 포괄손익계산서상의 '수익항목 = 현금유입', '비용항목 = 현금유출'이므로 당기순이익에 해당하는 현금이 일단 있다고 간주하고 출발한다는 것이다. 그런 다음 현실적으로 수익항목 중에 현금유입이 없는 항목이 있다면, 이를 차감해 주고, 비용항목 중에 현금유출이 없는 항목이 있다면 이를 가산해준다. 그리고 영업활동으로 인한 자산 · 부채의 변동을 고려하면 영업에서 창출된 현금흐름이 계산된다.

영업활동에서 충분한 현금을 창출하지 못하는 기업은 미래를 위한 투자를 하지 못하여 결국에는 시장에서 경쟁력을 상실할 가능성이 높게 될 뿐만 아니라 잘못하면 중요한 생산시설을 처분하여 만기가 도래하는 차입금이나 사채의 상환자금을 마련할 수밖에 없게 된다. 그 결과 미래에는 영업활동의 수익성은 더욱더 악화되며, 이러한 상태가 지속되면 기업은 결국 도산하게 되는 것이다. 이런 이유로 투자자들은 현금흐름표에 표시되는 영업활동현금흐름을 매우 중요한 정보로 간주하는 것이다.

제2절 회계정보의 활용과 재무제표분석

2.1 재무제표분석의 의의

지금까지의 과정이 곧 회계정보의 생산을 다루었다면 본 장에서 다루는 재무제표분석은 대표적인 회계정보의 활용에 해당한다.

재무제표분석(financial statement analysis)은 재무제표에 포함되어 있는 자료를 중심으로 의사결정자에게 유용한 정보를 창출하는 분석과정이다.

일정기간 동안 기업이 수행한 온갖 경영활동을 의미있게 요약하고 있는 재무제표는 기업경영정보의 보고(寶庫)라고 할 수 있다. 왜냐하면, 일정시점의 기업 재무상태를 나타내는 재무상태표와 일정기간 동안의 경영성과를 요약한 포괄손익계산서는 특정 기업에 관한 재무상의 강점 및 약점에 관한 정보를 담고 있기 때문이다. 따라서 기업 외부의 다양한 이해관계자들은 자신들의 의사결정을 위해 일차적으로 재무제표를 분석대상으로 삼는다.

재무제표분석이 회계를 이해하고자 하는 사람에게 갖는 중요성은 무엇일까? 그 대답은 재무제표를 기업경영의 건강진단서로 비유하여 설명할 수 있다. 사람들은 일상적으로 거울에 비친 자신의 얼굴을 통해서 개괄적인 건강상태를 살피고 정기적으로 건강진단을 통해 건강상태를 체크한다. 아울러 필요한 경우 수술 등을 통한 사후 조치는 물론 건강 악화를 방지하기 위한 다양한(가령, 금주, 금연 및 다이어트 등) 예방조치를 취한다. 이 경우 건강 관련 의사결정의 기초자료는 건강진단서이다. 마찬가지로 기업의 건강진단서에 해당하는 것이 곧 재무제표이며 예방조치나 치료에 해당하는 분야가 경영전략이다.

기업의 재무자료를 어디에서 찾아볼 수 있을까? 금융감독원의 전자공시시스템(DART : http://dart.fss.or.kr)을 통하여 사업보고서나 감사보고서, 부속명세서, 주석 등 다양하게 공시되는 자료를 찾아볼 수 있다. 이외에도 한국신용평가, 한국상장회사협의회, 한국거래소, 한국은행, 코스닥협회, 증권회사 등의 홈페이지를 이용하거나 해당기업의 IR담당자 또는 공시담당자로부터 직접 입수할 수도 있다.

2.2 자본시장과 재무제표분석

투자자들은 기업이 발행한 주식 또는 회사채의 매수를 통해 기업에 직접 투자를 하거나 투자중개인(financial intermediaries)을 통해서 펀드에 가입하는 등의 방법을 통하여 간접투자를 하기도 한다. 투자중개인으로서 기관투자자들이나 펀드매니저는 개인투자자나 투자수익을 얻고자 하는 일반 기업들로부터 투자액을 모아서 여러 비즈니스 기회들을 정밀 분석하고 어디에 투자할 것인가를 결정한다. 여기에는 국민연금, 군인연금 등 연금 · 기금운용기관, 벤처캐피탈, 은행, 투자신탁, 뮤추얼펀드, 사모펀드 등이 있다.

그렇다면 이들 기관투자자들이나 펀드매니저들은 어떻게 투자의사결정을 할까? 우리가 이 장에서 배우게 될 재무제표분석과 기업가치평가를 토대로 투자의사결정을 내리겠지만 여기에도 전문화가 이루어져 있다. 즉, 안전한 비행을 위하여 항법사의 역할과 조종사의 역할이 나뉘어져 있는 것처럼 자본시장에서도 앞에서 설명한 기관투자자와 정보중개인(Information Intermediary), 감사인의 역할이 나뉘어져 있다. 정보중개인은 애널리스트나 회계법인, 신용평가기관, 채권평가기관, 경제신문 등으로서 여러 비즈니스 기회를 분석해서 투자자들에게 실제 그 비즈니스가 어떻게 돌아가고 있는지에 관한 정보를 제공하는 기관이나 개인을 말한다. 간단히 말해서 정보중개인으로서 애널리스트는 기업의 재무제표와 사업기회를 잘 분석하여 갖가지 투자정보가 담긴 투자지도를 펀드매니저에게 제공한다는 점에서 항법사와 같은 역할을 수행한다.

펀드매니저는 애널리스트의 분석보고서를 토대로 직접 금융상품에 투자를 감행하고, 투자수익률에 의해 자신의 투자의사결정에 대한 평가를 받는다. 따라서 어느 특정 기업에 대해 여러 건의 기업분석 보고서가 있다면 이 중 어느 애널리스트가 작성한 기업분석보고서를 토대로 배팅할 것이냐 하는 것은 전적으로 펀드매니저의 판단에 달려 있다. 만일 애널리스트들의 재무제표분석과 기업분석정보가 적절하다면 펀드매니저들은 그러한 기업분석보고서에 의존하여 투자의사결정을 하고, 그 결과 높은 수익을 얻게 되면 많은 투자자금을 많이 끌어 모을 수 있어 상당한 수수료 수입을 확보할 수 있다. 그 반대의 경우라면 펀드매니저들은 그러한 기업분석보고를 외면할 것이고, 그렇게 되면 애널리스트 역시 인정받지 못하게 될 것이다.

제3절 재무제표분석기법

재무제표분석에서 이용되는 대표적인 기법으로는 한 기업을 대상으로 과거에서 현재에 이르기까지 경영상태가 어떻게 변모되어 왔는지를 알기 위하여 비교재무제표를 이용한 추세분석과 동일 재무제표 내 구성요소의 비율을 이용한 구성요소비율분석이 있다. 이러한 분석결과가 의미를 갖기 위해서는 분석대상 기업의 추세분석 결과와 구성요소비율분석 결과를 다른 기업과 비교해보아야 양호한 수준인지, 그렇지 않은지를 판단할 수 있다. 이같이 분석대상 기업과 비교의 대상이 되는 경쟁기업 또는 그 기업이 속한 산업의 선도기업 또는 산업의 평균수준과 비교해서 어느 정도 수준인지를 가늠해볼 수 있는 분석방법을 상호비교분석법이라고 한다.

분석대상기업 또는 분석대상기업을 상호비교하기 위해 사용되는 재무비율(financial ratio)이란 재무제표에 나타난 두 개 이상의 항목 간의 상호관계를 비율로 나타내는 것이다. 가령, 특정 시점의 유동자산을 유동부채로 나누어 구한 유동비율이 그것이다. 이러한 재무비율을 이용하는 대표적인 기법인 추세분석과 구성요소비율분석을 먼저 설명한 다음, 상호비교분석법과 기타 분석기법을 살펴보기로 한다.

실제 기업의 재무제표자료를 입수하여 재무비율 분석을 시작하기 위해서는 다양한 형식과 과목으로 구성된 재무상태표, 포괄손익계산서를 표준화된 형식과 체제로 맞추는 것이 필요하다. 마치 건강진단을 위하여 환자복을 미리 갈아입고 각종 검사에 준비하는 것과 마찬가지라고 생각하면 된다.

3.1 표준화된 재무제표 작성

표준화된 재무상태표를 작성하기 위해서 몇 가지 고려해야 할 사항이 있다. 첫 번째로, 자산을 유동자산, 비유동자산으로 구분하되, 유동자산을 현금및현금성자산, 금융자산, 매출채권, 재고자산, 기타유동자산으로 분류하는 것이 필요하다. 과목에 따라 감가상각누계액 또는 충당금 등이 차감하는 형식으로 표시된 경우에는 차감 후의 순액으로 한다. 두 번째로, 부채 역시 유동부채, 비유동부채로 구분하는 것이 중요하며, 유동부채 구분에서도 매입채무는 별도로 표시해두도록 한다. 왜냐하면 영업순환주기를 구하는 데 필요하기 때문이다. 자본의 경우 납입자본을 보통주자본금, 우선주자본금, 주식발행초과금 등으로 구분표시하고, 적립금은 기타자본구성요소와 이익잉여금으로 구분하여 표시한다.

표준화된 포괄손익계산서는 당기순이익이 산출되는 과정을 몇 단계의 구분손익계산단계로 수익과 비용을 나누어 보여주는 것이 중요하다. 첫 번째로, 수익을 매출 또는 용역매출로 구분하여 표시하고, 매출액에서 매출원가를 차감하여 매출총이익을 보여주도록 한다. 그 이외의 기타수익은 발생원천별로 나누어 이자수익, 배당수익을 비롯한 재무활동관련 기타수익은 영업외수익으로 분류한다. 두 번째로, 성격별로 구분된 비용항목 중에서 판매비와관리비에 속하지 않는 비용 중 이자비용을 비롯한 재무활동관련 금융원가는 영업외비용으로 분류한다. 나머지 영업관련 비용항목은 기타 영업비용으로 분류한다.

이와 같이 분석대상기업의 재무제표를 토대로 표준화된 양식과 과목으로 전환시켜 비교재무상태표는 [표 12-2], 비교포괄손익계산서는 [표 12-3]과 같이 준비한다.

[표 12-2] (주)도시어부 비교재무상태표

(단위 : 억원, %)

구 분	12월 31일		20×2년 증(감)액	20×2년 증(감)률
	20×2년	20×1년		
자 산				
유동자산				
현금및현금성자산	₩1,335	₩1,341	₩(6)	−0.4%
금 융 자 산	250	200	50	25.0
매 출 채 권	1,678	1,386	292	21.1
재 고 자 산	1,703	1,439	264	18.3
기타유동자산	280	156	124	79.5
합 계	5,246	4,522	724	16.0
비유동자산 − 순액	3,508	3,033	475	15.7
자산총계	**₩8,754**	**₩7,555**	1,199	15.9
부채와자본				
유동부채				
매 입 채 무	₩1,164	₩1,228	(64)	−5.2
기타유동부채	1,084	514	570	110.9
합 계	2,248	1,742	506	29.0
비유동부채	1,479	1,422	57	4.0
부채총계	**3,727**	**3,164**	563	17.8
자 본*				
자본금(액면 1,000원, 4천4십만주 발행)	404	404	−	−
주식발행초과금	270	270	−	−
이익잉여금	4,353	3,717	636	17.1
자본총계	**5,027**	**4,391**	**636**	14.5
부채와자본총계	**₩8,754**	**₩7,555**	₩1,199	15.9

* 보통주 1주의 시가는 ₩28,800이라고 하며, 20×2년의 당기순이익 1,163억원 중 배당금으로 527억원 만큼 처분된 결과 20×2년말 이익잉여금은 4,353억원으로 전년도에 비해 636억원만큼 증가되었다.

[표 12-3] (주)도시어부의 비교포괄손익계산서

(단위 : 억원, %)

구 분	1월 1일~12월 31일		20×2년 증(감)액	20×2년 증(감)률
	20×2년	20×1년		
Ⅰ. **매 출 액**	**₩9,734**	**₩8,028**	₩1,706	21.3%
Ⅱ. 매 출 원 가	−6,085	−4,843	1,242	25.6
Ⅲ. 매출총이익	3,649	3,185	464	14.6
Ⅳ. 판매비와관리비	−1,632	−1,418	214	15.1
판 매 비	1,030	891	139	15.6
관 리 비	602	527	75	14.2
Ⅴ. **영 업 이 익**	**2,017**	**1,767**	**250**	14.1
Ⅵ. 영업외수익(기타수익)	90	84	6	7.1
이 자 수 익	90	84	6	7.1
Ⅶ. 영업외비용(기타비용)	−345	−314	31	9.9
이 자 비 용	345	314	31	9.9
Ⅷ. 법인세비용차감전 순이익	1,762	1,537	225	14.6
Ⅸ. 법인세비용	−599	−523	76	14.5
Ⅹ. **당기순이익**	**₩1,163**	**₩1,014**	**₩149**	14.7
Ⅺ. 주당순이익	2,880원	2,510원	−	−

3.2 비교재무제표를 이용한 추세분석

기업의 재무제표는 정보이용자들이 관련수치를 서로 비교할 수 있도록 당해 회계연도와 직전년도의 회계자료를 비교하는 형식으로 작성되는 것이 보통이다. 이와 같은 재무제표를 비교재무제표(comparative financial statements)라고 한다.

추세분석(trend analysis) 또는 수평적 분석(horizontal analysis)이란 비교재무제표에 나타나 있는 관련 회계자료의 증감변동을 비율로 표시하여 분석하는 것을 말한다. 예컨대 비교재무상태표인 [표 12-2]에 나타난 바와 같이 당해 연도인 20×2년의 유동자산이 직전년도인 20×1년에 비해 16% 증가했다는 식으로 분석하는 방법이다.

추세분석 절차는 ① 비교재무제표상의 두 가지 회계자료의 금액을 비교하여 ② 증가액 혹은 감소액을 계산하고 ③ 기준년도를 정하여 증가율 혹은 감소율을 계산한 다음 ④ 그것을 기초로 재무제표를 해석하고 분석하는 네 단계로 되어 있다. 여기서 기준년도를 보통 직전 회계연도인 20×1년으로 가정할 경우 유동자산의 증가율 16%는 다음과 같이 계산된다.

$$\text{변동(즉, 증감)비율} = \frac{\text{비교년도의 수치} - \text{기준년도의 수치}}{\text{기준년도의 수치}} \times 100$$

$$\text{유동자산증가율} = \frac{5{,}246 - 4{,}522}{4{,}522} \times 100 = 16\%$$

이와 같이 계산한 증감비율이 [표 12-2]의 우측에 나타난 증감률이다.

(주)도시어부의 비교재무상태표에 나타난 각 항목별 증감비율을 이용하여 여러 가지 해석을 할 수 있다. 예를 들면, 유동자산이 16%나 증가한 반면 유동부채는 29%가 증가했기 때문에 유동성이 상당히 악화되었으며, 이익잉여금이 17.1%나 증가해 수익성이 높아졌다는 해석이 가능하다.

그러나 여러 가지 항목의 증감변동을 보다 정확하게 분석하기 위해서는 추가적인 정보가 필요하다. 예컨대, 유동자산을 구성하고 있는 현금, 매출채권, 재고자산 등의 증감변동을 분석해야 하며, 포괄손익계산서의 관련항목 역시 충분히 고려해야 한다.

[표 12-3]과 같은 (주)도시어부의 비교포괄손익계산서상에 나타난 포괄손익계산서 구성항목별 전년 대비 증감비율을 이용하여 이 회사의 경영성과의 추이에 관한 여러 가지 해석을 할 수 있다. 예컨대, 매출액은 전년도에 비해 21.3%로 늘어났지만 매출원가의 증가율은 25.6%에 달하여 그 결과 매출총이익의 증가율은 14.6%에 불과했다. 이는 구매원가(또는 제조기업의 경우 원재료를 비롯한 제조원가)의 상승에 기인하는 것으로 추정할 수 있다.

한편, 판매비와관리비가 전년도에 비해 각각 15.6%와 14.2%로 증가된 것으로 미루어볼 때, 매출액의 증가는 판매 및 관리활동에 힘입은 바 크다고 할 수 있다.

증감률을 이용하는 추세분석에서는 특히 비율의 해석에 주의를 요하는데, 기준년도의 금액이 음(−)이면 변동률을 계산할 수 없으며, 기준금액이 비정상적으로 적을 때에는 변동률의 판단을 그르칠 수 있기 때문에 증감된 금액 그 자체를 살펴볼 필요가 있다. 그리고 매출액과 순이익의 연도별 변동률로서 기업의 성장률을 측정할 수 있는데, 이때는 변동률에서 물가변동률을 차감시켜야만 그 의미가 있다.

3.3 공통형 재무제표와 요소구성비율분석

요소구성비율분석(component ratio analysis)이란 한 회계연도의 재무제표에서 특정 합계액에 대한 그 구성요소들의 비율을 분석하는 방법이다. 예컨대, 자산합계를 100%로 보고 총자산 중 유동자산, 유형자산, 무형자산들이 각각 몇 %인가를 분석하는 것이다. 일반적으로 재무상태표는 총자산에 대한 각 항목 금액의 상대적 비율로 작성한 공통형 재무상태표를 이용하고 포괄손익계산서는 매출액에 대한 수익과 비용의 각 항목금액이 차지하는 비율로 작성한 공통형 포괄손익계산서를 이용한다.

이처럼 재무제표 구성항목의 상대적인 크기에 초점을 두는 요소구성비율분석은 백분율수치를 이용한다는 점에서 예외사항을 파악하거나 문제영역을 짚어보는 데 유용하다.

요소구성비율분석을 위에서 설명한 수평적 분석과 병행하여 백분율로 표시된 여러 기간의 자료를 비교·검토하는 것을 공통규모 또는 공통형 비교재무제표(common size statement)분석이라고 부른다. 즉, [표 12-4]와 [표 12-5]와 같은 공통형 비교재무제표를 이용한 요소구성비율분석은 특정 연도 또는 특정 회사의 상대적 구성비 분석뿐만 아니라 다른 연도 또는 기업규모가 다른 기업과의 비교 시 특히 유용하다. 가령, 비교재무상태표상의 분석에서 총자산 중 현금이 차지하는 비율이 전년도의 17.8%에서 15.2%로 줄어든 것을 발견한 후 그 원인분석을 통해 매출채권과 재고자산의 증가가 주된 원인임을 밝혀내거나, 동종업종의 다른 기업의 비율과 비교해봄으로써 의미있는 결과를 얻어낼 수 있다.

[표 12-4] (주)도시어부의 공통형 비교재무상태표

(단위 : 억원, %)

	12월 31일		공통형(%)	
	20×2년	20×1년	20×2년	20×1년
자 산				
유동자산				
현금및현금성자산	₩1,335	₩1,341	15.2%	17.8%
금 융 자 산	250	200	2.9	2.6
매 출 채 권	1,678	1,386	19.2	18.3
재 고 자 산	1,703	1,439	19.5	19.1
기타유동자산	280	156	3.2	2.1
합 계	5,246	4,522	59.9	59.9
비유동자산-순액	3,508	3,033	40.1	40.1
자산총계	**₩8,754**	**₩7,555**	**100.0**	**100.0**
부채와자본				
유동부채				
매 입 채 무	1,164	1,228	13.3	16.3
기타유동부채	1,084	514	12.4	6.8
합 계	2,248	1,742	25.7	23.1
비유동부채	1,479	1,422	16.9	18.8
부채총계	**3,727**	**3,164**	**42.6**	**41.9**
자 본				
자본금(액면 1,000원 4천4십만주 발행)	404	404	4.6	5.3
주식발행초과금	270	270	3.1	3.6
이익잉여금	4,353	3,717	49.7	49.2
자본총계	**5,027**	**4,391**	**57.4**	**58.1**
부채와자본총계	**₩8,754**	**₩7,555**	**100.0%**	**100.0%**

[표 12-5] (주)도시어부의 공통형 비교포괄손익계산서

(단위 : 억원, %)

	1월 1일~12월 31일		공통형(%)	
	20×2년	20×1년	20×2년	20×1년
Ⅰ. **매 출 액**	**₩9,734**	**₩8,028**	**100.0%**	**100.0%**
Ⅱ. 매 출 원 가	−6,085	−4,843	62.5	60.3
Ⅲ. 매출총이익	3,649	3,185	37.5	39.7
Ⅳ. 판매비와관리비	−1,632	−1,418	16.8	17.7
판 매 비	1,030	891	10.6	11.1
관 리 비	602	527	6.2	6.6
Ⅴ. **영 업 이 익**	**2,017**	**1,767**	**20.7%**	**22.0%**
Ⅵ. 영업외수익(기타수익)	90	84	0.9	1.0
이 자 수 익	90	84	0.9	1.0
Ⅶ. 영업외비용(기타비용)	−345	−314	3.5	3.9
이 자 비 용	345	314	3.5	3.9
Ⅷ. 법인세비용차감전순이익	1,762	1,537	18.1	19.1
Ⅸ. 법인세비용	−599	−523	6.2	6.5
Ⅹ. **당기순이익**	**1,163**	**1,014**	**11.9%**	**12.6%**
Ⅺ. 주당순이익	2,880원	2,510원		

3.4 상호비교분석

추세분석과 요소구성비율분석은 분석대상회사의 재무자료를 주로 이용한다는 점에서 한계점을 갖는다. 따라서 분석대상기업의 과거 성과가 저조했을 경우 이들 수치를 이용한 요소구성비율분석 또는 추세분석의 결과만으로는 경영자에게 개선의 필요성을 제대로 전달하지 못하게 된다. 이러한 단점을 보완하기 위해서 경쟁기업의 수치나 동종 업종의 선도기업 또는 평균치 등과 같은 적절한 벤치마크(benchmark)를 병행하여 활용할 필요가 있다. 그 중 산업평균비율은 대표적인 벤치마크로 이용된다. 이들 벤치마크는 기업성과에 대한 상대평가에 유용한 정보를 제공한다. 기업에 따라 산업평균비율 대신 동종산업 내 상위 1, 2위 업체의 평균비율 또는 경쟁기업의 비율을 벤치마킹하여 경영전략을 수립하거나 경영성과를 비교하는 데 이용하기도 한다.

이러한 상호비교분석은 앞에서 다룬 추세분석이나 요소구성비율분석과 병행하여 사용할 때 효과적이다. 가령 까사미아가구의 재무제표 자료를 토대로 2015년부터 2018년까지의 추세를 분석하는 경우, 2015년부터 2018년 동안 가구업계의 평균적인 수준 또는 선도기업 중의 하나인 퍼시스의 재무비율의 변화추세와 비교할 때 더 의미있는 결과를 얻을 수 있기 때문이다.

제4절 재무비율분석

4.1 비율분석의 의의와 절차

기업의 재무상태와 경영성과를 보다 정확하게 해석하기 위해서는 포괄손익계산서와 재무상태표의 항목들을 서로 관련시켜 분석할 필요가 있다.

여기서 설명할 비율분석(ratio analysis)은 의사결정에 보다 유익한 정보를 산출하기 위해 재무상태를 나타내주는 자산, 부채, 자본항목과 영업성과를 나타내주는 수익, 비용 항목들을 상호 연계시켜 의미있는 재무비율을 산출하고, 비교하는 방법이다.

비율분석을 적용하는 순서는 ① 미리 정해진 계산절차에 따라 분석대상 기업의 비율을 계산하고 ② 그것을 표준비율, 즉 산업평균비율 등과 같은 적절한 벤치마크와 비교하여 ③ 분석대상기업의 재무적 견실성 여부를 판단하는 세 단계로 이루어진다.

비율분석을 효과적으로 활용하기 위해서는 제2절 끝부분에서 설명한 바와 같이 특정 목적에 유용한 산업평균비율이라든지 선도기업 또는 경쟁기업의 재무비율을 미리 염두해 두어야 한다. 이를 비교기준 또는 벤치마크라고 한다. 재무제표분석 목적으로는 여러 가지 비율이 이용되고 있지만, 기업의 영업성과를 표시하는 수익성비율과 재무상태와 관련되어 단기지급능력을 나타내는 유동성비율과 장기지급능력을 나타내는 안정성비율, 자산의 효율적인 이용도를 나타내는 자산회전율 그리고 현금흐름분석비율 등이 가장 많이 이용되고 있다. 이하에서는 [표 12-2]와 [표 12-3]의 자료를 이용하여 수익성비율부터 차례로 살펴본다.

그림 12-1 ▮ 재무비율과 재무제표분석의 관계

1	수익성비율 – 기업의 핵심역량분석	• 기업의 일정기간 동안의 영업성과를 측정
2	유동성비율 – 유동성과 현금흐름분석	• 재무상태와 관련되어 단기지급능력을 나타내는 유동성과 현금흐름 측정
3	활동성비율 – 수익성과 유동성의 심층분석	• 기업의 자산을 얼마나 효율적으로 사용했는지 측정
4	안정성비율 – 레버리지와 재무위험분석	• 장기지급능력과 재무적 건전성 판단

4.2 수익성비율

기업의 외부이해관계자는 물론이고 내부의 경영자는 그 기업의 수익창출능력이 어느 정도인가에 대해 지대한 관심을 가지고 있다. 기업의 수익창출능력을 분석하기 위해서는 기업의 영업이익이나 당기순이익을 자산 혹은 자본과 대비시키거나 매출액 또는 재고자산과 비교하는 것이 바람직하다. 대표적인 비율 몇 가지를 보다 상세히 설명하기로 한다.

(1) 총자산이익률과 총자산영업이익률

총자산이익률 또는 **투자수익률**(rate earned on total assets 또는 return on investment : ROI)은 기업이 보유하고 있는 총자산의 수익창출능력을 측정하는 비율로 투자이익률이라고 불리기도 한다. 또한 기업의 총자산은 총자본과 같기 때문에 이 비율을 **총자본이익률**이라고도 한다.

$$\blacksquare\ \text{총자산이익률} = \left(\frac{\text{당기순이익}}{\text{총자산}}\right) \times 100 = \frac{1{,}163}{8{,}155} \times 100 = 14.3\%$$

$$\text{단, 총자산은 평균총자산}\left(= \frac{\text{기초총자산} + \text{기말총자산}}{2}\right)$$

총자산이익률 또는 투자수익률은 경영자가 수익창출을 위하여 조달한 총자본을 투자하여 보유하고 있는 총자산이 모든 비용을 차감한 후의 경영성과로서 당기순이익을 얼마나 창출하고 있는지를 나타내는 재무비율이다. 따라서 투자로부터 달성할 수 있는 최종적인 경영성과를 측정하기 위한 지표이며, 대체투자안 간에 수익성을 비교하는 데 많이 사용된다.

총자산이익률을 구하기 위한 위의 식에서 분자에 당기순이익 대신 영업이익을 사용하기도 한다. 이는 총자산을 활용하여 영업활동의 수익성을 파악하는 것으로서, 총자산영업이익률이라고 한다.

총자산영업이익률(return on asset : ROA)은 경영자가 수익창출을 위하여 보유하고 있는 총자산이 정상적인 영업활동과정에 얼마나 효율적으로 이용되어 수익을 창출하고 있는지를 나타내는 재무비율이며, 영업이익을 총자산(=총자본)으로 나누어 계산한다.

$$\blacksquare\ \text{총자산영업이익률} = \frac{\text{영업이익}}{\text{평균총자산}} \times 100 = \frac{2{,}017}{8{,}155} = 24.7\%,$$

$$\text{평균총자산} = \frac{(8{,}754 + 7{,}555)}{2} = 8{,}155$$

$$\text{단, 평균총자산은}\left(\frac{\text{기초총자산} + \text{기말총자산}}{2}\right)$$

총자산영업이익률은 투자한 자산규모에 비해 어느 정도의 수익성이 달성되고 있는지를 평가하고자 하는 수익성비율이므로, 총자산영업이익률이 높다는 것은 곧 자산을 매우 효율적으로 생산활동과 판매활동에 운용하여 수익을 창출하고 있다는 의미이다. 총자산영업이익률은 분모가 기업에 투자되어 있는 총자산이고, 분자는 생산과 판매로 이어지는 정상적인 영업활동과정에서 창출된 경영성과를 의미하므로, 기업의 정상적인 수익창출능력과 경영자의 성과평가지표로 이용된다.

(2) 자기자본이익률(return on equity : ROE)

주주가 투자한 금액(즉, 자기자본)과 당기순이익과의 관계를 분석하는 자기자본이익률은 주주지분에 해당하는 자본 사용의 효율성을 측정하는 비율이다. 자기자본이익률은 주주들이 투자한 자기자본에 대해 이익이 얼마나 창출되었는가를 나타내는 지표이기 때문에 주주들의 입장에서 회사의 성과를 측정하는 척도가 된다. 그렇기 때문에 자기자본이익률이 정기예금이자율에도 미치지 못할 정도로 만족스럽지 못하다면 주주총회에서 회사의 경영진을 교체한다거나 주주들로 하여금 주식을 처분하고 회사를 떠나게 만들 것이다.

■ 자기자본이익률 $= \dfrac{\text{순이익}}{\text{평균자기자본}} \times 100 = \dfrac{1,163}{4,709 = (5,027 + 4.391)/\ 2} \times 100\% = 24.7\%$

이 비율은 당기순이익을 평균자기자본으로 나누어 계산한다. 여기서 평균자기자본은 (기초자기자본+기말자기자본)/2로 간편하게 산출하여 사용하기도 하는데, 평균자기자본을 사용하는 것은 주주지분이 신주의 발행, 배당 등으로 변동하기 때문이다. 일반적으로 자기자본순이익률은 위에서 설명한 총자산이익률보다 높게 마련인데 이는 지렛대효과, 일명 레버리지(leverage)효과 때문이다.

☑ 레버리지효과 : 타인자본의 적정 활용 수준은?

기업의 수익성이 높아서 타인자본비용(이자비용) 이상의 수익을 실현할 경우 부채의 사용은 곧 주주의 투자수익률 증가로 귀결된다. 그러나 반대로 수익성이 낮아서 타인자본비용에 밑돌 경우 오히려 타인자본을 활용하기 전보다 주주에게 돌아가는 몫은 줄어들게 된다. 이처럼 타인자본의 활용도가 투자수익률의 변화를 가져오는 것을 지렛대효과 또는 레버리지(leverage)효과라고 부른다.

(3) 주당순이익(earnings per share : EPS)

이익은 배당의 원천이 되기 때문에 투자자는 자연히 투자주식 한 주당 벌어들인 주당순이익(EPS)에 관심을 갖는다. 이 경우 보통주의 주당순이익은 보통주와 구별되는 우선주에게 지급된 배당금을 공제한 당기순이익을 발행주식총수(기초와 기말의 발행주식수가 다를 경우에는 가중평균 유통주식수)로 나누어 계산한다.

$$\blacksquare\ \text{주당순이익} = \frac{\text{당기순이익} - \text{우선주배당금}}{\text{발행주식총수}} = \frac{1{,}163\text{억원} - 0}{\text{4천4십만주}} = 2{,}880\text{원}$$

보통주 1주에 귀속되는 당기순이익을 나타내는 경영성과지표이므로 주당순이익이 높다면 1주당 귀속되는 순이익이 많다는 것을 의미한다. 따라서 주당순이익이 클수록 수익성이 양호한 좋은 주식이라 할 수 있다. 하지만 주당순이익이 증가되더라도 이익잉여금이 커지는 만큼 자기자본이 증가되기 때문에 자기자본이익률이 증가되지 않는 예외적인 경우도 발생할 수 있다.

(4) 주가수익비율(price-earnings ratio : PER)

보통주 주당 주식시가 대 주당순이익의 비율이다. 이는 주당순이익 ₩1의 수익성에 대하여 얼마의 주식가치를 부여할 것인지 주식시장에서 평가된 결과를 나타내주는 비율로서, 기업의 순이익의 질을 나타내는 지표로 이용된다.

$$\blacksquare\ \text{주가수익비율} = \frac{\text{주가}}{\text{주당순이익}} = \frac{₩28{,}800}{₩2{,}880} = 10$$

도시어부가 벌어들이는 당기순이익 ₩1에 대해서 증권시장에서는 ₩10만큼의 가치가 있는 것으로 이 주식을 사고자 하는 투자자와 팔고자 하는 투자자 사이에서 결정되었다는 것을 의미한다. 만약 주당순이익이 높은데도 불구하고 경쟁기업에 비하여 주가가 상대적으로 낮다면 주가수익률이 낮게 산출되므로 이는 저평가된 주식이라는 것을 알 수 있다. 따라서 다른 조건이 동일하다면 상대적으로 저평가된 주식, 즉 PER가 낮은 주식을 매수한다면, 주가가 오를 가능성이 높을 것이다. 반대로 PER가 높은 고평가된 주식의 경우라면 주가가 하락할 가능성이 클 것이다.

(5) 배당성향(payout ratio)

총배당액을 당기순이익으로 나누어 측정하는데 이는 당기순이익 중에서 배당으로 지급된 비율을 나타내며, 이를 통해 기업의 배당정책을 알 수 있다. 배당수익률(dividend yield)은 1주당 배당액을 1주당 주식의 시가로 나누어 측정하는데 이는 주식투자자가 주식을 구입하기 위하여 투자한 금액을 기초로 배당으로부터 얻은 수익률을 나타낸다.

■ 배당성향 $= \frac{\text{배당금}}{\text{당기순이익}} = \frac{\text{527억원}}{\text{1,163억원}} = 45\%$

■ 배당수익률 $= \frac{\text{1주당 배당액}}{\text{주식의 시가}} = \frac{₩1,304}{₩28,800} = 4.53\%$

단, 배당금(527억원) = 당기순이익(1,163억원) − 이익잉여금의 증가(636억원)

(6) 매출액이익률

매출액이익률은 매출로부터 얼마만큼의 마진을 남겼는가를 나타낸다. 앞에서 공부한 총자산이익률이나 자기자본이익률의 개념은 투자한 자산이나 자기자본 규모에 비추어 달성된 수익성을 나타내는 재무비율인 데 반하여, 매출액이익률은 매출액을 기준으로 비용을 차감한 후 얼마의 이익이 창출되었는지를 나타내는 경영활동의 효율성을 측정하기 위한 비율이다.

매출액 단위당 경영성과를 나타내는 이 비율은 분석목적에 따라 분자에 해당하는 이익수치를 어떤 것을 이용하느냐에 따라 매출액총이익률, 매출액영업이익률 및 매출액순이익률 등으로 세분하여 분석하기도 한다.

■ 매출총이익률 $= \dfrac{\text{매출총이익}}{\text{매출액}} = \dfrac{3,649}{9,734} = 37.5\%$

■ 매출액영업이익률 $= \dfrac{\text{영업이익}}{\text{매출액}} = \dfrac{2,017}{9,734} = 20.7\%$

■ 매출액순이익률 $= \dfrac{\text{당기순이익}}{\text{매출액}} = \dfrac{1,163}{9,734} = 11.9\%$

당기순이익을 분자로 사용한 매출액순이익률은 매출활동의 효율성이 집약되어 나타나는 수익성의 지표로서 $\left(\dfrac{\text{매출총이익}}{\text{매출액}}\right) \times \left(\dfrac{\text{영업이익}}{\text{매출총이익}}\right) \times \left(\dfrac{\text{당기순이익}}{\text{영업이익}}\right)$으로 분해된다. 결국 매출액순이익률을 높이기 위해서는 이 세 가지 구성요소비율을 높여야 한다는 전략적 사고를 가능하게 해주며 이를 자세히 살펴보면 다음과 같다.

- 매출총이익률은 $\left(\dfrac{\text{매출총이익}}{\text{매출액}}\right)$으로 산출되며 매출액에 비추어 매출원가가 차지하는 비율을 수익성 측면에서 나타낸 것으로 매출원가의 비중이 낮으면 낮을수록 이 비율은 커진다. 즉 판매하는 품목 자체의 수익성을 판단하거나 생산활동의 효율성을 평가하는 데 이용된다. 왜냐하면 동일한 조건이라면 생산원가나 구매원가를 낮출 수 있을 때 이 비율을 높일 수 있기 때문이다.
- 영업이익률은 $\left(\dfrac{\text{영업이익}}{\text{매출총이익}}\right)$으로 산출되며 매출총이익에서 판매비와관리비를 차감하면 영업이익이 산출되므로 영업이익을 크게 하려면 판매비와관리비를 절감하거나 효율적으로 사용해야 한다. 즉 판매비와관리비에 비추어 영업이익을 크게 하기 위한 판매부문 또는 관리부문의 효율성을 평가하기 위한 지표로 이용된다.
- 당기순이익률은 $\left(\dfrac{\text{당기순이익}}{\text{영업이익}}\right)$으로 산출되며 영업이익에서 영업외비용과 법인세비용을 차감하면 당기순이익이 산출되므로 당기순이익을 크게 하려면 영업외비용과 법인세비용을 절감하거나 효율적으로 사용해야 한다. 즉 영업외비용의 주요 항목인 자금조달비용을 낮추어야 하며, 가능한 범위 내의 절세방안을 적극적으로 강구해야 한다. 따라서 영업이익에 비추어 당기순이익을 크게 하려면 재무활동, 회계·경리활동이 효율적으로 이루어져야 하기 때문에 이들 부문의 효율성을 평가하기 위한 지표로 이용된다.

4.3 유동성비율 : 단기지급능력과 현금흐름분석

기업의 단기지급능력을 분석하기 위해 사용하는 재무비율에는 대표적으로 유동성비율과 현금흐름비율을 들 수 있으며, 활동성비율은 유동성뿐만 아니라 수익성비율을 심층적으로 분석하는 경우에도 활용할 수 있다.

(1) 유동비율(current ratio)

유동비율(流動比率)은 단기부채의 상환능력을 분석하기 위해 사용되는 비율로서 다음과 같이 구한다.

$$\blacksquare\ \text{유동비율} = \frac{\text{유동자산}}{\text{유동부채}} \times 100 = \frac{5{,}246}{2{,}248} \times 100 = 233\%$$

지급기일이 재무상태표 작성일 이후 1년 내에 도래하는 단기부채를 의미하는 유동부채는 유동자산으로 상환하는 것이 일반적이다. 따라서 유동비율은 단기현금화 가능성을 체크하는 데 유용하며 단기부채의 지급능력에 관한 정보를 담고 있다.

☑ 국내 백화점의 유동성에 문제가 있는 것일까요?

주요 백화점의 유동비율을 화장품회사 및 제약회사의 유동비율과 비교해보자.

백화점	2013년	2012년	2011년
신세계	19%	16%	18%
현대백화점	89%	106%	56%
롯데쇼핑	52%	59%	70%
제약 · 화장품			
아모레퍼시픽	225%	211%	186%
한국콜마	166%	140%	122%
한미약품	163%	124%	153%
유한양행	345%	401%	444%

백화점업계는 다른 업종에 비하여 유동비율이 낮게 나타나고 있다. 액면 그대로 유동성에 문제가

있는 것으로 해석해야 할까? 유동비율의 해석에 있어 다음과 같은 점을 생각해 볼 필요가 있다.

① 유동비율이 높으면 경영자의 입장에서는 자산을 효율적으로 이용하고 있지 못하다는 신호가 될 수 있다. 왜냐하면 유동비율이 높다는 것은 그만큼 수익성이 떨어지는 유동자산을 많이 보유하고 있다는 것을 의미하기 때문이다. 예를 들면, 수익성의 측면에서 정기예금의 이자율이 3%라고 한다면, **현금**은 −3%(3%의 수익을 보장해주는 정기예금에라도 투자되어 있지 않은 상태에 있기 때문에 기회비용의 측면에서), **매출채권**은 아직 현금으로 회수되어 있지 않은 상태에 있기 때문에 수익성은 −3% 이하가 될 것이다. **재고자산** 역시 판매되어야 매출채권으로 전환되므로 수익성이 현저히 떨어진다는 것을 알 수 있다.

② 연말에 측정된 유동비율이 기업의 연중 유동성을 나타내는 것은 아니다.

③ 유동비율은 영업활동으로 인한 현금흐름과 함께 평가하는 것이 바람직하다.

위의 박스에 제시한 실제 사례의 내용을 보더라도 단기채무 지급능력 파악과 관련된 유동비율 해석 시 다음 세 가지 사항을 유의해야 한다.

첫째, 유동자산에는 현금화의 속도와 가능성 정도가 상이한 자산(예를 들면 금융자산과 재고자산)이 포함되어 있다는 것이다.

둘째, 영업순환 과정상 각 단계마다 현금이 묶여 있는 기간을 파악해야 한다. 이런 이유에서 다음에 설명하는 당좌비율과 활동성 비율에 대한 분석이 필요하다.

셋째, 유동비율에 대한 올바른 해석을 위해서는 조심스러운 추세분석이 필요하다. 왜냐하면 동 비율은 단기적인 변화에 의해서도 쉽게 달라질 뿐만 아니라 경영진에 의해서도 손쉽게 영향을 받기 때문이다. 예컨대, 어느 회사의 유동자산이 200, 유동부채가 100일 경우 현재 유동비율은 200%이다. 만약 이 회사가 100의 재고자산을 외상으로 구입할 경우 유동비율은 $\frac{300}{200}$이 되어 150%로 낮아진다. 반대로 50의 현금으로 부채를 상환할 경우 유동비율은 $\frac{150}{50}$=300%로 높아지기 때문이다.

(2) 당좌비율(quick ratio)

앞의 지적처럼 유동비율은 기업이 단기채무를 상환할 수 있는 능력을 나타내지만 유동자산의 구성요소를 분석하지 않는다는 문제점이 있다. 다시 말하면 유동자산 속에는 현금과 예금, 매출채권, 금융자산 그리고 재고자산이 포함된다. 이 중에서 원재료 또는 상품 등의 재고자산은 생산 또는 판매를 목적으로 보유하기 때문에 현금이나 매출채권 등에 비해 일단 판매라는 과정을 거쳐야 하므로 현금화하는 데 소요되는 기간이 길다. 뿐만 아니라 경기가 좋지 못해 판매가 부진할 경우 재고자산의 현금화에 소요되는 기간은 상당히 길어지게 된다. 따라서 유동자산 중에 재고자산이 많이 포함되어 있다면 유동비율만으로 유동성을 평가하는 것은 무리이다.

유동비율의 이와 같은 문제점을 개선하고 단기간에 유동부채를 지급할 수 있는 능력을 측정하기 위해 당좌비율(當座比率, quick ratio 또는 acid-test ratio)을 이용한다. 이 비율은 유동자산 중에서 재고자산과 선급비용 등을 차감한 당좌자산가액을 유동부채로 나눈 값이다.

■ 당좌비율 $= \dfrac{\text{현금} + \text{유가증권} + \text{매출채권}}{\text{유동부채}} \times 100 = \dfrac{1,335 + 250 + 1,678}{2,248} \times 100 = 145\%$

만일 어느 기업의 재고자산이 전년도에 비해 크게 증가하였으나 유동자산과 유동부채 금액에는 큰 변동이 없으며, 유동비율도 동종업종의 평균수준과 큰 차이가 없다면 유동자산의 상당부분이 재고자산으로 구성되어 있는 것이므로 오히려 당좌비율은 산업평균보다 낮게 나타날 가능성이 크다.

지금까지의 설명을 요약하면 기업의 단기채무 지급능력을 올바르게 평가하기 위해서는 유동비율과 당좌비율을 함께 사용하는 것이 바람직하다고 결론지을 수 있다. 이와 같은 의미에서 당좌비율을 유동비율의 보조비율이라고도 한다.

(3) 현금흐름비율

현금흐름표에서 구할 수 있는 영업활동으로 인한 현금흐름과 유동부채를 비교하여 단기지급능력을 판단할 수 있다. 이 경우 영업활동으로 인한 현금흐름 자체가 적정한 수준인지 살펴보기 위해서 매출액 또는 당기순이익과 비교해보는 것도 의미있다.

■ 현금흐름비율 $= \dfrac{\text{영업활동으로 인한 현금흐름}}{\text{유동부채}} \times 100 = \dfrac{1,124}{2,248} \times 100 = 50\%$

* ㈜도시어부의 현금흐름표상에서 영업활동으로 인한 현금흐름을 1,124라고 가정하였다.

4.4 활동성비율

앞서 유동성분석에는 자산의 현금화 속도에 대한 판단이 중요하다고 지적한 바 있다. 이는 곧 유동성분석과 활동성분석은 상호 보완적이어야 함을 의미한다. 이처럼 특정 자산관리의 효율성과 관련하여 현금화 속도 판단에 이용되는 비율이 곧 활동성비율(activity ratio)이다.

활동성분석은 특정 자산에 얼마의 자금이 묶여 있는가 하는 관점에서는 유동성을 보완하지만 동시에 특정 자산에 투하된 자본 한 단위당 얼마의 매출이 실현되었는가를 분석함으로써 회전율이 수익성에 미치는 영향을 종합적으로 평가한다.

대표적인 활동성비율로는 매출채권회전율과 재고회전율 등이 꼽힌다. 이 밖에도 매출채권회수기간 및 재고자산회전기간 등이 활동성비율을 보완하기 위한 목적으로 활용된다.

(1) 매출채권회전율

매출채권회전율(receivable turnover)은 매출채권이 현금으로 회수되는 속도를 나타내며, 아래와 같이 계산된다.

$$\blacksquare\ \text{매출채권회전율} = \frac{\text{매출액}}{\text{평균매출채권}} = \frac{9{,}734}{(1{,}678 + 1{,}386)/2} = 4.10\text{회}$$

여기서 평균매출채권은 매출채권의 증감변동을 반영할 수 있도록 월별평균액을 이용하는 것이 바람직하지만, 그러한 자료를 구할 수 없을 때에는 간편하게 기초와 기말의 잔액을 평균하여 사용한다. 매출채권회전율 분석에서는 판매시장의 여건 및 기업의 신용정책 변화에 따라 변화됨을 고려해야 한다.

매출채권 평균회수기간(average collection period)은 기업이 보유하고 있는 평균매출채권잔액을 1일 평균외상매출액으로 나누어 구할 수 있는데, 매출채권이 현금화되는 데 소요되는 기간을 측정할 수 있다. 이는 기업의 신용판매정책의 효율성을 측정하거나 매출채권의 단기유동성을 평가하는 데 이용될 수 있다.

■ 매출채권 평균회수기간 $= \dfrac{\text{평균매출채권}}{\text{1일 평균외상매출액}} = \dfrac{1,532}{26.7} = 57$일

단, 1일 평균외상매출액은 기업의 모든 매출액이 일단 외상으로 판매되었다가 현금으로 회수된다고 가정하고 매출액을 365일(또는 영업일)로 나누어 구할 수 있다.

매출채권 평균회수기간은 기업의 신용기간에 관한 정책과 비교됨으로써 신용판매관리의 효율성을 측정할 수 있기 때문에 경영자와 재무분석가에게 여러 측면에서 매우 중요하게 이용된다. 한편 매출액을 증대시키기 위해서는 현금매출 이외에 외상매출도 허용해야 하는데 외상매출로 인하여 매출채권이 증가하면 증가할수록 조달된 자금이 매출채권에 묶이게 된다. 왜냐하면 총자산은 자금의 조달원천(부채+자기자본)과 회계등식에 따라 일치되므로 왼편의 총자산이 커지려면 오른편의 총자본도 커질 수밖에 없다. 따라서 매출증대를 위해서는 외상의 허용이 불가피하므로 얼마나 적은 금액의 매출채권에 대한 투자로 매출을 올릴 수 있는지, 그리고 매출채권을 얼마나 빨리 회수하여 현금화할 수 있는지 여부를 평가하는 것이 중요하다.

(2) 재고자산회전율

재고자산회전율(inventory turnover)은 일정기간 동안 판매를 통해 팔려나간 재고자산(즉, 매출원가)과 재고로 남아 있는 재고자산과의 관계를 나타낸다. 매출채권회전율과 마찬가지로 재고자산이 현금으로 회수되는 속도를 표시한다.

■ 재고자산회전율 $= \dfrac{\text{매출원가}}{\text{평균재고자산}} = \dfrac{6,085}{(1,730 + 1,439)/\,2} = 3.87$회

위 식에서 이용되는 기초와 기말가액을 평균한 재고자산 금액이 원가로 표시되므로 분자도 원가로 일치시켜 표시하기 위해 매출액보다는 매출원가를 사용하는 것이 합리적이다.

재고자산회전율이 높을 경우 재고자산이 현금으로 전환되는 기간이 짧아 유동성이 높아질 수 있는 반면, 그만큼 재고부족현상이 발생되어 손실을 보는 경우도 있다. 그러나 대부분의 경우 기업은 경험을 통해 바람직한 재고자산회전율을 표준으로 설정할 수 있으며 판매량이 동일하다면 재고를 줄이거나 또는 재고수준이 같다면 매출을 증대시킴으로써 재고자산회전율을 높일 수 있기 때문에 재고자산을 효과적으로 관리할 수 있다.

한편 평균재고자산가액을 1일 평균매출원가로 나누면 재고자산이 매출로 전환되는 데 소요되는 재고자산 평균회전기간을 측정할 수 있다.

■ 재고자산회전기간 $= \dfrac{\text{평균재고자산}}{\text{1일 평균매출원가}} = \dfrac{1{,}571}{16.7} = 94\text{일}$

단, 1일 평균매출원가 $= \dfrac{\text{매출원가}}{365\,(\text{또는 영업일})}$

재고자산회전기간이 짧다는 것은 일정액의 매출을 달성하는 데 상대적으로 적은 재고자산에 투자하고 있다는 것을 의미하는데 이는 재고자산이 효율적으로 운용되고 있다는 것을 나타낸다. 앞에서도 살펴보았듯이 재고자산을 보유하게 되면 재고자산이 증가한 만큼 부채나 자본으로 조달된 자금이 수익성이 현저히 떨어지는 재고자산에 투자되어 있음을 알 수 있다. 따라서 재고자산에 투자를 적게 하면서 매출액을 증대시킬 수 있는 비즈니스모델로 진화시키는 것이 중요하다.

(3) 총자산회전율(=총자본회전율)

매출액을 평균 총자산가액으로 나누어 계산하는 총자산회전율은 기업이 보유하는 총자산이 수익을 창출하는 데 얼마나 효율적으로 이용되고 있는가를 평가하는 데 이용된다. 총자산회전이 높다면 단위자산당 많은 매출액이 실현됨을 나타내어 자산이 효율적으로 이용되고 있음을 의미한다.

■ 총자산회전율 $= \dfrac{\text{순매출액}}{\text{평균총자산}} = \dfrac{9{,}734}{(7{,}555 + 8{,}754)/\,2} = 1.19\text{회}$

4.5 안정성비율 : 장기지급능력과 재무적 건전성 분석

지금까지 소개한 유동성비율이 만기일에 유동부채를 갚을 수 있는가 하는 단기부채 지급능력을 평가하는 것인 반면, 다음에 소개하는 비율들은 기업의 장기부채 상환능력을 평가하는 것과 관련된 비율이다. 대표적인 비율로는 부채비율과 이자보상비율 그리고 고정장기적합률 등이 꼽힌다.

이들 비율은 기업의 부채의존도를 종합적으로 반영하는데, 채권자의 입장에서는 경영자의 장기부채 원리금 상환능력 및 위험평가에 그리고 경영자로서는 타인자본 조달 결정 시 레버리지효과 등을 고려할 때 이용한다.

(1) 부채비율

기업에서는 필요한 자금을 부채(debt)와 자기자본(equity)으로 조달한다. 기업의 부채총액을 자기자본으로 나누어 구하는 부채비율은 부채(즉, 채권자지분)와 자기자본(즉, 소유주지분)을 비교하여 채권자의 채권회수 가능성을 가늠하는 데 유용한 지표이다.

■ 부채비율 $= \dfrac{\text{부채}}{\text{자기자본}} \times 100 = \dfrac{3{,}727}{5{,}027} \times 100 = 74\%$

가령, 74%라는 부채비율은 총 1,740억원의 자산을 투자하기 위하여 740억원은 부채로 조달하고 1,000억원은 자기자본으로 조달할 것이므로 1,000억원까지는 손실이 발생해도 채권자는 자신의 자산을 유지할 수 있다.

이처럼 부채비율 계산 시 분모에 반영되는 자기자본은 채권자에게는 미래에 있을 수 있는 운영손실에 따른 충격으로부터 보호하는 일종의 방패막(즉 쿠션, cushion)에 해당한다. 그러나 한 가지 명심할 사항은 부채비율이 높기 때문에 부채를 상환할 수 있는 능력이 문제가 된다고 해석하는 것은 성급한 판단이다. 왜냐하면 부채는 자산으로 상환되며, 기업의 사업수익성 및 장기상환능력은 장부상에 반영되지 않은 부외자산(가령, 실제판매가치는 10억원이나 장부상에는 1억원으로 기재된 토지 ·

건물 등)의 유무에도 영향을 받기 때문이다.

(2) 이자보상비율

이자보상비율은 영업이익으로 이자비용을 충당하기에 충분한가를 살펴보기 위한 비율이다. 따라서 레버리지효과를 통해 수익성을 개선하고자 하는 경우나 인플레이션 하에서 채무자로서의 유리한 경제적 실질을 가져오기 위해 부채비율이 높은 경우에도 이자비용을 충분히 감당해낼 수 있다면 재무적 위험을 완화시킬 수 있을 것이다.

이자보상비율은 채권자에게 지급해야 할 고정비용인 이자비용의 지급능력이 수익성에서 뒷받침되고 있는지를 평가하기 위한 부채비율의 보완비율이라고 할 수 있는데, 이 비율이 높을수록 이자지급능력이 양호하다고 할 수 있다.

$$\blacksquare\ \text{이자보상비율} = \frac{\text{영업이익}}{\text{이자비용}} = \frac{2,017}{345} = 5.8\text{배}$$

(3) 고정장기적합률

기업은 경영활동에 필요한 자금을 조달하기 위해 종종 유형자산을 담보로 제공한다. 장기간에 걸쳐 보유할 유형자산 취득에 필요한 자본은 가급적 주식이나 사채 등 장기자본으로 조달하는 것이 바람직하다.

비유동자산금액을 자기자본 및 비유동부채의 합계로 나누어 계산하는 고정장기적합률(固定長期適合率, ratio of plant to long-term liabilities)은 장기지급어음이나 사채를 소유하고 있는 채권자들의 안전한계(margin of safety) 파악에 유용한 비율이다. 또한 고정장기적합률은 낮을수록 바람직하며, 이 비율은 기업의 장기부채조달능력을 나타내기도 한다.

$$\blacksquare\ \text{고정장기적합률} = \frac{\text{비유동자산}}{\text{자기자본} + \text{비유동부채}} \times 100 = \frac{3,058}{5,027 + 1,479} \times 100 = 53.9\%$$

제5절 재무비율의 종합

5.1 종합평가방법

기업의 재무상태나 경영성과를 올바르게 평가하기 위해서는 지금까지 설명한 여러 가지 비율을 계산하고 그 결과를 신중하게 해석할 수 있어야 한다. 그리고 여러 가지 비율을 독립적으로 사용하는 것보다는 이들 간의 관계를 파악하여 종합적으로 판단하는 것이 바람직하다. 예컨대, 유동비율이나 당좌비율만으로는 기업의 단기채무에 대한 지급능력을 판단하는 데 한계가 있기 때문에 영업활동현금흐름비율(영업활동현금흐름/매출액)을 보조비율로 사용하는 것이다. 이처럼 비율 상호 간의 관계를 종합적으로 분석하면 재무상태와 경영성과를 올바르게 해석할 수 있다.

특히 자산의 효율적 이용 정도인 회전율의 개념과 관리활동의 효율성 개념을 접목시켜 듀퐁(DuPont)사에서 개발한 총자산순이익률을 예로 들 수 있다. 총자산순이익률을 매출액순이익률과 총자산회전율로 나누어서 수익성 측면과 활동성 측면을 분석할 수 있도록 하는 분석방법이다.

■ 총자산순이익률 $= \dfrac{\text{당기순이익}}{\text{총자산}} = \dfrac{\text{당기순이익}}{\text{매출액}} \times \dfrac{\text{매출액}}{\text{총자산}} =$ 매출액순이익률 × 총자산회전율

☑ 잉여현금흐름 : free cash flow (FCF)

영업활동현금흐름에서 영업관련 투자를 차감한 잔액으로 기업이 사업으로 벌어들인 돈 중 설비투자액 등을 제외하고 남은 현금을 의미한다. 현금 유입과 유출만 따져 돈이 회사에 얼마 남았는지 설명해 주는 개념으로 일상적인 기업활동을 제외하고 투자와 연구개발 등에 쓸 수 있는 돈이다. 즉, 잉여현금흐름 = 당기순이익 + 감가상각비 − 고정자산증가분 − 순운전자본증가분(매출채권 + 재고자산 − 매입채무)

기업가치를 평가하는 경우 일반적으로 잉여현금흐름을 주로 사용한다. 잉여현금흐름이 +인 경우에는 재무활동(가령, 배당금 지급 또는 금융자산 취득, 인수합병, 자사주 매입)에 쓰이거나 잉여현금흐름이 −인 경우에는 그만큼 부족한 현금을 보충하기 위하여 재무자산(금융자산)의 처분이나 외부자금 조달이 필요하다.

여기서 알 수 있는 것은 매출액순이익률이 높더라도 총자산회전율이 낮으면, 즉 자산을 효율적으로 이용하지 못하면 총자산순이익률은 개선되지 않는다는 사실이다. 따라서 이와 같은 비율 상호 간의 관계를 고려함으로써 보다 정확하고 효과적으로 재무제표를 분석할 수 있으며, 대표적인 종합평가방법으로는 주요 재무비율을 동시에 고려하여 100점 만점으로 환산하여 분석대상기업이 몇 점이 되는지를 보여주는 **지수법**(index method)이 있다.

지수법은 분석 목적에 따라 선정된 주요 재무비율별로 가중치(a)를 배분한 다음 분석회사의 수치(b)를 각 주요 비율별 벤치마크(c : 산업평균비율 또는 선도기업의 비율)로 나누어 계산한 관계비율(d)에 개별 가중치를 곱하여 가중평균지수인 평점(e)을 계산하는 방식이다. [표 12-6]에 제시한 사례를 토대로 단계별로 살펴보도록 하자.

- 표준화된 재무상태표와 포괄손익계산서 양식과 계정과목에 맞추어 분석대상기업의 재무자료를 전환시켜 비교재무제표를 만든 다음 재무비율을 산출한다.
- 어떤 시각에서(예를 들면 투자자, 채권자, 회사의 경영진, 펀드매니저 등)분석할지에 대한 포지션을 정한 다음, 수익성, 유동성, 활동성, 안정성, 현금흐름에 대한 상대적인 중요도를 고려하여 각 재무비율에 가중치를 배분하여 가중치의 합계가 100점이 되도록 한다.
- 비교대상으로서의 산업평균과 선도기업 또는 경쟁기업의 재무비율을 입수한다. 산업평균에 관한 자료는 한국은행 홈페이지의 기업경영분석자료에서 찾아볼 수 있다.
- 분모는 비교대상, 분자는 분석대상기업의 재무비율로 관계비율을 계산한다. 관계비율이 높을수록 양호하다고 판단되는 경우도 있지만, 오히려 낮을수록 양호하다고 판단되는 경우에는 분자(비교대상)와 분모(분석대상기업)를 바꾸어 관계비율을 산출한다. 그리고 특정 항목의 관계비율이 지나치게 높게 산출되어 종합평점이 왜곡되는 현상을 방지하기 위하여 관계비율의 상한선을 설정할 필요도 있다.
- 관계비율에 가중치를 곱하여 항목별 비율의 평점을 산출하고 이를 수익성 등의 각 부문별로 합산한 다음 최종적으로 종합평점을 산출한다. 이때 수익성을 비롯한 각 부문별로 연도별 추세비교와 경쟁기업과의 상호비교를 통하여 경영상태에 대한 평가와 강 · 약점을 분석한다.

[표 12-6] (주)도시어부의 지수법 사례

주요 재무비율		가중치 (a)	도시어부 (b)	산업평균 (c)	관계비율^ (d)	평 점 (e)
수익성	1. 총자산영업이익률	10	24.7%	20%	1.2^	12
	2. 자기자본순이익률	5	24.7%	32%	0.77	3.85
	3. 매출액순이익률	10	11.9%	12%	1	10
	4. 주당순이익	5	2,880원	3,000원	0.96	4.8
	5. 매출총이익률	5	37.5%	40%	0.94	4.7
	소 계	**35**	–	–	–	**35.35**
활동성	1. 매출채권회전기간**	10	57일	40일	0.7	7
	2. 재고자산회전기간**	10	94일	80일	0.85	8.5
	3. 총자산회전율	5	1.19회	1.5회	0.79	3.95
	소 계	**25**	–	–	–	**19.45**
유동성	1. 유동비율	5	233%	200%	1.16	5.8
	2. 당좌비율	5	145%	100%	1.2^	6
	3. 영업활동현금흐름^^/유동부채	5	50%	125%	0.4	2
	소 계	**15**	–	–	–	**13.8**
현금흐름	1. 영업활동현금흐름/매출	5	11.5%	23%	0.5	2.5
	2. 영업활동현금흐름/당기순이익	5	97%	121.3%	0.8	4
	소 계	**10**	–	–	–	**6.5**
안정성	1. 부채비율*	5	74%*	150%	0.49	2.45
	2. 이자보상비율	5	5.8배	4배	1.2^	6
	3. 고정장기적합률**	5	53.9%	48.5%	0.9	4.5
	소 계	**15**	–	–	–	**12.95**
	총 점	**100**	–	–	–	**81.55**

* 여기에서는 레버리지효과를 고려하여 산업평균비율까지는 높을수록 양호한 것으로 평가한다.

** 낮을수록 양호한 것으로 평가하므로 관계비율 산정 시 분자와 분모를 바꾸어야 한다.

^ 관계비율의 상한선을 1.2로 설정하였으며, 음수인 경우 0으로 한다.

^^ 현금흐름표상 영업활동현금흐름을 1,124억원으로 가정하였다.

5.2 재무제표분석 시 유의사항

지금까지는 재무제표분석을 위해 사용할 수 있는 여러 가지 비율과 그것을 계산하는 공식 및 그 결과의 해석에 관해 설명했다. 그러나, 재무제표에 나타난 회계정보를 산출하는 방법이 기업 간에 차이가 있거나 동일한 기업이라도 회계기간별로 회계처리방법이 상이하다면, 일단 동일한 회계처리방법을 적용하여 회계수치를 조정하여 표준화된 재무제표를 만든 다음 분석을 시작하여야 한다.

그리고 다른 기업과 상호 비교할 경우에는 기간별 기업여건의 변화(가령, 판매가격이나 제품구성의 변화 등)와 기업 간의 차이(가령, 회계처리방법, 자금조달 및 영업방식 등), 경영전략(가격경쟁을 하는 원가선도기업인지 아니면 차별화전략을 수행하는 기업인지) 등의 질적인 측면을 고려해야만 의미있는 분석이 가능하다.

부채비율이 높다고 항상 나쁜가요?

기업의 총자본에서 부채가 차지하는 비중이 높을수록 순이익의 변동률이 크게 되고 보통주와 관련된 재무적 위험도 커진다. 이와 같이 자기자본순이익률과 부채비율의 관계에서 나타나는 레버리지효과를 분석해보도록 하자.

총자산영업이익률(영업이익/총자산 또는 영업이익/총자본) = R_a,
자기자본이익률 = R_e, 부채 = D, 이자율 = i, 이자비용 = $D \times i$, 법인세율 = t
법인세 = 법인세차감전순이익 $\times t$
당기순이익 = (영업이익 − 이자비용) $\times (1-t)$
자기자본을 E라고 한다면, 영업이익 = $R_a \times (E+D)$

$$\text{따라서 자기자본순이익률} = \frac{\{R_a \times (E+D) - D \times i\}}{E} \times (1-t) \quad \text{이를 정리하면}$$
$$= \{R_a + \frac{D}{E}(R_a - i)\} \times (1-t)$$

여기에서 법인세율은 1보다는 작고, $(1-t)$는 양수이므로 결국 총자산영업이익률이 이자율보다 크다면(즉, 호경기에는) 부채비율이 높으면 높을수록 부채비율이 승수효과를 가져와 자기자본순이익률이 확대되어 나타난다. 반대로 총자산영업이익률이 이자율보다 작다면(즉, 불경기에는) 그 반대현상이 초래된다.

연|습|문|제

[1] 재무제표분석의 이해

아래 괄호에 알맞은 단어나 영여로 된 용어를 기재하시오.

(1) 일정 기간 동안 기업의 현금흐름, 즉 현금의 유입(원천)과 유출(사용)을 나타내는 보고서를 [현]라고 부른다.

(2) 영업활동과 투자활동에 필요한 자본을 조달하는 활동을 [재](영: [f] activity)이라고 한다.

(3) 영업활동을 하기 위해 필요한 자산을 취득(또는 처분)하는 활동을 [투](영: [i] activity)이라고 한다.

(4) 영업활동 현금흐름에서 투자활동 현금흐름을 차감한 금액을 ([잉] 英: [F] : [f] cash flow)이라고 부른다

(5) 당기순이익으로부터 출발하여 현금지출을 수반하지 않는 비용을 가산하고 현금 유입을 수반하지 않는 수익을 차감하여 [영]으로 인한 현금흐름을 구할 수 있다.

(6) 재무제표에 나타난 두 개 이상의 항목 간의 상호관계를 비율로 나타낸 것을 [재]이라고 부른다.

(7) 비교 재무제표에 나타나 있는 관련기간 동안 회계 자료의 증감 변동을 비율로 표시하여 분석하는 것을 [추]이라고 한다.

(8) 한 회계연도의 재무제표에서 특정 합계액에 대한 그 구성요소들의 비율로 분석하는 방법을 [요] 비율분석이라고 한다.

(9) 연속된 몇 기간의 자료를 산업평균 또는 선도기업이나 경쟁기업과 비교하는 방법을 [상]이라고 한다.

(10) 특정 자산관리의 효율성과 관련하여 현금화 속도를 판단하는데 이용되는 비율은 [활]비율이라고 부른다.

(11) 유동자산과 유동부채의 비율은 [유]이라고 부른다.

(12) 당좌자산을 유동부채로 나누어 구한 비율은 [당]이라고 한다.

[2] 재무비율의 산출

(주)매직클린의 공통형 비교재무상태표와 포괄손익계산서를 이용하여 다음에 제시한 20×2년의 주요 재무비율을 계산하시오.

공통형 비교재무상태표

(주)매직클린 (단위 : 백만원)

구분	12월 31일		공통형 (%)	
	20×2년	20×1년	20×2년	20×1년
자 산				
유동자산				
현금및현금성자산	₩79	₩42	4.7%	2.5%
금 융 자 산	65	96	3.9	5.7
매 출 채 권	120	100	7.1	6.0
재 고 자 산	250	265	14.8	15.8
합 계	514	503	30.5	30.0
비유동자산－순액	1,170	1,175	69.5	70.0
자산총계	**₩1,684**	**₩1,678**	**100%**	**100%**
부 채				
유동부채				
매 입 채 무	₩164	₩190	9.7	11.3
기타유동부채	101	102	6.0	6.1
합 계	265	292	15.7	17.4
비유동부채	400	420	23.8	25.0
부채총계	665	712	39.5	42.4
자 본				
자본금(액면 5천원, 95,000주 발행)	475	475	28.2	28.3
이익잉여금	544	491	32.3	29.3
자본총계	1,019	966	60.5	57.6
부채와자본총계	**₩1,684**	**₩1,678**	**100.0%**	**100.0%**

공통형 비교포괄손익계산서

(주)매직클린 (단위 : 백만원)

구분	1월 1일~12월 31일		공통형(%)	
	20×2년	20×1년	20×2년	20×1년
Ⅰ. **매 출 액**	**₩2,486**	**₩2,075**	100.0%	100.0%
Ⅱ. 매 출 원 가	1,523	1,222	61.3	58.9
Ⅲ. 매출총이익	963	853	38.7	41.1
Ⅳ. 판매비와관리비	778	750	31.3	36.1
판 매 비	550	580	22.1	28.0
관 리 비	228	170	9.2	8.2
Ⅴ. 영 업 이 익	**185**	**103**	7.5%	5.0%
Ⅵ. 영업외수익	0	0	0	0
이 자 수 익	0	0	0	0
Ⅶ. 영업외비용	44	46	1.8	2.2
이 자 비 용	44	46	1.8	2.2
Ⅷ. 법인세차감전 이익	141	57	5.7	2.8
Ⅸ. 법 인 세	47	19	1.9	1.0
Ⅹ. **순 이 익**	**94**	**38**	3.8%	1.8%
Ⅺ. 주당순이익	990원	400원	–	–

① 유동비율 ② 당좌비율 ③ 매출채권회전율
④ 매출채권회수기간 ⑤ 재고자산회전율 ⑥ 재고자산회전기간
⑦ 부채비율 ⑧ 고정장기적합률 ⑨ 총자산이익률
⑩ 자기자본이익률 ⑪ 주당순이익 ⑫ 매출액순이익률

[3] 여러분이 (주)삼일컨설팅의 애널리스트라면 다음 질문에 어떻게 답하겠는가?

(1) 높은 매출채권회전율이 기업의 단기 유동성에 미치는 영향은 무엇인가?
(2) 재고자산회전율은 기업의 단기유동성에 대해 어떤 정보를 제공하는가?
(3) 부채비율로 측정된 기업의 자본구조가 재무제표 분석에 있어 중요성을 띠는 까닭은?
(4) 기업의 총자본이익률이 일반적으로 자기자본이익률보다 낮은 이유는?
(5) 비유동부채 중 일부가 유동부채로 계정이 재분류된 경우 다른 조건이 일정하다고 가정할 때 유동비율에 어떠한 영향을 미치는가?

[4] 수익성관련 재무비율

20×9년도의 (주)현대오토의 주당순이익(EPS)은 ₩1,000이다. 이 회사는 보통주 1주당 ₩500의 현금 배당금을 지급했으며, 주당 액면가는 ₩5,000, 1주당 장부가치(재무상태표상 1주당 순자산)는 ₩8,000, 주가 대 장부가치비율(PBR)은 1.25라고 한다.

〈물음〉

(1) 주가수익비율(PER), (2) 배당성향(배당지급률), (3) 배당수익률은 각각 얼마인가?

[5] 영업순환주기

(주)꽃샘유통은 모든 상품을 외상으로 매입하여 매출원가에 20%의 이익을 가산하여 외상으로 판매한 다음 현금으로 회수하고 있다. 매출채권에 대한 대손이나 재고자산에 대한 재고감모손실, 평가손실 등이 발생하지 않았다고 가정하고 평균영업순환주기를 구하시오(단, 1년은 360일로 계산하며 기초와 기말의 가액을 평균한 평균매출채권, 평균재고자산, 평균매입채무의 가액을 산출하여 이용한다).

구 분	기초잔액	기말잔액
• 매출채권	₩400,000	₩600,000
• 매입채무	₩450,000	₩350,000
• 재고자산	₩250,000	₩150,000
• 매출원가	₩3,000,000(연간)	−

[6] 사례연습과 팀프로젝트 : 종합지수법

종합지수법을 적용하여 기업을 분석하는 경우 다음 요구사항에 답하시오.

(1) 가구업계의 선도기업인 (주)퍼시스와 (주)까사미아의 2018년 재무자료를 입수하여 본문에서 예시한 표준화된 재무제표로 전환해보시오.

(2) 표에 제시된 산업평균비율을 토대로 (주)까사미아의 종합지수를 산출하시오.

(3) (주)까사미아의 비교대상을 (주)퍼시스로 한 다음 다음 표에 제시된 주요 재무비율과 가중치를 토대로 종합지수를 산출하시오.

(4) 가구산업의 실제 산업평균 재무비율을 한국은행 홈페이지에 공시된 기업경영분석자료에서 입수하고 이를 비교대상으로 하여 (주)까사미아의 종합지수를 산출하시오.

주요 재무비율		가중치	㈜까사미아	산업평균	관계비율^	종합지수 (평점)
수익성	1. 총자산영업이익률	10		18%		
	2. 자기자본순이익률	5		28%		
	3. 매출액순이익률	10		20%		
	4. 총자본순이익률(ROI)	5		6.1%		
	소 계	30점		–		
활동성	1. 매출채권회전기간**	10		88일		
	2. 재고자산회전기간**	10		159일		
	3. 유형자산회전율	5		1.34회		
	4. 총자산회전율	5		1.05회		
	소 계	30점		–		
유동성	1. 유동비율	5		181%		
	2. 당좌비율	5		100%		
	3. 영업활동현금흐름^^/유동부채	5		150%		
	소 계	15		–		
현금흐름	1. 영업활동현금흐름^^/매출	5		25%		
	2. 영업활동현금흐름^^/당기순이익	5		120%		
	소 계	10	–	–		
레버리지와 재무위험	1. 부채비율*	10		150%		
	2. 이자보상비율	5		5배		
	3. 고정장기적합률**	5		48.5%		
	소 계	20점		–		
총 점		100점		–		

* 부채비율은 레버리지효과를 고려하여 산업평균까지는 높을수록 양호한 것으로 가정한다.
** 산업평균에 비해 낮을수록 양호한 경우에는 분모와 분자를 바꾸어 관계비율을 산출한다.
^ 관계비율의 상한선은 1.2로 하며, 음수일 경우에는 0으로 한다.
^^ 현금흐름표에 보고된 금액을 기준으로 한다.

[7] 사례연습과 팀프로젝트 : 재무상태표, 포괄손익계산서와 가까이하기

화장품 업종에 속한 아모레퍼시픽과 한국콜마의 재무상태표와 포괄손익계산서, 그리고 금융감독원 전자공시시스템(http://dart.fss.or.kr)에 공시된 사업보고서, 감사보고서와 해당 기업의 홈페이지에서 필요한 정보를 입수한 다음, 아래 물음에 답하시오(아모레퍼시픽과 한국콜마의 영업환경과 비즈니스의 특성이 반영된 경영성과, 즉 최종 결과물이 재무상태표와 포괄손익계산서라는 것을 이해하고, 물음에 대한 답을 찾아보도록 하자).

〈물음〉

(1) 아모레퍼시픽과 한국콜마가 생산 · 판매하는 주요 제품에는 어떤 것들이 있는가?

(2) 매출액과 총자산을 기준으로 아모레퍼시픽과 한국콜마의 기업규모를 비교해보시오.

(3) 아모레퍼시픽과 한국콜마에 대해 자금의 조달원천으로서 부채 대 자기자본의 비중을 부채비율(= 부채총계/자기자본총계)로 구해보시오. 그리고 이 부채비율이 클수록 기업경영에 유리한지 아닌지 판단해보시오.

(4) 매출총이익률(매출총이익/매출액)은 어떤 의미의 재무비율인가? 두 회사의 매출총이익률에 차이가 나는 이유는 무엇이라고 생각하는가?

(5) 광고선전 및 판매촉진비가 매출액에서 차지하는 비율은 각각 얼마인가? 두 회사의 비율에 차이가 나는 이유는 어떤 영업특성 때문인가?

(6) 운반비, 임차료, 지급수수료는 어떤 성격의 비용인가? 기업의 규모를 고려한 경우 두 회사의 운반비, 임차료, 지급수수료의 상대적인 지출규모에 차이가 있는가? 차이가 있다면 그 이유는 어떤 영업특성 때문인가?

(7) 유통수수료는 어떤 성격의 비용인가? 아모레퍼시픽의 경우에는 유통수수료와 환경보전비가 계상되어 있지만, 한국콜마의 경우에는 이들 비용지출이 없는 것으로 나타나 있다. 그 이유는 어떤 영업특성 때문인가?

(8) 이자비용은 영업외비용으로 분류된다. '영업외' 라고 분류한 이유는 무엇이라고 생각하는가?

(9) 외환차손 및 외화환산손실은 외화거래로 인한 손실이며, 외환차익 및 외화환산이익은 외화거래로 인한 이익이다. 이러한 외화관련 이익이나 손실이 발생하는 이유는 무엇인가? 당신이 CFO(Chief Financial Officer)라면 외화관련 이익이나 손실의 발생을 어떻게 관리하겠는가?

(10) 법인세비용차감전순이익의 일정부분만큼을 법인세비용으로 납부한다면, 법인세비용/법인세비용차감전순이익으로 계산한 '법인세비용부담률' 을 아모레퍼시픽과 한국콜마에 대해 각각 구해보시오. 법인세비용부담률에 차이가 나는 구체적인 이유는 '세무회계' 과목에서 다루게 될 것이다.

(11) 아모레퍼시픽과 한국콜마의 최근 1개월 동안의 주가는 각각 얼마이었는가? 두 기업의 주가가 차이가 나는 이유는 무엇 때문이라고 생각하는가?

[8] 기사 읽기

다음은 2008년 2월 1일자 동아비즈니스리뷰(DBR)에 게재된 최종학 교수의 "와인을 감가상각하다니…네슬레, 기계적 재무평가로 망신" 중의 일부이다. 이 내용을 토대로 괄호 안에 적합한 내용을 써 넣으시오.

와인으로 유명한 미국 나파밸리에 갔을 때, 수많은 와이너리(winery) 중에서도 베린저(Beringer)라는 곳을 맨 먼저 찾아 갔었다. 베린저는 원래 다국적 식품회사인 네슬레의 계열사였다. 네슬레는 베린저의 수익성이 좋지 않다고 판단, 이 회사를 1996년 매각했다. 당시 매수자는 세계적인 사모펀드인 TPG(Texas Pacific Group)였다.

그로부터 불과 5년 후, TPG는 투자 금액의 9배나 되는 수익을 거두며 이 회사를 매각할 수 있었다. 왜 같은 회사를 놓고 네슬레는 헐값 매각을, TPG는 매수 결정을 내렸을까? TPG는 어떻게 베린저의 잠재성을 발견할 수 있었을까? 그것은 바로 수익성 평가기준의 차이 때문이었다.

네슬레는 계열사들의 수익성 평가기준으로 총자산이익률(return on asset : ROA)을 채택했다. 모든 계열사에 일괄적으로 동일한 기준을 적용했으며, 그 결과 베린저의 수익성이 매우 나쁘다고 판단했다. ROA는 일반적으로 매우 유용한 수익성 지표이다. 하지만 네슬레가 와인을 만드는 사업의 특성을 전혀 이해하지 못하고 기계적으로 이 기준을 적용한 것이 문제였다.

---

(1) ROA는 이익을 자산으로 나눈 비율로, 기업이 보유하고 있는 자산 규모 대비 얼마나 효율적으로 이익을 창출하고 있는지를 나타내는 회계지표이다. 이 값이 (　　　)수록 작은 규모의 자산으로 많은 돈을 벌고 있다는 의미이다.

(2) 대부분의 자산은 해가 지날수록 그 가치가 하락할 뿐만 아니라, 이를 커버하기 위한 비용증가로 이익이 감소하기 때문에 ROA가 (　　　)할 가능성이 높다.

(3) 하지만 '와인'이라는 재고자산은 시간이 지나더라도 가치가 하락하지 않는다. 오히려 숙성을 통해 가격이 (　　　)하는 매우 예외적인 성격을 갖고 있기 때문에 판매가 되지 않고 나무통에 숙성 중인 와인이라 할지라도 매년 가치증가분만큼 이익발생에 기여할 수 있다.

(4) 그러나 (　　　)는 일률적인 ROA 산출방법을 와인산업에 적용한 결과, 나무통에서 숙성중인 와인의 가치를 제대로 파악하지 못한 반면, (　　　)는 합리적인 평가방법을 적용하여 베린저의 수익성을 제대로 평가할 수 있었다.

☑ '심리적 회계(Mental Accounting)'라는 말을 들어보셨나요?

사람들이 돈에 대해 어떤 심리적인 선택을 하는지 다음 질문에 답해보세요.

〈질문 1〉 당일 티켓이 5만원인 콘서트장에서 티켓을 사려는데 지갑이 비어 5만원을 잃어버린 사실을 알았다. 5만원을 빌려서라도 콘서트 티켓을 살 것인가?

〈질문 2〉 전날 5만원을 지불하고 산 티켓을 콘서트장에 가서야 그 티켓을 잃어버린 사실을 알았다. 당일 티켓 역시 5만원인데 티켓을 다시 살 것인가?

* * * *

음악이나 콘서트에 대한 선호도에 따라 답은 약간씩 달라지겠지만 실제 실험결과 〈질문 1〉에 '예'라고 답한 사람은 '88%'이고 〈질문 2〉에 '예'라고 답한 사람은 '46%'였습니다. 양쪽 모두 5만원의 가치가 있는 것을 잃어버린 것은 동일한데 사람들의 답변이 달라진 원인은 무엇일까요? 일반적으로 돈을 쓸 때 사람들의 심리적 습관 중의 하나가 '돈에 이름을 붙이는 행동'입니다. 사람들은 회계장부의 계정과목처럼 돈마다 각각의 의미를 붙여 분류하는 심리를 가지고 있습니다. 이러한 현상을 '마음 회계' 혹은 '심리적 회계'라고 합니다.

예를 들어 콘서트 티켓을 사는 행위는 '오락비'라는 계정으로 분류할 수 있습니다. 〈질문 1〉에서처럼 현금 5만원을 분실한 사실은 이 '오락비' 계정의 수치에는 아무런 영향을 주지 않았던 것이죠. 반대로 〈질문 2〉에서처럼 새롭게 티켓을 구입하는 것은 오락비 5만원을 추가로 지출한다고 생각하는 것입니다. 즉 동일한 콘서트를 보는데 합계 10만원을 지불하는 격이기 때문에 '오락비'로는 너무 과하다는 생각이 드는 것입니다. 그래서 지출을 주저하게 만드는 것이죠.

자료 : 삼양 웹 사보의 "돈과 심리, 어떻게 작용할까? – 심리에 따라 달라지는 돈의 가치" 기사 중 일부 수정 발췌)

Tips for Self Study

- 교과서 연습문제 [6], [7] : 여기가 바로 회계원리의 정상! 차례로 중급, 원가, 세무… 회계 봉우리들을 정복하러 나가세…
- Study Guide [문4], [문5] : 창업을 하려면 '재고자산회전율'과 '영업순환주기' 정도는 알고 있어야…

부 록

현가계산표

[부표 1] 단일금액 1원의 미래가치
[부표 2] 단일금액 1원의 현재가치
[부표 3] 정상연금 1원의 미래가치
[부표 4] 정상연금 1원의 현재가치

[부표 1] 단일금액 1원의 미래가치 $FV(n, r) = (1 + r)^n$ 이자율(r)

기간(n)	1%	2%	3%	4%	5%	6%	7%	8%	9%	10%
1	1.0100	1.0200	1.0300	1.0400	1.0500	1.0600	1.0700	1.0800	1.0900	1.1000
2	1.0201	1.0404	1.0609	1.0816	1.1025	1.1236	1.1449	1.1664	1.1881	1.2100
3	1.0303	1.0612	1.0927	1.1249	1.1576	1.1910	1.2250	1.2597	1.2950	1.3310
4	1.0406	1.0824	1.1255	1.1699	1.2155	1.2625	1.3108	1.3605	1.4116	1.4641
5	1.0510	1.1041	1.1593	1.2167	1.2763	1.3382	1.4026	1.4693	1.5386	1.6105
6	1.0615	1.1262	1.1941	1.2653	1.3401	1.4185	1.5007	1.5869	1.6771	1.7716
7	1.0721	1.1487	1.2299	1.3159	1.4071	1.5036	1.6058	1.7138	1.8280	1.9487
8	1.0829	1.1717	1.2668	1.3686	1.4775	1.5938	1.7182	1.8509	1.9926	2.1436
9	1.0937	1.1951	1.3048	1.4233	1.5513	1.6895	1.8385	1.9990	2.1719	2.3579
10	1.1046	1.2190	1.3439	4.4802	1.6289	1.7908	1.9672	2.1589	2.3674	2.5937
11	1.1157	1.2434	1.3842	1.5395	1.7103	1.8983	2.1049	2.3316	2.5804	2.8531
12	1.1268	1.2682	1.4258	1.6010	1.7959	2.0122	2.2522	2.5182	2.8127	3.1384
13	1.1381	1.2936	1.4685	1.6651	1.8856	2.1329	2.4098	2.7196	3.0658	3.4523
14	1.1495	1.3195	1.5126	1.7317	1.9799	2.2609	2.5785	2.9372	3.3417	3.7975
15	1.1610	1.3459	1.5580	1.8009	2.0789	2.3966	2.7590	3.1722	3.6425	4.1772
16	1.1726	1.3728	1.6047	1.8730	2.1829	2.5404	2.9522	3.4259	3.9703	4.5950
17	1.1843	1.4002	1.6528	1.9479	2.2920	2.6928	3.1588	3.7000	4.3276	5.0545
18	1.1961	1.4282	1.7024	2.0258	2.4066	2.8543	3.3799	3.9960	4.7171	5.5599
19	1.2081	1.4568	1.7535	2.1068	2.5270	3.0256	3.6165	4.3157	5.1417	6.1159
20	1.2202	1.4859	1.8061	2.1911	2.6533	3.2071	3.8697	4.6610	5.6044	6.7275
21	1.2324	1.5157	1.8603	2.2788	2.7860	3.3996	4.1406	5.0338	6.1088	7.4002
22	1.2447	1.5460	1.9161	2.3699	2.9253	3.6035	4.4304	5.4365	6.6586	8.1403
23	1.2572	1.5769	1.9736	2.4647	3.0715	3.8197	4.7405	5.8715	7.2579	8.9543
24	1.2697	1.6084	2.0328	2.5633	3.2251	4.0489	5.0724	6.3412	7.9111	9.8497
25	1.2824	1.6406	2.0938	2.6658	3.3864	4.2919	5.4274	6.8485	8.6231	10.835
26	1.2953	1.6734	2.1566	2.7725	3.5557	4.5494	5.8074	7.3964	9.3992	11.918
27	1.3082	1.7069	2.2213	2.8834	3.7335	4.8223	6.2139	7.9881	10.245	13.110
28	1.3213	1.7410	2.2879	2.9987	3.9201	5.1117	6.6488	8.6271	11.167	14.421
29	1.3345	1.7758	2.3566	3.1187	4.1161	5.4184	7.1143	9.3173	12.172	15.863
30	1.3478	1.8114	2.4273	3.2434	4.3219	5.7435	7.6123	10.063	13.268	17.449
35	1.4166	1.9999	2.8139	3.9461	5.5160	7.6861	10.676	14.785	20.414	28.102
40	1.4889	2.2080	3.2620	4.8010	7.0400	10.286	14.974	21.725	31.409	45.259
45	1.5648	2.4379	3.7816	5.8412	8.9850	13.765	21.002	31.920	48.327	72.891
50	1.6446	2.6916	4.3839	7.1067	11.467	18.420	29.457	46.902	74.358	117.39
60	1.8167	3.2810	5.8916	10.520	18.679	32.988	57.946	101.26	176.03	304.48

이자율(r)

기간(n)	11%	12%	13%	14%	15%	16%	17%	18%	19%	20%
1	1.1100	1.1200	1.1300	1.1400	1.1500	1.1600	1.1700	1.1800	1.1900	1.2000
2	1.2321	1.2544	1.2769	1.2996	1.3225	1.3456	1.3689	1.3924	1.4161	1.4400
3	1.3676	1.4094	1.4429	1.4815	1.5209	1.5609	1.6016	1.6430	1.6852	1.7280
4	1.5180	1.5735	1.6305	1.6890	1.7490	1.8106	1.8739	1.9388	2.0053	2.0736
5	1.6851	1.7623	1.8424	1.9254	2.0114	2.1003	2.1924	2.2878	2.3864	2.4883
6	1.8704	1.9738	2.0820	2.1950	2.3131	2.4364	2.5652	2.6996	2.8398	2.9860
7	2.0762	2.2107	2.3526	2.5023	2.6600	2.8262	3.0012	3.1855	3.3793	3.5832
8	2.3045	2.4760	2.6584	2.8526	3.0590	3.2784	3.5115	3.7589	4.0214	4.2998
9	2.5580	2.7731	3.0040	3.2519	3.5179	3.8030	4.1084	4.4355	4.7854	5.1598
10	2.8394	3.1058	3.3946	3.7072	4.0456	4.4114	4.8068	5.2338	5.6947	6.1917
11	3.1518	3.4785	3.8359	4.2262	4.6524	5.1173	5.6240	6.1759	6.7767	7.4301
12	3.4985	3.8960	4.3345	4.8179	5.3503	5.9360	6.5801	7.2876	8.0642	8.9161
13	3.8833	4.3635	4.8980	5.4924	6.1528	6.8858	7.6987	8.5994	9.5964	10.699
14	4.3104	4.8871	5.5348	6.2613	7.0757	7.9875	9.0075	10.147	11.420	12.839
15	4.7846	5.4736	6.2543	7.1379	8.1371	9.2655	10.539	11.974	13.589	15.407
16	5.3109	6.1304	7.0673	8.1372	9.3576	10.748	12.330	14.129	16.172	18.488
17	5.8951	6.8660	7.9861	9.2765	10.761	12.468	14.427	16.672	19.244	22.186
18	6.5436	7.6900	9.0243	10.575	12.375	14.463	16.879	19.673	22.901	22.623
19	7.2633	8.6128	10.197	12.056	14.232	16.777	19.748	23.214	27.252	31.948
20	8.0623	9.6463	11.523	13.743	16.367	19.461	23.106	27.393	32.429	38.338
21	8.9492	10.804	13.021	15.668	18.822	22.574	27.034	32.324	38.591	46.005
22	9.9336	12.100	14.714	17.861	21.645	26.186	31.629	38.142	45.923	55.206
23	11.026	13.552	16.626	20.362	24.891	30.376	37.006	45.008	54.648	66.247
24	12.239	15.179	18.788	23.212	28.625	35.236	43.297	53.109	65.032	79.497
25	13.586	17.000	21.231	26.462	32.919	40.874	50.658	62.669	77.388	95.396
26	15.080	19.040	23.991	30.167	37.857	47.414	59.270	73.949	92.092	114.48
27	16.738	21.325	27.109	34.390	34.535	55.000	69.345	87.260	109.56	137.37
28	18.580	23.884	30.634	39.204	50.066	63.800	81.134	102.97	130.41	164.84
29	20.624	26.750	34.617	44.693	57.575	74.009	94.927	121.50	155.19	197.81
30	22.892	29.960	39.116	50.950	66.212	85.850	111.06	143.37	184.67	237.38
35	38.575	52.800	72.068	98.100	133.18	180.31	243.56	327.99	440.70	590.67
40	65.001	93.051	132.78	188.88	267.86	378.72	533.86	750.38	1051.6	1469.8
45	109.53	163.99	244.64	363.68	538.77	795.44	1170.5	1716.7	2509.6	3657.3
50	184.56	289.00	450.74	700.23	1083.7	1670.7	2566.2	3927.4	5988.9	9100.4
60	524.06	897.60	1530.1	2595.9	4384.0	7370.2	12335.	20555.	34105.	56347.

[부표 2] 단일금액 1원의 현재가치 $PV(n,r)=\dfrac{1}{(1+r)^{n}}$

이자율(r)

기간(n)	1%	2%	3%	4%	5%	6%	7%	8%	9%	10%
1	.9901	.9704	.9709	.9615	.9524	.9434	.9346	.9259	.9174	.9091
2	.9803	.9612	.9426	.9246	.9070	.8900	.8734	.8573	.8417	.8264
3	.9706	.9423	.9151	.8890	.8638	.8396	.8163	.7938	.7722	.7513
4	.9610	.9238	.8885	.8548	.8227	.7921	.7629	.7350	.7084	.6830
5	.9515	.9057	.8626	.8219	.7835	.7473	.7130	.6806	.6499	.6209
6	.9420	.8880	.8375	.7903	.7462	.7050	.6663	.6302	.5963	.5645
7	.9327	.8706	.8131	.7599	.7107	.6651	.6227	.5835	.5470	.5132
8	.9235	.8535	.7894	.7307	.6768	.6274	.5820	.5403	.5019	.4665
9	.9143	.8368	.7664	.7026	.6446	.5919	.5439	.5002	.4604	.4241
10	.9053	.8203	.7441	.6756	.6139	.5584	.5083	.4632	.4224	.3855
11	.8963	.8043	.7224	.6496	.5847	.5268	.4751	.4289	.3875	.3505
12	.8874	.7885	.7014	.6246	.5568	.4970	.4440	.3971	.3555	.3186
13	.8787	.7730	.6810	.6006	.5303	.4688	.4150	.3677	.3262	.2897
14	.8700	.7579	.6611	.5775	.5051	.4423	.3878	.3405	.2992	.2633
15	.8613	.7430	.6419	.5553	.4810	.4173	.3624	.3152	.2745	.2394
16	.8528	.7284	.6232	.5339	.4581	.3936	.3387	.2919	.2519	.2176
17	.8444	.7142	.6052	.5134	.4363	.3714	.3166	.2703	.2311	.1978
18	.8360	.7002	.5874	.4936	.4155	.3503	.2959	.2502	.2120	.1799
19	.8277	.6864	.5703	.4746	.3957	.3305	.2765	.2317	.1945	.1635
20	.8195	.6730	.5537	.4564	.3769	.3118	.2584	.2145	.1784	.1486
21	.8114	.6598	.5375	.4388	.3589	.2942	.2415	.1987	.1637	.1351
22	.8034	.6468	.5219	.4220	.3418	.2775	.2257	.1839	.1502	.1228
23	.7954	.6324	.5067	.4057	.3256	.2618	.2109	.1703	.1378	.1117
24	.7876	.6217	.4919	.3901	.3101	.2470	.1971	.1577	.1264	.1015
25	.7798	.6095	.4776	.3751	.2953	.2330	.1842	.1460	.1160	.0923
26	.7720	.5976	.4637	.3604	.2812	.2198	.1722	.1352	.1064	.0839
27	.7644	.5859	.4502	.3468	.2678	.2074	.1609	.1252	.0976	.0763
28	.7568	.5744	.4371	.3335	.2551	.1956	.1504	.1159	.0895	.0693
29	.7493	.5631	.4243	.3207	.2429	.1846	.1406	.1073	.0822	.0630
30	.7419	.5521	.4120	.3083	.2314	.1741	.1314	.0994	.0754	.0573
35	.7059	.5000	.3554	.2534	.1813	.1301	.0937	.0676	.0490	.0356
40	.6717	.4529	.3066	.2083	.1420	.0972	.0668	.0460	.0318	.0221
45	.6391	.4102	.2644	.1712	.1113	.0727	.0476	.0313	.0207	.0137
50	.6080	.3715	.2281	.1407	.0872	.0543	.0339	.0213	.0134	.0085
60	.5504	.3048	.1697	.0951	.0535	.0303	.0173	.0099	.0057	.0033

이자율(r)

기간(n)	11%	12%	13%	14%	15%	16%	17%	18%	19%	20%
1	.9009	.8929	.8850	.8772	.8696	.8621	.8547	.8475	.8403	.8333
2	.8116	.7972	.7831	.7695	.7561	.7432	.7305	.7182	.7062	.6944
3	.7312	.7118	.6931	.6750	.6575	.6407	.6244	.6086	.5934	.5787
4	.6587	.6355	.6133	.5921	.5718	.5523	.5337	.5158	.4987	.4323
5	.5935	.5674	.5428	.5194	.4972	.4761	.4561	.4371	.4190	.4019
6	.5346	.5066	.4803	.4556	.4323	.4104	.3898	.3704	.3521	.3349
7	.4817	.4523	.4251	.3996	.3759	.3538	.3332	.3139	.2959	.2791
8	.4339	.4039	.3762	.3506	.3269	.3050	.2848	.2660	.2487	.2326
9	.3909	.3606	.3329	.3075	.2843	.2630	.2434	.2255	.2090	.1938
10	.3522	.3220	.2946	.2697	.2472	.2267	.2080	.1911	.1756	.1615
11	.3173	.2875	.2607	.2366	.2149	.1954	.1773	.1619	.1476	.1346
12	.2858	.2567	.2307	.2076	.1869	.1685	.1520	.1372	.1240	.1122
13	.2575	.2292	.2042	.1821	.1625	.1452	.1299	.1163	.1042	.0935
14	.2320	.2046	.1807	.1597	.1413	.1252	.1110	.0985	.0876	.0779
15	.2090	.1827	.1599	.1401	.1229	.1079	.0949	.0835	.0736	.0649
16	.1883	.1631	.1415	.1229	.1069	.0930	.0811	.0708	.0618	.0541
17	.1696	.1456	.1252	.1073	.0929	.0802	.0693	.0600	.0520	.0451
18	.1523	.1300	.1103	.0946	.0803	.0691	.0592	.0508	.0437	.0376
19	.1377	.1161	.0981	.0829	.0703	.0596	.0506	.0431	.0367	.0313
20	.1240	.1037	.0863	.0723	.0611	.0514	.0433	.0365	.0303	.0261
21	.1117	.0926	.0768	.0633	.0531	.0443	.0370	.0309	.0259	.0217
22	.1007	.0326	.0680	.0560	.0462	.0382	.0316	.0262	.0218	.0181
23	.0907	.0738	.0601	.0491	.0402	.0329	.0270	.0222	.0183	.0151
24	.0817	.0659	.0532	.0431	.0349	.0284	.0231	.0188	.0154	.0126
25	.0736	.0588	.0471	.0378	.0304	.0245	.0197	.0160	.0129	.0105
26	.0663	.0525	.0417	.0331	.0264	.0211	.0169	.0135	.0109	.0087
27	.0597	.0469	.0369	.0291	.0230	.0182	.0144	.0115	.0091	.0073
28	.0538	.0419	.0325	.0255	.0200	.0157	.0123	.0097	.0077	.0061
29	.0485	.0374	.0289	.0224	.0174	.0135	.0105	.0082	.0064	.0051
30	.0437	.0334	.0256	.0196	.0151	.0116	.0090	.0070	.0054	.0042
35	.0259	.0189	.0139	.0102	.0075	.0055	.0041	.0030	.0023	.0017
40	.0154	.0107	.0075	.0053	.0037	.0026	.0019	.0013	.0010	.0007
45	.0091	.0061	.0041	.0027	.0019	.0013	.0009	.0006	.0004	.0003
50	.0054	.0035	.0022	.0014	.0009	.0006	.0004	.0003	.0002	.0001
60	.0019	.0011	.0007	.0004	.0002	.0001	.00008	.00005	.00003	.00002

[부표 3] 정상연금 1원의 미래가치 $FVA(n, r) = \dfrac{(1+r)^n - 1}{r}$

이자율(r)

기간(n)	1%	2%	3%	4%	5%	6%	7%	8%	9%	10%
1	1.0000	1.0000	1.0000	1.0000	1.0000	1.0000	1.0000	1.0000	1.0000	1.0000
2	2.0100	2.0200	2.0300	2.0400	2.0500	2.0600	2.0700	2.0800	2.0900	2.1000
3	3.0301	3.0604	3.0909	3.1216	3.1525	3.1836	3.2149	3.2464	3.2781	3.3100
4	4.0604	4.1216	4.1836	4.2465	4.3101	4.3746	4.4399	4.5061	4.5731	4.6410
5	5.1010	5.2040	5.3091	5.4163	5.5256	5.6371	5.7507	5.8666	5.9847	6.1051
6	6.1520	6.3081	6.4684	6.6330	6.8019	6.9753	7.1533	7.3359	7.5233	7.7156
7	7.2135	7.4343	7.6625	7.8983	8.1420	8.3938	8.6540	8.9228	9.2004	9.4872
8	8.2857	8.5830	8.8923	9.2142	9.5491	9.8975	10.260	10.637	11.028	11.436
9	9.3685	9.7546	10.159	10.583	11.027	11.491	11.978	12.488	13.021	13.579
10	10.462	10.950	11.464	12.006	12.578	13.181	13.816	14.487	15.193	15.937
11	11.567	12.169	12.808	13.486	14.207	14.972	15.784	16.645	17.560	18.531
12	12.683	13.412	14.192	15.026	15.917	16.870	17.888	18.977	20.141	21.384
13	13.809	14.680	15.618	16.627	17.713	18.882	20.141	21.495	22.953	24.523
14	14.947	15.974	17.086	18.292	19.599	21.015	22.550	24.215	26.019	27.975
15	16.097	17.293	18.599	20.024	21.579	23.276	25.129	27.152	29.361	31.772
16	17.258	18.639	20.157	21.825	25.657	25.673	27.888	30.324	33.003	35.950
17	18.430	20.012	21.762	23.698	25.840	28.213	30.840	33.750	36.974	40.545
18	19.615	21.412	23.414	25.645	28.132	30.906	33.999	37.450	41.301	45.599
19	20.811	22.841	25.117	27.671	30.539	33.760	37.379	41.446	46.018	51.159
20	22.019	24.297	26.870	29.778	33.066	36.786	40.995	45.762	51.160	57.275
21	23.239	25.783	28.676	31.969	35.719	39.993	44.865	50.423	56.765	64.002
22	24.472	27.299	30.537	34.248	38.505	43.392	49.006	55.457	62.873	71.403
23	25.716	28.845	32.453	36.618	41.430	46.996	53.436	60.893	69.532	79.543
24	26.973	30.422	34.426	39.083	44.502	50.816	58.177	66.765	76.790	88.497
25	28.243	32.030	36.459	41.646	47.727	54.865	63.249	73.106	84.701	98.347
26	29.526	33.671	38.553	44.312	51.113	59.156	68.676	79.954	93.324	109.18
27	30.821	35.344	40.710	47.084	54.669	63.706	74.484	87.351	102.72	121.10
28	32.129	37.051	42.931	49.968	58.403	68.528	80.698	95.339	112.97	134.21
29	33.450	38.792	45.219	52.966	62.323	73.640	87.347	103.97	124.14	148.63
30	34.785	40.568	47.575	56.085	66.439	79.058	94.461	113.28	136.31	164.49
35	41.660	49.994	60.462	73.652	90.320	111.43	138.24	172.32	215.71	271.02
40	48.886	60.402	75.401	95.026	120.80	154.76	199.64	269.06	337.88	442.59
45	56.481	71.893	92.720	121.03	159.70	212.74	285.75	386.51	525.86	718.90
50	64.463	84.579	112.80	152.67	209.35	290.34	406.53	573.77	815.08	1163.9
60	81.671	114.05	163.05	237.99	353.58	533.13	813.52	1253.2	1944.8	3034.8

이자율(r)

기간(n)	11%	12%	13%	14%	15%	16%	17%	18%	19%	20%
1	1.0000	1.0000	1.0000	1.0000	1.0000	1.0000	1.0000	1.0000	1.0000	1.0000
2	2.1100	2.1200	2.1300	2.1400	2.1500	2.1600	2.1700	2.1800	2.1900	2.2000
3	3.3421	3.3744	3.4069	3.4396	3.4725	3.5056	3.5389	3.5724	3.6061	3.6400
4	4.7097	4.7793	4.8498	4.9211	4.9934	5.0665	5.1405	5.2154	5.2913	5.3680
5	6.2278	6.3528	6.4803	6.6101	6.7424	6.8771	7.0144	7.1542	7.2966	7.4416
6	7.9130	8.1152	8.3230	8.5355	8.7537	8.9775	9.2068	9.4420	9.6830	9.9299
7	9.7830	10.089	10.405	10.730	11.067	11.414	11.772	12.142	12.523	12.916
8	11.859	12.300	12.757	13.233	13.727	14.240	14.773	15.327	15.902	16.499
9	14.163	14.776	15.416	16.085	16.786	17.519	18.285	19.086	19.923	20.799
10	16.722	17.549	18.419	19.337	20.304	21.321	22.393	23.521	24.709	25.959
11	19.561	20.655	21.814	23.045	24.349	25.733	27.199	28.755	30.404	32.150
12	22.713	24.133	25.650	27.271	29.002	30.850	32.823	34.931	37.180	39.581
13	26.211	28.029	29.984	32.089	34.352	36.786	39.404	42.219	45.244	48.497
14	30.095	32.393	34.883	37.581	40.505	43.672	47.103	50.818	54.841	59.196
15	34.405	37.280	40.418	43.842	47.580	51.660	56.110	60.965	66.261	72.035
16	39.199	42.753	46.672	50.980	55.717	60.925	66.649	72.939	79.850	87.442
17	44.501	48.884	53.739	59.118	65.075	71.673	78.979	87.068	96.022	105.93
18	50.396	55.750	61.725	68.394	75.836	84.141	93.406	103.74	115.26	128.12
19	56.939	63.440	70.749	78.969	88.212	98.603	110.29	123.41	138.16	154.74
20	64.203	70.052	80.947	91.025	102.44	115.38	130.03	146.63	165.42	186.69
21	72.265	81.699	92.469	104.77	118.81	134.84	153.14	174.02	197.85	225.03
22	81.214	92.503	105.49	120.44	137.63	157.41	180.17	206.34	236.44	271.03
23	91.148	104.60	120.20	138.30	159.28	183.60	211.80	244.49	282.36	326.24
24	102.17	118.16	136.83	158.66	184.17	213.98	248.81	289.49	337.01	392.48
25	114.41	133.33	155.62	181.87	212.79	249.21	292.10	342.60	402.04	471.98
26	127.99	150.33	176.85	208.33	245.71	290.09	342.76	405.27	497.43	567.38
27	143.08	169.37	200.84	238.50	283.57	337.50	402.03	479.22	571.52	681.85
28	159.82	190.70	227.95	272.89	327.10	392.50	471.38	566.48	681.11	819.22
29	178.39	214.58	258.58	312.09	377.17	456.30	552.51	669.45	811.52	984.07
30	199.02	241.33	293.19	356.79	434.75	530.31	647.44	790.95	966.71	1181.9
35	341.59	431.66	546.68	693.57	881.17	1120.7	1426.4	1816.7	2314.2	2948.3
40	581.83	767.09	1013.7	1342.0	1779.1	2360.8	3134.5	4163.2	5529.8	7343.9
45	986.64	1358.3	1874.2	2590.6	3585.1	4965.3	6879.2	9531.6	13203.	18281.
50	1668.7	2400.0	3459.5	4994.5	7217.7	10436.	15089.	21813.	31515.	45497.
60	4755.1	7471.6	11762.	18535.	29220.	46057.	72555.	114189.	179494.	281737.

[부표 4] 정상연금 1원의 현재가치 $PVA(n, r) = \dfrac{1-(1+r)^{-n}}{r}$

이자율(r)

기간(n)	1%	2%	3%	4%	5%	6%	7%	8%	9%	10%
1	0.9901	0.9804	0.9616	0.9615	0.9524	0.9434	0.9346	0.9259	0.9174	0.9091
2	1.9704	1.9416	1.9165	1.8861	1.8594	1.8334	1.8080	1.7833	1.7591	1.7355
3	2.9410	2.8839	2.8286	2.7751	2.7232	2.6730	2.6243	2.5771	2.5313	2.4868
4	3.9020	3.8077	3.7171	3.6299	3.5460	3.4651	3.3872	3.3121	3.2397	3.1699
5	4.8534	4.7135	4.5797	4.4518	4.3295	4.2124	4.1002	3.9927	3.8897	3.7908
6	5.7955	5.6014	5.4172	5.2421	5.0757	4.9173	4.7665	4.6229	4.4859	4.3553
7	6.7282	6.4720	6.2303	6.0021	5.7864	5.5824	5.3893	5.2064	5.0330	4.8684
8	7.6517	7.3255	7.0197	6.7327	6.4632	6.2098	5.9713	5.7466	5.5348	5.3349
9	8.5660	8.1622	7.7861	7.4353	7.1078	6.8017	6.5152	6.2469	5.9952	5.7590
10	9.4713	8.9826	8.5302	8.1109	7.7217	7.3601	7.0236	6.7101	6.4177	6.1446
11	10.368	9.7868	9.2526	8.7605	8.3064	7.8869	7.4987	7.1390	6.8052	6.4951
12	11.255	10.575	9.9540	9.3851	8.8633	8.3838	7.9427	7.5361	7.1607	6.8137
13	12.134	11.348	10.635	9.9856	9.3936	8.8527	8.3577	7.9038	7.4869	7.1034
14	13.004	12.106	11.296	10.563	9.8986	9.2950	8.7455	8.2442	7.7862	7.3667
15	13.865	12.849	11.938	11.118	10.380	9.7122	9.1079	8.5595	8.0607	7.6061
16	14.718	13.578	12.561	11.652	10.838	10.106	9.4466	8.8514	8.3136	7.8237
17	15.562	14.292	13.166	12.166	11.274	10.477	9.7632	9.1216	8.5436	8.0216
18	16.398	14.992	13.756	12.659	11.690	10.828	10.059	9.3719	8.7556	8.2014
19	17.226	15.679	14.324	13.134	12.085	11.158	10.336	9.6036	8.9501	8.3649
20	18.046	16.351	14.877	13.590	12.462	11.470	10.594	9.8181	9.1285	8.5136
21	18.857	17.011	15.415	14.029	12.821	11.764	10.835	10.017	9.2922	8.6487
22	19.660	17.658	15.937	14.451	13.163	12.042	11.061	10.201	9.4424	8.7715
23	20.456	18.292	16.444	14.857	13.489	12.303	11.272	10.371	9.5802	8.8832
24	21.243	18.914	16.935	15.247	13.799	12.550	11.469	10.529	9.7066	8.9847
25	22.023	19.524	17.413	15.622	14.094	12.783	11.654	10.675	9.8266	9.0770
26	22.795	21.121	17.877	15.983	14.375	13.003	11.826	10.810	9.9290	9.1609
27	23.560	20.707	18.327	16.330	14.643	13.210	11.987	10.935	10.027	9.2372
28	24.316	21.281	18.764	16.663	14.898	13.406	12.137	11.051	10.116	9.3066
29	25.066	21.844	19.188	16.984	15.141	13.591	12.278	11.158	10.198	9.3696
30	25.808	22.397	19.600	17.292	15.373	13.765	12.409	11.258	10.274	9.4269
35	29.409	24.999	21.487	18.665	16.374	14.498	12.948	11.655	10.567	9.6442
40	32.835	27.356	23.115	19.793	17.159	15.046	13.332	11.925	10.757	9.7791
45	36.095	29.490	24.519	20.720	17.774	15.456	13.605	12.108	10.881	9.8628
50	39.196	31.424	25.730	21.482	18.256	15.762	13.801	12.233	10.962	9.9148
60	44.955	34.761	27.676	22.623	18.929	16.161	14.039	12.376	11.048	9.9671

이자율 (*r*)

기간(*n*)	11%	12%	13%	14%	15%	16%	17%	18%	19%	20%
1	0.9009	0.8929	0.8850	0.8772	0.8696	0.8621	0.8547	0.8475	0.8403	0.8333
2	1.7125	1.6901	1.6681	1.6467	1.6257	1.6052	1.5852	1.5656	1.5465	1.5278
3	2.4437	2.4018	2.3612	2.3216	2.2832	2.2459	2.2096	2.1743	2.1399	2.1065
4	3.1024	3.0373	2.9745	2.9137	2.8550	2.7982	2.7432	2.6901	2.6386	2.5887
5	3.6959	3.6048	3.5172	3.4331	3.3522	3.2743	3.1993	3.1272	3.0576	2.9906
6	4.2305	4.1114	3.9975	3.8887	3.7845	3.6847	3.5892	3.4976	3.4098	3.3255
7	4.7122	4.5638	4.4226	4.2883	4.1604	4.0386	3.9224	3.8115	3.7057	3.6046
8	5.1461	4.9676	4.7988	4.6389	4.4873	4.3436	4.2072	4.0776	3.9544	3.8372
9	5.5370	5.3282	5.1317	4.9464	4.7716	4.6065	4.4506	4.3030	4.1633	4.0310
10	5.8892	5.6502	5.4262	5.2161	5.0188	4.8332	4.6586	4.4941	4.3389	4.1925
11	6.2065	5.9377	5.6869	5.4527	5.2337	5.0286	4.8364	4.6560	4.4865	4.3271
12	6.4924	6.1944	5.9176	5.6603	5.4206	5.1971	4.9884	4.7932	4.6105	4.4392
13	6.7499	6.4235	6.1218	5.8424	5.5831	5.3423	5.1183	4.9095	4.7147	4.5327
14	6.9819	6.6282	6.3025	6.0021	5.7245	5.4675	5.2293	5.0081	4.8023	4.6106
15	7.1909	6.8109	6.4624	6.1422	5.8474	5.5755	5.3242	5.0916	4.8759	4.6755
16	7.3792	6.9740	6.6039	6.2651	5.9542	5.6685	5.4053	5.1624	4.9377	4.7296
17	7.5488	7.1196	6.7291	6.3729	6.0472	5.7487	5.4746	5.2223	4.9897	4.7746
18	7.7016	7.2497	6.8399	6.4674	6.1280	5.8178	5.5339	5.2732	5.0333	4.8122
19	7.8393	7.3658	6.9380	6.5504	6.1982	5.8775	5.5845	5.3162	5.0700	4.8435
20	7.9633	7.4694	7.0248	6.6231	6.2593	5.9288	5.6278	5.3527	5.1009	4.8696
21	8.0751	7.5620	7.1015	6.6870	6.3125	5.9731	5.6648	5.3837	5.1263	4.8913
22	8.1757	7.6446	7.1695	6.7429	6.3587	6.0113	5.6964	5.4099	5.1486	4.9094
23	8.2664	7.7184	7.2297	6.7921	6.3988	6.0442	5.7234	5.4321	5.1668	4.9245
24	9.3481	7.7843	7.2829	6.8351	6.4338	0.0726	6.7465	5.4509	5.1822	4.9371
25	8.4217	7.8431	7.3300	6.8729	6.4641	6.0971	5.7662	5.4669	5.1951	4.9476
26	8.4881	7.8957	7.3717	6.9061	6.4906	6.1182	5.7831	5.4804	5.2060	4.9563
27	8.5478	7.9426	7.4086	6.9352	6.5135	6.1364	5.7975	5.4919	5.2151	4.9636
28	8.6016	7.9844	7.4412	6.9607	6.5335	6.1520	5.8099	5.5016	5.2223	4.9697
29	8.6501	8.0218	7.4701	6.9830	6.5509	6.1656	5.8024	5.5093	5.2292	4.9747
30	8.6938	8.0552	7.4957	7.0027	6.5660	6.1772	5.8294	5.5168	5.2347	4.9789
35	8.8552	8.1755	7.5856	7.0700	6.6166	6.2153	5.8582	5.5386	5.2512	4.9915
40	8.9511	8.2433	7.6344	7.1050	6.6418	6.2335	5.8713	5.5482	5.2582	4.9966
45	9.0079	8.2825	7.6609	7.1232	6.6543	6.2421	5.8773	5.5523	5.2611	4.9986
50	9.0417	8.3045	7.6572	7.1327	6.6605	6.2463	5.8801	5.5541	5.2623	4.9995
60	9.0736	8.3240	7.6873	7.1401	6.6651	6.2491	5.8819	5.5553	5.2630	4.9999

찾•아•보•기

가불금 278
가속상각법 303
가수금 330
가중평균법 212
가지급금 278
간접법 386
감가상각 299
감가상각비 62, 63, 160, 318
감모상각 299
감사인 389
감채적립금 375
개념체계 246
개발비 316
개별법 213
거래의 이중성 78
건설중인 자산 294
검증가능성 245
결산 118, 143
결산정리 146
결산정리분개 118, 145, 146
결산정리사항 146
결산정리사항목록 118, 152
결손금처리계산서 372
결손보전적립금 375
경영 5
경영자 12
경영책임 보고의무 22
계속기록법 194
계속기업의 가정 240
계정 23, 105, 106
계정과목 106
고정장기적합률 412
공개회사 35
공인회계사 27
공정가치 310
관리회계 25
광고선전비 62
광업권 314
구성요소비율분석 390
구입원가표 213
구축물 294
권리금 316
균등상각법 305
그레샴의 법칙 17
금융부채 49, 326
금융원가 62
금융자산 47, 278, 332
기간대응 150
기간별 보고 240
기계장치 294
기관투자자 18, 389
기대신용손실 274
기말수정 146
기말재고량 194
기말재고자산 213
기말정리 146

기업설명회 14
기업의 혈액 385
기타비유동자산 319
기타수익 60
기타유동자산 277
기타자본구성요소 364, 377
기타포괄손익금융자산계정 283
기타포괄손익금융자산평가손실계정 283
기타포괄손익금융자산평가손익 363
기타포괄손익금융자산평가이익계정 283
기타포괄손익누계액 284, 377
기타포괄손익-공정가치측정금융자산 281

납입자본 363, 364
내부통제 261
내용연수 299
농업회계기준 213

단기대여금 278
단기매매금융자산 280
단기차입금 271, 328
당기손익금융자산평가이익 281
당기손익인식지정금융자산 280
당기손익-공정가치측정금융부채 326
당기손익-공정가치측정금융자산 279
당기순손실 169, 180
당기순이익 52, 63, 168, 180
당기신규투입원가 224
당기제품제조원가 221, 224
당좌비율 406
당좌예금 264
당좌자산 193
당좌차월계정 266
당좌차월제도 265
대기메모 208
대리인 문제 14
대변 106
대여금 46, 277
대차평형의 원리 129, 130
도착지인도조건 207

라이센스 314
레몬의 문제 17
레버리지효과 401
로열티수익 60

마감분개 179
만기상환 342
매입에누리와환출 208
매입채무 49, 88, 326, 327
매입환출 208
매출 82
매출액 60
매출액이익률 403
매출에누리와환입 208
매출원가 62, 194, 221, 224
매출채권 46, 268
매출채권 평균회수기간 408
매출채권처분손실 271, 272
매출채권회수기간 408
매출채권회전율 408
매출할인 210
매출환입 208
목적적합성 242
무이자부어음 271
무형자산 313
미수금 278
미수수익 154
미수이자 154
미수임대료 154
미지급금 49, 88, 154, 326, 329
미지급법인세 326

미지급비용 87, 88, 153
미처분이익잉여금 180, 368

반품충당부채 326
받을어음 46, 269
발생기준 147
배당금 369
배당금수익 60
배당성향 403
배당수익률 403
배당평균적립금 375
법인세비용차감전순이익 58
법정적립금 368
벤치마크 398
보고식 포괄손익계산서 55
보험료 62
복구충당부채 326
복식부기 79
부정액기금전도제도 262
부채 42, 325
부채비율 411
분개 201
분개장 124
비교가능성 244
비교기준 398
비교재무제표 393
비교재무제표분석 395
비금융부채 326
비용 61, 149
비유동부채 49, 326
비유동자산 47, 160, 293, 294
비율분석 398

사업확장적립금 375
사채 326, 331, 362
사채발행비 336
사채상환손익 342
사채할인발행차금 336, 337
산업재산권 314
상각 299, 351
상각비 318
상각후원가금융자산 351
상각후원가측정금융부채 326
상각후원가측정금융자산 280
상장회사 35
상충관계 244
상품 193
상품매매업 220
생산량비례법 305
선급금 277
선급비용 151, 155, 278
선수금 326, 329
선수수익 157, 326
선입선출법 212
선적지인도조건 207
세무회계 26
소모품비 62
소액현금제도 261
손상 273, 308, 311
손상차손 312
손실 61
손실충당금환입 276
손익 178
수권자본 366
수선유지비 297
수익 59
수익 · 비용의 발생기준 146
수익성비율 399
수익적 지출 297, 298
수정분개 118
수평적 분석 393
수표 270

순대출액 269
시산표 129, 130, 132
시장실패 17
시장이자율 335
식별 77
실지재고조사법 194, 196
10칸식 정산표 167

안정성비율 398, 411
액면가액 333
액면이자율 333
어업권 314
어음 270
엔젤 375
역선택 17
연결재무제표 247, 248
연구비 315
연수합계법 304
연차보고서 14
영구계정 181
영업권 313, 314, 316
영업활동현금흐름비율 387, 413
예금 260
예수금 326, 330
완제품 223
외상매입금 49
외상매출금 46, 269
요소구성비율분석 395
용역매출 82
워크아웃 368
원가모형 293
원가정보 25
원가흐름의 가정 212
원인 43
유동부채 49, 325
유동비율 405
유동성장기부채 344
유동자산 47
유보이익 368
유통업 220
유형자산 47, 293
유형자산처분손익 306
유형자산처분이익 60
유효이자율 338
유효이자율법 331
은행계산서 266
은행계정조정표 267
의사결정에의 유용성 36, 235
이동평균법 212
이익잉여금 52, 363, 364, 368, 377
이익잉여금의 처분 370
이익잉여금처분계산서 370
이익준비금 370
이자보상비율 412
이자부어음 271
이자비용 62, 272
이자수익 60
이자율 333
이자지급일 333
이해가능성 244
이해상충 14
인증제도 16
일반기업회계기준 246
일반적 무형자산 313
임대료수익 60, 330
임대보증금 330
임시계정 178
임의적립금 368, 375
임차권리금 314
임차료비용 62, 330
임차보증금 319, 330
잉여현금흐름 413

자기검증기능 80, 129
자기자본이익률 401
자본 42, 362
자본금 43, 377
자본등식 50
자본변동표 36, 376
자본잉여금 377
자본잠식 53
자본적 지출 297, 298
자산 149
자산의 가치감소 311
자산재평가잉여금 363
자산회전율 398
자원 43
작업시간비례법 305
잔여지분 50, 52, 362
잔존가액 299
장기매입채무 344
장기매출채권 319
장기미수금 319
장기지급어음 344
장기차입금 328, 331, 344
장부금액 300
재고자산 47, 193
재고자산 평균회전기간 410
재고자산회전기간 408, 410
재고자산회전율 409
재공품 223
재무보고 35, 235
재무보고를 위한 개념체계 237, 238
재무보고의 기본가정 239
재무비율 390
재무상태표 10, 36, 37, 41, 116
재무상태표등식 42, 80
재무정보 236
재무제표 25, 36
재무제표분석 388
재무중개인 18
재무회계 25
재무회계기준 237, 239, 246
재평가 308
저작권 314
적시성 245
전기 125, 201
전기이월 181
전자공시시스템 389
정률 303
정률법 303
정보비대칭 15
정보시스템 11, 25
정보중개인 19, 389
정산표 167
정상영업주기 48
정액기금전도제도 261
정액법 302
제조간접비 222, 224
제조원가명세서 221
제조원가의 3대 요소 222
제조회사 220
제품 193, 223
제품보증충당부채 326
조기상환 342
종업원급여 62
주가수익비율 402
주당순이익 402
주식 362
주식발행초과금 366, 367
주주 15
주주지분 362
중개인 16
중소기업회계기준 246

중요성 242, 243
증빙서류철 128
지급어음 49
지렛대효과 401
지수법 414
직접노무비 222
직접재료비 222, 223
질적 특성 239
집합손익 178

차기이월 181
차변 106
차입금 43, 82, 326, 328
채권자지분 50
총계정원장 127
총자본이익률 399
총자본회전율 410
총자산영업이익률 400
총자산이익률 399
총자산회전율 410
총평균법 213
총포괄손익 54
최고경영자 10
추세분석 393
출자전환 368
충당부채 326, 346

컴퓨터 소프트웨어 314

퇴직급여 345
투자수익률 399
투자자 9
투자자관리 14
투자중개인 389

판매비와관리비 161

8칸식 정산표 167
펀드매니저 18, 390
포괄손익계산서 10, 36, 37, 54
포트폴리오 281
표시이자율 333
표현충실성 243
프랜차이즈 314

한국채택국제회계기준 246, 293
할인료 272
할인발행 335
합계시산표 132
합계잔액시산표 132
현금 260
현금과부족 263
현금기준 147
현금및현금성자산 46, 259, 260
현금성자산 260
현금할인 209
현금흐름비율 407
현금흐름표 36, 65, 385
현재가치할인차금 345
확정급여채무 345
확정부채 326
활동성비율 408
회계 11
회계감사 15, 26
회계등식 42, 80
회계상 거래 78
회계순환과정 117, 166
회계정보 236
효과성 10
효율 10
후입선출법 212
흑자도산 385

— 저자소개 —

신홍철(申洪哲)

[약력]
서울대학교 경영대학 및 대학원 졸업
University of Texas, at Austin(Ph. D)
미국텍사스대학 및 하와이대학 교환교수
공인회계사 및 행정고시 출제위원
관리회계학회부회장 및 BSC연구회 회장
홍익대학교 경영학부 교수
shinhc@hongik.ac.kr

[주요 저서 및 관심분야]
관리회계(경문사, 2001)
관리회계의 혁신(경문사, 1993)
신회계학원론(명경사, 공저, 1997)
BSC진단과 개선(네모북스, 공역, 2006)
타겟코스팅(명경사, 공역, 1997)
한국형 BSC 성공사례 11(SERI, 2006)
지금 당장 회계공부하자(한빛, 공저, 2012)
관심분야 : BSC, ABC/ABM, 전략적 성과 관리

정영기(鄭濚基)

[약력]
성균관대학교 대학원(경영학 박사)
공인회계사 · 세무사
조세심판원 비상임심판관(전)
증권선물위원회 감리위원(전)
한국세무학회 회장(전)
공인회계사 및 세무사시험 출제위원
홍익대학교 경영학부 교수
jungyk57@hotmail.com

[주요 저서 및 관심분야]
개념을 알면 쉬운 재무회계(청람, 공저, 2019)
경영분석과 가치평가(신영사, 공역, 2015)
감사품질의 정의, 측정과 결정요인에 대한 인식연구(2020)
상장회사 감사인 등록제의 해외사례 비교 연구(2020)
공공기관 외부감사제도의 문제점과 개선 과제(2013)
신국제감사기준 도입에 따른 대응방안에 관한 연구(2010)
감사인의 관점에서 본 감사품질 제고방안 연구(2019)

안혜진(安惠眞)

[약력]
서울대학교 경영대학(학사)
서울대학교 경영대학원(경영학 석사 및 박사)
한국공인회계사
삼정회계법인
홍익대학교 경영학부 교수
hjinahn@hongik.ac.kr

[주요 저서 및 관심분야]
The Effect of Audit Partner Style on Financial Statement Comparability(2021)
Financial Statement Comparability and the Market Value of Cash Holdings(2020)
감사시장의 경쟁 수준, 피감기업에 대한 감사인의 경제적 의존도, 그리고 감사품질(2020)
이익조정, 경영전략, 그리고 감사위원회의 전문성(2019)
STX에너지의 경영권 분쟁과 전환상환우선주의 역할(2018)
Audit Fee Pressure and Audit Risk: Evidence from the Financial Crisis of 2008(2017)
대손상각비를 이용한 은행의 이익관리; 상장은행과 비상장은행의 비교를 중심으로(2016) 외 다수

개념을 알면 쉬운 **회계학원론**(제4판)

2015년 2월 28일 1판 1쇄 발행
2025년 2월 25일 4판 3쇄 발행

저　　자 | 정영기 · 신홍철 · 안혜진
발 행 인 | 이수영
발 행 처 | 도서출판 청람
서울시 마포구 독막로 288(대흥동, 세양상가 109호)
전　　화 | 02)3272-2601~2
팩　　스 | 02)3272-2603
이 메 일 | crbooks@daum.net
홈페이지 | www.crbooks.co.kr
등　　록 | 2000년 8월 26일 제 6-0509호

ISBN 978-89-5972-798-8 93320 [정가 33,000원]